先取り経済の総決算

一〇〇〇兆円の国家債務をどうするのか

廣田尚久

信山社

序言

ミツバチは、一匹の女王蜂と多数の働き蜂と少数の雄蜂が巣をつくり一群で社会を形成している。ミツバチの社会では、雌として産みつけられた卵は、女王蜂にも雌蜂にもなる可能性があるが、女王蜂は王台という特別の部屋で育てられ、ローヤルゼリーが与えられる。六角形の部屋に産みつけられた雌蜂の幼虫には、花粉や蜂蜜が与えられて働き蜂に成長する。雄蜂は巣の仕事は何もしないで、春の交尾シーズンになると女王蜂と結婚するために激しい闘争をする。その闘争に勝ち残って首尾よく女王蜂と結婚できた雄蜂は、交尾直後に死亡する。女王蜂は交尾シーズンに続けて数回結婚し、一日に一〇〇〇個以上の産卵をする。働き蜂は、野や畑に行って花粉や花の蜜や樹液を集め、ローヤルゼリーや蜂蜜やプロポリスを生産する。集められた花粉を若くて元気な働き蜂が食べ、それを腸で吸収して咽喉腺からローヤルゼリーを分泌する。また働き蜂は、花の蜜を胃の近くにある蜜嚢に蓄えて巣に持ち帰り、巣で待っていた別の働き蜂に口移しする。すると体内の転化酵素の働きによって花の蜜はブドウ糖や果糖に変化する。それはさらに貯蔵庫に運ばれ、水分を羽ばたきによって調整されて適度な濃度の蜂蜜が生産される。プロポリスは、働き蜂が木の芽や樹皮から樹液を集め、それに唾液の中の強力な酵素を混ぜ合わせてつくられる。プロポリスは抗菌殺菌作用がある物質で、働き蜂がプロポリスを巣の入口に塗りつけることによって、巣の中にバクテリアやウィルスが侵入するのを防いでいる。

このようなミツバチとミツバチが営んでいる社会を観察すると、その遺伝子は、種の生存のために過不足なく設計されていて、ミツバチはその設計図のとおりの社会をつくり生活を営んでいるのではないかと思われてくる。

では果たして、ヒトはその遺伝子に設計されているとおりの社会をつくって生活を営んでいるのであろうか。この私の疑問は、もともと遺伝子の中に社会の形成の仕方が書き込まれていないのであれば、全く意味のない妄想に過ぎないだろう。しかし、ミツバチの遺伝子とミツバチのつくる社会とが全く無関係であるとは思えないのと同様に、ヒトの遺伝子とヒトのつくる社会とに何らかの関係があると思うことはさほど無理ではないのではないだろうか。

仮にヒトの遺伝子に、社会の形成の仕方が完結した形で書きこまれていないとしても、社会の形成の仕方に関連する遺伝子はあるだろう。その遺伝子はヒトそれぞれによって違いがあるとしても、あるいはその遺伝子の発現の仕方に多様性があるとしても、ヒトが社会を形成し、その社会の中で生きていて、生きるために不可欠な経済活動をしているという厳然たる現実がある以上、社会の形成の仕方を方向づける遺伝子はあるに違いないと思う。

しかし、ヒトはミツバチのような完結した社会を持っていないことは確かだと思われる。ヒトの社会はミツバチの社会よりもはるかに複雑で、そう簡単に完結した社会を形成することはできないということは誰でも分かることであるが、もともとヒトは完結した社会をつくることはできないのだと、身もふたもないことを言ってしまうことも正しくないと思う。完結した社会はともかくとして、ヒトがよりよい社会をつくるために、あるいは協調しあるいは闘争した歴史を持っていることも事実であるから、その事実からすれば、少なくともよりよい社会は何かということを感知する遺伝子は持っているのではないだろうか。

にもかかわらず、よりよい社会をつくることを阻害する歴史を持っていたことも事実である。それはしばしばヒトの生存を脅かすほど強力なものになってしまうこともあった。せっかくよりよい社会を建設するための遺伝子を持っていても、それが役に立っていないということもあるのではないだろうか。

すなわち、ヒトがよい社会を形成するための遺伝子を持っているとしても、それを活用してよい社会をつくっているかと言えば、必ずしもそうではないように思われる。何がそうさせているのだろうか。そのような問題意識を持って、内省的な問いを発しつつ、この問題に探りを入れてみたい。これが、本書の執筆にとりかかるにあたって整えておいた心の準備である。

本書では、「先取り」という概念をめぐって理論が展開される。まず、「先取り」という経済現象が、経済を撹乱し、人々の生活を脅かし、社会を崩壊させることを論述する。そして、「先取り」をブロックすることによって開かれてくる社会を展望する。すなわち、「先取り」がよりよい社会をつくることを阻害する要因であることを解明し、その逆の可能性を考察することによってあるべき社会を構想しようと考えている。平たく言えば、もしヒトがよい社会を形成するための遺伝子を持っているにもかかわらず、よくない社会をつくってしまうのであるならば、それではこうしたら如何ですか、というささやかな提言をしてみたいということである。

ところで、いきなり「先取り」などいう聞きなれない言葉が出てくると、いったいこれは何の本なのかと戸惑う人が多いであろう。そして、これは経済の本のようだが、それだけではないので、如何なる範疇に入れたらよいのかと迷われるかもしれない。こうして最初にどの範疇の本なのか分からないという頭になられてしまうと、その先の理解がされないままに途中で投げ出されるか、よくても字面を眺められるだけのことになってしまうだろう。そのような結果になるのは専ら著者の責任であるが、だいたい私の書く本は、どの範疇に入れてよいか分からないものばかりである。小説を書けば書店はどのジャンルの書棚に挿してよいのか迷うだろうし、『紛争解決学』という本を書けば書店によって置かれている場所が違う。それは何かの範疇に収められてしまうことをよしとしない私の性癖によるものだが、このことを敢えて言及するのは、範疇分けをせずに、書いてあるままのものとして読んでいただきたいという気持ちがあるからである。

そこで、この本を理解していただくために、最初に、『先取り経済の総決算』というタイトルについて解題をしておきたい。

まず、「経済」という語の前についている「先取り」という修飾語であるが、この言葉は本書のキー概念であり、「先取り」そのものとそれをめぐる諸現象がメインテーマであるから、タイトルの冒頭に置いたのである。したがって、詳しくは本書の内容を読んでいただくしかないが、しかし、「先取り」という言葉は、経済現象に関する著書には滅多に使用されていないから、ここで簡略に説明することによって、大まかなイメージを掴んでいただく必要はあるだろう。

「先取り」概念については後に詳しく述べるが、簡単に言うと、個人のレベルでも、企業のレベルでも、国家のレベルでも、「価値」を生み出す前に先に取ってしまう経済現象を言う。ここで、「価値」という言葉が分かりにくいのであれば、とりあえず「富」という言葉に置き換えてもよい。あるいは、個人のレベルであれば「報酬」、企業のレベルであれば「利潤」、国家のレベルであれば「歳入」という言葉に置き換えるならば、いっそう分かりやすいであろう。つまり、先取りする時点では中身のない空っぽの「価値」、すなわち、まだ「価値」になっていない空虚なものを先に取ってしまうのである。なお、ここでは、「先取り」というキー概念について大まかなイメージを掴んでもらうことが主眼なので、「価値」という言葉を厳格に定義したものではない。しかし、「価値」と価値を表象する「価格」、その表現形態である「貨幣」は重要なポイントであるから、後に詳しく検討する。

「先取り」について以上のようにイメージすると、「先取り」という語は、そのすぐあとの「経済」という語を修飾していることがはっきりする。すなわち、「先取り経済」とは、「先取り」という顕著な特徴を持っている経済という意味になる。そして、「先取り経済」という言葉をタイトルの頭に置くことによって、私は、経済を「先取り」という角度から認識し、分析し、そこから見えてくる将来を展望しようという本書の意図を表明したつもりである。

先ほど述べたように、「先取り」という言葉は、経済現象に関する著書には滅多に出てこない。常用しているのは、私を除けば数えるほどしかいないであろう。そのようなことを言うと、いかにも大袈裟なように聞こえるかもしれないので、そのことについてもここで若干触れておきたい。

「先取り」という概念が初めて私の脳裏に宿ったのは一九六二年であり、ミニコミ誌に発表したのが一九六九年である。その後、「先取り」について何冊かの本を書いたが、世の中には普及せず、マイナーなところに留まっている。これまでの著書については折に触れて本書でもとりあげることになるが、「先取り」概念の展開の経緯に関しては、二〇〇九年一二月二一日から二〇一〇年五月一九日まで、毎週水曜日に二三回連続で、ＣＮＥＴ Ｊａｐａｎというインターネット・ブログに『資本主義は終わっている』というタイトルで述べたので（現在では、「はてなダイアリー」というブログに掲載されている）、本書では必要な限度に留めることにする。

ところで、私が、「先取り経済」という言葉で指し示しているのと同じ経済現象は、「バブル経済」というメジャーな言葉で語られている。この「バブル」という言葉があまりにも普及しているので、「先取り」という言葉が普及しないのである。したがって、私が妥協して、本書のタイトルを、『バブル経済の総決算』とするならば、あえて解題をしなくても、本書の内容を想像していただくことは容易であろう。しかし、私には、そのような妥協をする気持ちは全然ない。

なぜならば、「バブル経済」という言葉で指し示されている経済現象は、「バブル」ではないからである。すなわち、その経済現象を「バブル」と呼ぶのは、はっきり言って間違いである。その経済現象を正確に言うのであれば、それは「先取り経済」でなければならない。これに対して、同じ経済現象について語るのであれば、「バブル」で十分であって、あえて「先取り」という概念を使わなくてもよいではないか、と言われるかもしれない。しかし、「バブル」では認識できないところが「先取り」という概念を使えば見えてくる。すなわち、そこには肉眼で見ることと顕微鏡で見ることとの差があるのであって、「先取り」概念を使うことによってはじめて、経済の本当の姿が分かるのである。

私に言わせれば、「先取り経済」と言うべきところを「バブル経済」と言っているために、ここで起こっている経済現象が誤って認識されているのである。そのことによって、ここから起こっているさまざまな問題に対処できず、将来を展望できないのである。そのことは、本書を読み進めていただくことによってご理解いただけると思う。

ところで、本書の内容を素直にあらわすとすれば、それは、『先取り経済論』ということになる。しかし、それでは漠然としていて何の本だか分からないだろう。まして、「先取り経済」という言葉が知られていないので、一般の読者が『先取り経済論』というタイトルから内容を推測することは困難だと思われる。そこで、「先取り経済」の次には、「総決算」という言葉を充てることにした。

ここに、「総決算」の語を持ってくれれば、「先取り経済」という言葉が知られていなくても、現在の経済が抱えている深刻な問題について、最終的な結末をつけることを意図した本であることを推測することは可能であろう。すなわち、この本の内容を、集約的に表現するとすれば、「総決算」が最も適していると思われたので、タイトルを『先取り経済の総決算』としたのである。

しかし、「先取り経済」の総決算をするためには、まず、「先取り」の意味を解明し、歴史を分析し、そのうえで、「先取り経済」による収奪と解体の実相を見る必要がある。したがって、本書では、「先取り経済の収奪と解体」が、内容の多くを占めることになる。すなわち、本書の多くの部分において、「先取り」という特徴を持った経済が、価値を収奪し、そのことによって経済自体が解体し、それとともに、人々が収奪され、社会が解体するというプロセスをつぶさに解明することになる。

なお、副題を『一〇〇〇兆円の国家債務をどうするのか』としたのは、次のような理由による。

すなわち、総決算の必要が迫られているのは、この一〇〇〇兆円の国家債務だからである。より正確に言えば、二〇一一年三月末の日本の国債発行残高は七五八兆五六九〇億円であるが、これに借入金と政府短期証券を加えれば、国家債務の総額は九二四兆三五九六億円に及んでいる。したがって、本書が発行される頃には、国家債務は一〇〇〇兆円を超えているか、そうでなくても早晩一〇〇〇兆円に達することは間違いない。よって、副題で「一〇〇〇兆円」とすることは、決して大袈裟な表現ではないと思う。

国家債務が一〇〇〇兆円に及んでいることは誰しもが気にしていることであろうが、ではいったい、この一〇〇〇兆円の国家債務をどうするのか。本書の副題は、総決算を必要とする最も喫緊なこの難問を、そのまま採ることにした。

この難問に対しては、一〇〇〇兆円の国家債務が子孫に付けを回すと警鐘を鳴らす論者や、やがてハイパー・インフレーションが起こると予測する論者などが数多く存在するが、決定的な処方箋を持っている人はいないのではないだろうか。私は、本書の中で、「先取り」という分析道具を使ってこの難問に迫りたいと思っている。

言うまでもなく、副題を含めてもなお短いタイトルが、本書の内容のすべてをあらわしているわけではない。すなわち、本書は、タイトルが示す意味を超えているところが多々ある。例えば、一〇〇〇兆円の国家債務は日本のことであるが、国家債務の桎梏に苦しんでいるのは、日本だけではなく、ギリシャ、イタリア、スペインなどのヨーロッパ諸国から米国その他世界中に及んでいる。本書は、日本に限定して論述をすすめているわけではないので、当然それらの国々の国家債務にも言及している。したがって、本書ではタイトルの意味を超えて、外延が拡がっていると思っていただければ幸甚である。

通常の序言であれば、目の前にある切実な経済現象——例えば、本書でいえば二〇〇八年秋のサブプライム・ローンに発した金融崩壊とその後の不況——に言及して、執筆の動機などを書くところであろうが、本書では、メジャーな「バブル」ではなくマイナーな「先取り」でいくための分かりにくさを克服するために、序言でタイトルの解題をすることにした。しかし、タイトルの解題によって、執筆の動機の一端には触れることができたと思う。

本書の内容をもって「学問」とするかどうかは、学問の定義によるが、仮に学問だと言えるとしても、これまでの学問とは、系を別にするものであろう。これは、経済学に最も近いところにあるが、法律学、歴史学、社会学、そしてこれからの課題であるが大脳生理学等々の学問と重なり合っている部分がある。しかし、対象が重なり合っているとしても、その方法は、それらとは異なっていて、独自性があると思っている。したがって、本書の内容がこれまでの学問とは違う系を持った独自の学問とするならば、それにふさわしい名を与える必要があるだろう。

私は、それまでの法律学とは別の系を持つ学問として、『紛争解決学』を樹立したが、この度は、学問として名乗りをあげることはペンディングにしておくことにする。それよりもまず、ストレートに内容に入ろう。果たして、ミツバチの遺伝子が設計する完結した社会に対比して、どのレベルのところまでの社会を展望することができるだろうか、これが私の自分に課した宿題である。

目次

カバー写真・大木昭夫

第一章　「先取り」仮説と検証

1　「先取り」仮説

「先取り」という概念こそ経済を解明する鍵である、と私は考えている。

このキー概念が私の頭に宿ったのは、一九六二年の夏の終わり頃であった。その後約五〇年間にわたって、この「先取り」という概念を育てたり、先取りをめぐる経済現象を観察したり、ものの本に書いてきたが、その経緯については、『資本主義は終わっている』というインターネット・ブログ（はてなダイアリー）にまとめたので、詳しくはそれに譲ることにして、途中を飛ばし、いきなり『先取り経済　先取り社会――バブルの読み方・経済の見方』（弓立社・一九九一年）で論述した「先取り」仮説を紹介することにしよう。

すなわち、**「先取り」仮説**は、次のとおりである。

現在の経済の特徴は価値を先取りする強い指向をもっていることである。価値の先取り体制のもとでは、価値が生み出された後にその分配関係が本質的矛盾となるのではなくて、生み出される前に先取りされた虚の価値が、後にいかにして実の価値として埋めつくされるかが、本質的矛盾となるのである。

この中で、「価値」という言葉が分かりにくいかもしれない。「価値」は、経済現象を解明するうえで極めて重要かつ難解な概念であるので後に詳しく考察するが、ここでは一応、「人々の労働や企業活動によって生み出されるもの、あるいは生み出されるべきもの」という意味で押さえておけばよいだろう。

「富」とか、「財」とか、「付加価値」とかという言葉に置き換えてもよい。あるいは、個人のレベルであれば「報酬」、企業のレベルであれば「利潤」、国家のレベルであれば「歳入」という言葉に置き換えるならば、いっそう分かりやすいであろう。

したがって、その「価値」を生み出すものは、狭義の「労働」とは限らない。例えば、「知的活動」などもあり得る。しかし、そのようなものも、人々や企業が何らかのエネルギーをそそぐ営みであるから、それを総称して、ここでは「価値」と言っているのである。

ところで、「先取り」という言葉の意味であるが、それは文字どおり、「先に取る」ということである。問題は何より先に取るのかということであるが、それは、現実に「価値」が生み出される前に取ることであって、そのことを「先に取る」と言っているのである。「価値」が生み出される前ならば、何も無いはずであって、それなのに「取る」ことはできないではないかと言われるかもしれないが、何も無いのにあたかも有るかのようにして「取る」ことを問題にしているのである。これこそが、この仮説で言うところの「先取り」であって、ここに問題の本質がある。つまり、先取りする時点では中身のない空っぽの「価値」、すなわち、まだ「価値」になっていない見せかけの「価値」を先に取ってしまうのである。これを「先取り」仮説の中では、「虚の価値」と表現している。「虚」というのは、「実」の反対語で、中身のないうつろな状態、一歩誤れば偽りになる状態である。

このようなことを抽象的に言うと分かりにくいかもしれないが、身のまわりにはどこにでもあるお馴染みの経済現象である。例えば、個人レベルであれば、労働の結果として得られる給料・報酬が入る前に住宅ローンを組む。企業レベルであれば、将来の利潤を当てにして融資を受ける。そして、国家レベルであれば、歳入が入る前に国債を発行する。これらは、いずれも価値が現実に生まれる前に、先に取ってしまう現象である。すなわち、それが計上されたときには、まだ中身のない空っぽの価値である。しかし、いったん計上されれば、その空っぽの部分に中身を埋めつくそうとして、ありとあらゆる力が働く。そして、そのときにさまざまな矛盾が起こってくる。それは、経済が本来的に持っている矛盾であって、それなしには経済を語ることができない。

この仮説に、「埋めつくされる」とあるが、当然、埋めつくすことができなくなることもある。そのときは、経済的破綻という結末になるのだが、それは、「本質的矛盾」の中に入るものとして、特記しなかった。

なお、「先取り」の大きさによっては、経済的破綻にとどまらない矛盾を露呈することもある。このことは、とくに注意を要する重要な問題である。すなわち、「先取り」の影響は、人々の心理に大きな打撃を与えることもあるし、社会を混乱に陥れることがある。したがって、「先取り」は、経済の枠を超える問題に及ぶのであるが、そのことについては後に考察する。

ところで、一般の経済学で説かれていることの大筋を言うとすれば、資本家が資本を投入して生産手段と労働力を集めて商品を生産し、その商品を市場で販売して貨幣を獲得する。貨幣は商品の価格によってやりとりされるが、その価格は「価値」の表現形態である。そして、価格は市場における需要と供給によって決められるというものである。このプロセスから明らかなように、「価値」は商品が生産された後で生まれるものであって、生まれたときには中身のあるものとされている。そして、資本と労働が生産された「価値」をどのように分配するかということをめぐって対立するところに、資本主義の本質的矛盾があるというのである。

今述べたことは、極めて大雑把な考察であって、随所に異論があることは承知している。しかし、これまでの経済学では、「価値」は生産の後に、あるいはサービスの提供の後に生まれることを前提にしていると言ってよいだろう。もちろん、利子論など将来の時間を組み込んで考察する分野はあるが、「先取り」というキー概念を使い、中身のない空っぽの価値を端的に対象にして経済現象を考察する試みは、これまでなかったと言ってよいと思う。外国の文献は調べていないが、少なくとも、日本の文献や日本語に翻訳された文献の中には見当たらなかった。もとより、私が当たった文献には限りがあるのでどこかにあるのかもしれないが、いくつかの文献に当たっているうちに、やはりないのだという確信を持つようになった。

そのことには、次のような理由がある。

すなわち、私が「先取り」という言葉で表現している経済現象は、世間では「バブル」という言葉で表現されているからである。「バブル」という言葉がタイトルに入っている本は、世の中にたくさんある。タイトルに入っていなくても、目次や内容に盛り込まれている本は、その何倍かに達する。とくにリーマン・ショック以来は、経済学者やエコノミストや経済評論家などの「バブル」、「バブル」の大合唱である。このように、「バブル」という言葉が定着しているので、「先取り」という概念を使って経済現象を解明しようという研究はなされていないのである。

しかし、「先取り」という言葉で表現される経済現象と、「バブル」という言葉で表現される経済現象は部分的には同じところがあるが、「先取り」という概念を使って掌握することができるものと、「バブル」という概念で掌握することができるものとは格段の相違がある。すなわち、「バブル」は、株価や地価が経済のファンダメンタルズから大幅に乖離して実体以上に膨れ上がった病理現象が顕著にあらわれるときに、その病理現象を指して使われる言葉である。これに対して、「先取り」は常に経済に内在する本質的な病理現象である。したがって、「先取り」の病理現象が強くあらわれるときに、「バブル」という言葉で表現される病理現象とが一致するのである。譬えて言えば、「バブル」では表面に出ている症状しか掌握できないが、「先取り」という概念を使えば、症状を起こしている病人の全体構造まで掌握できる。したがって、症状を起こしている病人の全体構造を掌握しようとするのであれば、「バブル」という概念を使うことは適当でない。病理現象に対して正しい診断をし、的確な治療をするためには、「先取り」という概念を使わなければならないのであって、「バブル」という概念を使ってはならないと思う。

私は、「先取り」という病理現象に対して、「バブル」というネーミングがされたために、ヒトは、随分回り道をしたと思っている。しかし、回り道をしたもっと大きな原因は、「先取り」という病理現象そのものである。

ここで、「先取り」仮説の冒頭に、「現在の経済の特徴は」とあることが問題になる。これは、現在になってとくに深化し極めて顕著な特徴としてあらわれてきたという意味であって、歴史上「先取り」が繰り返されてきたという事実を軽視するものではない。むしろ、「先取り」がどのように深化してきたかということを解明するためにも、また、現在の「先取り」が如何に深刻であるかを認識するためにも、「先取り」の歴史を振り返ることは大切なことである。したがって、「先取り」の歴史については、章を改めて検討する。

2 「先取り」仮説の方法論

本書で経済問題に取り組む以上、経済学の先達の研究成果を踏まえる必要があることは当然であろう。そして、対象とするところが一致するならば引用し、意見を異にするならば批判するのが常道である。興味深いのは、多くの経済学の巨人たちは、その主著の中で、先立つ学者の意見を批判することによって新しい道を切り拓いてきたことである。マルクスは『資本論』の中で、アダム・スミスの批判に多くのページを割き[1]、ケインズは『雇用・利子および貨幣の一般理論』の冒頭で古典派経済学の公準を批判し[2]、シュムペーターは『資本主義・社会主義・民主主義』の冒頭から長々とマルクスを批判し[3]、進化経済学の重鎮ホジソンは『進化と経済学』でスペンサー、マーシャル、メンガー、シュムペーター、ハイエクたちを槍玉に挙げて論評している[4]。

このようなオーソドックスな方法を念頭に置くのであるならば、私も多くの経済学の先達の論述を引用して、本書を書き進めなければならないだろう。しかし、本書ではそのような方法をとらない。それは決して先達の研究の成果を軽視するわけではないが、そのような方法をとれば、私の残された時間がほとんど先人の引用と批判に費やされ、肝腎なことが言えなくなるからである。それよりも大きな理由は、これまでの経済学で語られてきた理論と私の「先取り」理論とは、重なる部分が少ないからである。したがって、重なる部分が出てきたときに引用し、相違点があれば説明し、批判すべきところは批判するだけでほぼ十分だと思う。

しかし、これまでの経済学と私の「先取り」理論との方法論の相違だけは、はっきりと記しておく必要があるだろう。これまでの経済学は、需要と供給の関係や生産過程からはじまる。すなわち、経済の生理現象をスタートとして理論が組み立てられ、病理現象は起こらないものとされるか、生理現象を前提としたうえでようやく病理現象が起こるものとされている。

例えば、アダム・スミスは、需要と供給のバランスが崩れて一時的には病理現象が発生してもやがて均衡に達するとしているし、ずっと時代が下った新古典学派の理論も、病理現象という点に関しては、煎じ詰めればアダム・スミスの理論と大きな相違はない。

一方、マルクス学派では、病理現象がどのようなところで出てくると語られているのだろうか。少し長くなるが、宇野弘蔵『経済学』の「資本主義の矛盾としての恐慌現象」という項目から引用しよう。

元来、資本の構成の変化をともなわない生産規模の拡大は、資本量の増加とともに利潤量をもある程度までは増加するのであるが、賃銀が騰貴し、あるいは在荷が増加するにしたがって利潤の増加を減少し、生産の拡大が一定の程度に達すると、資本量の増加にもかかわらず利潤量はかえって減少することになる。資本は、資本として過剰になったといってよい状態に陥るわけである。しかし個々の資本にとっては、社会的にそういう状態に陥っているからといって、資本の蓄積を停止するわけにはゆかない。むしろ反対にますます規模を拡大して利潤率の低落を利潤量の増加によって補おうとする。あるいは利潤率の低下そのものも価格の思惑騰貴で隠蔽されてますますその生産を拡張し、在荷を増大する。しかもそういう拡張には特に借入資金の利用が極度におこなわれる。実際資金の借入は、資本の再生産過程の拡張にともなう生産手段ないし消費資料の増産を資本家どうしのあいだで、できるかぎり利用するためにおこなわれるのであって、資本家社会としてはその生産力を極度に発揮する方法にほかならない。単に資金として貨幣を借入れるというだけのことではないのである。事実、資金の供給自身は、資本家的にはかかる生産の増進によって増加せられる。銀行が銀行券の増発によってみずから資金を造出して供給するということも、かくのごとき再生産過程の拡張を予想してなしうることになるのである。それと同時に再生産過程の利潤量をも減少せしめ、利潤率を急激に低下せしめることになれば、資金の供給はますます減少せざるをえない。銀行もまた銀行券の増発によって資金を造出するわけにはゆかなくなる。産業資本の側からの資金の需要は増加しながらその供給が減少すれば、利子率が騰貴するのは当然であって、賃銀の騰貴ないしは在荷の増大による利潤率の低下とともに借入資金の支払はもちろんのこと、利子さえ支払いえないことにもなり、一般的に信用関係が攪乱せられ、恐慌状態に陥らざるをえないのである。各種産業の再生産過程は、従来信用関係によって社会的に連結されておこなわれ、そのときの生産力の水準としてはそれを極度に発展せしめてきただけに、逆にこの信用関係の崩壊は、一般に再生産過程そのものをも攪乱する。かくて恐慌は、資本による生産の制限が資本自身であることを示すものといってよい。恐慌を単純に過剰生産とか過少消費とかに原因するものとするのは、この点を理解しないものであり、それがまた何に対して過剰なのか、あるいはまた過少なのかを明確にしないものである。各種産業部門間の不均衡によって説明しようとするものも、資本主義の根本的基礎をなす労働力の商品化のもつ矛盾はもちろん、価格運動の意義さえ理解しえないものといってよい。(5)

ここで明らかなことは、恐慌状態に陥るという決定的な病理現象が発生する原因として、利潤率の低下→価格の思惑騰貴→信用関係の攪乱という順序で病状の進行が語られてはいるが、その前に「生産の拡大が一定の程度に達する」という生理現象があることが前提になっている。このように、これまでのあらかたの経済学は、生理現象→病理現象という順序で理論が組み立てられているのである。

これに対して、私の方法論が決定的に違うところは、順序が逆で、病理現象からスタートする。そうでなければ、今ここで熾烈な問題を起こしている現象に対応できない。すなわち、生理現象から説き起こしていたのでは、とうてい病理現象に辿りつけないと考えるからである。譬えて言えば、今ここに激しい腹痛を訴える患者がいれば、まずその直接の原因を突き止めて、それが虫垂炎だと分かれば速やかに開腹手術をしなければならない。腹痛はどのような原因から起こるのかなどとあれこれ議論をして手遅れになれば、患者は腹膜炎を起こして重篤な事態に陥るであろう。

したがって、私の方法論は、病理現象の解明からとりかかる。これを、宇野の方法論と比較すれば、最初に、恐慌という病理現象だけでなく、「先取り」という病理現象をとりあげる。その病理現象を「先取り」という分析道具を使って解明するのであるから、経済現象は利潤率の低下→価格の思惑騰貴→信用関係の攪乱という理路整然とした順序で発生するのではなく、利益率の低下、価格の思惑騰貴、信用関係の攪乱という現象がその他の経済現象とともに、政治、法律、社会などの諸現象と複雑に絡み合いながら発生すると考える。したがって、私の方法によれば、恐慌という終着点に必ずしも到達するわけではない。利潤率の低下→価格の思惑騰責→信用関係の攪乱という認識にたてば、どうしても「恐慌状態に陥らざるをえない」という結論に到達するであろうが、私の先取り経済という認識に立てば、その都度その都度矛盾を解決しながらと り込んでいくので、容易に恐慌状態には陥らない。

ここで明らかになったように、生理現象からスタートする方法と病理現象からスタートとする方法とでは、論理的帰結に相違が出るのである。ではなぜそのような相違が出るのだろうか。それは、論理的帰結を求めている部分は病理現象であるにもかかわらず、生理的現象にからスタートすると病理的現象に辿りつくまでに長々と論理を展開しなければならないからである。したがって、その論理の展開のプロセスの中で、生理現象と病理現象の因果関係が不明確になったり、関係が切断されたりする。そのために、病理現象にようやく辿りついたとしても、論理を飛躍させなければならなくなる。そのあとには、実態と乖離した非現実的な理論だけが残される。

そのような事態を避けるためには、病理現象からスタートしなければならない。病理現象からスタートすれば、病理現象そのものを対象にするのであるから、実態と乖離することはほとんどない。これが、私の方法論であり、この方法論の点でこれまでの経済学と著しい相違があることを、ここに強調しておきたい。

今実態と乖離することはほとんどないと言ったが、それは病んでいる資本主義の実態と乖離しないという意味である。資本主義は病んでいる――これは、多くの経済学者、エコノミスト、経済評論家の共通した認識であろう。だとすれば、病理現象から取りかかるのは当然のことであると思う。

（1）マルクス著、エンゲルス編、長谷部文雄訳『資本論第三巻』（青木書店）四七一頁～五〇八頁
（2）J・M・ケインズ、塩野谷祐一訳『雇用・利子および貨幣の一般理論』（東洋経済新報社）四頁～二三頁
（3）シュムペーター、中山伊知郎・東畑精一訳『資本主義・社会主義・民主主義』（東洋経済新報社）四頁～九四頁

（4）　ジェフリー・M・ホジソン、西部忠訳『進化と経済学　経済学に生命を取り戻す』（東洋経済新報社）一二七頁等
（5）　宇野弘蔵『経済学上巻』（角川全書）一四一頁〜一四三頁

3　「先取り」の形態

ところで、「先取り」は、どのようにして行われるのであろうか。ここで、先取りの形態について、ひと通り見ておこう。

まず、個人レベルの先取りであるが、典型的な例は消費者金融である。日本の場合、高度経済成長期以来金融が緩んで一般の個人も融資を受けやすくなった。とくに消費者金融業者が林立し、個人が消費者金融を利用することが多くなった。その消費者金融を利用する動機は多様であるが、家計の不足分を補うために手を染める例が多い。また、サラリーマンの交際費に充てるために消費者金融を利用する例もよく聞くことである。さらに、消費者ブームを反映して、ブランド品を買うためとか、海外旅行をするためとか、はじめは気楽に消費者金融から金を借りる人もいる。さらに、パチンコや競輪その他のギャンブルのために、消費者金融にのめり込む例も相当ある。

やがて、大手市中銀行が消費者金融に融資をしたり、役員を派遣したりするようになり、消費者金融は社会の中に構造化するようになった。

個人レベルの「先取り」のもう一つの典型的な例は、住宅ローンである。これは、政府の持家政策から後押しされているものであるが、雇用が安定し将来的に収入が確保できることが前提になっている。そして、不動産が値上がりすることが期待され、その期待が個人をいっそう住宅ローンに駆り立てる動機になることが多い。これに近い例は、不動産金融である。借金をして不動産を買いそれを他人に貸せば、銀行の預金金利を上回る賃料収入が見込まれるので、個人がそのためにローンを組んで借り入れをするのである。

さらに、個人が自営業を営んでいる場合には、融通手形を切るという方法がある。融通手形は、取引の実体がないのに、単に資金融通を捻出するために振り出される手形であるが、手形を切るだけで資金を調達できるから非常に便利である。

これらは、将来の給料や報酬や収入を当てにして、将来発生するはずの価値を「先取り」するのである。こうして、個人レベルでも、信用という幻を利用して、「先取り」という錬金術が簡単にできるようになる。しかし、何かの原因で当てにしていた給料や報酬や収入が入らないという事態が出来したときには、たちまち窮地に追い込まれることになる。

次に、企業レベルの「先取り」であるが、これにはさまざまな方法がある。最も代表的なやり方は、企業活動の結果として利益が出る前に、利益を先行させて計上することである。つまり、企業は利益が出ても出なくても、予定した利益を先に計算して出してしまうのである。それが極端になると、粉飾決算といわれるものになるが、それは一九六五年に倒産した山陽特殊鋼をはじめ、二〇〇五年以降に上場廃止された大規模粉飾だけでも、二〇〇五年のカネボウ、二〇〇六年のライブドア、二〇〇八年のニイウスコーと続いている。日本だけでなく、この粉飾決算は世界中に蔓延している。総合エネルギー取引とITビジネスを目的としたエンロン（本社米テキサス州）は、負債総額四〇〇億ドルといわれる粉飾決算の結果、二〇〇一年に破綻した。エンロンが破綻した後、米国の大企業で次々に粉飾決算が発覚し、二〇〇二年にはワールドコムの不正経理が明らかになって倒産した。そして、米国経済は混乱に陥り、世界経済にも大きな影響を及ぼした。

その他粉飾決算といわれる「先取り」によって破綻した例は枚挙に暇がないが、もう一つあげると、インドのIT大手サティヤム・コンピュータ・サービスの例がある。二〇〇九年には同社のラマリンガ・ラジュ会長が巨額の粉飾決算で逮捕された。同社はその数年前から売り上げや利益を水増ししていたが、帳簿上の現預金の九四％にあたる五〇四億ルピー（約九六〇億円）は架空であり、その影響でムンバイ証券取引所の株価指数が一六％下落するなど、市場に動揺が広がった。[1]

これらは、企業が利益を生む前に、将来の利益を過大に見積もって先に計上するという「先取り」に他ならず、粉飾決算は表にあらわれる極端な例であるが、粉飾決算という非難の標的にされるものでなくても、利益を生む前に先に計上するという「先取り」は、企業の中で日常的に行われていると言ってよいだろう。私はそのことを、「利益計上の先行性」という言葉で表現しているが、高度経済成長期の大手メーカーの株式配当率を調べてみると、ほとんどの企業の配当率が、毎期同じであった。しかも、業界ごとに、鉄鋼は一〇%、化学は一〇%、造船は一二%、電力は一〇%と、ほぼ一定であった。株式配当率は、その期の利益から割り出されてくるものであるから、いつも、どの企業も、業績が一定であることは、あり得ないことではないだろうか。それなのに、こんなに揃っているということは、先に株式配当率を決めておいて、後から何らかの方法で辻褄を合わせているに違いない。(2)その無理が露呈された企業が、先ほどの粉飾決算が明るみに出て破綻するのである。しかし、業界ごとに足並みを揃えて利益を計上することは、トヨタ自動車をはじめとする大企業が軒並み赤字決算を発表していた二〇〇九年二月頃の状況を見ると、違和感を持つ人が多いだろう。確かに時代の流れによって変化したところはあるが、「利益計上の先行性」は、高度経済成長期における価値の「先取り」の典型的な形態なのであって、これが後に金融操作による価値の先取りなどに形態を変えてゆくのである。すなわち、価値の「先取り」という点では、後の金融操作によるものと根っこは同じである。また、形態としては主流の地位を他に譲るものの、「利益計上の先行性」による価値の先取りは現在でも行われていることは、大小の粉飾決算による事件が絶えないことから明らかである。

この「利益計上の先行性」という現象は、価値が生み出された後に分配関係が問題となるのではなくて、経済が価値を「先取り」する体制に入っていることを意味している。すなわち、「先取り」こそが企業の成長の原動力となっているのである。したがって、「利益計上の先行性」の「罪」の方を見るだけでなく、「功」の方を見なければ配慮を欠くことになるだろう。そこで、「利益計上の先行性」の「功」の面を見ておこう。

すなわち、もともと経済成長のエネルギーは、将来企業規模が拡大することを見込んでそれを現在に引き寄せることによって増殖するものであるから、利益計上の先行性を行うことは必然である。現実に「利益計上の先行性」によって企業は信用を獲得し、それによって設備投資をし、さらに技術革新をはかって人々に多くの富や生活上の便利をもたらしたことは、事実としてまず肯定しなければならない。多くの人々が高度成長の恩恵を享受した事実に目を瞑るようでは、かえってその弊害を語る資格はないと私は考えている。さらに、不況期になっても、企業は頑張って利益を計上してきた。そのときに、企業がそれぞれ工夫をこらし、合理化や新規事業の開発などに努力を重ねて、苦境を乗り切ってきた事実を考えれば、「利益計上の先行性」によって信用を繋ぐという積極的な面は評価しなければならない。したがって私は、「利益計上の先行性」という企業の性向を非難の対象として論じているのではない。そのプラスの面もマイナスの面も含めて、事実として認識の対象に入れておこうと言いたいのである。

しかし、企業が巨大な設備をつくってしまったらそれを稼動させなければ経済は循環しなくなる。高度経済成長に陰りが見えているにもかかわらず利益計上の先行性を続けていると、「先取り」の大きな車輪が回りだして、経済全体が誤った方向に動き出すようになる。

その例としては、一九八三年頃からはじまった日本の地価暴騰が分かりやすいであろう。この地価暴騰については後に詳しく述べるが、結論だけを述べるとすれば、将来の需要が供給を大きく上回るという風評とカネ余り現象が結びついて、現実の需要を先回りする形で土地が買い漁られ、地価が異様に暴騰したのである。つまり、架空の将来の需要をでっち上げて、「先取り」された空っぽの価値で膨らませ、地価を高く設定して取引したのである。このような取引は全国に及び、日本の全国土の総額が一八四二兆円に達して、この全国土を売れば、米国五〇州の全国土を四回も買えるというあきれたような話が世上に流布していた。

また、米国のサブプライム・ローンに発した「先取り」による金融破綻は、今なおその影響から脱し切れていない。これは、「先取り」というキー概念を分析道具にして経済の在り方を問うための格好の実例であるから、項を改めて論述することにしたい。

日本の地価暴騰や米国のサブプライム・ローンの例に見るように、企業レベルの「先取り」は、経済全体に広がって、社会的規模にまで拡張し、経済や社会の在り方だけでなく、人々の心理にまで影響を及ぼすことがある。また、そのような「先取り」が横行する背景には、時の政策が後ろ盾になって、「先取り」を後押しする事実がある。

日本の地価暴騰には、一連の経済政策が背景にあった。すなわち、ＯＰＥＣ（石油輸出国機構）による原油の値下げや対米輸出の伸びによって支えられていたハイテク景気が一九八五年六月に天井を打って下降期に入ると、公定歩合の引き下げ、マネー・サプライの増大、中曽根民活による民間再開発優先策という政策がとられた。米国のサブプライム・ローンの背景には、一九八〇年以降に規制緩和の流れが加速し、クリントン政権時の一九九九年に銀行業務と証券業務を厳格に分けるグラス・スティーガル法が撤廃されて、続くブッシュ政権時代を通して新自由主義の考え方に基づく金融緩和政策が謳歌されていた事実がある。

しかし、日本の地価暴騰にせよ、米国のサブプライム・ローンにせよ、「先取り」によって膨張した経済がいずれ破綻することは避けられない。そして、「先取り」の規模が大きくなると、金融システムが「先取り」の中に構造的に組み込まれ、「先取り」の一部を構成するばかりでなく、「先取り」を主導しているので、「先取り」による破綻は、金融システムの崩壊をもたらす。

その金融システムの崩壊を避けるためには、どうしても財政出動が必要になる。そのために、国債の増発は必至となる。ここで明らかなのは、サブプライム・ローンや社債などを束ねて証券化して売りさばく企業レベルの「先取り」は、住宅ローンという個人レベルの「先取り」に端を発し、やがて破綻して財政出動という国家レベルの「先取り」の発動を促す連鎖関係にあるということである。ここまで「先取り」が亢進すると、もはや個人レベル、企業レベル、国家レベルと分けることは適切でなく、「総合的先取り」と言う方がよいと思う。なぜならば、相乗的に膨張し、破綻した暁には絶大な破壊をもたらす「先取り」のダイナミズムを掌握するためには、「総合的」と名付ける方がよいからである。

しかし、ここではとりあえず国家レベルの「先取り」を見ておこう。

国家レベルの「先取り」は、国債の発行という形態をとって行われる。国債の他に、地方自治体が発行する公債があり、地方自治体の財政の逼迫は国の財政に劣らず深刻であるが、経済現象としては類似しているので、ここでは考察の対象として国債だけをとりあげることにしたい。

国債の問題については、国家債務の歴史を振り返ることによってその本質に迫る必要があるので、後に「先取り」の歴史を考察する過程の中で論述するが、日本の高度経済成長期以降に限定すると、一九六六年一月に「昭和四〇年度における財政処理の特別措置に関する法律」が公布施行されて、戦後初めての赤字国債（特例国債）が発行されて以来、政府は国債の増発を重ね、二〇一一年三月末の国債発行残高は七五八兆五六九〇億円（国債と借入金、政府短期証券を合わせた債務残高の総額は九二四兆三五九六億円）に達している（二〇一一年五月一〇日財務省発表による）。この国債等の国の借金総額を人口数で割ると、国民一人当たり約七二二万円になる。国債の発行は、将来の税収を当てにした「先取り」に他ならないが、国債発行残高がここまで膨らんでくると、その償還は絶望的になってくる。

世界的に見ても、国家の財政危機はのっぴきならないところにきている。二〇一〇年五月にはギリシャの国家財政が破綻し、二〇一一年四月にはスペインがＥＵに金融支援を要請した。このような国家財政の危機については、折に触れて言及する。

ここまで、「先取り」の形態の概略を見てきたが、ではいったい、「先取り」は、どこに根源があり、どのような問題に繋がっているのであろうか。

それはまず、「先取り」は、究極のところ人間と自然の関係の問題であるということである。人間の生活は、外界的自然に対する何らかの支配によって可能であり、外界的自然に対する人間の支配の仕方は、人間の歴史的発展の段階に応じて異なっている。そして、資本主義経済の発展に伴い、物自体の支配関係から信用を媒介にして債権関係が分離してきたが、現在は、媒介機能を担うべき信用が観念化、抽象化され、実体の有無にかかわらず信用有りとして、大量で計量不能な取引が行われるようになった。すなわち、外界的自然を未だ支配していないうちに、観念化された中身のない、いわば虚数の信用を媒介として取引をすることが可能となり、しかもその虚数の信用なしでは経済循環が行われないほどになった。これが、「先取り」を経済の中に組み込んだ社会体制（これを、「価値の先取り体制」という）をもたらした原因の最も本質的な部分であると私は考える。

もしこの私の考えが正しいとすれば、価値の先取り体制のもとでは、所有の形態に変化が見られるようになる。すなわち、所有が人間の外界的自然の支配の歴史的な形態であるとすれば、個々の商品が私的所有の対象となる以前に、外界的自然を企業ないし国家が支配しているという観念が先行し、しかもその支配の観念が、複雑に折り重なってくる傾向があらわれる。このことは、所有を法的にどう論理構成するかという問題とは別である。法的な論理構成は、むしろあとから追いかけるものであるが、その難しさは、観念的で、しかも重量的な外界的自然支配が、前以て行われていることに由来するのである。いずれにせよ、「先取り」は、所有権の絶対性を前提とする近代的所有制度がどの程度妥当しているか、ということを問いかけることに繋がってゆく。(3)

（1）二〇〇九年二月七日付朝日新聞
（2）廣田尚久『先取り経済　先取り社会　バブルの読み方・経済の見方』（弓立社）七〇頁〜七九頁
（3）同書三九頁〜四〇頁

4　「先取り」概念によるサブプライム・ローンの分析

「先取り」は、あくまでも認識のための道具概念であって、私は、それ自体が真実であると主張しているのではない。しかし、「先取り」概念を使うと、事象を正確に認識し、分析することが可能になる。

そこで、米国で行われたサブプライム・ローンの問題とそれを引き金にして起こった金融崩壊、経済危機を例に挙げ、「先取り」概念を使って認識、分析してみよう。

サブプライム・ローンとは、低所得者向けの高金利住宅ローンである。すなわち、信用力が劣り、返済能力に疑問がある収入の少ない人々に、住宅を購入させるために組まれるローンである。

米国における住宅ブームは、最初は高級住宅地で起きたが、需要を掘り起こすため、次には中産階級、さらにサブプライム層（低所得層）がターゲットにされるようになった。本来サブプライム層は、なかなか住宅資金を借りられなかったが、ローンが組みやすくなったので、念願のマイホームを持つことができるようになった。

最初の住宅ローンの貸し手はレンダーというが、レンダーがサブプライム層の人々にローンを組ませる手口は、次のようなものである。(1)

すなわち、まず元利払いの返済が所得の五割あっても融資できると借り手に誘いかける。これに不安を持つ借り手には、住宅価格が値上がりするから、買った住宅を担保にして次の融資を受け、ローンの元利払いに充てればよいと説得する。つまり、不動産担保融資を利用して、借り換えができると勧めるのである。さらに、最初の二年は元本の返済が不要で、金利も安くすることにして、いっそう借りやすくする。この場合、最初の二年が過ぎると返済額は一気に跳ね上がるが、そのころには住宅価格も間違いなく値上がりしているから、住宅を担保に借り換えをすれば大丈夫だと説明する。

この話に乗ったサブプライム層の人々は、ローンを組むという方法で、自分の将来の収入を「先取り」したことになる。この段階ではまだ個人レベルの「先取り」であるが、個人レベルとはいえ、おそらく長い将来の収入の半分に及ぶ「先取り」であるから、借り手の一生を拘束するに違いない。しかも、これが少ない人数ならともかくとして、非常に多数に及んだときはどうなるのだろうか。オバマ大統領が七五〇〇億ドルの公的資金を使って支援する住宅所有者が最大九〇〇万人と発表されているから、支援対象にならない数を含めると、その何倍もの規模の「先取り」が行われたことになるだろう。こうなると、それだけの規模の人々が何年も働いて生み出すべき富や価値の半分を、「先取り」によって吸い上げてしまったことになる。しかも、その富や価値はまだ生み出されていないのであるから、「先取り」された時点では中身のない空っぽのものである。私はそれを、「虚の価値」と呼んでいるが、要するに数字上のものであって中身はない。

では、吸い上げられた「虚の価値」は、どうなるのであろうか。

住宅ローンは、貸し手であるレンダーから大手の貸し手へ売却される。レンダーはその売却によって資金を手にし、次の融資に回す。そして、売却された大量の住宅ローンは、投資銀行の手で束ねられ、「住宅ローン担保証券(MBS＝モーゲージ・バックト・セキュリティ)」として証券化する。こうして、「先取り」された虚の価値は、空っぽのまま転々と移転し、証券の中に埋め込まれるのである。

さらに、高度な金融工学の手法を使い、サブプライムの住宅ローン担保証券を、格付けの異なる住宅ローン担保証券や住宅ローン以外の証券と混ぜ合わせるなどして、新たな「債務担保証券（CDO＝コラテライズド・デッド・オブリゲーション）」と呼ばれる証券がつくられる。つまり、サブプライムの住宅ローンで「先取り」した虚の価値を粉々にして新たな証券に埋め込み、リスクを少なくしたように見せかけるのである。そして、捏ねまわしているうちにリスクが見えなくなり、いつの間にか最上級の証券に仕立て上げられて、それを世界中の投資機関が買い漁る。投資機関の側は、先進国全体の金利が低いため、有利な投資先を鵜の目鷹の目で探しているときに、CDOのような証券化商品があらわれると、ときには年率一〇％の高利回りになるので、その金融商品に飛びつくのである。

ここで明らかになることは、個人レベルの「先取り」に始まったサブプライム・ローンが、企業レベルの「先取り」の方向に展開した事実である。

しかし、「先取り」された虚の価値は、どこまで行っても空っぽのままであるから、細分化しても危険であることには変わりがない。いや、細分化すればより広く行き渡るのでいっそう危険である。因みに、一九九七年には、デリバティブの価格算定方式を完成させた二人にノーベル経済学賞が与えられたが、私は、近未来小説の中で、主人公に次のように言わせている。

デリバティブは、前世紀を五分の一ほど残す頃に宇宙局や軍需産業から転職した連中が開発した金融商品だといわれている。だから、出自からして、雲をつかむような話で人を欺くことや、人のものを奪い取ることを、何とも思っていないわけだ。(2)

さらに問題なのは、レバレッジをいかに高めるかという競争が起こることである。レバレッジというのは、「てこの作用」のことであるが、小さな力を使って大きなものを動かす比喩として使われる言葉である。小さな自己資本を信用にして資金を借り入れ、大きく膨らませて、運用して利益を上げようと企むのである。市場では、一〇分の一の保証金で一〇倍の金融商品を購入することができるから、このレバレッジによって、「先取り」される虚の価値は一気に大きくなり、ますます亢進する。

この過程で、証券を購入するための資金を調達するために、銀行その他の金融機関が動員される。さらに、リスクをヘッジ（回避）するために、保険会社も参画する。ここで、「クレジット・デフォルト・スワップ（ＣＤＳ）」の仕組みを見ておこう。

債務担保証券（ＣＤＯ）はリスクが分かりにくいため、ほとんどの場合、一種の保険がつけられていた。したがって、ＣＤＯに損失が発生したときには、保険会社がその損失分を補償してくれるようにしたのである（保険料は通常数パーセントで、住宅ローンなどの債権は長期間のものが多いが保証期間があまり長期だと保険会社のリスクが大き過ぎるから、通常は五年程度の契約になる）。保険会社は、いろいろな投資家、投資会社、投資家である金融機関と保険契約を結び、巨額の保険料が入る。このことは、一見「先取り」によるリスクを回避するための仕組みに見えるが、実際は、ＣＤＳを組み込むことによって、投資家にＣＤＯを購入してもらいやすくするための役割を果たす。このＣＤＳの普及によって、サブプライム・ローンによる「先取り」は、いっそう助長されることになった。

こうして、この企業レベルの「先取り」は、とてつもない規模に成長してしまったのである。しかし、サブプライム・ローンの成長は、企業レベルで止まるわけではない。さらに国家レベル、国際レベルに発展するのだ。私は、**「先取りは先取りをよぶ」**、**「先取りはそれ自体の拡大再生産をよぶ」**という公式を作ったが、その公式どおりに展開するのである。以下に、その生態を見てみよう。

さまざまな仕組みによって膨らみ、いろいろなところに潜り込んだ虚の価値、すなわち空っぽの価値は、泡のように消えてしまうわけではない。空っぽの部分を埋めようとして実に異様な力を発揮するのである。すなわち、虚を実にしようとして、暴れまわるのである。これが、私の言う「先取り」の拘束力である。

何事もなければ、「先取り」した虚の価値をたらい廻ししていればすむことかもしれない。しかし、そうはゆかないのである。

サブプライム・ローンの仕組みを維持するためには、地価が上昇し続ける必要がある。また、「先取り」によって膨らみ過ぎた資金は投資先を求めて、世界中を駆け巡る。資金を受け入れたところは、増資をして設備投資をする。こうして、見せかけの景気上昇が起こるから、消費者の購買力も増加し、消費は増え続ける。

しかし、この上昇気流がいったん下降に向かうとどうなるのであろうか。

二〇〇八年三月、サブプライム・ローンの破綻によって資金繰りが悪化した米国の投資銀行ベアー・スターンズが経営に行き詰まった。同年七月、住宅市場の低迷から政府住宅金融機関のファニーメイ（連邦住宅抵当金庫）とフレディマック（連邦住宅貸付抵当公社）が破綻の危機に陥るが、この二つは政府の管理下に置かれることになった。

そして同年九月、投資銀行リーマン・ブラザーズの破綻を迎え、金融危機は世界中を覆いつくすことになった。米国の五大投資銀行のうち、破綻したリーマン・ブラザーズ以外の投資銀行は、商業銀行に業態を変え、ウォール街から投資銀行は姿を消した。この間、世界最大の保険会社アメリカン・インターナショナル・グループ（AIG）は、サブプライム問題の影響で経営危機に陥っていたが、こちらの方は救済措置がとられて、事実上政府の管理下に入った。

この金融危機はやがて、実体経済に影響を及ぼしてきた。米国の住宅ブームによって、家計の過剰消費、過剰借入れ体質が強まったので、耐久消費財、とくに自動車をローンで購入するニーズが増えていた。しかし、住宅ローンの返済などに苦しむようになると、耐久消費財の販売額は急速に萎み、米国産業界のリーダーであったGM（ゼネラル・モーターズ）、フォード、クライスラーのビッグスリーが経営難に陥り、政府の救済措置を仰ぐようになった。この自動車のニーズの落ち込みは、ビッグスリーだけでなく、輸出に依存している日本の実体経済にも甚大な打撃を与えることになった。日本を代表するトヨタ自動車でさえ、対米輸出台数が激減し、赤字決算に追い込まれ、人員を削減するところにまで追いつめられていたのである。

このように、サブプライム・ローンという仕組みによって「先取り」された虚の価値は、金融市場でレバレッジが効かされて巨大なものに膨れ上がり、あちこちの金融機関や実体経済の中に潜り込み、拘束力を発揮して、経済を破壊しつくすのである。

そして、とどのつまり政府が救済に乗り出すことになり、リーマン・ブラザーズを除く金融機関、アメリカン・インターナショナル・グループ（AIG）、GMなど、「大きすぎてつぶせない」会社のために財政出動をせざるを得なくなった。そこで、米国国債の増発ということになって、国家規模の「先取り」が行われるのである。

しかし、「先取り」の無責任性によって、誰も責任をとらない。サブプライム・ローンのレンダーが責任をとったという話を聞いたこともないし、デリバティブを開発した人間が責任をとったという話も聞いたことはない。

しかも、「先取り」の無責任性の特徴は、とんでもないところ、「先取り」には何らの責任のない人のところに結果があらわれるということである。例えば、米国で行われたサブプライム・ローンによる「先取り」が、めぐりめぐって日本の労働者を失業に追い込む。言うまでもなく、失業に追い込まれた労働者には何の責任もない。これが「先取り」の無責任性の恐ろしさである。

このように、「先取り」概念を使って分析すると、ものごとが正確に見えてくることが分かるであろう。サブプライム・ローンは、「先取り」の一例に過ぎないが、手を替え品を替えて、同じような「先取り」が同時並行で行われているのである。

（1）サブプライム・ローンの仕組みについては、神谷秀樹『強欲資本主義　ウォール街の自爆』（文芸春秋）を参考にしてまとめた。

（2）廣田尚久『デス』（毎日新聞社）一四頁

第二章　「先取り経済」の歴史

1　近代以前の日本の「先取り経済」の歴史

「先取り」という経済現象を深く知るためには、歴史を繙くのが一番よい。しかし、ここで採用する方法は歴史あるいは経済史をなぞるのではなく、「先取り」といくキー概念を使って歴史を見るという方法をとる。すなわち、「先取り」というキー概念を使えば歴史はどう語られるか、ということになるから、これまでの歴史の語られ方とは相当に違うものになる。いわば、歴史の景色ががらりと変わると言ってよいだろう。

「先取り」は、時代を選ばず世界中の至る所にあらわれる経済現象であるから、あらゆる国のあらゆる時代の「先取り」を語るべきかもしれないが、それは膨大な作業になるので、本書では一定の時代と場所に限定せざるを得ない。だとすれば、本書が日本発である以上、まず日本の古代からはじめるのが至当だと思われる。そこでまず、お馴染みの貧窮問答歌に登場してもらおう。

(1)　律令制のもとでの収奪

　わくらばに　人とはあるを　人並《ひとなみ》みに　吾《あれ》も作《なれ》るを　綿も無き　布肩衣《ぬのかたぎぬ》の　海松《みる》の如《ごと》　わわけさがれる　かかふのみ　肩にうち
懸け　伏廬《ふせいお》の　曲廬《まげいお》の内に　直土《ひたつち》に　藁《わら》解き敷きて　父母は　枕の方に　妻子どもは　足の方に　囲み居て　憂え吟《さまよ》ひ　竈《かまど》には
火気《ほけ》ふき立てず　甑《こしき》には　蜘蛛の巣懸《か》きて　飯炊《かし》く　事も忘れて　ぬえ鳥の　のどよひ居るに　いとのきて　短き物を　端きると

云えるが如く　楚《しもと》とる　里長《さとおさ》が声は　寝屋戸《ねやど》まで　来立ち呼ばひぬ　斯《か》くばかり　術無きものか世間《よのなか》の道（万葉集巻五・八九二番歌）

これは、寒さに凍え糟湯酒をすする老人が、「私よりも貧しい人の父母は飢えてこごえ、妻子は力なく泣くだろうが、こういうときには、君はどうやって生計を立てて世渡りするのか」と問うのに対して、答えた貧窮問答歌の後段の部分である。この貧窮問答歌から律令制のもとでの収奪の様相を読み解きたいと思うが、その前に作者の山上憶良という人物を見ておこう。

山上憶良は、孝昭天皇の皇子を始祖とする粟田氏の支族山上氏の出であるが、一説によると百済系渡来氏族であるとも言われている。後者の説によると、憶良は六六〇年に百済王朝の薬師（医者）の家に生まれたことになるが、その百済国は内紛を繰り返し、日本国の援軍も白村江で大敗して、ついに六六三年に滅びた。憶良の父であろうとされる憶仁は、憶良が四歳のときにその戦火を逃れて日本に渡ってきて、天武朝の侍医になった(1)。七〇一年に三三年ぶりに遣唐使再開が決定されると、憶良は第七次遣唐使の小録という末席の使節に任命される。ときの遣唐執節使は粟田真人であった。彼が小録に任命されたのは、真人の推挽があったからと言われているが、それ以上の理由は彼に大陸に関する知識と書記官の役目に耐えうる秀抜な語学力があったからである(2)。この第七次遣唐使は、七〇二年六月に出航し、一〇月に長安に入った。そして憶良は、遣唐執節使粟田真人らとともに七〇四年に帰国した。遣唐使が大唐帝国からもたらした学識と文物は、奈良遷都として結実し、七一〇年の平城京が出現する。その後憶良は、七一四年に従五位下に叙せられ、七一六年に伯耆守に任命される。そして、七二一年には首皇子の侍講に任命され、東宮に侍せられる。その後の七二六年に筑前守に任命され、七二八年に大宰府の帥として着任した大伴旅人と親交を深めた。そして、任を終えた憶良は、七三一年末か翌年に上京し、七三二年の冬に、この貧窮問答歌を書いて「謹上」する。その翌年の七三三年に、久しく病んでいたリウマチが悪化して没した(3)。憶良享年七四。

この経歴から明らかなように、憶良は官職に就いた貴族であり、かつ第一級の文人、知識人である。官人ならば位禄・季禄、貴族ならば封戸・俸禄が国家財政の中から支給されるので、貧窮問答歌の中で描かれているような経済的な貧窮は経験していないはずである。だからこそ、憶良自身が発したと考えられる問の方には、寒さに凍える老人の姿は書かれていても、貧窮の有様は書かれていない。

ではなぜ、憶良はこの貧窮問答歌を書き残したのであろうか。おそらく文人、知識人としての感性と憶良の人間性が、「こんな世の中でよいのか」と急きたてて筆をとらせたのであろう。

ここで注目すべきことは、貧窮問答歌の末尾に「山上憶良頓首謹みて上る《たてまつ》」とあることである。この一文によって、この歌は高位の官人か皇族に捧げられたものと考えられているが、時は聖武天皇の治世であり、政界の重鎮であった長屋王は、この歌ができる三年前の七二九年に藤原氏の陰謀により自害している。そのような時代背景からすれば、「斯くばかり　術《すべ》無きものか　世間《よのなか》の道」という告発とも、挑発とも、痛烈な批判とも、あるいは皮肉とも言える歌を、高位の官人、皇族はまともに受け取ったのだろうか。憶良自身も、高位の官人、皇族に受け取ってもらおうと期待していたのだろうか。期待できないことが分かっていながら、「山上憶良頓首謹みて上る」としたところに、むせぶような悲痛な気持ちと、「深々と頭を下げて申し上げる。どうか皆さん聞いて下さい」という心底からの切実な思いが伝わってくる。

では、憶良は何を見ていたのであろうか。憶良が見ていたのは、律令体制のもとでの疲弊した民の現状だけでなく、律令体制そのものの行く末であろう。なぜ、そのようなことが言えるのだろうか。それは、「術無きものか　世間の道」という言葉の中に隠されている。これは、一般的には絶望を表現したものと解釈されているが、この語を反語ととらえればどうなるであろうか。そのときには、「術はあるはずだ」という意味になるだろう。そして、「術」は方法、手段の意であり、「世間の道」は世の中の在り方の意であるから、憶良が投げかけている問題は、経済、政治、社会の体制がこんなものであってよいのか、何かもっとよい方法はないのか、ということにある。

こうしてみると、この貧窮問答歌は、まさしく経済、政治、社会の現状を説き、未来に問題を投げかけている歌であることが分かる。後段で描かれている民の貧困の惨状と里長の過酷な取り立ては、経済、政治の現状の問題であり、疲弊した社会の姿である。

そして、この後段の中には、憶良ならではの瞠目すべき言葉がある。それは、「人並みに　吾《なれ》も作るを」という一文である。これは通常、「人並みに私も働いているのに」と解釈されていて、それはそれでよいだろう。しかし、ここで描かれているのは、働いて一定の収穫があるのに、里長から収奪されて惨憺たる生活を強いられている民の姿である。すなわち、収穫と収奪があまりにもバランスがとれないので、労働力の再生産さえ危うくなっている状況である。

では、民は働いて何を収穫したのであろうか。また、官から何を召し上げられたのだろうか。そして、この貧窮問答歌に描かれているのが本当の姿であろうか。そのことを知るために、律令制社会における経済、政治の在り方をひと通り見ておく必要があるだろう。

六四五年に始まった大化の改新のもとで、翌六四六年に公地公民が宣言された。そして、七〇一年に大宝律令が成って律令制がかためられ、七一〇年の平城京遷都が行われた。

律令制の経済的基礎は、国家的土地所有制と班田制であった。班田制は大化改新の班田収授規定によるものであるが、施行されるのは六九〇年の庚寅年籍成立からである。国家的土地所有制は大宝令によって法的に確定した(4)。班田制は、国家的土地所有＝公地を、満六歳以上の良民の男一人に田地二段、女にはその三分の二、奴婢には良民の男女のおのおの三分の一を、戸口数に応じて戸毎に口分田として班給した。

では、班田制のもとで、農民はお上から何をどの程度召し上げられていたのであろうか。

まず租であるが、これは収穫の三%というのが標準であるから、一般的な租税とみるにはあまりに軽いので、租が一般通念における租税の一種であるとはいえないだろう。むしろ口分田は、農民にとって多様な労役の賦課に応ずるための労働力再生産の場という性格をもたされていたと見なければならない(5)。

これに対し、課口の男子について人頭別に賦課される調・庸・徭役は過酷であった。

調は、絹・絁《あしぎぬ》・糸・綿・布や、郷土の所出＝鉄・塩などの特産物で、その量は、絹・絁では正丁（二一歳以上六〇歳以下の健康な公民男子）一人八尺五寸などと規定されている。庸は、本来中央官衙（「衙」は官庁の意）に奉仕する一〇日間の労役であるが、布などによって代納が行われた。また徭役は、正丁一人年間六〇日、次丁（正丁の年齢に相当する残疾）三〇日、小丁（満一七歳以上二〇歳までの男子）一五日の労役で、国司の権限で池堤・官庁などの建設・土木工事などに駆り出された。さらに戸では正丁一人が兵士とされており、一般に兵士・防人などの軍役や、調・庸などを中央に運ぶ運客の労役も加わった。(6)

以上の他に、地方＝国衙に収める正税があった。その源泉は、田税と正税出挙の利稲であり、田税は籾、利稲は穎（穀物の穂先）で国衙の正倉に収められた。それだけでなく地方諸国は、管内の池堤・道路・橋等の公共施設や国群衙の庁屋・正倉等の建設などの土木工事のための雑徭として労働力を供出させた。(7)

ここで、正税出挙という言葉が出てくるが、これは国衙が農民に貸付を行う公出挙のことである。この公出挙は、一見農民の窮迫に対する救済政策のように見えるが、実際には強制貸付を行い秋に三～五割の高利をとって返還させるという形で収奪手段に転化させたものに他ならなかった。(8)諸国の正倉に収められた田租＝正税の一部は精白されて宮内省大炊寮に運上された。その正税は国衙の公出挙によって増殖され、中央政府の要求する調庸物の不足を補うための経費にあてたり、中央の要求する諸物資の買入れの原資とされたりした。(9)

こうしてみると、この公出挙は、私の言う「先取り」に他ならないことが分かる。すなわち、強制貸付という段階で「先取り」が行われるのであるが、農民はこの「先取り」＝公出挙によって収穫の中から三～五割に及ぶ利稲を国衙から吸い上げられ、国衙が増殖させた利稲は中央政府が巻き上げるという仕組みが、律令制のもとで国家財政・地方財政の中に組み込まれているのである。したがって、租は収穫の三％に過ぎないとしても、口分田から収穫したものの中から翌年の種子分や公出挙の利稲などを差し引くと、農民の手に残るものは、労働力を再生産するのにぎりぎりというところであろう。

また、雑徭を中心とする労役の負担が大きかったし、調庸物も、農民の食糧生産と別個の労働を必要としたから、事実上労役と異ならない性質を帯びていた。したがって、律令制は労働力を直接収奪する構造を持っていた。[10]

では、召し上げる方の律令国家の財政はどのようになっていたのだろうか。

律令国家の財政は、中央政府の財政と地方＝国衙財政との複合構造をもっていたが、そのうちの中央財政は、主として都に運上される調・庸および調副物などによってまかなわれた。中央官人に支給される位禄・季禄や諸官衙の経常経費はすべてこれから支出された。調および庸の一部は官営工房で加工され、高級織物等に仕上げられる原料にもあてられた。[11]官営工房の生産形態は、官が作業場・道具・原料など一切の生産手段を用意して、生産者はそこで作業する労働力として編成され、生産物は全部国家の手に帰属し、官司や官人に配分・消費された。[12]こうして政府の必要とする物資の大半は、諸国から貢上される現物と中央で直接生産される物資とによってまかなわれていた。したがって、貨幣使用や商品購入を前提としない現物自給経済的財政構造を持っていた。[13]

ところで貨幣は、七〇八年に鋳造された和銅開珎がはじめとされているが、和銅開珎以前にも唐の開元通宝銭を真似て鋳銭が行われていたという説がある。[14]和銅開珎以前に鋳貨が流通していたか否かはともかくとして、遅くとも七世紀には古代国家としての体制がかためられていて一定の文明を持ち、人々が多数集まる市が開かれていたことに疑いはないから、いかに現物自給経済だといっても、物品交換の媒介物が必要であっただろう。大宝令の禄令には、正一位以下の官人に対する位階に応じた季禄が定められているが、これによって、禄令に見られる絁・綿・布・鍬《くわ》等が、物品として利用されるほかに、物品交換の媒介物として用いられていたことがうかがえる。[15]

和銅開珎は、まず銀銭が造られ、銅銭の鋳造はあとまわしになった。しかし、銅銭の鋳造量が一応満足すべき量に達したとき、銀銭の使用禁止、銅銭の一色使用が令せられた。[16]貨幣がつくられた結果、官人の季禄は絁・綿・布・鍬等に代わって銭が与えられるように改正された。そして、七一一年・七一二年の銅銭の公定価は非常に高く設定された。新鋳貨の和銅開珎に高い価値を設定した目的は、官人に対する禄を絁・綿・布・鍬などの現物に代えて少ない銅銭をもってし、朝廷の財政を支えようとしたものであろうし、また平城京の造営にあたって多数の雇工・雇夫・雇女の労働力を必要としたがその功を少額の銭の支給によってまかなうことも計画されていたのであろう。[17] このことから、律令制のもとでの政府は、貨幣を鋳造するや早々に、ソブリンとしての利益をせしめようとしていたことが分かる。[18]

では、貨幣はさかんに流通していたのであろうか。

長屋王の屋敷跡から発見された木簡には、長屋王家の管理下の店に「飯九九笥《はこ》と酒五斗」を売ったことを示す木簡がある。[19] これによると、都に集まった雇工たちが鋳貨を払って弁当を買ったり酒を飲んだりする様子が目に浮かび、都では貨幣がある程度流通していたことは確かであろう。しかしながら、定期的に開催される市を媒介として広く取引が行われるところまでは到達していなかったようである。平城京では東西の官市が開かれており、官人や寺社関係者はここで禄物・施入品などの一部を売却し、各種物品を購入した。交換手段としての貨幣は和銅開珎をはじめとして後には皇朝十二銭が相次いで鋳造され、国家もその流通を奨励した。しかし、市は、軽市・海石榴市・三輪など大和の若干の市と河内の餌香市以下摂津・伊勢・近江・美濃・播磨・備後・紀伊・駿河・越後に各一つずつにすぎず、八世紀段階においては、一般的交換の場としての市が定期的に開かれていたとは言えない。交換や貨幣流通は京畿内では行われていたが、地方市場は未成熟だったと言えよう。[20]

このような律令体制のもとでは、価値の源泉は、やはり労働ということになるのではないだろうか。租・調は労働の成果物を取りあげる仕組みであり、庸・徭役は労働力を直接差し出させる仕組みである。官営工房も労働力を差し出させる仕組みになっている。すなわち、律令制の経済、財政は、価値を生み出す労働力を直接収奪することによって成り立っているのである。

では、「先取り」という観点からすると、どのようなことが言えるのであろうか。前述の公出挙はまさしく「先取り」に他ならないが、収穫のうちの利稲が占める割合が増えると、その「先取り」が農民を苦しめることになるだろう。それとともに、租・庸・調・徭役によって召し上げられる労働力の中の相当部分は「先取り」と言ってよいものではないだろうか。この「先取り」は、貨幣や信用を媒介するものではなく、直接労働力を収奪するものであるから、「先取り」とそうでないものとの限界が分かりにくいが、おおよそ労働力の再生産が困難になるところにその境界線を引くことができよう。労働力の再生産ができなくなるということは、将来の労働力が「先取り」されていることを意味する。

山上憶良が貧窮問答歌の中で描いたのは、すでに労働力の再生産がままならなくなってしまった農民の姿である。では、「人並に 吾も作れるを」と言っている彼は、何をしていたのであろうか。彼には父母、妻と複数の子がいるのであるから、八段前後の口分田が割り当てられているはずである。したがって、一定の農作物の収穫はあるだろう。租だけであれば三％ですむが、強制的に公出挙を背負わされていれば、収穫物の残りは僅かなものだろう。そのうえ彼には、庸・調・徭役の義務がある。「作れる」というのは、調として布を織ったり、海産物を獲ったり、あるいは庸・徭役として道路工事に従事したり、都に働きに行ったりすることを意味しているのかもしれない。憶良は、「吾も作れるを」と言うだけで実際に彼が何をしていたか詳らかではないが、この僅かなひと言だけで、彼が公民としての租・庸・調・徭役の義務を果たしていたことは分かる。

こうしてみると、貧窮問答歌に描かれているのは、律令制の現実であると言えると思う。これが現実であるという証拠は、律令制の行く末を見れば明らかになる。このような国家の苛酷な収奪によって、家父長制世帯共同体の中から逃亡する家族員が続発し、やがて家族ぐるみの逃亡も増加した。そして、それとならんで田地の荒廃も進行した[21]。すなわち、律令制の基礎である「公民」は荒れた「公地」から逃げ出してしまったのである。これは、労働力の再生産ができなくなるほど将来の労働力まで「先取り」された経済、社会の現象に他ならない。一方では貴族・豪族・百姓の間に私的土地所有の要求が高まり、憶良の死後一〇年を経た七四三年に、墾田永世私財法が制定され、律令制の基礎をなしている国家的土地所有制が切り崩されてゆく。こうして「先取り」による基礎の崩壊と所有形態の変更という鮮やかな軌跡を示しながら、やがて律令制は終焉し、荘園公領制へと体制は入れ替わるのである。

（1） 東茂美『山上憶良の研究』（翰林書房）一〇頁

（2） 同書一二頁

(3) 同書八頁
(4) 永原慶二『日本経済史』(岩波全書) 三八頁～三九頁
(5) 同書四三頁～四五頁
(6) 同書四四頁
(7) 同書五一頁
(8) 同書四五頁
(9) 同書四九頁～五〇頁
(10) 同書四四頁～四五頁
(11) 同書四九頁
(12) 同書五三頁
(13) 同書五一頁
(14) 滝沢武雄『日本の貨幣の歴史』(吉川弘文館) 五頁
(15) 同書一頁～二頁
(16) 同書一五頁
(17) 同書一八頁～一九頁
(18) ソブリン (sovereighn) とは、君主・統治者・主権者・主権国・主権などの意である。金融業界では国家・政府とほぼ同義の語として使われていて、国債などのように政府または政府関係機関が発行あるいは保証する債権をソブリン債、国家への融資におけるリスク (信認危機) をソブリン・リスク、政府の債務危機をソブリン危機という。なお、ソブリンは通貨発行などの際に利益を独占することがあり、ここでは律令政府が貨幣鋳造の機会に、そのような利益を狙っていたことを指摘したのである。
(19) 馬場基『平城京に暮らす―天平人の泣き笑い―』(「U7　二〇一一年四月号」学士会) 三八頁
(20) 前出『日本経済史』五六頁～五七頁
(21) 同書五八頁

(2) 幕藩制末期の財政破綻と解体現象

律令制社会の経済のポイントを見た次には、本来ならば荘園公領制、大名領国制、幕藩制という順序で、その経済、社会を連続的に取りあげるべきかもしれないが、本書は歴史書ではなく、歴史上にあらわれる「先取り」という経済現象の典型例をこの章で検証するのが目的であるから、時間を思い切って飛躍させて幕藩制末期に着地しよう。

最初に、幕藩制末期の財政赤字と貨幣改鋳の関係を見ておきたい。

一八一九年（文政二年）に金銀貨の改鋳が行われたが、このときにつくられた金・銀貨には草書体の「文」字の極印が打たれたので、草文小判（一分判）、草文丁銀（小玉銀）と呼ばれている。小判の量目は、一七三六年（元文元年）の改鋳によってつくられた真文小判と変わらず三匁五分であるが、品位は真文二分判と同じ五六・四一％であった。丁銀・小玉銀の品位は六割四分引き（三六・〇〇％）である。

この新金銀は、江戸城内や大坂の金蔵の丁銀を取り崩して鋳造したものであるが、幕府の狙いは、世間に通用している金銀を回収して改鋳するところにあった。しかし、元文期のように新旧金・銀貨の引き替えにあたって、増歩をつけることがなく、また新旧貨を混ぜて使用することが認められていたから、引き替えを望むものはほとんどなかった。それで幕府は繰り返し引き替えを督促し、一八二四年（文政七年）には旧金・銀貨の通用を翌年で打ち切ると宣した。引き替えに当たっての増歩を与えず、強制的に良貨を悪貨に同価で引き替えさせているところに、この改鋳が出目（改鋳の際に品位を下げることによって生ずる改鋳収益金）目当てであったことが露骨に示されている。[1]

その後も貨幣の改鋳は続いたが、これは、一一代将軍徳川家斉の放漫な政治と生活によって生じた財政赤字の穴埋めのためであって、それ以上の目的はなかった。貨幣改鋳で得た出目は一八四万八五四〇両（文政元年から九年まで）、銀座上納の出目（文政三年から天保六年まで）は三八三万八五六七両であり、合わせて五六八万七一〇七両に達している。[2]

幕府財政の収支は、一七九二年（寛政四年）以降一八二一年（文政四年）までの各一〇年間は、支出が収入を超えて赤字になっているが、一八二二年（文政五年）以降出目収入が増すと、収入がのびて黒字に転じている。また、一八一三年（文化一〇年）から一八三三年（天保四年）までの毎年の収入は、赤字の年が半分以上に達しているが、それぞれの赤字が、新たな改鋳によって黒字に転じている。すなわち、もっぱら貨幣改鋳の出目益金によって不足分を補うという弥縫的な政策が繰り返されたのである。

文政期におけるこのような貨幣政策は、一時的にではあったが幕府政策を好転させたものの、貨幣の激増によって金銀相場を混乱させ、江戸上方間の商取引を低調にし、江戸における商品の不足、物価の高騰、大坂における商況の不振等、人々の生活に大きな悪影響を及ぼした。(3)

ところで、天保の改革は、水野忠邦が老中首座になった一八四一年（天保一二年）五月から老中罷免になった一八四三年（天保一四年）閏九月までの政治を指すとされているが、この前後の貨幣政策はどのようなものであっただろうか。

水野が老中首座になる前の天保八年（一八三七年）にも改鋳が行われているが、その年以後水野の任期中の同一三年（一八四二年）までの出目益金は、天保八年六二万九二六三両、同九年一〇七万五九五〇両、同一〇年六九万四七四五両、同一一年九九万七〇〇〇両、同一二年一一五万五〇〇〇両、同一三年五〇万一四四五両であって、歳入に占める割合は、天保八年が二四・八六％、同九年が三二・八二％、同一〇年が二八・九三％、同一一年が四一・二一％、同一二年が最高の五一・四三％、同一三年が二八・四七％に達している。(4)

なお、天保期初年には大飢饉（同四年と七年）があり、また、百姓一揆、打ちこわしが続発し、同八年には大坂で大塩平八郎の乱が起こっている。このような内憂だけでなく、アメリカ船モリソン号の浦賀入港などの外患も頻発し、社会は混乱の度を増してきた。この間、幕府の年貢米金は減収を続けていたが、それにもかかわらず、飢民の救済、海防の必要等で支出を余儀なくされ、幕府は貨幣改鋳の出目益金を当てにせざるを得なかった。

この天保期の貨幣改鋳は、文政改鋳と同じく幕府の財政補填という直接の目的は達したが、文政末期の混乱した経済状況の収拾に向かわず、かえってそれを助長するような大規模な貨幣改鋳を続けたのであるから、経済、社会に対する悪影響は甚だしかった。(5)

幕府財政を補填するために良貨を悪貨に改鋳して出目益金を充てるという方法は、平成の日本財政を補填するために国債を発行して充てるという方法と何と似ていることであろうか。因みに、国債の発行額が歳入（税収と公債発行額との合計）に占める割合は、平成一七年（二〇〇五年）が三八・九三%、同一八年が三五・九〇%、同一九年が三三・二五%、同二〇年が四二・八四%、同二一年が五九・一八%、同二二年が五四・二二%である。(6) この類似性が示唆しているのは、今や幕末並みの危険水域に達しているということである。こうなると、貨幣改鋳のその後の顛末まで見届ける必要があるだろう。

水野忠邦の天保の改革期の一八四一年（天保一二年）に金分銅、銀分銅の鋳造があり、改鋳は一八四五年（弘化元年）に再開された。この金銀鋳造の再開は、水野忠邦の財政の失敗を意味したが、その後も、一八五四年（嘉永七年）、一八五六年（安政三年）と改鋳が続けられた。天保改革に失敗し、幕府財政が好転しなかったばかりでなく、一八五三年のペリーの来航以来厳しさを増した海防問題に対処する必要もあり、歳入を増やす手段として、また出目に依存する以外になかった結果、このような改鋳が行われたと見られる。(7)

この後、一八五九年（安政六年）から万延年間（一八六〇年〜六一年）にかけ、貨幣の大規模な改鋳が行われたが、これはこれまでの事情と異なり、開国による貨幣制度の混乱、とりわけ金の濫出に対処するための改鋳であった。一八五八年は安政の大獄、一八六〇年は桜田門外の変の年であるから、世はまさに騒然としていた。その混乱の中での交換比率の相違による金の濫出という現象も、為替相場の変動によって翻弄される今日の経済現象と符合するものがあるので、ひととおり見ておこう。

一八五四年に締結された日米和親条約では、伊豆下田と松前箱館の両港の開港を約し、日本から米国へ売り渡す品物の代金は金銀銭で弁済すると定められただけであるが、一九五八年の日米修好通商条約では、米国人が持ってくる貨幣を計算するには、「外国の諸貨幣は、日本貨幣同種類の同量を以て通用すべし、双方の国人互に物価を償うに、日本と外国との貨幣を用ゆる妨なし、……向後鋳替の為分割を出すに及ばす」と規定された。この条約の発効に備え、不利を避けるために金貨と銀貨が改鋳された。当時主として通用していた保字一分判に含まれる金量は〇・四二五匁強であったから、世界市場の金相場（金一対銀一五）に従えば、六・三七五匁の銀に相当する。しかし、一分銀・一歩判は同価値として小判（一歩判）と交換されたから、日本の金貨はその真価の三分の一ほどであった。これは、日本では、金貨の代わりに銀貨を通用させ、しかも改鋳によって銀貨の質を次第に落としてきた結果、そのような金銀比率になったのである。しかし、国内的には含有量ではなく名目で通用したから問題はなかったが、開港して外国との貿易が行われると、新たに金銀比率の相違が問題になったのである。(8) 当時アジアにおける洋銀（メキシコドル）一枚と一分銀三個とが交換されることとなっていたが、前に述べたように、国際金銀比価が一対一五であったのに対し、日本では一対五程度であったから、これを金貨に替えれば労せずして巨利を得ることができたので、金貨の猛烈な海外流失が生じた。(9)

幕府は、その対策に苦慮し、一八六〇年（万延元年）、金の濫出を防ぐ手段として金貨の改鋳が行われた。その結果、万延小判と安政一分銀との比較でみると金対銀は一対一八・六弱となり、二分判・二朱判との比較では一対二六強となった。こうしてようやく金の海外への濫出は止まったが、それまでに流出した金は五〇万両に及ぶといわれている。それまでは鎖国によって世界から孤立した国内だけで通用していた貨幣制度を、否応なしに世界に通用するものに改めなければならなくなり、万延の改鋳はそれへの第一歩であったが、それはとうてい十分な改革とは言い難いものであった。貨幣制度の根本的改革は、もはや封建的枠組みである幕藩体制の中ではできないことであった。(10)

この万延の改鋳によって金貨流失は止まったものの、劣悪な金貨、とくに二分判が多量に鋳造された結果、物価は高騰し、開国によって生じた経済の混乱に拍車をかけることになった。(11) すなわち、劣悪な貨幣を増発することは、当然のことながらインフレーションを誘発する。それによって昂進した物価高にあおられ、生糸をはじめとする諸物価は横浜に集中的に送り込まれた。そのため西陣・桐生など国内機業地は生糸不足・生糸高値という二重の打撃をこうむり、また江戸では物資不足から社会不安が高まった。このような開国に伴う経済の混乱は、豪農・豪商層までをまき込んで、攘夷運動を高揚させ、一八六一年英公使館襲撃事件、六二年生麦事件、六三年下関における長州藩の外国船砲撃事件、薩英戦争、六四年四国連合艦隊の下関砲撃事件などが続き、騒然とした世の中になるのである。(12)

このように、幕末開国後は、文政以降の無定見な貨幣政策が経済を混乱させただけでなく、社会を惑乱させ、幕藩制の崩壊に道をひらくことになったのである。

ここで、貨幣の改鋳が「先取り」であることを考察しておきたい。

金・銀の含有量を落として改鋳してより劣悪な貨幣をつくることは、紙幣を印刷して増発することと本質的には同じである。なぜならば、それまでなかった価値を、そこでつくりあげるからである。出目益金というのはそこで作りあげられた価値であって、そこで使われる原料は、紙幣における紙とインクと同様に、混ぜ合わされる銅などの安価な金属であって、貨幣に表現されている価値と比べれば問題にならない値打ちしかない。ここで今、「価値」と言ったが、それは名目上水増しされただけであって、つくられた時点では、実際に中身があるわけではない。その意味で、私の言う「虚の価値」である。しかし、いったん流通に置かれて、一両が一両として流通すれば、それは一両としての値打ちを持つようになる。幕府が狙ったのはそれであろうが、しかし、金の含有量が半分になったのに、同じ値段で品物を交換するわけにはゆかないだろう。一反の反物が一両だったとして、金の含有量が半分の小判であれば、二両でないと取引ができないということになる。幕府は改鋳のたびに、旧貨と新貨の交換を促進させたり、旧貨を退蔵させないようにしたり、さまざまな複雑な政策をとったが、なかなか効を奏しなかった。こうなるともはやインフレーションが必然となる。

ところで、幕府は紙幣を発行していなかった。いくつかの藩で藩札を発行していたが、幕府は金銭札の発行を制限したので、江戸時代には紙幣が幅広く流通しているということはなかった。幕府は、貨幣をもって全国の通貨を統一し、幕府の支配力を強化しようとしたのであろう[13]。紙幣が使用されずに貨幣が使用されていたことは、第一次世界大戦後のドイツで起こったようなハイパー・インフレーションが起こらなかった理由ではないだろうか。貨幣の改鋳と紙幣の増発とは、「虚の価値」をつくるという意味では同じではあるが、経済現象としては違う形であらわれるのではないかと思われる。なぜならば、金貨・銀貨であるならば、いくら質を落とすとしても、含有量をゼロ近くにするわけにはゆかないだろう。無制限に印刷することができる紙幣とは違って、改鋳には自ずから限度があると思う。幕府が紙幣を発行していなかったということがもたらした経済現象は、なかなか興味深いものがあるが、その中でも、開国した時点で金貨・銀貨が流通していて紙幣がなかったことは、とりわけ意味が大きいと思う。なぜならば、外国から狙われたのは、金貨に含有されていた金そのものであるからである。価値のある中身の金が外国に持って行かれたのであるから、日本に残ったのは、中身のない観念的な「虚の価値」だけである。幕府が慌てて改鋳しても（万延元年）、もう遅かった。

ところで、「先取り」であるが、いったい貨幣改鋳によって何を「先取り」したのであろうか。後にみるような国債の発行であれば、将来の税収を「先取り」するということが分かりやすい。しかし、貨幣の改鋳は、それとは違って少し分かりにくい。その理由は、貨幣の改鋳が「虚の価値」を直接つくってしまうところにあるからだと思う。しかし、少し考えれば分かることだが、貨幣の改鋳によってつくられた「虚の価値」は、それと交換されるべき対象物の名目上の価格をつり上げる。ここで「交換されるべき」という意味は、現実に取引があるときだけを言っているのではない。現実の取引のあるなしにかかわらず、貨幣改鋳が行われたという事実だけで、世の中の価値のあるもの、すなわち商品、労働力、サービス等はすべて、名目上の価格がつり上げられるのである。すなわち、新貨が旧貨の半分の値打ちであれば、商品、労働力、サービス等の名目上の価格が一斉に二倍になるはずである。そうなれば、貨幣の改鋳が行われても、物価が二倍になるだけであって、それだけならば改鋳をした意味がない。しかし、実際にはそうはならないのである。なぜならば、商品の中には価格を二倍にしても売ることができるものもあれば、価格が上がれば売れなくなるものもある。また、価格が上がれば買うことができなくなる消費者もいる。また、労働力やサービスの対価は、物価の値上がりに追いつかないことが多い。つまり、商品や労働力やサービス等の実質的な価値は、改鋳によって押し下げられてしまうのであるが、この改鋳前に持っていた実質的な価値と改鋳によって押し下げられた価値との差は、それはすなわち、取引が成立したときに商品の所有者が品物を売ったときに受け取るはずだった代金であり、労働者が労働したときに受け取るはずだった報酬であり、医師が治療をしたあとでもらうはずだった謝礼である。しかし、代金や報酬や謝礼を受け取るときに改鋳によって押し下げられた差の部分を受け取ることができず、その部分は幕府に召し上げられてしまうのである。すなわちそれは、貨幣が改鋳されたとたんに、その部分を先に取られてしまうことを意味している。これは、まさしく「先取り」に他ならない。

このように、幕藩制末期の財政破綻を回避するための手段として行われた貨幣改鋳をみることによって、ひとつの「先取り」のパターンを知ることができた。こうしてみると、「先取り」が体制の崩壊になみなみならぬ力を及ぼしていることが分かるであろう。

しかし、言うまでもないことだが、幕藩制を解体させた原因は、貨幣の改鋳だけではない。幕藩制の末期には、いろいろなところに解体現象が起こってきたのである。そのことについて、天保の改革を軸にして少し見ておこう。

幕藩体制の危機の深まりの中で登場した水野忠邦は、一八四一年（天保一二年）に天保改革の第一弾として株仲間解散令を発した。この時期になると、幕藩体制の基底となっていた農村で、近世的な共同体がある程度解体する現象がみられ、木綿・菜種など諸藩の流通統制に入らない各地の農民的商品が増大し、大坂を経由しないで需要地との結合を強めてきた。こうした農村工業は、生産形態の面では、家族的小営業にとどまるものもあれば、その上に問屋が支配する場合もあり、またマニファクチュア経営に発展する場合もあったが[14]、このような農民的商品生産があらわれてくると、それまで隷属的な地位に立たされていた農村の商人層は、都市の問屋資本と現実に対立するまでに成長してきた。幕府としては、発展する農民的商品経済をとらえる必要があり、都市の問屋資本の特権を排除して、新しくこれを組織する必要があった。天保の改革の株仲間解散令は、このような要請を背景にして断行されたものである[15]。

株仲間解散令の第一段は、一八四一年に発せられた。その対象となったのは菱垣廻船積十組問屋であって、彼らが大坂・江戸間の商品流通を独占しているために、江戸市中の消費物資が減少し、物価騰貴が起こっていると考え、その特権を剥奪することが目的だった。第二段の解散令は、翌四二年に発せられたが、その対象となったのは、問屋と称せられるもの全部であり、その名称さえ全く廃止させるという徹底したものであった。このために、従来まで収めていた運上金・冥加金は今後必要でなく、それとともにすでに与えられていた商品流通面での特権は剥奪され、素人買勝手の法則を認めたのである。これによって、都市の問屋による買占めは全く禁止された。この目的は、江戸の消費物価の集荷量の増大化をはかり、物価を引き下げることであった。従来課していた運上金・冥加金の負担分が物価に上乗せされていたのが物価上昇の原因であり、都市問屋の独占を排除して運上金・冥加金を犠牲にすれば、物価が低下するとともに、直接生産者と小売商を結合させることによって、消費物資の必要量も江戸に集まると考えたのである。しかし、結果的には従来の集荷・流通機構に著しい混乱が起こっただけで、幕府が予期したように江戸には物資が集まらず、また、物価も下がらなかった。

水野は、株仲間解散令の外に、売上値段調査・物価引下げ・価格表示・現金取引・物価公定・買占値待ちの禁止・賃金の公定・湯銭の公定と次々に物価政策を実施した。(16) これは強度の規制政策というべきであろう。しかし、さしたる効果は上がらず、物価はいっこうに下がらなかった。それはそうだろう。貨幣の改鋳によって貨幣価値が下落し物価を押し上げる力がかかっているのに、その圧力に抗して物価を下げることはとうてい不可能だからである。

ここで、幕藩制末期の経済、社会の現象のうち、農村の荒廃と土地集中・地主層の形成について指摘しておく必要がある。

幕藩制の末期には、とくに東北・関東地方を中心として農村の荒廃が激しくなってきた。そして、天保前期の飢饉によってさらに深刻になり、江戸には農村からやってきた浮浪民が多くなってきた。そのために、江戸の人口を減らし、農村の人口を確保するために、幕府は人返し令を発布した。一八四三年の令によれば、自今以後在方の者の江戸に移住することを禁じ、さらに江戸にすでに入り込んでいる者でも、永年営業をし、または妻子眷属を有する者の外は、一期住同様の者は帰郷せしめ、同時に農民の江戸に出稼ぎする者に対して、その年限を定めて、その年限がくれば必ず帰郷させることを内容とするものであった。(17) 幕藩体制はその物質的基礎を農村からあがってくる年貢においているので、農民人口が減少して農村が荒廃すれば、その物質的基礎が崩れるから、人返し令で農民を農村に返し、物質的基礎を再構築する必要があったのである。

ところで、幕藩体制によって実現された封建的土地所有関係の特徴は次のとおりである。第一に、将軍は大名の知行をいつでも改易したり転封させることができるほどの強大な権力を持ち、いわば大名の封建的土地所有権に優越する上位の国土支配権ともいうべき権能を掌握していた。すなわち、個々の大名の封建的土地所有権が、知行割・転封を通じて土地との結びつきを弱められていたのである。第二に、幕藩制のもとでの土地所有は、中世的な在地領主制が次の段階に進み、家臣団はすべて城下町に集住して在地性を払拭し、直営地を持っていない。この点が生産物地代を原則とする根拠であった。第三に、農民層の封建的上下分解にともなう小領主層の成長と下剋上的な動きが抑止されたため、封建的土地所有が世襲的な武士身分だけに独占される。したがって、実力による新たな封建的土地所有の創出は否定され、富を蓄えた町人が封建的土地所有を買い取ることも認められない[18]。

しかし、江戸時代を通じて、次第に農村における家父長的大経営が解体して小農民経営が展開されるようになった。また、譜代下人の年季奉公人化や名子的従属百姓の名抜け、すなわち水呑百姓化という一連の動きが着実に進行した。幕藩領主が年貢負担農民として把握していた本百姓にはあらたに小保有者化した農民も広く含まれていた[19]。このような農村における身分上の分化とともに、木綿栽培、菜種、藍、煙草の栽培、養蚕などの商業的農業も進展した[20]。そして前にも述べたように、農村工業も発展し、農村内部では、社会的分業が進んできた。それとともに農村に富裕層が生まれて、荒廃した農地の集中をするようになり、地主層を形成するようになってきた。

天保期になると、農村内部での社会的分業の展開と脱農民化の現象の著しい地方が広く各地域に存在するようになった。そして、大坂周辺のような先進地域では、土地集中の現象が一般化し、地主制を形成するようになっていた。この地主制をすでに展開してしまったところでは、それを阻止することはできなくなった。こうして形成期の地主制が安定してきたことは、本百姓体制の維持をはかる領主にとっては大きな障害になった。

このように、封建的土地所有は、その足許から崩れはじめたのである。

時代・体制が変るときには、必ず所有形態の変更が行われる。すなわち、所有形態の変更は時代交代のメルクマールである。幕藩制の基礎を形成している封建的土地所有が農村の荒廃と地主層の形成によって崩壊しはじめたことは、いよいよ終末を迎えるときが迫っているということである。貨幣改鋳によって多量の通貨が出まわって貨幣経済の社会になったことや、封建的土地所有の基礎が崩れはじめたことなど、さまざまな経済、社会現象が関係づけあって、幕藩制は倒れようとしている。時代交代のために必要な要素は、出揃ったと言ってよいだろう。

これまで、近代以前の日本の「先取り経済」に関して、律令制のもとで律令国家が法令と制度を使って労働力を直接収奪したことと、幕藩制のもとで幕府が貨幣改鋳という手段を使って価値を収奪したことを見てきた。そのことによって、時代とともに「先取り」の方法が進化し、その影響が深まってきたことが分かったと思う。

そこで、空間をひとまず日本から西洋に飛躍させ、西洋における近代以前の「先取り経済」を見てみよう。

(1) 前出『日本の貨幣の歴史』二三三頁〜二三四頁
(2) 同書二三七頁
(3) 同書二三七頁〜二三八頁
(4) 同書二四一頁〜二四二頁
(5) 同書二四二頁
(6) 財務省ホームページ「一般会計税収、歳出及び公債発行額の推移」
(7) 前出『日本の貨幣の歴史』二四四頁
(8) 同書二四五頁〜二四七頁
(9) 前出『日本経済史』二五三頁
(10) 前出『日本の貨幣の歴史』二五二頁
(11) 同書二五一頁
(12) 前出『日本経済史』二五三頁〜二五四頁
(13) 前出『日本の貨幣の歴史』二五七頁
(14) 前出『日本経済史』二三〇頁
(15) 津田秀夫『封建社会解体過程研究序説』一八〇頁
(16) 同書一八一頁〜一八二頁
(17) 同書一七八頁

(18) 前出『日本経済史』一七二頁
(19) 同書一七三頁
(20) 同書一九二頁～一九五頁

2 近代以前の西洋の「先取り経済」の歴史

ヒトの歴史の中で、「先取り」はいったい何時に始まったのだろうか。私の想像であるが、狩猟時代でもその日の糧を必ず収穫できるとは限らないから、ホモ・サピエンスともなれば、将来の収穫をあてにして食糧を借りる脳の働きは発動されていただろう。しかし、原始時代の遺跡の中からそのような事実を証明することは私にはできないから、時代をギリシャ時代に飛躍させよう。

「先取り」の中には、主権者《ソブリン》が借財をするというパターンがあるが、アテナイとの間で発生した紀元前四三一年のペロポネソス戦争の際に、スパルタと同盟都市国家の指導者がオリンピアやデルポイの神殿から軍資金を無利子で借りた記録が残っているという。相手国のアテナイの指導者層も、紀元前四二六年から同四二二年の間に、アテーナー・ポリアス神殿、アテーナー・ニーケ神殿、アルミテスの司祭、さらに外国の宗教権力者とも融資契約を交わし、そのうえ自国民からも私財を借り入れることによって軍資金を調達した。この費用がかさむ戦争がきっかけになり、古代ギリシャの都市国家は衰退し、時代はローマへと移行したのである。(1)

ここから「先取り経済」の歴史を網羅的にとりあげるとすれば、それは膨大な作業になって、私の持ち時間はほとんどそれに費やされてしまうだろう。本書は、「人類先取り史」を漏れなく書くことが目的ではないので、本書を理解するために必要だと思われる歴史上の「先取り」を、いくつか取りあげるにとどめたい。

(1) ジャック・アタリ『国家債務危機』(作品社) 四四頁～四五頁

(1)　ヴェネツィアの盛衰

六九七年、バオルッチォ・アナフェストが初代の終身統領《ドージェ》に選ばれて、ヴェネツィア共和国が成立した。ヴェネツィアは、ビザンツ帝国やフランク王国からの支配をかわすとともに、海上ではスラブやイスラムの海賊と戦いながら、国家としての体裁をととのえていった。[1]

八世紀の中頃、税収が不足したイタリアの都市国家（ヴェネツィア、フィレンツェ、ジェノヴァ）の主権者《ソブリン》は、軍資金を調達するために、交易によって蓄財していた商人から借金をした。商人たちにとっては、戦争が自らの商売を確保するための手段であった。一二世紀のイタリアの都市国家では、将来の税収を担保に入れた貸付証券が発行されていた。ジャック・アタリは、これこそが債券や証券さらに国債の起源だと言うが、[2]これはすなわち、早くも一つの強力かつ便利な「先取り」のパターンが開発されたことになる。

聖マルコを守護神とするヴェネツィアは、アドリア海と東地中海を舞台にして、戦争と外交と貿易の複雑な力学を操りながら、外国との緊張の歴史をかいくぐってきた。その歴史の中で、絶え間ない戦争を繰り返し、勝ったり負けたりした。そして、広大な属領を獲得して版図が拡張することもあったし、属領を失って版図が縮小することもあった。貿易ルートが増えることもあったし、変更されることもあった。交易する商品は豊富であったが、扱い量が減少する商品もあった。国内産業にも盛衰があった。例えば、一六世紀に繁栄した毛織物業は一七世紀にはオランダやイギリスの毛織物市場の参入によって衰退した。政治体制は、統領を元首とする共和制であったが、それは世襲制に移行する危険をはらんでいた。そのために、統領を監視する法律が制定され、複雑な制度をつくった。その結果、共和制はこの国が滅亡するまで維持された。そして、ルネサンスに彩られる文化を持ちながら、街のいたるところに物乞いの姿を見る世相もあった。このようなヴェネツィアの歴史については、詳しい歴史書があるので、[3]それらに委ねることにして、ここでは莫大なソブリン債務を背負う原因となったクレタ戦争について見ておこう。

クレタ島は、現在ではギリシャ共和国に属する島であるが、古代・中世以来の地中海の要衝だった。一二〇四年、第四回十字軍に参加した諸侯が旧ビザンツ帝国領を分割したとき、ヴェネツィアはその八分の三を得たが、参加諸侯の得た部分と同様に、そこには未征服の土地も含まれていた。ヴェネツィアは、クレタ支配の権利をセンフェラート公から買い取り、ジェノヴァの干渉や島民の抵抗を排除してこの島を征服した。(4)

一六四五年、トルコのスルタンは口実をもうけてクレタ島に上陸してカネアを占領し、カンディアの町を除く全島を制圧した。ここに二四年間にわたるカンディア包囲戦の幕が切って落とされたのである。ヴェネツィアは海上補給によってこの長期戦に耐え、ヨーロッパ戦史を飾る幾多の英雄譚を残した。ヴェネツィアのキリスト教世界防衛の英雄的な奮戦に感動したフランスが遠征軍を参加させたが、その多くは虐殺され、その首は槍の穂先につき刺されてかかげられた。このフランス軍が撤退し、戦局を立てなおすことができなくなったヴェネツィアは、一六六九年、トルコ軍に降服せざるを得なかった。こうして要衝クレタ島を喪失したヴェネツィアは、地中海の覇権を失い、イオニア諸島とアドリア海域に閉じ込められることになる。(5)

このいつ果てるとも知れない総力戦にヴェネツィアは信じられないほどの長い補給線を抱えて苦しみぬいた。政府は、戦費を貿易税、消費税、本土への課税でまかなった。その額は戦争中に激増したが、政府は、戦争中の直接費用、貿易中断からくる損失、戦争物資・建艦費用の重圧に耐えなければならなかった。しかし、増税だけでは年予算の不足分を補うことはできない政府は、借金に依存することになり、国債を増発した。国債の利子支払いは、戦中の一六六四年には開戦前の二倍になり、終戦翌年の一六七〇年には三倍になり、国家予算の最大部分を占めた。国債の利子支払いだけでなく戦争関連支出は艦隊・造船所の建艦費用、陸上戦の費用にわたったが、これらの不足額の補填のために、金銭を支払った犯罪者に特赦を与えること、国有地・公職を売却すること、一定の金銭を支払った者を貴族名簿に登録して貴族にすること、特別ガレー船税、聖職者収入への課税、六〜一〇％利子での借り入れなどが行われた。(6) しかし、長期にわたるクレタ戦争に敗北して、ヴェネツィアは版図の縮小を余儀なくされて国力は凋落した。

ここで、「先取り」という観点から、このクレタ戦争を見ておこう。ヴェネツィアにとっては、クレタ戦争はトルコの侵略に対する防衛戦であろう。しかし、一三世紀初頭に十字軍に参戦してクレタ島を征服したもともとの狙いは、地中海に覇権を確立して貿易上の利益を獲得するところにあった。したがって、そこに投下された資金は、覇権によって獲得する将来の利益を「先取り」するものに他ならない。クレタ戦争自体は防衛戦であったとしても、覇権を防御することによって経済的な利益を守ることができるのであって、そのためにヴェネツィアは長期戦に耐え抜いたのであろうから、消極的な意味ではあるが、この戦いも「先取り」であったことには変わりはないと思う。こうしてみると、戦争自体が将来の価値を先に取るという意味で、「先取り」に他ならないことが分かる。

それだけでなく、前にも述べたように、ヴェネツィアでは、八世紀には軍資金調達するために商人から借金をしたという。また一二世紀には、債券、証券や国債が発行されたそうである。したがって、一三世紀初頭の十字軍参戦のときには、すでに「先取り」の手段を持っていたのであるから、ヴェネツィアが、戦争を遂行するためにソブリン債の発行という「先取り」をしていたことは容易に推定できる。そしまた、クレタ戦争のときには、莫大な「先取り」をして、経済的な破綻を招いた。金銭を払った犯罪者に特赦を与えたり、公職を売却したりすることは、要するに「先取り」の拘束力が働いて、社会に大きな影響を及ぼしただけでなく、ヴェネツィア人の心に深い傷を残したことを物語っている。

永井三明は、『ヴェネツィアの歴史　共和国の残照』の中で、もともとヴェネツィア人が日常用いる言語には歴史の痕跡をとどめるものが少なくないが、トルコ人を憎悪する言葉が今日なお使われていると言う。最もはっきり残っているのは、「エッセレ・イン・カンディア」(カンディアにいる)という言葉であるが、この中に、財力を使い果たして貧乏に打ちのめされた当時の人々の思いをとどめている。このようなクレタ戦争でのヴェネツィア人の胸中に深く焼きついた感情は、続く一八世紀の独特の文化を形成するうえで無視しえぬ要素となった(7)。

なお、ここで注意を要するのは、戦争自体が「先取り」であること、そして、戦争を起こしたり戦争を遂行したりするために、あるいは戦後処理の必要上「先取り」が行われることである。また、それだけでなく、「先取り」が戦争を起こすことである。すなわち、「先取り」による矛盾を解決する手段として戦争が選ばれることもある。その歴史上の実例については後に見ることにして、その後のヴェネツィアの運命はどのようになったのだろうか。

一六六九年のカンディア喪失後も、ヴェネツィアは度々トルコと戦火を交えるが、ほぼ一七〇〇年を境にして侵略性を捨てて中立国になった。そして、観光国家に生まれ変わったのである。[8]

では、クレタ戦争の戦費の調達のために発行した膨大な国債はどうなったのであろうか。驚くべきことに、政府は利息を三%に引き下げることと、増税と支出の引き締めを行うこととで、一〇年間で負債を全額返還した。[9] 後に述べるようにフランスを革命に導いたのは国庫負担の膨張であったが、ヴェネツィア共和国が滅亡したのは、決してその財政破綻によるのではなかった。その課税負担は公平に実施されていたし、フランスとは異なりヴェネツィア貴族は免税されていなかった。公金の取り扱いは注意深く記録され、財政運用は慎重であった。財政出動には遅疑はなく、国債の利率を引き下げることによって危機を脱した。[10] このヴェネツィアの戦争からの撤退と観光国家への変身、そして慎重な財政運用は、莫大な国家債務に苦しむ現在の諸国にとっても参考になるのではないだろうか。

しかし、一七九七年、ヴェネツィア共和国はナポレオンが率いるフランス軍に降服し、ナポレオンはカンポ・フェルミオ条約によってヴェネツィアとその全領土をオーストリアに売り払った。こうして、パオルッチォ・アナフェストが初代統領に選ばれてからちょうど一一〇〇年を経て、ヴェネツィア共和国は滅亡した。

ところで、ヴェネツィアの経済の歴史を語るときに、シェイクスピアの『ヴェニスの商人』に出てくる高利貸しに触れないわけにはゆかないだろう。

バッサーニオは富豪の娘ポーシャと結婚するために金がほしいが、相談を受けた友人のアントニオは持ち船が航海中で金を用立てることができない。そこでアントニオはユダヤ人の高利貸しシャイロックに金を借りに行く。シャイロックは、アントニオの持ち船が北アフリカ、インド、メキシコ、イギリスなど世界各地で交易して帰港すれば莫大な利益をもたらすことは知っているが、海上には海賊がいるし、荒海や暴風に遭遇するリスクもある。そこでシャイロックは、約束の期限までに金を返せなければ生身の体から肉一ポンドを切り取るという条件を飲ませて、アントニオに金を貸す。船が戻れば軽く金を返すことができると考えたアントニオの読みは外れ、彼の商船は難破したという知らせが入る。シャイロックは、裁判に訴え契約通りアントニオの肉一ポンドを要求する。しかし、法学者に扮したポーシャは、文面には「肉一ポンド」とあるから証文のとおりにするのはよいが、血を一滴でも流したら、土地も財産も国庫に没収すると言う。死刑になるはずのシャイロックは、アントニオの慈悲により刑を免除されるが、キリスト教に改宗させられる。

シャイロックの話はフィクションだが、ヴェネツィアの現実からそれほどかけ離れてはいない[11]。ヴェネツィアが依存していたような外国との交易は、金融業者に船団と乗組員のリスクに対する割増を支払うという制度がなければ成立しなかった。シェイクスピアの時代、ヴェネツィアではほぼ一世紀近くもユダヤ人が商業における信用貸しの分野を牛耳っていたのである。彼らは建物の前に机を置き、ベンチに座って「バンコ・ロッソ（赤い銀行）」を営んでいた。場所は、町の中心から外れたゲットー（ユダヤ人居住区）だった[12]。

ニーアル・ファーガソンは、このシェイクスピアの戯曲はこの時期の金貸し業における三つの重要なポイントを正確に描いていると言い、次の三つのポイントをあげている。すなわち、①信用市場がまだ確立されていなかった時期に貸し手はかなり無茶な高利を要求したこと、②金融面における係争が発生した場合に暴力に訴えずに法廷が機能していたこと、③少数民族の金貸しがそれに反感を持つ多数派民族からしっぺ返しを食らうこと、以上である[13]。

それはそのとおりであろうが、私が注目したいのは、ヴェネツィアの交易は、それ自体莫大な利益を当てにして商業資本を投入する「先取り」であったことである。その「先取り」は商船が無事に帰還して利益をもたらすときには、健全に機能してヴェネツィアの繁栄を約束したであろう。しかし、リスクに着目すれば、金融業者が高い利息を要求してそこに割り込んでくるのは当然の流れになる。シャイロックが担保としてアントニオの肉一ポンドを要求したことは、「先取り」の苛酷で理不尽な実態を象徴しているものだと思われる。

なお、余談になるが、係争が発生した場合に暴力に訴えずに法廷が機能していたというニーアル・ファーガソンの指摘は見逃せない。ここで問題なのは、訴えたのはアントニオではなくてシャイロックの方である。私が言いたいのは、無理難題を正当化するために法廷が利用されたということである。この戯曲ではポーシャの機転によってシャイロックの殺人行為はブロックされたが、現在の世の中においても、無茶な「先取り」を正当化するために、法廷が利用されることはないだろうか。あるいはポーシャのような透徹した知力で不正をブロックする裁判官がたくさんいるだろうか。形は変わるが、莫大な借金や株価の操作や粉飾決算など多角的な「先取り」をしていたライブドアに対して、ニッポン放送の新株予約券発行の差し止めを求めた仮処分事件において、裁判所がライブドアの主張を認めたことは（東京高等裁判所平成一七年三月二三日決定）、まことに興味深い。

また、ニーアル・ファーガソンの少数民族の金貸しがそれに反感を持つ多数派民族からしっぺ返しを食らうという指摘についても、現在の視点からひと言つけ加えておく必要があるだろう。すなわち、「少数民族の金貸し」を「少数の金融業者」に、「多数派民族」を「多数の金融業者以外の人々、企業」に置き換えてみると、そこには複雑な構造が見えてくる。その全体を述べることはここではできないが、この文脈に照らして見る限りでは、少数の金融業者に多数のそれ以外の人々、企業が反感を持つことは、多分にあると言ってよいと思う。しかし、「しっぺ返しを食らう」ということは、そうだろうか。しっぺ返しを食らわせたくても、なかなか食らわすことができないままに、多数の金融業者以外の人々や企業は悶々としているのではないだろうか。

このことは、本書の重要なテーマの一つであるから追々に追求することにして、ヴェネツィアにおける土地所有の変化について少し見ておきたい。

ヴェネツィアでは、一五世紀に本土での領域支配が安定すると、貴族の土地所有がはじまり、一六世紀に海上商業の困難が増大すると土地所有が飛躍的に発展した。その世紀には地中海世界の人口、とりわけ都市人口が増加して、食糧不足が深刻となり、度々飢饉に襲われた。一五二〇年代以降小麦価格が上昇し、土地を所有することは、多大な利益をもたらすようになった。そして、キプロス領有をめぐるオスマン帝国との戦争を契機にして、一五七〇年代から一六三〇年代まで、貴族による土地投資が流行するまでになり、この間にヴェネツィア貴族は商人から地主へと変質した。(14) 一六、一七世紀という時代に、土地投資が行われていたという事実は、非常に興味深い。

（1）永井三明『ヴェネツィアの歴史　共和国の残照』（刀水書房）六頁～七頁
（2）前出『国家債務危機』五二頁
（3）前出『ヴェネツィアの歴史』、なお、イタリアの歴史との関連では、北原敦編『新版世界各国史15　イタリア史』（山川出版社）
（4）前出『イタリア史』一九六頁、前出『ヴェネツィアの歴史』八六頁
（5）前出『ヴェネツィアの歴史』八五頁～八七頁
（6）同書八七頁～八九頁
（7）同書九三頁
（8）同書九八頁～九九頁
（9）同書八九頁
（10）同書一三一頁
（11）ニーアル・ファーガソン、仙名紀訳『マネーの進化史』（早川書房）五二頁
（12）同書四八頁～四九頁
（13）同書五二頁～五三頁
（14）前出『イタリア史』二三四頁～二三五頁

(2)　スペイン帝国の征服とデフォルト

一四六九年にカスティーリャ王女イサベルとアラゴン王太子フェルナンドが結婚し、七四年にイサベルがカスティーリャ女王に、七九年にフェルナンドがアラゴン国王に即位した。カトリック両王（一四九六年に教皇から二人に授けられた称号）は、九二年にグラナダ攻略をなしとげ、一五一二年にはナバーラ王国を併合し、ポルトガル以外のイベリア半島を共同統治

することになったが、この領域は現在のスペイン国土に照応する。両王は、この間に王権の権威を高めて強権的王政を実現した。(1)

一四九二年、コロンブスは王室から、発見された土地の終身提督となる等の支援を受けて航海に出発し、同年バハマ諸島のサン・サルバドール島に到着した。コロンブスもカトリック両王らも、黄金の発見という物理的な動機とともに、新世界にキリスト教を伝道するという強い宗教的使命感を持っていた。しかし、その後の征服と植民の一〇〇年間に、旧世界がもたらした虐待、酷使、疫病によってイスパノアメリカとなる土地（北緯二七度からフエゴ島に至る）(2)の先住民の人口はおおよそ七割も減少した。(3)

ここで、スペイン人たちの征服の仕組みをみておこう。

新世界の征服を企てる隊長や冒険家たちは、王室の許可を取りつけ、協約を結べば、その後は自己の責任のもとで遠征に出発することになっていた。したがって、国王と協約を結んだあとで兵隊を募り、必要な資金の調達に奔走した。遠征隊の隊長は金貸しに資金を借りたが、その金貸しの多くはセビーリャに定住していたジェノヴァ出身の金融業者だった。船、武器、食料の購入費などの遠征費用は相当な額にのぼった。遠征に参加する人々は、自費で渡航費用を整えなければならなかった。戦利品は、総司令官が遠征隊員に分配し、利益の一部は出資者の懐に入った。国王が一個人として融資している場合には、国王もその利益にあずかった。

隊長は諸費用を負担するだけでなく、王室官吏を遠征に同行しなければならなかった。官吏たちは、上陸する海岸に対してカスティーリャ国王が支配権を有することを法的に認め、記録する任務を負った。発見される財宝や物々交換もしくは略奪などの方法で手に入った貴金属は、その五分の一が国王の取り分（五分の一税）とされた。(4)

このような征服の仕組みであるから、征服者たちの欲望に歯止めをかけることは至難の業であろう。隊長たちは、金融業者から莫大な借金をして遠征費用を調達するのであるから、まだ見てもいない戦利品をあてにして、初っ端から「先取り」をしていたということになる。そして、「先取り」の規模が大きいから、その「先取り」を埋めようとする拘束力も強大になる。したがって征服者たちは、世界史の中で特筆すべき苛烈な収奪をするのである。その例として、メキシコ征服によるアステカ文明の滅亡の軌跡を見ておこう。

ユカタン半島には素晴らしいマヤ文明が栄えていた。一五一八年、ユカタン半島への遠征隊を指揮したフワン・デ・グリハルバは物々交換で手に入れた黄金と織物を積んでキューバに帰還した。グリハルバがキューバに持ち帰ったマヤの財宝は過去にスペイン人が集めたものの中で最も素晴らしいものであった。したがって、総督ディエゴ・ベラスケスは巨万の富を得られることを期待して、早速次の物々交換の使者にエルナンド・コルテスを任命した。コルテスはすぐに準備に着手し、交換用の品物を整えるために前貸ししてくれる出資者を見つけ、同行する人員を募った。その内訳は兵士五〇八名と船員一〇九名で、その外に一〇門の大砲と一六頭の馬を装備した。一五一九年、コルテスはカリブ海域に集結した最大の戦隊を組んで、一一隻の船が隠密裏にキューバから出港した。コルテスはベラスケスの監督下から離れて、自分自身のための仕事にしようと考えてこっそり出発したのである。戦隊はユカタン半島の海岸沿いに航海したのち、カトチェ岬をまわってタバスコの海岸沿いに航行し、グリハルバが上陸したウルアに投錨した。それから三〇分もたたないうちに、二艘の大きなカヌーがインディオたちを満載してやってきた。旗艦に乗り込んだインディオたちはコルテスに歓迎の意を述べ、主君モンテスマの命令でコルテスたちの正体を調べにきたのだと言った。それから数か月の間、メキシコとスペイン人の間で、使者や伝言が交わされた。しかし、モンテスマはコルテスの要求したことを拒み続けたので、とうとうコルテスは、自ら首都に行きモンテスマに答礼するつもりであると使者に伝えさせた。

アステカ族（モンテスマは最後の君主だった）は、もともとはメキシコ北西部にいた放浪狩猟部族であったが、一三世紀末に中央部の高原地帯へ移住し、アステカ族と同じくナワトル語を用いトゥラという地方に定住していたトルテカ族にとって代わって定着した。そして、大きな湖の真ん中に首都テノチティトラン、すなわちメキシコを建設した。伝説によると、トゥラはかつてケッツァルコアトル（羽毛ある蛇）という王＝祭司に治められており、その王はナワトル語とは異なる言葉を話していた。そして、王はいつか仲間とともに東方から帰ってきて、自分の国を再建すると言い残して海の彼方に消え去った。

モンテスマは、コルテスがやってきたことが伝説にいうケッツァルコアトルの帰来ではないかと恐れていた。なぜならば、伝説によると一五一九年に神が帰来することになっていたからである。

コルテスは、アステカ帝国の内部へ前進する決意を固め、法的な口実を設けて総督ベラスケスから命じられていた交易の使命を捨てて、植民者の使命に変更しようとした。つまり彼は、スペイン風の町ベラクルスを建設し、そこに中央広場と教会を設計させたのである。配下の兵士たちは、彼を総司令官および新しい町の首席判事に選んだ。彼は総司令官になった結果、五分の一税を差し引いた残りの戦利品の五分の一を手に入れる権利を取得した。そしてコルテスは、最も装備の行き届いた船をスペイン本国に送り返し、国王の取り分である五分の一の財宝を送り届けた。その中には、モンテスマが差し出した実に見事な贈り物――太陽をかたどった馬車の車輪ほどもある大きな純金の円盤と、月を表したさらに大きな円盤等々――があった。こうした財宝が到着すると、ヨーロッパ中に大反響を呼んだ。

モンテスマはコルテスが首都に入るのをかたくなに拒んでいたが、コルテスは執拗に工作を続け、ついにメキシコ盆地の入り口に達した。そこは広大な高原地帯で、四方をいくつかの湖に囲まれ、その中ほどにアステカ連合の主要な三つの都が建っていた。史料に基づく推定によると、当時湖の周辺には一五〇万人のインディオが暮らしていたという。それは、スペイン人にとって、湖上に建設された石と石灰造りの塔、神殿、建物、水路など……夢にでも見たことのなかった魅惑の都市であった。そして、町中いたるところは好奇心にかられたインディオたちでぎっしり埋めつくされていた。

モンテスマは、緑色の羽毛や宝石で飾りたてた豪華な輿に乗ってやってきて、コルテスにあいさつした。コルテスとその一行は、モンテスマの亡き父王の宮殿に落ち着いたのち、都を巡回した。彼らはまず市場のある大広場へ向かった。そこでは見事に秩序が守られていて、金、銀、宝石、羽毛や織物、野菜、鳥肉、七面鳥、鹿、家鴨、小犬、アマトルという紙やタバコのいっぱい詰まった香ばしい小さな管、真鍮・銅・錫で作った斧などが商われていた。それから大きな神殿の頂上に上って都の光景を見たのち、モンテスマに神殿の祠に入れて欲しいと懇請した。モンテスマは反発したものの、結局その申し出を承諾した。祠の中では、生け贄に捧げられたばかりのインディオの心臓が三つ、煙の中でくすぶっていた。間もなくコルテスは、橋を取り払うだけで、ねずみ取りのわな同然に早変わりするような町にいては、窮地に追い込まれることに気づき、王を人質として捕えるという大胆な実力行使に出た。コルテスは、彼らが占拠していた宮殿にモンテスマを移り住まわせ、偉大な皇帝カルロス五世に忠誠を誓うよう説得した。[5] 捕虜になったモンテスマは、国中の貴族を全員招集し、「太陽の昇る方角から人間がやってきて、この地に君臨する」というアステカ族の伝説を説明し、それは偉大なる神の命令であると言った。それを聞いた全員は、深い悲しみに打ちひしがれ、モンテスマへの忠誠を誓った。

コルテスは、カルロス五世の臣下になるとアステカの君主は租税を支払わなければならないと説明し、モンテスマは仕方なく同意して、宮殿に隠していた父王の財宝を引き渡した。また、コルテスの要求に屈して、大神殿の上にキリスト教の祭壇を設ける権利も認めた。

ところが間もなく、キリスト教徒の不敬な行為を対してメキシコ人の宗教心が蘇り、反乱が起こった。モンテスマは臣下たちをなだめようとして宮殿のバルコニーに姿をあらわしたときに投石を受けて倒れ、それがもとで亡くなった。キリスト教徒たちは首都から脱出したが、兵士の半分を失った。

やがて、首都を再征服するためのメキシコ包囲戦がはじまった。メキシコで抵抗を指揮したのはモンテスマの甥にあたるクワウテモクであった。しかし、大砲を装備したスペイン人の船は湖上のカヌーをことごとく追い散らした。町への飲料水を供給する水路は断たれ、恐ろしい白兵戦が続いた。そして、一五二一年、クワウテモクは降服し、彼は人質として捕えられた。それから数年後、彼はコルテスの命令で殺害された。

征服の合法性は、当初疑わしいものであったが、一五二二年にコルテスがメキシコで受け取ったカルロス五世の勅書で認められた。勅書により、コルテスは旧アステカ帝国に付された名称「ヌエバ・エスパーニャ」の総督に任命された。[6]

以上、コルテスの征服によるアステカ文明の滅亡の歴史を概観してきたが、これは一例であって、スペイン人たちの中南米征服とそれによる文明の滅亡は、他にも一五二四年のペドロ・デ・アルバラードによるグワテマラ征服に引き続くマヤ文明の滅亡[7]、一五三一年のフランシスコ・ピサロのペルー征服によるインカ文明の滅亡[8]などが続き、カルロス五世の治世の末期（一五五〇年頃）には、イスパノアメリカの征服はほぼ完了した[9]。

新世界では、一五〇三年からエンコミエンダ制が採用された。エンコミエンダ制とは、征服した土地を「預ける」という意味での「委託する」（エンコメンダール）ことであり、この制度によって、スペイン人植民者には土着のインディオ村落がそっくりそのまま預けられた。植民者はそのようにして「委託された」労働力を利用して、農業や金の採集・採掘にインディオたちを使役し、彼らに力の及ばない無理な労働を課すようになった[10]。すなわち、エンコミエンダ制のもとで、原住民のキリスト教化と保護という名目のもとに労働力搾取が正当化されたのである[11]。

インディオ奴隷は、スペイン人移住者にとって大きな富の源泉だった。奴隷は製糖工場や鉱山、家内労働用の労働力として高い値段で売買された。砂糖黍栽培や鉱山の採掘は、エンコミエンダが差し出す租税と奴隷の労働力に依存していた。しかし、一五四八年、インディオの奴隷化を正式に禁止する勅令が発布され、植民者の抵抗にもかかわらず、インディオ奴隷は次第に姿を消し、それに代わって、熱帯地方にある製糖工場やコロンビアの金鉱山では、黒人奴隷が使役されるようになった[12]。

メキシコなどの原住民は、スペイン人が面食らうほどすすんで交換を望み、それが不平等な交換とは思いもしなかった。すなわち、彼らは、金片、円盤、金銀細工の工芸品をガラス玉や錫と気前よく交換したのである。原住民には、金や銀が貨幣としての価値を持つものとは考えられていなかったからである（メキシコでは、貨幣として用いられたのはカカオの実であった）。

しかし、定着したスペイン人は、掠奪だけではいつまでも豊かな生活を送ることはできなかった。征服した土地が利益を生みはじめるのは、鉱山が発見され採掘されてからのことであった。

旧世界の法律では、地下資源は国王の権利に帰属したので、国王が新世界の鉱脈を占有するのは当然のこととされ、戦利品と同様に鉱山から得られる利益もその五分の一が国王の取り分として徴収された。そして金が、メキシコ西部・南部の砂金採集場や中央アメリカ、コロンビア、ペルー、チリの鉱山などで採集・採掘された。また、一五三〇年頃にはメキシコで銀山が発見され、一五四五年にはペルーのポトシー銀山が発見された。一五五五年には水銀アマルガム法による精錬技術が導入されて、莫大な銀が産出された。しかし、産出量は多かったが、原住民労働力を使役しなければ、大きな利益は上がらなかったであろう。ポトシーでは、労働者はインカ時代に存在したミタ制を利用して集められた。ミタ制とは、租税を負担する村々に輪番制で割り当てられる一種の労役である。七年ごとに、出身の共同社会から任命された人たちがしばしば妻子を伴い、食糧を背負ってアンデスの道を数百キロメートルも旅してポトシーまでやってきて、過酷な労働条件のもとで働かされた。(13)

こうして新世界から集められた財宝、金、銀などによって、君主国スペインは、その破滅的なヨーロッパ政策を遂行することができたのである。そこで、イスパノアメリカの征服が行われていた当時に、本国で行われていた戦争について列挙しておこう。

カルロスと神聖ローマ皇帝の座をめぐって争ったフランスのフランソワ一世は、その後もカルロスの覇権に対抗したが、一五二五年のイタリアのパヴィアの戦いでカルロスはフランソワ自身を捕虜にした。翌年釈放されたフランソワに教皇が加わってコニャック同盟を締結すると、皇帝軍はローマを脅かして掠奪を行った。これが二七年のローマの劫掠である。フランソワは二九年、カルロスのイタリア支配を認めたが、その後も対抗をやめず、カルロスをおさえるためにはオスマン帝国との同盟も辞さなかった。四四年には和約が結ばれるが、フランスの新王アンリ二世は、五一年に戦闘を開始して、トゥール等を奪取した。

また、カルロス一世は、(14)スレイマン一世治下のオスマン帝国の地中海進出に対抗して、一五三五年にチュニス遠征を行って勝利をおさめたが、四一年のアルジェ攻略は失敗に終わり、四六年にはトルコとの休戦を余儀なくされた。(15)

カルロス一世が退位してスペイン国王に即位したフェリーペ二世（一五五六年～九八年）は、アメリカ銀の産出のおかげで、多くの傭兵をかかえて強力なスペイン歩兵連隊を組織し、ヨーロッパを舞台にスペイン優位の時代を築いた。フランスに対しては、一五五七年のサン・カンタンの戦い、五八年のグラヴリーヌの戦いに勝ち、フランスのイタリアに対する要求を放棄させた。その後フランス国内が新旧両派のユグノー戦争（一九六二年～九八年）に陥ると、カトリック側を支援して干渉した。

オスマン帝国は、一五七〇年にヴェネツィアからキプロス島を奪い、マルタ島をも攻撃した。これに対してスペインは、教皇庁、ヴェネツィアとともに神聖同盟を結成して、七一年のレパントの海戦でトルコ艦隊を破った。

こうした勝利とは逆に、フェリーペ二世は、低地地方（ネーデルランド）の統治には苦しんだ。一五六六年にカルヴァン派民衆が聖画像破壊運動を起こすと、フェリーペに派遣されたアルバ公は、「血の評議会」を設けて、暴動参加者への過酷な弾圧を行った。そのような状況の中で、六八年ドイツに逃れていたオランイェ公ウィレアムがオランダに侵攻して、オランダ独立戦争（一五六八年～一六四八年）がはじまり、八一年にはフェリーペ二世の統治権を否認した。これは、事実上のオランダ独立戦争であった。この戦争は、一七世紀半ばまでスペインを苦しめ続け、やがてその国際的優位を瓦解させるものになっていった。

スペインは、オランダの反乱を鎮圧するために、オランダを支援するイギリスをたたく必要に迫られた。フェリーペは、一五八七年に前スコットランド女王でカトリック教徒のメアリが処刑されたのを機にイギリス侵攻を敢行し、八八年に強力な「無敵艦隊」を派遣したが、ドーヴァー海峡での海戦で敗北して、海上権力に大きな打撃を受け、衰退の道をたどることになる[16]。

フェリーペ二世は、カルロス一世から広大な領土を継承したが、帝国政策の結果生まれた莫大な借金も受け継いだ。王室は財源不足から、年金支払いによる長期公債を売り出し、この年金支払いが一五六六年には通常収入の三分の二に達した。それでも不足する財源は、ドイツやイタリアの国際金融業者からの短期借款に頼っていた。その利子は年々高まり、一五二〇年代には一七・六％であったが、五〇年代には四八・八％に達した。フェリーペは、一五五七年に最初の破産宣告（国庫支払停止宣言）をして、ほとんどの債務をその額の五％の年金支払いとする長期公債に切り替えた。しかし、前述のフェリーペの対外政策は、国家の借財をさらに増やした。このような支払停止措置は、六〇年、七五年、九六年と繰り返された。[17]

以上がスペインのデフォルトの第一波であるが、第二波は一六〇七年、二七年、四六年で、フェリーペ二世の後継者たちの治世だった。メキシコとペルーで途方もなく豊かな銀山が発見され、一五四〇年代には大量の銀がヨーロッパに流れ込むようになった。国庫収入が大幅に増えたおかげでスペイン国王の権力は強大になり、ナポレオン登場以前にヨーロッパ支配を狙った最後の国として、歴史的に極めて重要な地位を占めている。同時に、銀を中心とする貴金属の流入によってヨーロッパの物価には強いインフレ圧力がかかり、その経済に甚大な影響を及ぼしたのである。

スペイン国王は、征服によって発見した富のおかげで、借金をするのが簡単になった。そして、ヨーロッパ全土を支配できるかもしれないのだから、借りに借りた。フェリーペ二世の度重なる戦争には、莫大な金がかかった。たっぷりとリスク・プレミアムを乗せられるのだから、銀行家も、イタリア、オランダ、ドイツ、ポルトガルの富裕な投資家も、スペインに喜んで貸した。当時のスペイン国王は、どの年をとっても歳入の約半分に相当する額を借りており、ときには借入額が二年分の歳入を上回ることさえあった。その結果、度々デフォルトを起こしたのである。[18] そして、新世界からもたらされた富のほとんどは、オランダ、イギリスなどの新興国に流出し、スペイン国内では蓄積も産業形成もなされずに、スペイン王国は衰退するのである。

ではいったい、血沸き肉躍る冒険として語られる大航海時代とは何だったのだろうか？　そして、スペイン側からみれば威勢のよい征服と植民地支配は、何だったのだろうか？

これについては、いろいろな見方があるだろう。その中には、例えば、キリスト教の伝導という名目との関係を重く見る考えもあるかもしれないし、文明の破壊という観点から論ずる方法もあるかもしれない。それらは、それぞれ興味深いものであるが、ここでは、本書のテーマに従って、「先取り」という経済的な視点から考察しておきたい。

征服者たちが投資を募り、借金をし、スペイン王国が莫大な借金をすることは、まさに「先取り」に他ならない。このスペインの「先取り」は、極めて露骨であるから、非常に分かりやすい。

征服者たちは、投資を募り、借金をしただけでなく、兵士を雇い、原住民を使役して労働力を収奪し、自らは苦労を厭わず、リスクを背負い、戦利品を掠奪し、埋蔵貴金属や収穫物を獲得した。これらの一連の行為は、要するに経済活動であって、私には、サブプライム・ローンを組んで金融商品をつくり、資金を集めてさまざまな行為をする活動と同じものに見える。そのターゲットは、インディアであり、その王国であり、その国土であるところに著しい相違があるように見えるが、「先取り」の拘束力が強く働いて、労働力や財産などを限りなく貪り続け、人々を窮地に陥れ、やがて経済全体を破壊してしまうところは、現代の「先取り」と異なるところはない。すなわち、スペインによる征服という「先取り」は、形を変えて現代までも続いているのである。恐らく、スペインによる征服という「先取り」とサブプライム・ローンによる「先取り」とは、同じ遺伝子の働きによるものであろう。あるいは、活動した脳の分野が同じなのかもしれない。

（1）立石博高編『新版世界各国史16　スペイン・ポルトガル史』（山川出版社）一四一頁
（2）マリアンヌ・マン＝ロト、染田秀藤訳『イスパノアメリカの征服』（白水社）二一頁
（3）前出『スペイン・ポルトガル史』一四六頁
（4）前出『イスパノアメリカの征服』一二頁〜一四頁
（5）カスティーリャ女王イサベルが一五〇四年に死亡し、アラゴン王フェルナンドが一五一六年に死亡して、両王の次女で精神障害者のファアナが両国を承継することになったが、ファアナの長男であるカルロスが、彼を取り巻く廷臣たちの進言を受けて、一五一六年にカスティーリャとアラゴンの国王、すなわちスペイン王国の国王カルロス一世（在位一五一六年〜五六年）になることを宣言した。カルロスは、一五一九年に神聖ローマ皇帝選挙に勝って神聖ローマ皇帝カール五世となるが（すなわち、スペイン国王カルロス一世＝神聖ローマ皇帝カール五世）、ここでは、引用した著書に合わせてカルロス五世ということにする。
（6）以上のコルテスによるメキシコ征服については、前出『イスパノアメリカの征服』三七頁〜五一頁
（7）グワテマラ征服とマヤ文明の滅亡については、同書五二頁〜五三頁
（8）ペルー征服とインカ文明の滅亡については、同書六〇頁〜七八頁
（9）同書八三頁

(10) 同書八四頁～八五頁
(11) 前出『スペイン・ポルトガル史』一五四頁
(12) 前出『イスパノアメリカの征服』八八頁～九〇頁
(13) 同書九一頁～九三頁
(14) 以下、スペイン本国のことを述べるので、カルロス一世ということにする。
(15) 前書『スペイン・ポルトガル史』一五五頁～一五六頁
(16) 同書一六四頁～一六七頁
(17) 同書一五七頁～一五八頁
(18) カーメン・M・ラインハート、ケネス・S・ロゴフ、村井章子訳『国家は破綻する　経済危機の８００年』(日経ＢＰ社) 一二六頁～一二七頁

(3)　チューリップ狂騒劇

英語で投機家を意味するスペキュレーター (speculater) の語源は、同じ綴りのラテン語スペクラートル (問題が起こっていないかどうかを見張る斥候の意) であり、投機の歴史は、紀元前二世紀すなわち共和政時代のローマまで遡ることができるという。(1) そこからスタートして、投機の歴史を辿ることも有意義であろうが、そのことについては数多くの文献があるのでそれらに委ねることにし、(2) ここでは、チューリップ狂騒劇の舞台となったオランダの状況からスタートすることにしたい。「投機」とか「バブル」とかが論じられるときに真っ先に引っ張り出されるのが、一六三〇年代にオランダで起こったチューリップ狂騒劇である。

南オランダ最大の港湾都市であるアントウェルペンでは、取引を行おうとする人々は、ある古い建物に集まった。その建物は、一六世紀のはじめに修復や増築、改築が行われたが、規模が小さくなってきたので、市当局は一五三一年に、はじめ

て常設の新取引所を建築して開所した。そこは、入口左手に、「民族・言語を問わずあらゆる取引人の便益のために」という言葉が記されているように、出自や言語にかかわらず、誰でも新取引所で活動することができる国際的な性格を持っていた。実際に、イタリア、スペイン、ポルトガル、フランス、ドイツ、イギリス、スカンディナヴィア及び地元ネーデルランドの商人たちがそれぞれの場所を確保していて、この新取引所に通うためにアントウェルペンに滞在・居住していた商人の数は、合わせて一五〇〇～一六〇〇人ほどにも登った。(3)

このアントウェルペン市場では、投機が系統的かつ組織的に行われた。商人たちは、支払期日前の価格の上昇を見込んで商品（穀物、塩、ニシンなど）を後払いで購入し、売却した後での差益を収入とした。しかし、投機であるからしばしば失敗を経験した。投機人たちはまた、一定の保険を見込みながら為替相場の変動に賭けることもあった。商会の中には、確率表を用いてリスク計算をしていたところもあった。(4)

しかし、アントウェルペンの黄金時代は、スペインとの八〇年戦争（一五六八年～一六四八年）の勃発とともに急速に終わりを迎えた。戦乱とそれを避けた商人・手工業者たちの逃避行動によってアントウェルペンの経済は壊滅状態に陥り、経済の重心はアムステルダムに移った。(5)

一七世紀の初頭に、最初の近代的な株式市場、すなわち出来高の大きさから見て近代的と言えるほどの市場がアムステルダムに開設された。(6)そして一六三一年、アムステルダムの取引所は新しい建物に移転した。その頃、オランダの東インド会社はバタビア植民地の開発で利益をあげ、株価が急速に上昇していた。また、住宅価格も上昇し、郊外の邸宅の建設ブームが起こっていた。(7)しかし投機は、株式市場を舞台にしたものではなく、不動産やあの優美なオランダ絵画に関するものではなかった。それは、何と！　チューリップをめぐって繰り広げられた投機だったのだ。

その頃のオランダの人々は、カルヴァン主義の禁欲の精神を徐々に失ってゆき、所得水準がヨーロッパで最高になって、消費を楽しむようになっていた。チューリップはそういうオランダ人にとって、顕示欲と富への欲求を満たす格好の材料だった。オランダ人が花に強い関心を持つのは、ひとつにはオランダの地形のためである。平地で土地が肥えているので花を育てるには適しており、土地が不足しているので狭い庭に小さな花壇を作るしかない。花壇の中央に高価な花を植えて、明るい色彩を際立たせるために、とくに好まれたのがチューリップである。そのチューリップの球根は、一六世紀半ばに、神聖ローマ帝国の大使としてスレイマン一世治下のオスマン・トルコに駐在していた外交官が、はじめてヨーロッパに持ち込んだ。しかし、それからしばらくの間は、貴族か植物学者の庭園にしか見られなかった。そして、チューリップは富の象徴とされ、一七世紀初頭には、とくに珍しい品種がとてつもない価格で取引されるようになった(8)。

当初は、チューリップの市場は、球根を掘り出して植えるまでの間の夏に開かれた。チューリップの人気が高まると、年間を通じて取引できる仕組みが作られた。栽培者は球根の列に名前をつけ、それぞれの球根に番号をつけて、種類と植えつけられたときの重量を記録しておく。こうしてチューリップの球根は、アムステルダム振替銀行の紙幣や東インド会社の株式と変わらぬほど、画一化された商品として取引できるようになった。

チューリップ狂騒劇がはじまったのは、一六三四年ごろに、織布屋、紡績屋、靴屋、パン屋、雑貨屋、農民などの新しい参加者が登場するようになってからである。そして間もなく、チューリップ熱は、社会階層のほとんどをまき込むほどに広まった。チューリップ市場は、参加者が増えるとともに、性格が変わっていった。はじめのうちは相対で取引されていたが、やがて居酒屋の一室にブローカーや投機家が集まって、酒宴のなかで取引されるようになった(9)。

われ先にと投資しようとする動きがオランダ全体を飲み込んだ。人々は、自分だけがとり残されてはならないと思って、チューリップを買い漁った。稀な品種に対する需要は非常に増大し、価格は途方もなく上昇した(10)。バイスロイという品種の球根一個と引き換えに、二ラスト（約四トン）の小麦、四ラストのライ麦、太った雄牛四頭、太った豚八頭、太った羊一二頭、ワインの大樽二つ、ビール四タン（一タン＝二五二ガロン）、バター二タン、チーズ一〇〇〇ポンド、ベッド一台、ほとんど新品の衣服、それにピカピカの銀製のコップ一個を手離したほどだった(11)。

居酒屋での取引とは別に、アムステルダムの株式市場にチューリップを売るための常設の市場が設けられた。アムステルダムだけでなく、ロッテルダム、ハルレム、ライデン、アルクマール、ホールンその他の町にも常設市場ができた。はじめのうちはすべての人が儲けた。チューリップの仲買業者は、投機をして大儲けをした。人々は蜜の壺に群がるハエのように次から次へとチューリップ市場に殺到した。チューリップの価格が下がるような状況は想像することすらできなかった。というのも、チューリップは供給が限られていて、常に需要が供給を上回ると考えられていたからだ。熱狂が続いているときには、この程度のはかない材料でさえ需要が供給を上回るという肯定的な材料になるのである。

誰しもチューリップ熱は永久に続くだろうと思っていた。そして、世界中の金持ちがオランダへ注文を出し、あらゆる所からオランダへ金が流入した。それに伴って、日常必需品の価格が次第に上昇し、土地・建物、馬と馬車、そしてあらゆる種類の品物も高くなった。[12]

一六三六年後半から三七年初めにかけて、投機熱が最高潮に達したころ、球根が実際に受け渡されることはなかった。この時期は、球根は花壇の中で眠っている。球根の先物取引が登場し、それはオランダ語で「ビントハンデル」（風の取引）と呼ばれた。すなわち、トレーディング・エアー（空気の売買）である。売り手は、ある品種、ある重量の球根を春になったら渡すと約束する。買い手は球根を受け取る権利を持つ。春までの間に、時価との差額を現金決済することもできる。取引のほとんどには手形が使われ、春になって球根が掘り出され、受け渡される時期に、手形も決済できることになっていた。[13]取引のほとんどは、売り手は肝腎の球根がないので受け渡しができないし、買い手は裏づけになる資金がないので手形は不渡りになるしかなかった。

しかし、一六三七年二月三日、チューリップ市場は、突然暴落した。理由らしい理由といえば、春が近づき、間もなく受け渡しの期日がくることぐらいしかなかった。先物取引と裏づけのない信用の組み合わせは、それが本当に「風の取引」、「空気の売買」であったことを露呈した。蓋を開けてみれば、売り手の側にも買い手の側にも、実態のない点でみごとに釣り合いがとれていた。取引のほとんどは、売り手は肝腎の球根がないので受け渡しができないし、買い手は裏づけになる資金がないので手形は不渡りになるしかなかった。暴落の翌日になると、チューリップは価格がいくら安くても売れなくなった。先物契約は決済されず、債務不履行が次々に起こった。[14]

オランダの各地で毎日のように破産が相次いだ。チューリップの取引で成功して金持ちになった商人も、結局元の木阿弥になった。多くの貴族が資産の土地を奪われて、買い戻しができなくなった。チューリップ熱に取り憑かれるまでは有能だったビジネスマンが、没落して物乞い同然になってしまった。資産をチューリップに換えていた人は、その資産が萎れて乾燥した様を見て落ち込んだ。資産を銀行に預けていた人は、銀行が破産して赤貧に追い込まれた。

チューリップ価格が暴落したとき、いくつかの町のチューリップ所有者が集まって、善後策を協議した。しかし、政府は手を出さなかった。数千の銀行と会社や大勢の個人の破産、また多数の失業者の飢えや貧困の問題が山積して手一杯の政府は、断固として介入を拒んだ。

訴訟が増えて裁判所は処理しきれないほどだったが、どの裁判所もチューリップ取引による債務の支払いを強制することはできなかった。それはギャンブル的債権とみなされ、判事はこうした案件は法律では救済できないとの判決を下した。(15)

オランダの商業は、チューリップ熱で死んだも同然だった。この国には他に投資と呼ぶものはまったくなく、しかも国中の富がチューリップ取引だけに向けられていたからである。オランダは不況に陥り、国際市場での信用は地に落ちた。その結果、オランダ経済が回復するまでに、それから何十年も要したのである。(16)

それにしても不思議に思うことは、なぜチューリップのように咲いてみなければ分からない植物が投機の対象になるのだろうか。これはまったく理解しかねるものであるが、冷静に考えてみれば、投機というものはこうしたものなのであろう。皇帝を象徴する紫の縞が入っている「無窮の皇帝」という品種は、最高の値段がつけられたそうだが、(17)当時は知られていなかったものの、花の模様は球根につくウィルスによるものであって、遺伝的に継承されるものではない。したがって、チューリップの取引は、どうなるか分からない不確実な可能性に賭ける要素がつきものであったはずである。しかし、逆に言えば、ごく普通の球根から「無窮の皇帝」の花が咲く可能性もある。この可能性が、夢や幻想を膨らませて、集団的な熱狂を駆り立てたに違いない。醒めてみれば馬鹿馬鹿しくなるような投機は、このような夢や幻想なくしては蔓延することができないものなのだろう。こうしてみれば、チューリップのような不確実な植物の方が、かえって投機の対象としてはもってこいだったのだと思われる。

このチューリップ狂騒劇は、いわゆる「バブル」をテーマにする著書の中では、その冒頭を飾る歴史的事実として扱われている。(18)「バブル」という言葉が最初に登場するのは、一八世紀初頭にイギリスを舞台にして繰り広げられた南海会社の泡沫事件、すなわちサウスシー・バブルからだとされている。(19)しかし、オランダのチューリップ狂騒劇は、後から「バブル」の元祖事件としての地位を与えられ、チューリップ・バブルと命名されて、「バブル」論議の際には、特別に珍重されているると言ってよいだろう。

確かに、チューリップの価格が異常に膨れあがって、やがて破裂して跡形もなく消えてしまう様は、「あぶく」にそっくりで、これを「バブル＝泡沫」と呼ぶことには一理ある。しかしそれは、表面に見える様子を比喩的に言っているに過ぎない。このチューリップ狂騒劇の中で行われていたことは、投機であり、先物取引であり、金融機関からの借金であり、破産・倒産であり、市場の混乱であり、経済の停滞である。すなわち、このチューリップ狂騒劇の特徴は、経済の病理現象がほぼ出揃っていることである。そういう意味でも、一巻の書物の冒頭を飾るにふさわしい事件であると思う。

しかし、こんなに多くの病理現象が出揃うときに、これを「バブル」と呼んでよいのだろうか。このチューリップ熱の最も本質的な要素は、ありもしない価値をあたかもあるように装って価格を膨らませ、すなわち将来の価格の上昇を見込んで架空の価値（私の言う「虚の価値」）をでっち上げ、現在の時点で手繰り取ってしまうのである。これこそ、「先取り」に他ならない。したがって、バブル＝泡沫のように、消えてしまえばお仕舞になるのではない。「先取り」された空っぽの価値は、あちこちに潜り込んで、破壊活動をするのである。

ところで、ガルブレイスは、「陶酔的熱病《ユーフォリア》が生じると、人々は、価値と富が増えるすばらしさに見ほれ、自分もその流れに加わろうと躍起になり、それが価格をさらに押し上げ、そしてついに破局が来て、暗く苦しい結末となるのであるが、こうした陶酔的熱病が再び起こったときに、規制であるとか、正統的経済学の知識のようなものは、個人や金融機関を守る働きはしない。陶酔的熱病の危険から守ってくれるものがあるとすれば、それは、控えめに言っても集団的狂気としか言いようのないものへ突っ走ることに共通する特徴を明瞭に認識するしかない。このような認識があって初めて、投資家は警戒心を持ち、救われるのだ。」と言う。(20)確かに、チューリップ狂騒劇のような陶酔的熱病が蔓延すると、ガルブレイスが言うような現象があらわれるであろう。しかし、そのような段階では、規制や正統的経済学が個人や金融機関を守ってくれないことは当然であって、ことさらそれを強調するには値しない。それよりもここで強調すべきことは二つある。

その一つは、価値と価格の乖離である。チューリップ狂騒劇が盛んに行われているときには、価格は価値を表現するものでなくなってしまう。すなわち、価値と価格が極端に乖離するのであるから、経済学で論じられている価値や価格の概念は、意味をなさなくなる。価格と価値の差が、私の言う「先取り」された空っぽの価値の部分であるが、これが大きくなると、労働が価値の源泉であるという説も、需要と供給の均衡を論ずる説も、ほとんど吹っ飛ばされてしまう。

もう一つは、ガルブレイスは陶酔的熱病の危険から守ってくれるものがあるとすれば集団的狂気の特徴を認識することだと言うが、その程度のことでは身を守ることはできないということである。まずここで、はっきり認識しておかなければならないのは、投機や先物取引や金融機関からの借金は、「先取り」の手段、方法として使用されることであり、その「先取り」の拘束力が働いて、すなわち「先取り」された虚の価値があちこちに潜り込んで悪さをした結果が、破産・倒産であり、市場の混乱であり、経済の停滞であることである。したがって、チューリップ狂騒劇ほどの「先取り」が行われるときには、自分がその「先取り」に参加しなくても、その影響に巻き込まれる。すなわち、「先取り」の被害は、何の責任がないところにまで及ぶのである。これが「先取り」の拘束力の恐ろしいところであって、現にオランダでは、チューリップ熱が冷めた後でも、長い間経済が停滞したのである。

チューリップ狂騒劇は、それが「バブル」であると言われているにもかかわらず、実は単なる「バブル」ではなく、「先取り」にまで亢進したものである。そのことを分かりやすく示しているという点でも、特筆に値する歴史的事実であると思う。

（1）　エドワード・チャンセラー、山岡洋一訳『バブルの歴史　チューリップ恐慌からインターネット投機へ』（日経BP社）二〇〇〇年、頁

（2）　例えば、同書の外に、ロバート・ベックマン、斎藤精一郎訳『経済が崩壊する　その歴史から何が学びとれるか』（日本実業

出版社)、ジョン・K・ガルブレイス、鈴木哲太郎訳『〔新版〕バブルの物語　人々はなぜ「熱狂」を繰り返すのか』(ダイヤモンド社)
(3) エーリック・アールツ、藤井美男監訳『中世末南ネーデルラント経済の軌跡　ワイン・ビールの歴史からアントウェルペン国際市場へ』(九州大学出版会) 四五頁〜四六頁
(4) 同書四六頁
(5) 同書四七頁
(6) 前出『バブルの物語』四八頁
(7) 前出『バブルの歴史』三七頁
(8) 同書三七頁〜三八頁
(9) 同書三九頁〜四〇頁
(10) 前出『バブルの物語』五一頁
(11) 前出『経済が崩壊する』三二頁
(12) 前出『バブルの物語』五二頁〜五三頁
(13) 前出『バブルの歴史』四一頁
(14) 同書四一頁〜四三頁
(15) 前出『経済が崩壊する』三六頁〜三七頁
(16) 同書三七頁〜三八頁
(17) 前出『バブルの歴史』三八頁
(18) 注(2)の著書で最初に紹介されている歴史的事実は、すべてこのオランダのチューリップ熱である。
(19) サウスシー・バブルについては、前出『経済が崩壊する』三九頁〜五五頁、前出『バブルの歴史』一〇三頁〜一六一頁、前出『バブルの物語』六七頁〜七八頁
(20) 前出『バブルの物語』一八頁

3　ジョン・ローとフランス革命

歴史の時代区分をどのように画するかということについては、いろいろな説がある。「近代」という線をどこに引くかという問題に限定すると、日本の場合は、一八六八年の明治維新のところに線を引き、それ以前を「近世」、それ以後を「近代」とすることにそれほどの異論はないだろう。「近世」という時代を、「江戸時代」とか「封建時代」とか呼称しても、違和感はないと思う。

では、西洋の場合はどうであろうか。

コロンブスがアメリカ大陸を発見した一五世紀末から「近世」が始まり、アメリカ独立戦争（一七七五年～八三年）、フランス革命（一七八九年）までを「近世前期」、それ以降を「近世後期」とするのが有力な説とされている。しかし本書では、産業革命が起こり市民革命を経て資本主義がかたまったころに「近代」の線を引くことにする。もう少しはっきりした線を引くことが許されるならば、フランス革命が勃発した一七八九年を念頭に置いて、それ以降を「近代」と言うことにしたい。

フランス革命の勃発を近代の始まりとするとき、その少し前にフランスを舞台にして活躍したジョン・ローという人物に注目せざるを得ない。この「時代の寵児」が、さまざまな「先取り」を発明し、アンシャン・レジーム（旧体制）を壊してゆくプロセスを見ておこう。

ジョン・ローは、一六七一年にスコットランドのエジンバラで生まれた。小さい頃から算数や代数に才能を見せ、会計にも興味を示す早熟な子供だった。一四歳のとき、長男として家の仕事を手伝うために父親の会計事務所に入れられた。彼は、三年間熱心に働いて、スコットランド流銀行業の原理を習得した。父親が一六八八年に死亡した後、一旗あげようと考え、エジンバラを出てロンドンに行った。レディ・キラーで向こう見ずな彼は、ロンドンの社交界に出入りして派手な生活を続けたが、その出費を補うために、ギャンブル場を利用した。彼は、ギャンブルで数学の才能を発揮し、予想比率を算出するシステムを発明して大儲けしたが、だんだん慎重さがなくなっていって、九年後には、ついには積もり積もったギャンブルの借金を返すために、家族の土地を抵当に入れなければならなくなった。ちょうどそのころ、ローはある男と喧嘩をして、決闘を申し込まれた。その決闘は、あっという間に決着がついた。彼の剣が男の腹を深く貫いたのである。彼は、計画的な決闘で相手を殺したという殺人の罪を問われ、死刑を宣告されて牢獄に入れられた。しかし、友人の助けで脱獄し、船に乗ってイギリスから脱出した。(1)

その後二、三年の間、ローはヨーロッパ各地を旅行し、国際的経済問題や金融問題に関心を強めた。一時はオランダに住むイギリス人の秘書になり、当時のヨーロッパで最も重要な金融機関だったアムステルダム銀行の事業について、詳しく研究する機会を持つことができた。(2)

ローは、東インド会社とオランダ為替銀行、証券取引所の相互関係に魅了された。彼は、否定的な噂を流して株価を下げようと画策する相場師たちの狂態や、持ってもいない株を思惑や投機で取引する空売りの名手たちの技に目を見張った。金融上の革新的な行為が至るところで目についた。しかし、ローの目から見ると、オランダ流の改革はまだ不十分であった。例えば、市場が過熱しているにもかかわらず、東インド会社の発行株数を制限するのは間違っていると思われた。ローの頭の中では、独占的な貿易権を持つ会社と、紙幣を発行する国営銀行の二つを合体させるという構想がまとまりつつあった。(3)彼は、このアイデアをどこかの国で実践してみたいと考えて、ジェノヴァに行ったが、昼は外国通貨や保険を商う商人として、夜はギャンブラーとして過ごし、一七〇〇年にスコットランドに戻った。

その頃のスコットランドは、ニュー・カレドニアの開発事業に失敗し、このプロジェクトに投資した何千人もの投資家はすべての資産を失って、全体が破産寸前であった。翌年、ローは「スコットランド貿易会議設立の提案及びその理由」と題したパンフレットを匿名で出版し、貿易独占の廃止などの改革を提案したが、一時は注目を集めたものの、たちまち忘れられてしまった。彼は、せめて提言の一部でも採用されることを期待して四年待ったが、それも叶わず、一七〇五年、スコットランドに見切りをつけて、再び大陸へと旅立った。(4)

その後四年間、ローはさらに銀行業の経験を積み、その一方ギャンブルで生活費を稼ぐ日々が続いた。一七〇九年、彼は、今度も匿名で「国家に資金をもたらす提案、及び通貨と貿易についての考察」という第二のパンフレットを出版した。彼はここで、通貨の流通量が多くなればなるほど国家は繁栄するとして、紙幣を通貨として導入しあらゆる債務の支払いに金や銀を使うのは止めるべきだと主張した。国庫にあるだけの量の金や銀に依存するのではなく、経済が実際に必要とする額の紙幣を必要なところに発行すれば、利率は下がり、国の生産や収益性が増大、強化されるというのである。当時のヨーロッパでは、紙幣などというものは夢にも考えられていなかった。そこに彼の画期的なアイデアがあった。彼の狙いは、大衆が紙幣による国債の償還を受け入れ、さらにその「紙」と金や銀を自分から進んで取り替えるように仕向けるところにあった。とくにローが強調したのは、中央銀行の創設である。中央銀行があれば、自由な貸し出し政策をとって、信用貸付を思い通りに拡大できるというのだった。つまりローは、今日の中央銀行がほとんど当たり前の業務として行っている金融政策の基礎を築こうとしていたのである。(5)

当時のフランスは、ルイ一四世の手がけたいくつもの戦争のために多額の債務を抱え、一世紀足らずのうちに三度目の国家破産になる瀬戸際のところにあった。政府が大量の利付き国債を発行したり、金銀通貨の流通量を減らしたりしたために、経済不況が起き、事態はさらに悪化した。この状況を見たローは、一連の難題をすべて解決してみせると豪語して、自説が受け入れられるようにあれこれ画策したが、なかなかうまくゆかなかった。(6)

一七一五年にルイ一四世が死亡した。ルイ一四世の七二年間の治世に、いつまでも続く戦争、ヴェルサイユ大宮殿の造営と休みなく開かれるパーティーや奇抜な衣装、宮殿内のお気に入りや愛人、愛人との間にできた子供に与えた莫大な贈り物などで、フランスの富は食いつくされていた。治世の末期には、莫大な国債の利払いだけで国家収入の大半は吸い上げられ、フランスは極度に貧窮化して、飢えた人々が人肉を食べ、死骸がパリの街に転がっていたという。(7)

ルイ一四世の後継者ルイ一五世は、五歳で王位に就き、オルレアン公のフィリップが摂政に任命された。オルレアン公が幼いルイ一五世の摂政に任命されたことで、ローに転機が訪れた。公は、その職務上、莫大な国の債務と取り組むことになるが、ローの経済問題への提案が、ギャンブルの腕ほど素晴らしいものであってほしいと願っていた。(8)

一七一五年、公的な紙幣発行銀行の設立に向けた最初の案が、フランスの王室諮問協議会に提出されたが、この大胆な案は却下された。[9] ローは、もう一度財務会議にアプローチしたが、また提案は拒否された。しかし摂政は、経済顧問が承認しようとしまいと関係なく行動できる立場にあったから、ついにローに銀行を設立する許可を与えた。

すでにフランス臣民になっていたローは、一七一六年にバンク・ゼネラル設立の権限を与えられ、その支配人になった。これ以後、ジョン・ローは抜群の財政手腕を発揮することになり、有名になってゆく。彼は、すべての国民がバンク・ゼネラルの銀行券で地方税を払うべきだとオルレアン公を説得した。こうすれば、銀行はその経営や成長に必要な資金流入を確保できるからだ。

ローの提案に基づいて、バンク・ゼネラルは銀行券の発行の権限を与えられた。この銀行券は、請求があればいつでも発行日の相場で銀貨と交換できるものだった。そしてフランス国民が気づいたのは、法定通貨（リーブル）は価値が変動することがよくあったので、購買力の変動する貨幣よりも、バンク・ゼネラル発行の銀行券で貯蓄する方がずっと安全だということだった。この銀行券は利息がもらえたし、金塊や銀塊よりも持ち運びに便利だったので、額面にプレミアムがついて売買されるようになった。流通が進むのに合わせて、ローは利率を三〇%から六%に、さらに四%に下げ、高利貸しを廃業に追い込んだ。

ローの予測通り、国の景気は劇的に回復し、商業や工業も活発になり、フランス経済は上り調子になった。[10]

しかし、ローの野心は、留まることがなかった。彼は、南東はメキシコ湾から西はロッキー山脈、北は五大湖に至る、現在でいえばアメリカ合衆国の一三の州を含むフランス領ルイジアナの天然資源を開発しようと計画し、摂政オルレアン公を説得して、ルイジアナとミシシッピの広大な地域の独占権を与えてもらった。この計画は、ミシシッピ川に因んで「ミシシッピ・プロジェクト」と名づけられた。

新世界への植民には問題があった。一八世紀初めには、北アメリカの南西岸にあった初期のスペイン植民地のほとんどが消滅してしまっていた。一六九九年には約七五〇人のフランス人開拓者がミシシッピのデルタ地帯に入植しようとしたが、六〇〇人は黄熱病やマラリヤに罹り、その年のうちに死亡した。それでも、ルイジアナの地がもたらす夢を追い求める人が大勢いた。ローによれば、この計画は、ルイジアナの大地に埋まっている大量の金をフランスにもたらすはずだった。

彼は、一七一七年に、ミシシッピ開発会社の認可を得た。会社の名称を「カンパニー・ドゥ・ラ・ルイジアヌ・ウ・ドクシダン（ルイジアナ会社）」といい、政令によってその地域の二五年間の賃借権とすべての主権を獲得した。少なくとも六〇〇〇人のフランス国民を三〇〇〇人の奴隷と一緒にルイジアナ地域に入植させる義務を負うと同時に、独自に国民軍を募集して軍隊を持つことが許された。フランス政府はこの計画を一〇〇％認め、国民に少しでも疑いを持たれないようにした。例えば、この計画を批判した探検家を逮捕して、バスティーユ送りにしたほどである。

しかし、政治的反対はなかなか収まらなかった。多くの指導的立場にあるパリジャンやパルレマン（最高裁判所の一つで、半分政治的な役割も担うようになっていた）の委員たちは、価値のある特権や地域を安い値段で渡してしまうことが許せなかった。大衆は大騒ぎになり、ローを審問にかけ絞首刑にするなどという物騒な噂がパリに広まった。(11)

つづいてローとその一派がセネガル会社のすべての船と積み荷の交易権を与えられたとき、抗議の声はさらに大きくなった。その抗議があまりに強かったので、摂政オルレアン公も介入せざるを得なくなり、勅令を出して、バンク・ゼネラルをバンク・ロワイヤルに改組した。国立銀行となるバンク・ロワイヤルは、ローのバンク・ゼネラルの全資産を吸収し、法定貨幣鋳造を九年間独占的に行うことで、フランスのマネー・サプライを支配することにした。このバンク・ロワイヤルは、世界最初の中央銀行で、ローの元々の構想通り、ルイジアナでの開発事業のようなリスクが大きい事業に融資できるようにつくられたのである。(12)

一七一九年、ルイジアナ会社はセネガル会社の経営権を手に入れた後、フランスの東インド会社と中国会社を吸収する許可を得、名称を「インド会社（カンパニー・デ・インド）」と改めた。そして、さらにアフリカ会社も吸収した。こうして、非ヨーロッパ地域での交易の全権が、ジョン・ローとその一派の手に握られることになった。名目上だけのことだが、この巨大な会社は世界最大の企業の一つになったのである。(13)

その年、インド会社が貨幣鋳造権ごとバンク・ロワイヤルを買収し、最後の砦も落ちた。ローは、すでに紙幣発行の責任者ではなくなっていたが、これで誰の妨害も受けずに貨幣鋳造を独占できるようになった。これは、ある意味で摂政以上の支配権を持つことになる。摂政は紙幣を発行することはできるが、その紙幣はローが鋳造する貨幣としか交換できないからである。

そして、ジョン・ローは、人為的な景気刺激策を実行に移す。これはその後数世紀にわたり今日までも模倣されている景気刺激策である。すなわち、ローは、摂政に助言して、紙幣を増発させた。紙幣が市中に出回り、それが投機の材料になり、インド会社の株は新たな活気を見せはじめた。ルイジアナや他の地域の開発の見込みが高くなったなどという噂が市中に広まり、株価はたちまち倍に上がり、さらにその倍になった。疑いを持っていた連中は沈黙した。生産力に富んだ広大なミシシッピ沿いのサバンナ、巨大な金鉱、毛皮貿易、煙草の専売、莫大な銀行の利益、インドや中国から集まる富、アフリカの夢のような天然資源、こういうものを思い描いた投機家の理性は、完全に曇ってしまった(14)。

その後ローは、もう一つの計画を発表した。彼のアイデアは、インド会社の株を利用してフランスの国債の償還をしようというものである。まず、三%の銀行券を債権者に対して発行するよう要請した。同時にインド会社は、債権者がその銀行券で購入できる株を発行する。他に流通している証券は数が少なく、インド会社の株価は上がり続けていたので、銀行券所有者は喜んで株と交換するはずだと、ローは確信していたのである(15)。

このローのアイデアは、まさしく眠気も醒めるような発明である。国債と紙幣と株式がぐるりと回った結果は、次のようになる。すなわち、フランス政府は紙幣を発行しただけで、国債が償還されて借金が無くなる。インド会社は、株式を発行して紙幣を取得する。国債を所有していた者は、その国債に代えてインド会社の株式を所有する。つまり、インド会社の株価が上がれば、それまで国債を持っていた人は得をするが、株価が暴落すると大損をする。このローの発明は、使われる材料や複雑さは異なるが、現在でも使用されている。すなわち、サイクルが大きくなり、複雑な要素が混じってくるので、分かりにくくはなっているが、今日でもときどき、いや頻繁に使われている「先取り」の手段である。

ところで、賽の目はどちらが出たのだろうか。はじめのうちは、インド会社の株価は、留まるところを知らずに上がったのである。新株発行の度ごとに、銀行券はさらに増刷され、それが株価の上昇をあおった。一七一九年春までに、バンク・ロワイヤルの銀行券発行高は数百億リーブルに達し、夏の中頃には、その額は四倍になり、株価は初回の発行価額の一〇倍にまで急騰した。フランスの投機は伝染病になり、ヨーロッパ各地からも人を引きつけた。株買いの流行に乗ってひと財産つくろうとパリにやってきた連中は数十万人に及んだ。

ローは、フランス国民にはなっていたが、国教のカソリックではなく、プロテスタントだった。しかし、あらゆる意味で本当のフランス人になり切ろうとしていた彼は、教会に取り入って改宗することにした。一七一九年、ノートルダム寺院で催された盛大な儀式で、ジョン・ローはプロテスタントの信条を放棄して、カソリックの教会に迎え入れられた。そして、その翌年、彼は財務総監に任命された。(16)

しかし、株式市場の外では、危険なほどにインフレが加速しつつあった。パリの物価は、二年前に比べて二倍になっていた。それはローが流通紙幣を極端に増やしたためだった。(17)

一七二〇年初め、「恐るべき審判の日」が迫りつつあった。物語は、ミシシッピのデルタ地帯の開発が極めて困難だとか、いくつかの事業で大損害を被ったという話から、ぼつぼつはじまった。相場師の多くが株価の値上がりの背景にあるものを見はじめると、この計画の隠された弱点が注目を集めるようになった。ミシシッピ開発事業のために集められた資金のほとんどが実際にはパリを出ていないという発見は、多くの人を心配させた。事実、資金の大部分は政府の経費や摂政の贅沢な生活費を賄うためにそのまま消えていたのである。(18)

その年、株価が下がりはじめた。当然ながら紙幣価値の下落を予想していた人々がいて、彼らは紙幣を受け取る代わりに金や銀での支払いを望むようになった。(19)王位に極めて近い二人の王子が、数千株を一挙に売りに出し、代金は金か銀にするよう求めた。王子たちは、大量の銀行券をバンク・ロワイヤルに差し出し、金銀を運ぶために馬車を三台用意して貨幣との交換を求めた。これは、ローのシステムが直面した厳しい試練だった。要求に応じて交換できる金や銀は、銀行券の流通額の一〇分の一しかなかったから、巨額の銀行券の兌換に必要な大量の金銀を用意するという難題に突然直面したのである。

ローは、摂政オルレアン公に訴え、金銀の相当部分を王子たちがバンク・ロワイヤルに戻すように主張した。しかし、そうやって戻された金銀も危機を防ぐには足りなかった。そこでローは、問題解決の手段として、何と！ 紙幣を増発した。九台の印刷機が何週間もフル回転して、大量の新札が発行された。ローの狙いは、以前と同様に、新札がインド会社の株購入に使われ、株価を吊り上げることだった。しかし、それは逆効果というものだった。人々は、新札発行前よりもいっそう貨幣を欲しがったのだ。われもわれもと銀行券と貨幣との交換に走り、紙幣の価値はさらに下がった[20]。

打つべき手が急速に少なくなる状況の中で、ローは摂政に訴えて、紙幣を法定通貨に定めさせた。そして、金や銀の輸出を禁じたうえ、金や銀製品の製造・販売まで禁止した。市民が五〇〇リーブルを超える貨幣を所持することも違法になり、この施策を徹底するため、官憲が市民の家を捜索して回った。

同時にローは、憑かれたように銀行券と金や銀との交換率を何度も変動させた。いずれも貨幣より紙幣を魅力的に見せようという思惑からとられた措置だったが、互に矛盾する法令が乱発されたために、人々は大いに混乱した[21]。

この混乱の最中に、インド会社の株価は急落した。同時に、紙幣と交換できる金や銀の量も着実に減少した。何としても信頼をすぐに回復しなければならないと思ったローは、とうとう露骨な詐欺に手を染めた。ローは物乞いの一団を雇って、つるはしやシャベルを持たせてマルセイユの波止場に送り、ルイジアナの鉱山に金を掘りに行く坑夫のように見せかけた。しかし、計略はばれ、話がパリに伝えられると株の信頼性はいっそう打撃を受けた[22]。投資家や投機家は、この逸話を聞いて、さぞげんなりしたことだろう。

ローは、国中の非難の的となった。インド会社の事業に賭けて財産を失った大衆は、自分の愚かさは棚に上げて、すべてローのせいにした。暴動が発生し、彼の事務所が襲われた。彼は財務総監の地位を剥ぎ取られ、地位もなく悪名だけが高いフランス人になり下がった。友人だった摂政オルレアン公も、彼と会うことを拒否した。

命を脅かされていたジョン・ローは、ただの貧乏人として南アメリカに逃げたといわれている。彼は、しばらくは主にギャンブルで生活費を稼ぎながら、国から国へ旅して歩いた。最後にヴェネツィアに落ち着き、そこで貧しく、忘れられたまま一人きりで死んでいった(23)。

ところで、ジョン・ローによる「ミシシッピ・バブル」は、フランス革命の遠因だといわれている(24)。しかし、インド会社が倒産した一七二〇年から一七八九年のフランス革命の勃発までの間には、六九年という時が流れている。そこで、その間のフランス財政をトレースしておこう。

一七二三年、オルレアン公フィリップが死亡し、財政再建は、宰相となったブルボン公の手に委ねられたが、ブルボン公はこれに失敗して、一七二六年に宰相を辞任した。そのあとを受けて、質素なド・フルーリー枢機卿が宰相となった。彼は、投機バブルの再来を恐れて、新たな債務を一切禁止した。そして、宮廷経費の削減や年金のカット、軍事費の抑制など歳出の削減をする一方で、増税などさまざまな手段で歳入の増大に努め、財政収支の均衡をはかることに成功した。さらに平和を第一としてイギリスとの戦争を回避したので、フランスにしばしの平和と国力回復の日々が訪れた(25)。

ジャック・アタリは、このようなフランスの事態を背景として、公的債務に関する議論が活発化しているとして、その頃の経済理論に言及している。その中からいくつかを紹介させていただくことにしたい。

時代は少し遡るが、バワーギルベールは、その『フランス群論』（一六九五年）の中で、「所得と消費は同じことであり、所得がなくなれば消費がなくなる」として、民衆は消費性向が高く、彼らの消費こそが貨幣速度を高めると指摘し、「より多数の民衆の消費によって、より大規模な流通が引き起こされ、より大規模な流通によって国家の富が活性化され、新たな価値が生み出されていく」と言って、公的債務が貨幣の流通速度を刺激し、有益であると述べている。

これに対し、ジョン・ローの秘書を経験したことがある経済理論家ジャン・フランソア・メロンは、『商業に関する政策論集』（一七三四年）の中で、「国家の債務とは、右手にある債務を、左手に移すようなものである」、「経済に必要な量の食糧があり、これをきちんと配分することができるのであれば、経済が弱体化することはない」と言っている。

モンテスキューは、『法の精神』（一七四八年）の中の「公的債務」の章で、公的債務は金利を上昇させ、経済成長が必要とする貯蓄を経済から奪うものであると記し、「国家が借金することは、良いことであると信じる者がいる。それにより、貨幣の流通速度が加速して富が増加すると、彼らは考えている。しかし、公的債務は実際に経済・産業活動に従事する人々から奪った所得を、有閑階級に移し替える。つまり、ほとんど働かない人々を優遇し、働く人々を冷遇することになるのである」と言っている。[26]

一七五六年、ヨーロッパ諸国間で七年戦争がはじまり、各国の債務は膨れ上がった。この戦争は、主にフランス・オーストリア・ロシアに対して、イギリスとプロイセンが同盟して戦ったものである。この戦費をまかなうために、ルイ一五世は、王室の税収を統括する徴税請負組合から新たに借り入れを行った。そして一七六九年には、公庫は空っぽになった。ルイ一五世は、大修道院長のテレイを財務総監に任命して財政再建を任せた。テレイは、破産を回避するために、まず短期借り入れを整理し、次に支出を大幅に削減して、租税改革に着手した。

一七七四年、テレイの後任として、テュルゴーが財務総監に任命された。あらゆる借金を嫌った彼は、公的債務に対する信頼を回復し、支払金利を下げるために、スイスの銀行家イザック・パンショーが構想した「債務償還金庫」を設立した。そして、王に、「債務不履行はしない。増税は行わない。借金はしない。公的赤字はつくらない。紙幣増刷に頼らない」という原則を遵守させた。

テュルゴーは、軍事費も含めてすべての歳出を大幅に削減すると宣言し、金融仲介業者をお払い箱にした。さらにギルドを廃止し、穀物取引の自由化を行うなど、自由主義的改革を断行しようとした。これに対して、ルイ一六世は脅え、貴族などの特権階級は反発し、わずか二年後の一七七六年にテュルゴーは解任されてしまった。[27]

テュルゴーの後任として、クルュニー・ド・ニュイが財務総監に任命されたが、彼が急死してしまったので、プロテスタントでスイスの銀行家のジャック・ネッケルが王庫の財務長官に任命された。財務長官の権限は財務総監と同じであるが、彼が外国人でプロテスタントであったために、ルイ一六世は、財務長官という肩書にしたのである。ネッケルは、貴族出身でなくフランスでは第三身分であったので、民衆には人気があった。

彼は、火の車だった財政を維持するために、まずは借り入れを行い、次に緊縮財政を提案した。そして、フランスで初めて、公的財務の内容を世間に公表し、「フランスが財務状況を常に隠していることにより、国家の約束に疑念が生じてしまい、経験豊かな人々は、財務責任者の道徳観は、もはやあてにならないと考えるようになっている」と述べた。

ネッケルは、「公的債務が最小限にならないかぎり、平和は訪れない」と指摘したモンテスキューの言葉を引用し、公的債務によって調達した資金は、国家の軍事力を増大させるだけであり、破壊・復興・再軍備をもたらし有害であると言う。

そして彼は、次に公的費用を大胆に削減する計画に着手し、マリー・アントワネットとその寵臣に質素倹約を進言するが、このことで王妃と保守貴族たちから疎まれ、一七八一年に罷免されてしまった。(28)

ネッケルの後任として財務総監に任命されたジョリー・ド・フルーリーやフェーブル・ドルメソンのもとで、公的債務は多少減少したが、一七七六年にはじまったアメリカ独立戦争を支援するために多額の出費をしたフランスの公的債務は、ふたたび増加に転じ、一七八三年のヴェルサイユ条約によってアメリカの独立が承認された後に財務総監に任命されたシャルル、アレクサンドル・ド・カロンヌは、莫大な借り入れを強いられた。一七八七年には、フランスの公的債務は、対GDPの八〇%、国家の歳入にしめる債務償還の比率は四二%に達した。フランス王国は、またしても破産寸前になったのである。(29)

ジャック・ネッケルは、罷免されてから七年後の一七八八年初頭、資金繰りに長けているとの評価によって呼び戻され、今度は国務大臣に就任した。彼は、利権を手離すことを拒否する保守貴族たちに対抗するため、民衆を味方につけて財政改革を進めようと考え、三部会（第一身分＝聖職者、第二身分＝貴族、第三身分＝平民の代表者が重要議題を議論する会議で、その前に開かれたのは一六一四年である）の開催を就任の条件とした。それに従って、ルイ一六世は財政赤字問題を議題とする全国三部会の招集を布告し、翌一七八九年五月五日に、ヴェルサイユの三身分会議室で、一七五年ぶりに全国三部会が開催された。

ネッケルは、その席で三時間近い演説を行い、集まった議員に対し、倹約を推し進めてもなお多額の赤字が発生し、債務は対GDP比でおよそ七〇%に達していて、国家は支払い不能に陥ったと訴えた。しかし、議員たちの関心は、もっぱら選挙制度のあり方や第三身分の代表者の割合を倍増させることにしかなく、全国三部会はすぐに行き詰まり、六月一七日に第三身分による国民議会設立が宣言された。財務の改革策をほとんど実行できなかったネッケルは、マリー・アントワネット一派の圧力もあり、六月末に罷免された。

それから半月後の一七八九年七月一四日、ネッケルの罷免によって王室に対する民衆の怒りにさらに油が注がれ、バスティーユ監獄が襲撃され、フランス大革命の口火が切られた。こうして歴史は、近代の扉を開いたのである。

なお、ネッケルは、七月末に民衆の大きな支持によって呼び戻されたが、財政再建策を見出せず、やがて民衆の支持を失って、翌年には辞職し、生まれ故郷のジュネーブに引退した。(30)

以上のことから分かることは、ジョン・ローの後に就任した宰相や財務総監（ネッケルの場合は財務長官、国務大臣）が、延々とフランスの財政赤字と格闘していた事実である。そこには確かに連続性があり、フランス革命から逆にその鎖を手繰ってゆけばローが開けた大きな穴に辿りつくので、「ミシシッピ・バブル」がフランス革命の遠因であったということは肯けることである。

さらに深く考察をすすめるとするならば、ローが絶対王政を利用し、あるいは絶対王政に利用されながら、多彩な「先取り」を駆使した事実に瞠目せざるを得ない。

彼がオルレアン公に登用される前に死亡したルイ一四世は、莫大な国債を残した。それ自体が、将来の税収をあてにした「先取り」に他ならない。そして、それは「先取り」であるから、簡単に消えるものではないが、その難題をすべて解決させてみせると豪語したローのやり口を、「先取り」という概念に当てて、一つひとつ吟味してみよう。

第一に、金や銀の貨幣をやめて紙幣を発行し、通貨の量を増やすというアイデアであるが、ローは、バンク・ゼネラルの設立が認められて、さかんに銀行券を発行した。そのことによって、通貨が不足することがなくなるが、市中に出回る通貨の量が増えれば、それに反比例して通貨の価値が下落するので、結局は同じことになるはずである。しかし、通貨の発行とその価値が下がるまでにはタイム・ラグがあるので、通貨の価値が下がるまでの間は、通貨は実際の値打ちよりも高い価値がつけられて流通する。すなわち、通貨は空の価値が付加されて商品と交換され、その分だけ価値は「先取り」されるのである。紙幣を発行、増発することは、社会的規模でこの「先取り」を行うことである。ローのヨーロッパにおける紙幣の発明と実践は、金や銀の生産量に制限されない通貨をヒトが普遍的に使いはじめたという意味で、その後のヒトを喜ばせ、あるいは苦しませ、今日に至るまで、そしておそらくかなり遠い将来まで、呪縛するのである。

第二に、彼は、ミシシッピ開発会社を設立し、セネガル会社、オランダの東インド会社、中国会社、アフリカ会社を吸収して、インド会社にまで発展させたことである。ここで、さかんに増資をして株を発行するが、実際に獲得し収益を上げる前に、あてもないルイジアナの金、中国やインドの財宝、アフリカの天然資源などの巨大な架空の価値を「先取り」していたことは明白である。すなわち、ローが発行した株は、すべて空っぽの価値、私の言う「虚の価値」の表象だったのである。この手法は、ロー以前にもあったし、今日まで飽くことなく繰り返されている、いわば古典的な「先取り」である。なお、ローが東インド会社などを吸収合併して、会社の規模を大きくしたことも、「先取り」の手段としてよく使用されるものである。規模を大きくすれば、増資をして新株を増発することもできる。ホリエモンや村上某の騒ぎは、一時は新奇な行動として人気があったが、何も新しいものはなかったのである。

第三に、バンク・ゼネラルは改組されて、中央銀行のバンク・ロワイヤルになるが、ローのインド会社はバンク・ロワイヤルを買収して、一手に貨幣の発行と新株の発行を掌握したことである。このことによって、通貨の増発という「先取り」と株の発行という「先取り」を同時にすることが可能になって、「先取り」を相乗的に増やすことができたのである。彼は、実際にその通りの行動をした。ここまでくると、「先取り」は経済構造の中に深く組み込まれてしまうので、もはや止めることはできなくなる。このことは、通貨の発行機関と株式の発行機関が別々になっている現在では、起こりえないことだと考える人もいるだろうが、形式的に組織が別になっていることは問題でない。実質的には、今日でもしばしばあらわれる経済現象である。

第四に、前にも指摘したことであるが、インド会社の株を利用してフランスの国債の償還をしようとしたことである。まず、銀行券を債権者に対して発行し、同時にインド会社は、債権者がその銀行券で購入できる株を発行する。そして、銀行券所有者は銀行券をインド会社の株と交換する。すなわち、フランス政府は紙幣を発行しただけで、国債が償還されて借金が無くなる。インド会社は、株式を発行して紙幣を取得する。国債を所有していた者は、その国債に代えてインド会社の株式を所有する。言うまでもなく、国債の発行も、紙幣の発行も、株式の発行も、全部「先取り」に他ならないが、これらが順調に自己増殖することが可能であれば、「めでたし、めでたし」ということになるだろう。しかし、そうはならないのである。なぜならば、それらはすべて、空っぽの虚の価値だから、針一本を刺すだけで破裂し、それが社会、経済のあちこちに潜り込んで、拘束力を発揮するのである。

現に、二人の王子がバンク・ロワイヤルに三台の馬車を用意して乗り付けただけで、空っぽの価値で膨らんだ「先取り」が破裂し、以後、フランスは長期の経済的不況に低迷した。そのことによって、借金の担保に目されていた王室や貴族の財産は破綻に瀕したと思われる。そのことは、所有形態の変更や身分制度の崩壊を促したに違いない。こうして平民の私的所有権、法的主体性を確立する道が開かれてきた。ローが起こした「ミシシッピ・バブル」は、近代の扉が開かれるかなり前に、引き金に長い鎖を結びつけて、遠くから引っ張ったのだと言えると思う。だとすれば、これがフランス革命の遠因だということは、あながち無理ではないと思われる。

（1）前出『経済が崩壊する』六〇頁～六三頁
（2）同書六三頁
（3）前出『マネーの進化史』一七八頁
（4）前出『経済が崩壊するとき』六三頁～六四頁
（5）同書六四頁～六六頁
（6）前出『マネーの進化史』一七九頁
（7）前出『経済が崩壊するとき』五八頁～五九頁
（8）同書六九頁

（9）前出『マネーの進化史』一七九頁
（10）前出『経済が崩壊するとき』六九頁〜七〇頁
（11）同書七一頁〜七二頁
（12）同書七二頁
（13）同書七三頁
（14）同書七三頁〜七四頁
（15）同書七五頁
（16）同書七五頁〜七七頁
（17）前出『マネーの進化史』一九二頁
（18）前出『経済が崩壊するとき』七八頁〜七九頁
（19）前出『マネーの進化史』二〇一頁
（20）前出『経済が崩壊するとき』八〇頁〜八一頁
（21）前出『マネーの進化史』二〇一頁
（22）前出『経済が崩壊するとき』八二頁
（23）同書八三頁〜八四頁
（24）前出『国家債務危機』七八頁
（25）同書八〇頁
（26）同書八一頁〜八四頁
（27）同書八五頁〜八六頁
（28）同書八八頁〜八九頁
（29）同書八九頁〜九〇頁
（30）同書九〇頁〜九一頁

4 近代以後の西洋の「先取り経済」の歴史

フランス革命によって近代の幕が開かれた後も、「先取り」は相変わらず続けられた。むしろ近代に入ってからは、「先取り」は恒常化し、普遍化したと言ってよいだろう。

フランスで革命が勃発した少し前から、対岸のイギリスでは、共有地の私有化（囲い込み）運動が進んだり、紡績機の発明や蒸気機関の改良などがあって、産業革命期に入っていた。ヨーロッパでは、産業革命が進展するに伴って、資本主義経済の基礎がかためられてゆく。そして、資本主義の法として近代私法が確立し、時間差はあるが、いよいよ世界中が資本主義体制に覆われてくるのである。

資本主義の主要な属性は、資本の集中である。その資本の集中の手段として、信用を利用することは必然になる。そして、信用を利用する過程で、「先取り」が行われることも避けられない。したがって、近代以後も、相変わらず近代以前と同様に「先取り」は跡を絶たない。跡を絶たないばかりか、むしろ資本主義経済の中に組み込まれて、その構造の一部になっていると言ってよいだろう。そして、近代以降の「先取り経済」は、いっそう規模が大きくなり、経済、社会、また人々の生活に大きな影響を及ぼすようになった。

近代以降の「先取り」には、さまざまな形態があり、その動態にも多様性がある。概して言えば、それが表面にあらわれない時期があるが、その段階では深部で「先取り」が進行し、いったん表面にあらわれると、もはや手がつけられないほど暴走して、経済、社会のみならず、人々の生活や精神までも破壊する。

例えば、ジャック・アタリによると、世界各国の公的債務不履行（デフォルト）だけでも、一八〇〇年から一八四九年の間に、オーストリア、フランス、ドイツ、ギリシャ（二回）、オランダ、ポルトガル（二回）、スペイン（三回）、ハンガリー、ロシア、トルコ、アルゼンチン、コロンビア、エクアドル、ペルー、ベネズエラ、コスタリカ、エルサルバドル、グアテマラ、ホンジュラス、メキシコ（三回）、ニカラグアに起こっている。一八五〇年以後も、デフォルトは繰り返され[1]、今日に至っている。

公的債務不履行という形であらわれる他にも、ジェイ・グールドの金（ゴールド）相場の投機による大暴落、[2]シカゴ（一八三〇年）とフロリダ（一九二〇年代）の不動産投機による崩壊など手を変え、品を変え、「先取り」の歴史は延々と続いているが、ここでは、その中でも突出して名高いドイツのハイパー・インフレーションと一九二九年の大恐慌を概観することにしたい。[3]

（1）前出『国家債務危機』（三〇頁〜三一頁）の図表による。
（2）前出『経済が崩壊する』八七頁〜一二八頁
（3）同書一二九頁〜一六一頁

(1)　ワイマール体制下ドイツのハイパー・インフレーション

一九一四年のサラエボ事件を契機にして、ドイツ、オーストリア、オスマン帝国、ブルガリアの同盟国と、イギリス、フランス、ロシアの連合国（後に日本、イタリア、米国も参戦）が対峙し、第一次世界大戦に発展した。それまで好調だったドイツ経済は、連合国の経済封鎖で国際貿易は実質的にストップし、たちまち危殆に瀕することになった。ドイツ政府は、紙幣と金とを交換する金本位制を維持するために市場から紙幣を引き上げる措置をとった場合の政治的影響や、紙幣を減らすことのデフレ効果によって軍隊の士気が損なわれることを恐れ、緊急法を制定して紙幣と金との交換を禁止した。このときドイツは、金本位制から離脱したことになる。ドイツは紙幣の保証に必要な手持ち高にわずらわされずに、自由に紙幣を印刷できるようになったのである。

第一次世界大戦は、予想以上に長引き、戦費も当初考えられていたよりはるかに大きくなっていった。しかも、経済活動の急激な鈍化があって、政府の歳入は大幅に減った。旧式のドイツ帝国政府は、戦費調達に重税を課すことを避けて、必要な資金を得るために国債を発行し続け、中央銀行であるライヒスバンクは、紙幣を盛んに増刷した。

戦争はマルクの価値を大幅に下落させ、国民に厳しい苦難を強いた。ドイツ経済は徹底的に破壊され、産業の大部分は壊滅状態に陥っていた。戦闘で六〇〇万人が死傷し、戦争未亡人や戦争による障害者、労働力の解体や失業など、どれもこれも莫大な経費を必要とするものが残った[1]。

一九一八年一〇月、キールとヴィルヘルムスハーフェンで起きた水兵の反乱に端を発して、ドイツ各地の帝政が崩壊し、一一月九日にはヴィルヘルム二世が帝位を追われてオランダに亡命し、帝政ドイツの幕が閉じた[2]。その日からドイツは共和制に移行することになるが、その翌々日の一一日には休戦条約が結ばれ、第一次世界大戦はようやく終結した。

翌一九一九年にワイマール憲法が制定され、その年から一九三三年に事実上崩壊するまでの戦間期の政治体制をワイマール体制という。そのワイマール体制下のドイツを、ワイマール共和国（ヴァイマル共和国）と言ったりドイツ共和国と言ったりしている。そのワイマール体制下の政治は、入り組んだ政党間の抗争があって非常に複雑な展開をするが、本書では、ワイマール体制の初期に起こったハイパー・インフレーションに的を絞って検証することにしたい。

そこでまず、ヴェルサイユ条約によってドイツに課せられた苛酷な賠償条件を見ておこう。

ドイツは、エルザス＝ロートリンゲン（アルザス＝ロレーヌ）、シュレージェン、シュレースヴィヒ北部という工業部門や農業部門で資源豊かな地方を割譲させられた。これによって、新生ドイツは、農業生産部門の一〇％から一五％、鉄鉱石の七五％、鋳鉄の三〇％、鉄鉱および石炭生産の二五％を失った。その他に、輸送用機材（機関車五〇〇〇両、貨車一万五〇〇〇両、トラック五〇〇〇台、商船隊の大部分、漁船の二五％、川舟の二〇％）と石炭（ザール産石炭をフランスに、合計二四〇〇万トンの石炭をベルギーとイタリアの両国に）を渡さなければならなかった。

これに加えて、賠償として一九二一年までに現金で一〇億マルク、現物で五〇億マルクを支払わなければならなかった。この賠償支払いの負担が経済再建の足を引っ張ったことは間違いないが、しかしそれは、戦時下の軍事支出の一〇分の一程度であったから、一九二三年の大恐慌＝ハイパー・インフレーションの主因は、戦時中の軍事支出が膨大な額にのぼっていたことにある[3]。

さて、ドイツは第一回の支払いとして、一九二一年八月末までに一〇億ゴールド・マルクを支払わなければならなかった。

この支払いをさせるために、連合国に規制委員会が設立され、ドイツが条件の受諾を拒否したら、連合国はただちに通商制限を行い、ルール川流域全域を占領することが決定された。ドイツ当局は、マルクをドルに換えるのに必要な外国通貨を手に入れるために大変な苦労をした。そのときはすでに、マルクの暴落がはじまっていたからである。そして、ライヒスバンクが数年前に契約したオランダからの債務二七〇〇万マルクを短期間で返却しなければならなくなって、事態は急速に悪化した。中央銀行が準備金として保管しておくべき外国通貨が、連合国への第一回の支払いのためにゼロになっていたから、オランダに支払う外国通貨を獲得するために、為替市場にマルク紙幣を売るしか方法がなかった。そこで、大蔵省短期証券を割引発行して、マルク紙幣が増刷された。(4)

紙幣の洪水は、たちまちマルク売りの投機を発生させ、マルクは急落した。さらに同年一〇月には、国際連盟の理事会でアッパー・シレシアの分割が決定され、ドイツ最大の工業地区の一部がポーランドに譲渡されることになった。この措置が心理的ショックになって、資本は一斉にマルクを捨て、ドイツから逃避した。こうしてマルクの価値は下落の道を辿ることになったのである。(5)

しかし、ドイツをハイパー・インフレーションに追い込んだ決定的要因は、「消極的抵抗」と呼ばれるもの、すなわちフランス＝ベルギー連合軍によるルール地方占領に抗議して、ドイツ政府が生産停止を命じた出来事だといわれている。そこで、この「消極的抵抗」を見ておこう。

ドイツの賠償支払いの延期の求めに対して、フランス首相ポアンカレはルール地方を占領する決定を下した。一九二二年一一月に、ヴィルヘルム・クーノを首班とする内閣が発足したが、この内閣は、連合国間相互の意見の分裂を当て込んで、抵抗政策の道を選ぶ方針を決めた。その思惑通り、イギリス、イタリアの両国は、ルール地方の開発権没収、ドイツの租税収入差し押さえなどを含むドイツ制裁策を主張するフランスに同調する気配を見せなかった。しかし、イギリスの反対があったにもかかわらず、一九二三年一月、フランス、ベルギー両国は、ドイツ政府に、ルール地方に「工場・鉱山監督委員会」という機関を設けることを通告し、六万人の兵力をこの地方の主要地点に駐留させた。これに対し、クーノ政権は、賠償支払いをいっさい停止するとともに、パリおよびブリュッセルに駐在する大使を召還し、すべての官吏に占領軍の命令に服従するのを拒否するよう命じた。

こうした消極的抵抗の動きは、ルール地方の住民のあらゆる階層に、またたく間に広がっていった。経営者も労働者も、一体となってゼネストを決行した。石炭業の労働組合は、書類いっさいを携えてハンブルグに逃避した。フランス、ベルギー両国の行動を非難する点では、ドイツのすべての政党が足並みをそろえた。フランス、ベルギー両国は、言うことを聞かない官吏を追放し、企業経営者を投獄した。ドイツ労働者とフランス軍との間で衝突が起こった際には、フランス軍が発砲し、一三人の労働者が死亡した。

この消極的抵抗は一九二三年一月から九月まで続けられたが、ドイツの経済、財政にとっては、あまりにも高くつき過ぎた。ドイツ政府は、その間、産業経営者に補助金を与え、ストライキ中の俸給生活者にも補償金を給付しなければならず、その負担額は三五億マルクに達した。これは、ドイツが負担不可能と主張している年間賠償額の二倍以上にのぼるものである。[6] この消極的抵抗以後に、マルクの価値は下がりに下がった。そして、生産活動は混乱し、民衆の間に貧困と無秩序が蔓延した。

では、ドイツマルクの下落、すなわち、ハイパー・インフレーションはどの程度のものだったのであろうか。これについては、数字で示すのが最も分かりやすいであろう。そこで、一九二一年から一九二三年までのドルの対マルク相場を見ておこう。[7]

一九二一年一月	一ドル	七六・七マルク
一九二二年一月	一ドル	一九一・八マルク
一九二二年七月	一ドル	四九三・二マルク
一九二三年一月（ルール地方の占領と消極的抵抗のはじまった時期）	一ドル	一万七七九二・〇マルク
一九二三年七月	一ドル	三五万三四一〇・〇マルク

一九二三年八月　一ドル　四六二万〇四五五・〇マルク
一九二三年九月（消極的抵抗の終わる時期）　一ドル　九八八六万〇〇〇〇・〇マルク
一九二三年一〇月　一ドル　二五二億六〇二〇万八〇〇〇・〇マルク
一九二三年一一月一五日　一ドル　四兆二五〇〇億〇〇〇〇万〇〇〇〇・〇マルク

一九二三年一一月頃には、マルクの信用は完全に蒸発した。一九二三年末には、流通しているマルク紙幣の総額は、およそ四垓九七〇〇京マルクに達した。(8)

企業家たちは、通貨の下落を予想して、資金を商品製造やサービス提供から引きあげ、投機に使いはじめた。実業は二の次になって、マルクの下落に賭けることが一番のゲームになり、そのことが通貨のさらに大幅な下落をもたらした。ドイツ人はもう財布を使わなくなった。毎日の支払いに必要な紙幣は、スーツケースや手押し車、それに乳母車などで運ばなければならなくなったからだ。ベルリンでは、ジャガイモや卵、バターの値段は一日に六回も変った。商人は品物を紙幣と交換するのを嫌がったので、物々交換が行われた。物価上昇があまりも激しいので、賃金は二時間おきに支払われた。ヴェルサイユ条約に調印した当時のイギリス首相ロイド・ジョージは、この状況を説明して、『災難』とか『破滅』、『破局』とかいう言葉は、もはや本来の意味を伝えてくれない――あまりにも頻繁に使われる用語だからだ。ドイツの超インフレの間に、災難の意味もマルクと一緒に値下がりした」と言っている。(9)

伝えられている当時の話を聞けば、このハイパー・インフレーションのもの凄さが具体的に分かるだろう。ある学生がメニューでは五〇〇〇マルクになっているコーヒーを注文した。二杯目を飲もうと思ったが、その間にマルクはさらに暴落していた。店主は早速、値段を九〇〇〇マルクに修正したが、これは学生が払える限度を超えていた。彼はこう忠告されたという。「お金を節約して、しかもコーヒーを二杯飲みたかったら、一度に二杯注文することだよ」。

ベルリンの二流レストランにやって来た旅行者は、一ドル札を見せびらかすと、それで食べられる料理を全部出すように言った。豪勢な料理が出てきた。さて、もうすぐ食べ終えるというときになって、ウェイターがスープとアントレをもう一皿ずつ持ってきた。そしてうやうやしく頭を下げると、「お客様、ドルがまた上がりました」と言った。

フランクフルト近辺のすべての警察職員の給与や年金、特別恩給などの事務を扱う責任者だった人がいた。彼女が扱ったケースに、四人の子供を残して死んだ警察官の未亡人がいた。未亡人は死んだ夫の給与三か月分を支給された。責任者はそのお金を非常に慎重に扱い、何度も何度もチェックして必要書類をワイスバーデンに送った。そこでまたチェックされ、ゴム印が押されてから、フランクフルトに返送された。このすべての手続きが終わって、お金が最終的に未亡人に支払われたときには、その金額はたったマッチ三箱分になっていた。(10)

このように、退職年金、利子収入、俸給で生活している中小の市民階級は、ハイパー・インフレーションの犠牲者になったが、コインには表もあれば裏もある。長期の債務契約を結んだすべての関係者(連邦政府、各州政府、市町村、それにとくに企業)は、大変な利得者になった。このような利得者たちは、減価した通貨で利子証書や国債、株式等を買い戻すことができた。ハイパー・インフレーションのおかげで連邦政府は、三〇〇億マルクにのぼる借り入れを、実質的に減価させることができた。企業の資産も、金融界との有形無形の共謀による投機によって立て直しがはかられた。例えば、産業家フーゴ・シュティネスは、一五三五社にのぼるあらゆる業種(金属、化学、電力、石炭、製紙、海運、ホテル)の企業からなる大企業帝国(三〇万人の労働者)を支配するに至った。(11)

しかし、庶民は絶望していた。絶望した庶民たちは、怒りのあまり荒れ狂った。工場の門の外では攻撃的なストライキが行われ、街では暴動が起こった。(12)そのような混乱とともに、このハイパー・インフレーションによってドイツ国民が経験した苦しみは、かつてないほど深刻な精神病が広まったことである。一〇〇万とか数十億、数十兆とかいう、とてもこの世のものとは思えないような数を考え、計算しなければならないために、「ゼロ症候群」という神経症が流行した。このような状況では、正気と狂気の境目がぼやけてくるという。(13)

道徳的退廃も凄まじかった。ベルリンの中心街に下卑た娯楽の殿堂が雨後の筍のように次々にできた。男の街娼がクルヒュルステンダム通りに並んだ。貧困にあえぎながら死ぬまでには至らなかった国民の生活も、不潔で、動物と変わらぬほど堕落したものだった。人々の目標は、どんな手段を使ってでも毎日の現実から逃れることだった。ベルリンは、爆弾にセットされた導火線のくすぶりのように、踊り狂っていた。

ギャンブルがはやり、その隆盛ぶりは極端になった。非合法なギャンブル場が伝染病のようにあちこちにできた。煙草臭い部屋は、グリーンのベーズのテーブルの回りにぎっしりと集まった感覚至上主義者たちで一杯だった。そして、麻薬が大流行した。麻薬の需要が高まるとともに、当然麻薬の売人の大群もやってきた。(14)

しかし、ようやく光が見えはじめた。新任の首相シュトレーゼマンは、一九二三年九月、ルール地方での消極的抵抗政策を放棄し、(15)賠償問題について連合国との交渉を再開することに決めた。そして、一九二三年一一月二〇日、ついにマルク紙幣の発行が停止され、一時的な緊急通貨として、「レンテンマルク」が極めて限定された額だけ発行されることになった。レンテンマルクを保証するものは金（ゴールド）ではなく、好きなように印刷され、発行された大蔵省証券でもなかった。新しい制度では、通貨は土地の抵当証書や工場債券で完全に保証されなければならないと決められた。これまでの通貨からゼロを九つ削除して、一レンテンマルクが一〇億マルクと決定された。レンテンマルクの保証も実際にはフィクションだったが、ドイツ人はレンテンマルクを信頼したいと必死に思い、実際に信頼したのだった。工場は操業を再開し、農民は農産物を引き渡しはじめた。中央銀行は、政府がこれ以上借金をすることを許さず、そのことで通貨への信頼を維持した。しかし、平均的なドイツ人の人生設計の多くは宙に消えてしまった。残りの人生を終身保険や年金などに頼る予定だった老人たちは、見捨てられたも同然だった。(16)

そして、政治にも不気味な足音が忍び寄ってきた。シュトレーゼマンが消極的抵抗に終止符を打つ決定をしたことを口実にして、バイエルンで反乱が起こった。同年一一月八日、そのどさくさに乗じ、ナチ党首ヒトラーが銃を携えた数人の男たちを伴って州総監の主催する集会にあらわれ、保守系の盟友たちを脅してベルリンの集会へ引きずり込もうとした。(17)

その後のナチの抬頭については、他の本に委ねることにしたいが、このワイマール体制下のハイパー・インフレーションのような極端な通貨の下落は、二一世紀の現代では起こり得ないと思われるかもしれない。しかし、そうではなく、実例がある。次の記事を読んでみよう。

アフリカ南部のジンバブエの中央銀行は二日、同国通貨ジンバブエ・ドルを一兆分の一にするデノミネーション（通貨呼称単位変更）を発表した。地元政府系ヘラルド紙が報じたもので、一兆ドルが一ドルとなる。一日時点の為替相場は、一米ドル（約九〇円）が約四兆ジンバブエ・ドルだった。新たに一ドル札から五〇〇ドル札の七種類の紙幣を発行する。中央銀行は〇九年を経済危機脱出の転換点にしたいとしている。

ジンバブエは年率二億%を超すインフレに見舞われており、昨年にも一〇〇億ドルを一ドルとするデノミを実施。先月には、国内の商取引で米ドルやユーロなど外国通貨を使用することを認めた。しかし、インフレは収まらず、最高額紙幣一〇兆ドル札が流通し、先月には一〇〇兆ドルの発行予告もあった。(18)

これは、日本から遠く離れたアフリカ南部の国の話だからと無視されるかもしれない。しかし、ハイパー・インフレーションは現代でも起こり得る経済現象であるという意味で、決して無視できないものである。また、ハイパー・インフレーションの中には、無視しえない重要な教訓がある。それをここに列挙してみよう。

第一に、ハイパー・インフレーションという形にならなくても、信用の膨張によって、同じような現象が起こることである。発行者や道具が違うから、あたかも異なるもののように見えるが、中身が同じというものはいくらでもある。政府による国債の発行、企業による社債や株式の発行、金融機関によるデリバティブ——その実例は、枚挙に暇がない。

第二に、貨幣の増刷等により、被害を受ける多数がいるが、利益を受けるものもいるということである。インフレによる貨幣価値の下落が、借金を帳消しにする。この利益がある限り、「先取り」を促進する圧力は常にかかっている。「先取り」を容認する限りは、この圧力から逃れることはできない。

第三に、「先取り」の結果、すなわち拘束力の凄まじさである。その拘束力は、人々の生活の破壊、財政の崩壊のみならず、精神病の流行、極限的な道徳的退廃に及ぶが、やがてナチの抬頭を許すことになる。

第四に、貨幣の崩壊をもって、資本主義の終焉とみる見解があるが[19]、たしかに、ドイツの場合は、ナチの出現で、いったん資本主義は終焉した。しかし、体制の終焉という観点からすると、貨幣の崩壊でなくても起こりうる。フランスの財政破綻によって、封建主義体制は終焉した。そしてまた、ドイツの貨幣崩壊は、私的所有を否定するナチによって、一時的にではあるが、資本主義は息の根を止められた。

(1) 前出『経済が崩壊する』一六八頁〜一七〇頁
(2) リタ・タルマン、長谷川公昭訳『ヴァイマル共和国』（白水社）九頁
(3) 同書四七頁〜四八頁
(4) 前出『経済が崩壊する』一七四頁〜一七六頁
(5) 同書一七六頁〜一七七頁
(6) 前出『ヴァイマル共和国』四九頁〜五二頁
(7) 以下のドルの対マルク相場は、同書四九頁による。
(8) 前出『マネーの進化史』一三六頁
(9) 前出『経済が崩壊する』一八三頁〜一八六頁
(10) 同書一八五頁〜一八六頁
(11) 前出『ヴァイマル共和国』五二頁〜五三頁
(12) 前出『経済が崩壊する』一八七頁
(13) 同書一八九頁
(14) 同書一九〇頁〜一九三頁
(15) 前出『ヴァイマル共和国』五八頁
(16) 前出『経済が崩壊する』一九五頁〜一九六頁

(17) 前出『ヴァイマル共和国』五八頁~五九頁
(18) 二〇〇九年二月三日付毎日新聞夕刊
(19) 岩井克人『貨幣論』(筑摩書房) 二一四頁

(2) 大恐慌——一九二九年

歴史上最も名高い恐慌といえば、一九二九年にニューヨーク証券取引所を舞台にした株価の大暴落からはじまる大恐慌だろう。したがって、「一九二九年」は、大恐慌の代名詞として記憶している人が少なくないと思う。しかし、後に「ブラック・サーズディ(暗黒の木曜日)」と呼ばれるようになった一九二九年一〇月二四日は、表面的には静かに推移したようだ。

危機の原因となったのは、前の日に期限切れになった信用取引の担保株の大量の売りと、これが雪崩現象に発展する恐れが広がったことである。[1] 寄り付きから半時間の間に、一〇ドルほど下落した銘柄が多く、いくつもの銘柄がエア・ポケットに突っ込んで買い注文がなくなった。[2] その日の総取引量は一二九〇万株で、これまでの記録の二倍近くになった。株価の下落の程度が普通でないことがたちまちはっきりした。

しかし、このことは当初、チッカー(相場速報機)が遅れだしたので、フロアのスペシャリストにしか分からなかった。最初の取引結果が表示される明かりのついたスクリーンは、株価の最後の一桁しか表示されない。売り手は、ラジオ(RCA)株の「三」は六三ドル(寄り付き値から五ドル四分の三の値下がり)ではなく、五三ドルの意味だと分かり、さらに相場の注文に応じた買値が四八ドルと、チッカー表示価格より五ドルも下がっていることを知って、スペシャリストたちは恐ろしさに震えた。その日の終わりには、チッカーは四時間と八分の遅れになっていた。[3]

その直前までイギリスの蔵相だったウィンストン・チャーチルは、講演旅行でニューヨークにいた。その日、彼はウォール街を歩いていたが、見知らぬ人に誘われて証券取引所の見学席に入った。午後一時に、チッカーの株式表示は一時間半遅れになり、現実のものとは思えない状況になっていた。チャーチルは、そのうち大混乱になると予想したが、証券取引所の規則によって、会員は立会場で走ったり、叫んだりすることを禁じられていたので、彼が見たのは、蟻の群れの混乱を映したスローモーション映画のような状況だった(4)。

一時半頃、モルガン銀行のフロア・ブローカー、リチャード・ウィトニー（後に証券取引所の理事長になり、詐欺で投獄された人物）が入ってきて、有名な買い注文「二〇五ドルで鉄鋼を一万株」を出した。彼はもっと大きな注文を出し続け、その日は救われた(5)。

その週の残り二日の取引は、比較的落ちついていた。証券会社の事務員は、週末に残業を続けて、大量に残っていた事務作業を片付け、マージン取引で損失を出した顧客に電報で請求する追い証の金額を算出した。

週が変わった一〇月二八日月曜日には、状況が一転して悲惨になった。ダウ工業株平均株価は三八ドル下落して二六〇ドルになり、過去最大の下げ幅になった。引けの段階で、チッカーは三時間前の取引価格を打ち出していた。この日一日、外国の銀行と大企業の貸し手は、コール市場から資金を引き揚げようと必死になっていた。

一〇月二九日火曜日、株式市場には寄り付きから売りが殺到した。追い証を請求された投機家が、株式を売却するしかなくなったからだ。数日前にチャーチルが目撃した平静さは吹っ飛んだ。立会場では、ブローカーがメッセンジャーの髪の毛をつかんで引っ張り、別のブローカーは気が触れたような叫び声をあげて外に逃げ出し、ジャケットは破れ、替え襟は外れ、事務員が大声でわめきあった。

市場の動きを支えるようになっていた情報機器がパンクして、パニックがますますひどくなった。大西洋の海底ケーブルが故障した。チッカーは動かなくなった。電話回線は殺到する通話を扱いきれなくなった。電報会社は、証券会社が全米の顧客に大量に送る追い証の電報を処理しきれなくなった。ダウ工業株平均株価は三〇ドル下がって二三〇ドルになり、出来高は一六五〇株に達した。この日は「百万長者の大虐殺の日」と呼ばれるようになった(6)。

株価は、ジグザグを繰り返しながら下がり続け、ピークから一〇週間後の一一月一三日に、この年の最低に達した。ダウ工業株平均株価は一九八ドル、天井値から四八％の下落で、史上最も急速な値下がりであった。株価暴落の直後から、景気はそれとともにどん底に落ち込んでいった。

輸入は一九二九年一〇月に三九六〇億ドルと史上最高を記録したが、一二月には三〇七〇億ドルと落ち込み、一九三〇年七月には二一八〇億ドルに減った。自動車産業は一九二九年九月の四一万六〇〇〇台から一二月には九万二〇〇〇台に急減した。ほとんどの品目の商品価格も、一二月には下落した。

一九三〇年初めには、景気は一時的な回復をみせた。しかし、五月に入ると、先行き不安による弱気相場が進行し、その年の終わりには、株式相場は天井値から六〇％も値下がりした。翌一九三一年初めにはまた暴落があり、その年にはさらに二回の落ち込みがあった。多少の回復があるたびに、これが底値であってほしいという願いが湧き起ったが、その願いは裏切られた。[7] この大恐慌の最中、米国の国民総生産（GNP）は一九二九年のピークから六〇％も減少した。失業者は一二五〇万人に達し、非農業部門の労働人口の三分の一以上が失業していた。[8]

大恐慌は一九三九年まで、すなわち第二次世界大戦がはじまるまで続いていたと主張する説があるが、この説によると、戦争によってはじめて克服できたということになる。しかし、一般的には、ルーズベルトが登場して、ニューディール政策を宣言した一九三三年初めに、米国の恐慌は終わったとされている。

フランクリン・ルーズベルトは、大統領選挙に出馬するにあたって、経済的個人主義の失敗と大恐慌を引き起こしたウォール街の責任の追求を基本政策として掲げた。一九三三年三月に大統領に就任した彼は、投機家が享受してきた自由を制限する政策を次々に実施した。同年のグラス・スティーガル法によって、投資銀行業務と商業銀行業務が分離された。その結果、商業銀行の資本と貸し出し能力が、株式相場の動向によって変動することはなくなったし、商業銀行の顧客が二流の証券を押しつけられることもなくなった。一年後には証券取引法が制定され、株式プール、インサイダー取引、相場操縦が禁止された。証券取引委員会（SEC）が設立され、資本市場を監視して、「不必要で不得策で破壊的な投機」を防止する任務を担うことになった。

ルーズベルト大統領のニューディール政策は、一九二〇年代の勝手気ままな個人主義を否定し、経済の方向を政府が管理する仕組みをつくった。市場原理に代わって、連邦政府の福祉・住宅・雇用制度、銀行預金・保険政策、物価・所得政策、最低賃金制などが導入された。投機は、対象が株式であれ、債券であれ、土地であれ、市況商品であれ、もはや経済で中心的な役割を果たさなくなった。

これらの政策の大部分は、個々の問題に対応してバラバラにとられたものであるが、一九三六年にケインズの『雇用・利子および貨幣の一般理論』が刊行されて、投機家と株式市場が資本資源の配分で重要な役割を果たすとの見方を批判し、ニューディール政策の理論的バックボーンになった。(9)

ところで、一九九〇年代の米国では、一九二〇年代のものに驚くほどよく似た強気相場が起こった。この時期に、一九三三年のグラス・スティーガル法で規定された投資銀行業務と商業銀行業務の分離が一斉攻撃を受けた。証券業務と銀行業務に垣根を設け、この二つを厳格に分けるこの法律は、銀行がリスクの高い投資に傾斜することを防いできたが、一九八〇年以降に規制緩和の流れが加速し、クリントン大統領の政権時の一九九九年に撤廃された。それと軌を一にして、サブプライム・ローンなどのデリバティブ（金融派生商品）が盛んになり、とうとう二〇〇八年秋の金融崩壊を迎えることになったのである。

これに対し、オバマ大統領は、二〇一〇年一月、金融規制を強化する金融規制改革法案を議会に提出し、この法案は、同年七月に成立した。これによって、証券と銀行との垣根をはっきりさせ、銀行は高リスク投資で儲けるのではなく、貸し出し中心の伝統的な業務への回帰を迫られることになった。

一九二九年の大恐慌に対しても、二〇〇八年の金融崩壊に対しても、同じような金融規制政策が採用されたことになるが、その原因にも結果・影響にも類似性がある。サブプライム・ローンに端を発した金融崩壊については、すでに第一章の**4**で述べたので、ここでは繰り返さないことにし、一九二九年の大恐慌の原因と結果・影響について見ておこう。

ガルブレイスは、結果・影響について、「一九二九年の重要性は、その年に起こった投機の崩壊が格別に――壮大といってよいほど――おおきかったことにもよるが、むしろそれ以上に、この崩壊が引き金となってアメリカおよび全世界の工業国は資本主義がそれまで経験したことのない最も極端で永続的な危機へ突入したことによるものである。」と言う。そして、原因については、「一九二九年はまた、陶酔的熱病《ユーフォリア》のエピソードに共通するあらゆる要素が明白に備わっていたこと、特に金融上の革新と称せられたものに対する強い傾斜があったことによっても記憶されている。」と言っている。(10)

では、どのような具体的な経済現象が起こったのだろうか。ガルブレイスの論述の順序に従って、まず、結果・影響の方を先に見てみよう。

一九二九年の米国の株価暴落を発端として、大暴落はたちまちカナダ、イギリス、オランダ、ベルギーに波及した。各国の下げ幅は、カナダで八五%、オランダで八〇%が高く、低い方では、イギリス、フランスの五〇%であった。一九三一年中頃まで、世界的不況は最悪のものだった。一九三一年五月にオーストリアの中央銀行クレディット・アンストール銀行が倒産した後、ヨーロッパの金融システムの破壊は、ブラック・ホールのように各地を飲み込んだ。ハンガリー、チェコスロバキア、ルーマニア、ドイツで銀行の取り付け騒ぎが起こった。そしてダナトバンクが倒産して、ドイツの銀行制度は閉鎖状態に陥った。ドイツの失業者は四五〇万人に達した。その間、世界の貿易は、一九二九年の三五〇億ドルから一九三三年には一二〇億ドルに急減し、カナダ、オーストラリア、ラテン・アメリカ諸国の経済を打ちのめした。通貨価値の下落が続き、一九三一年一二月には日本の円も巻き込んだ。そして、この大恐慌の最後にナチズムが登場した。(11)

では、ガルブレイスが「陶酔的熱病に共通するあらゆる要素」と言う原因の方には、何があったのだろうか。

第一次世界大戦の前夜、一九一四年には米国は世界最大の債務国だった。しかし、戦争が状況を一変させた。米国は、連合国側の戦争遂行の供給者となり、一九一七年に連合国に加わってからもその役目を果たし続けた。そして、戦争が終わったとき、世界最大の債権国になり、自由諸国の救済者になっていた。要するに、第一次世界大戦が米国を世界最大の強国に仕立て上げたことになる。戦時需要によって米国経済は非常に強化されたが、その一方では、米国以外の参戦国は衰退したのだった。戦時景気は平和が訪れても続いた。戦争で枯渇した資源を元に戻そうとする奪い合いがあって、商品相場は上がり続けた。株式市場もこれまでになく活気があった。

一九二〇～二二年には、世界各地が厳しく、深刻な不況に陥った。米国でも、卸売物価は下落し、株価は下がり、工業生産は落ち込み、企業倒産は倍増し、輸出の減少もあったが、一九二二年にはどん底から立ち直り、早々に景気回復に向かった。

一九二〇年代の米国人には、驚くべきことが起こっていた。それは、モラルや価値観、生活態度が変化し、開拓者たちの禁欲主義は忘れられて、物質主義が横行するようになった。メトロポリタン傷害保険会社のパンフレットには、「モーゼは史上最高のセールスマンであり、不動産プロモーターであった」と書かれていたという。また、ベストセラーになったノン・フィクション作品には、イエス・キリストは、「近代ビジネスの創始者」であり、「一二人の男をビジネスの最低水準から引き上げ、後に世界を征服する組織を作らせた。彼の説教は一番効果的な宣伝だ」と書いてあった。

実際に米国は、現代広告業の誕生地だった。これと、新たに発明された分割払い方式とが、二〇年代の爆発的消費ブームの二つの原動力だった。[12]この分割払い方式について、チャンセラーが次のように言っていることは、誠に興味深い。

割賦信用の伸びには、いうならば投機的な要素があった。現在の消費を、将来に入ると予想された所得によって賄っていたのだ。別の言い方をするなら、二〇年代の消費は目の前の楽しみのために、将来を食いつぶしていたのである。その将来がやって来たとき、財布の中は空っぽだった。しかしそれは先の話だ。[13]

言い回しは異なるが、要するに割賦信用は、「先取り」だということである。株式市場における投機と消費生活における割賦信用が、リンクしながら歴史の舞台に登場することに注目したい。

ところで、一九二〇年代の陶酔的ムードが最初に見られたのはフロリダの大不動産ブームである。フロリダの風土は、ニューヨークやシカゴとは対照的であるということで、多くの人を引きつけた。頭金として一〇％ほどの現金を払えば、土地を購入することができた。地価の上昇が次の買いを誘発した。投機が本格化した一九二四～二五年には、地価は数週間で倍加すると期待されるほどになり、投機の勢いは衰えなかった。

しかし、一九二六年に、新しい買い手の供給が枯渇し、崩壊が起こった。人々は、投機から手を引こうと一斉に動き出したが、うまくゆかなかった。そこに、一九二六年の秋、カリブ海から二つの台風が襲ってきた。それで崩壊の責任は台風に転嫁された。フロリダの不動産価格暴落の影響を耐え忍ぶ間は株価は一休みしていたが、翌一九二七年からまた上昇をはじめ、投機のムードと熱狂は、マンハッタンへ移って行った[14]。

一九二七年一一月、カルビン・クーリッジ大統領は、「新時代」というフレーズを考え出した。そして、二八年一月の年頭教書で、「これまでのいかなるアメリカ議会も、これほど穏やかで満足すべき内容の喜ばしい経済見通しや高度の繁栄の記録をもち得たことはない。」と述べた。同年一一月、クーリッジに続き、ハーバート・フーバーが地滑り的勝利で大統領に選出された[15]。フーバーは、大統領候補指名受諾演説で、当時の常識になっていた「新時代」の楽観論に基づいて、貧困の絶滅の時期が近づいていると述べた[16]。

ここで、投機のムードと熱狂をもたらした「道具」を見ておこう。ガルブレイスによれば、投機的熱病が蔓延するときには、必ず「てこ《レバレッジ》」が使われると言うから[17]、ひとまず「道具」を「てこ」という言葉に置き換えてもよいだろう。一六三〇年代のオランダで使われたチューリップは、典型的な「てこ」の例である。

一九二九年の大恐慌をもたらした「てこ」は、何と言っても「株」だろう。したがって、この投機的熱病は、一九二九年一〇月二四日（ブラック・サーズディ）に至るまでの株式市場における取引高や株価の上昇過程をトレースすることによって、その実態が解明されることになると思う。しかし、「株」という大きな「てこ」を使うために、さらにさまざまな「道具」が使われる。すなわち、大掛かりな「先取り」をするためには、それを可能にするような道具立てが必要なのである。そのような「道具」も「てこ」という言葉に置き換えてもよいことが多いが、「てこ」は「道具」の一種であるから、概念を広くとらえるために、これからは、「道具」ということにする。

そこで、一九二〇年代にあらわれた新型の道具を二つ見ておこう。

一つは、マージン・ローンである。これは、株を購入したときに、支払いに必要な金額の一〇％を積めば、残りの九〇％は金融業者がローンを組んでくれるというものである。このマージン・ローンには、二四時間以内に返済しなければならないことになっていた。しかし、株式相場が上昇している間は、返済を要求されてもその場で株を売ればよいと考えられていて、実際に株価は上昇を続けた。一九二〇年代後半には、マージン・ローンの残高は相場の上昇とともに増加し、一九二七年には、残高が八億ドル増加して三六億ドルになった。これを率にすると、ダウ工業株平均株価の二八・七五％に近い。一九二九年一〇月には、証券会社と銀行による投資家向け貸し出し残高は、合計一六〇億ドル近くに達していた。これは、全上場企業の時価総額の約一八％に当たる。(18)

もう一つは、投資信託である。投資信託は一九世紀後半にスコットランドではじまったものであるから、それ自体は新型の道具とは言えないが、投資信託の販売にあたって、新時代論の主張が総動員されたところに、新型と言えるほどの新しさがあった。アービング・フィッシャー教授は、投資信託の影響は、おおむね相場の投機的な変動の山と谷を抑える方向に働き、したがって相場の安定をもたらす要因になるので、株価が本来的な価値に近い水準で取引されるようになると論じた。また、投資信託の投資の回転率が高い点も、投資運用が健全なためだとして歓迎された。

しかし、実際には、投資信託の影響は、株式相場を極端に不安定にする方向に動いた。優良株に集中し、株式の需要を増加させ、投機を刺激した。投資家は、運用成績を高めるために、資産を担保に巨額の資金を借り入れ、株式相場の変動制を高めた。投資の回転率が高いのは、本来的な価値を追求した結果ではなく、相場の勢いに乗って、そのときどきの人気銘柄を買う無節操さのためだった。

強気相場の波に乗って、投資信託は人気を集めた。一九二八年だけで、二〇〇を超える投資信託が設立され、運用資産の総額は一〇億ドルを上回った。二九年の一月から九月までには、一営業日に一つの割合で投資信託が設立され、投資信託業界全体で二五億ドル以上の証券を発行した。(19)

米国の商業銀行は、証券業務を禁じられていたが、ナショナル・シティ銀行（現在のシティ・グループ）の社長チャールズ・ミッチェルが、株式と債券を販売する一〇〇％子会社をつくって法の穴をかいくぐる方法を開発し、ナショナル・シティ社を設立して個人投資家に証券を販売した。営業担当者に顧客になりそうな個人をつかまえるように指示し、ノルマを課して販売競争に勝ち抜くよう尻を叩いた。「ミッチェリズム」という言葉が、二流の証券を一般人に押し込み販売することを意味するようになった。(20)

当時の富裕な投機家では、二つのグループが目立っていた。第一は、自動車産業で富を築き、株式市場で投機を楽しむようになった「デトロイト衆」と呼ばれた実業家である。その中には、自動車会社を経営するウォルター・クライスラー、車体製造を家業にするフィッシャー兄弟、ゼネラル・モーターズの創立者ウィリアム・クラポ・デュラン、取締役ジョン・ラスコブらがいた。第二の主要な投機家グループは、アイルランド系アメリカ人で、ほとんどは貧しい家庭に育ったので、自らの地位を確立するために大きなリスクをとる姿勢を持っていた。その中には、移民の街チェルシーで育ったチャールズ・ミッチェル、将来の大統領の父ジョセフ・ケネディ、大暴落で資産を失い数日後に自殺したカントリー・トラスト銀行社長のJ・J・リョーダンらがいた。このような大物投機家たちの動きが刺激になって、素人の一般国民も株式投資に群がるようになった。(21)

一九二八年一二月に資本金一億ドルで会社型投資信託として設立されたゴールドマン・サックス・トレイディングは、まず五七〇〇万ドルを自社の株式に投資した。次に、二九年七月にシェナンドア社を設立して、同社の株式のかなりの部分を保有した。一か月後、ブリー・リッジという新たな投資信託を、シェナンドア社の関連会社として設立した。このような投資信託でも、負債とピラミッド構造で運用成績が高められた。一般投資家は当初、ガルブレイスのいう「金融の近親相姦」を歓迎し、ゴールドマン・サックス・トレイディングの株価は、一株当たり純資産の三倍近くまで上昇した。(22)

一九二九年には、株式投機家が全体として群集心理に陥っていた。この時代の群集心理は、ニューヨーク証券取引所の立会場を源にして、大きく広がっていた。チッカーが騒々しい音を立てて、あちこちの証券会社の支店で最新の株価情報を叩き出し、群集心理をはるか遠方にまで広めていった。例年なら市場が閑散になる夏の間、一万人の人々がニューヨークの金融街に集まって、文字通りの群集になり、強気相場の最後の日々はカーニバルのような雰囲気になっていた。非公式の投機グループがそこいら中で会合を開いて騒ぎ、遠く離れた町や村に住む人たちも、ラジオを聞いて強気の群集に参加していた。[23]

このようにして、クーリッジ大統領のいう「新時代」は展開された。

「新時代」論の根拠づけをした学者は多数いたが、その中でイェール大学の著名な経済学者、アービング・フィッシャー教授の言説を見ておこう。フィッシャー教授は、「生産を管理するのはいまでは、『産業界の司令塔』、つまり、自分たちが活動している分野で、将来を予測する能力にも、将来を形作っていく能力にもとくに恵まれた人材である。輸送業で、そしてとくに製造業で、教育を受け、訓練を受けた知識階級が指揮をとるようになったのだ」と言い、クーリッジ政権のもとで反トラスト法が緩和され、銀行、鉄道、公益事業の合併が相次ぎ、規模の経済と生産の効率が向上する状況になったとその理由を述べた。さらに一九一九年から一九二七年までに生産性が合計五〇％も高まっており、研究開発への投資が増加した成果だと主張した。

そして、一九二九年秋に、フィッシャー教授は、「株価は一段と高い高原状態にしっかり定着したようだ」と論じたが——このご宣託が下されてから数週間経って、世界は、あの「ブラック・サーズディ」を迎えることになった。[24]

しかし、「産業界の司令塔」の華々しい「指揮」を見てしまった私たちにしてみれば、フィッシャー教授の言説は、罪深いブラック・ユーモアとしか聞こえない。

（1）前出『経済が崩壊する』二一三頁
（2）前出『バブルの歴史』三四〇頁
（3）前出『経済が崩壊する』二一三頁～二一四頁
（4）前出『バブルの歴史』三三九頁～三四〇頁
（5）前出『経済が崩壊する』二一四頁

(6) 前出『バブルの歴史』三四〇頁〜三四一頁
(7) 前出『経済が崩壊する』二一五頁〜二一七頁
(8) 前出『バブルの歴史』三四五頁〜三四六頁
(9) 同書三四八頁〜三四九頁
(10) 前出『バブルの物語』九九頁〜一〇〇頁
(11) 前出『経済が崩壊する』二一八頁〜二一九頁
(12) 同書二〇〇頁〜二〇四頁
(13) 前出『バブルの歴史』三一四頁
(14) 前出『バブルの物語』一〇一頁〜一〇四頁
(15) 前出『経済が崩壊する』二〇五頁〜二〇七頁
(16) 前出『バブルの歴史』三〇九頁
(17) 前出『バブルの物語』三七頁〜三八頁
(18) 前出『バブルの歴史』三一五頁
(19) 同書三三一頁〜三三二頁
(20) 同書三一七頁〜三一八頁
(21) 同書三一八頁〜三二一頁
(22) 同書三三二頁
(23) 同書三三六頁
(24) 同書三〇六頁〜三〇八頁

5　近代以後の日本の「先取り経済」の歴史

西洋における歴史上の「先取り」を見るために、ヴェネツィア、スペイン、オランダ、フランス、ドイツ、米国を跋渉してきたが、このあたりで日本に戻ることにしよう。前に見たのは江戸時代末期であったが、日本では、一八六八年に明治維新によって新政府が統治をはじめ、近代の幕が開けた。

維新政府は、中央集権的国家をつくるために軍事力とその裏づけになる財政を握る必要があった。財政を握るために最も大きな改革が地租改正であるが、そこに至るまでにいろいろな改革を実施した。最初に行われたのは一八六九年（明治二年）の版籍奉還であるが、これによって、大名たちは与えられていた版籍を維新政府に返したものの、そのまま藩の知事に収まったので、この段階の改革はまだ形式的なものであった。その二年後の一八七一年（明治四年）、廃藩置県が行われて、知事を政府が直接任命することになり、大名たちはかつての地位を追われることになった。この一連の改革によって、明治維新政府は、それまで大名家が持っていた軍事力と租税徴収権などの統治権を取り上げ、権力を集中した。(1) こうして物理的強制力を独占する近代国家の体制が整えられたのである。

ではなぜ、地租改正という租税制度の改革が必要だったのだろうか。それは、明治維新政府が抱えていた財政不安と関係がある。維新政府は、内戦内乱を通して成立した軍事政権であったから、それに対処するために莫大な戦費を支出した。その戦費は、不換紙幣の発行と有力な商人たちから借りた御用金によって調達した。しかし、そのような方法では財政が安定するわけがない。また維新政府は、軍事力や工業力を整備する富国強兵のための近代化政策を実施しなければならなかったので、莫大な支出が必要であった。(2)

ところで、明治維新は、徳川幕府対西南雄藩という古い社会の支配層間の対立という形をとっている。そのために、版籍奉還や廃藩置県を行う場合でも、大名やその家臣たちがそれまで得ていた収入を保証せざるを得ない。そこで維新政府は、大名を例にとるとそれまでの藩の収入の一割ぐらいを家禄という形で支給することにした。その約束を前提に改革が実現していたから、約束どおりに家禄を払い続けると、その支出額は財政支出の三割近くを占めていたので、歳出がものすごく大きい財政構造になる。そこで、この支出を減らそうとして、維新政府は秩禄処分という政策を採用し、金禄公債証書発行条例（一八七六年）を制定して、金禄の代わりにその五～一四年分の公債を渡した。このように、維新政府の財政状態は、支出面でかなり硬直的であったが、そのうえに前述のとおり、近代化のための費用が一方的に増大するという状況を抱え込んでいたのである。(3)

したがって、維新政府は、税金を増やして収入を安定させるために税制改革が必要となったが、江戸時代の年貢という税制の仕組みには限界があるので、土地に対する税金を金納する方式に改革することにした。これが、一八七三年（明治六年）の地租改正である。地租は地価の三％と決められ、地方税は地租の三分の一までと決めたので、地価の四％が税金の最大限になる。(4)

この地租改正は、土地の所有者に納税の義務を負わせる方法をとった。地租改正に至る一連の改革は、江戸時代に大名や武士が領地として支配していた土地に対する権限・権利を全部否定して、実際に農地を耕している農民たちに土地所有権を認めた。こうして一筆ごとの土地の所有者が全部確定された。(5)

所有形態の変更は、旧体制が終焉して新体制に移行するときの重要なメルクマールであるが、ここで封建的所有形態が近代的な私的所有に変更したことによって、日本が明確に近代に突入したことになる。このことは、銘記しておく必要がある。

その後の日本の近代化の歴史や、それに伴う国家債務の動向については、他の文献に委ねることにして、ここではまず、一九二九年の米国発の世界大恐慌の時期に、日本では何が起こっていたのかを見ておきたい。

（1）武田晴人『新版日本経済の事件簿　開国からバブル崩壊まで』（日本経済評論社）二一一頁
（2）同書二二三頁～二二四頁
（3）同書二二四頁～二二五頁
（4）同書二二五頁～二二九頁
（5）同書二三〇頁～二三一頁

(1)　昭和恐慌から二・二六事件へ

一九二九年一〇月二四日（ブラック・サーズディ）に、ニューヨーク証券取引所で起きた大暴落は、日本にも深刻な打撃を与え、昭和恐慌と呼ばれる恐慌が起こった。しかし、景気の下落してゆく期間が長く回復が遅かった米国に比べて、日本の昭和恐慌は、三一年を底にして回復過程に入った。それは、昭和恐慌のときには銀行がほとんどつぶれず、金融恐慌を伴わなかったからである。なぜ金融恐慌を伴わなかったのかというと、日本では、一九二七年（昭和二年）にすでに金融恐慌を経験していたからであって、それが昭和恐慌での銀行の破綻を軽微にし、その分早い時期に回復過程に入ることができたのである。(1)

したがって、昭和恐慌を語るときには、その前に起きた金融恐慌から説き起こす必要がある。

二七年の二月から三月にかけて、国会では震災手形処理法案を審議していた。一九二三年（大正一二年）の関東大震災のときに東京を中心とした関東地区の企業が壊滅状態になり、手形の不渡りがたくさん生じたので、政府は、震災によって影響を受けたと考えられる企業の手形については日本銀行が再割引をすることを保証し、手形を割り引いて銀行から企業に資金を供給して救済した。しかし、救済によりかかっている状態を改善しないと、いつまでたっても本当の意味での景気回復は訪れないと考え、震災手形による不良債権問題を処理するために、この震災手形処理法案が提案されたのである。ところが、ちょうどその頃は、第一次世界大戦から戦後のブームにかけてのバブル経済が崩壊して、多くの企業は、不良債権問題を抱えて危険な状態になっていた。そこで、震災手形として融通が受けられると分かったとたんに、震災被害に関係なくみんなが駆け込んできた。第一次世界大戦に参戦したもののほとんど無疵であった日本は、交戦国に軍事物資を売って経済を拡張したが、それを主導した鈴木商店、久原房乃助の久原鉱業、松方幸次郎の川崎汽船などが、震災手形の融通に便乗して巨額の資金を日本銀行から救済融資として受け取っていた。したがって、震災手形の処理には、そのような大企業救済問題が関連しており、野党はその点をついて政府を攻撃し、「金融の正常化のためには震災手形をなくさなければいけないと言っているけれども、実際は、鈴木や久原や松方などの有力な財界人を助けたいのではないか」と追及した。そう追及された片岡直温大蔵大臣は、「野党側の質問の言いたいことは分かる。しかし、そんなことを言って問題を先のばしにしたら、日本の金融界・銀行業界は立ちゆかなくなる。現に今日、東京渡辺銀行が支払停止になった」と答弁した。

これは大失言で、実際には東京渡辺銀行は休業していなかったのである。しかし、新聞に東京渡辺銀行休業という記事が出て、預金者が各地の銀行に殺到し、取り付け騒ぎが起こり、多くの銀行が倒産に追い込まれた。不良債権が多くて問題の焦点になっていた台湾銀行は休業、台湾銀行から巨額の融資を受けていた貿易商社鈴木商店は破産、川崎・松方系のメイン・バンクであった十五銀行は事実上支払停止、二流財閥の銀行である古河銀行、藤田銀行などがすべて経営破綻という結果になった。

田中義一内閣は、全国の銀行を一斉休業させ、支払猶予令を制定して三週間のモラトリアムを実施し、日本銀行に対して民間銀行の貸出要求に即応した貸出しを実行させて、事態の鎮静化にようやく成功した。そして、この金融恐慌をきっかけにして、経営基盤の弱い中小銀行が淘汰され、銀行の集中・合併が進み、有力銀行の地位が高まった。こうして、一九二七年以降、吸収・合併などで銀行の体力はかなり回復するが、次に金解禁政策が主要な問題になった。(2)

一九二九年(昭和四年)七月に浜口雄幸内閣(民政党)が成立し、大蔵大臣に井上準之助が就任した。井上蔵相は「金解禁」を実現するため、歳出の削減による財政再建、国債発行の削減をはかった。翌三〇年(昭和五年)一月、浜口内閣は金解禁を実施した。金解禁とは金本位制復帰のことである。第一次世界大戦が勃発したときに、各国は金輸出禁止の措置をとって金本位制から離脱し、日本も一九一七年(大正六年)に金輸出禁止を行ったが、第一次大戦が終わると、各国は金本位制に戻っていた。しかし、日本は世界の大勢に立ち遅れて、金解禁に踏み切ることができず、そのために円の為替相場は動揺し、慢性的な通貨不安に悩まされていた。浜口内閣は、この金解禁を思い切った緊縮財政によって実行したのであるが、これには、軍部の膨張を抑制するという秘めた狙いもあった。(3)

日露戦争のときに、日本は大量の国債をロンドンで発行して外国から借金をしていた。ちょうどその期限がきていたが、それを返済するあてがないので借り替えをする必要があった。その条件として、イギリスの方から、為替リスクが大きくて困るから日本は金本位制に戻してくれ、という外圧がかかってきていた。日本の政治家たちも、先進工業国がみんな金本位制に戻っているので、いつまでも離脱しているのはよくないと考えていた。そのチャンスが金融恐慌後の金融システムの安定によってようやく訪れた。浜口内閣の重要政策は、①日中関係の刷新、②軍備の縮小、③財政の緊縮、④財界の整理・合理化、⑤国債の減額、⑥金解禁、⑦社会政策の確立の七つの柱から成り立っているが、この七つの重要政策は、相互に関連し理論的には整合性のある方針だった。

すなわち、この政策は、膨張した通貨量を財政緊縮によって縮小させ、国際的に割高な物価を引き下げて為替の安定をはかり、金本位制への復帰という目標を達成しようとしていたのである。そのために、同三〇年に開催されるロンドン軍縮会議を成功させて軍事費支出を抑えて財政支出を削減し、さらにデフレ政策による企業の経営困難に対しては、産業合理化の推進によって経営基盤の再建をはかるとともに、社会政策、失業対策も準備することで対処しようとしていた。その意味で、浜口内閣の経済政策は、ある程度の景気後退を覚悟したうえで、財界整理を進め、日本経済を正常な運営に戻そうという意図を持つものだった(4)。

ところが、事態はそのような読みどおりにはゆかなかった。順序を追ってゆくと、浜口内閣が成立したのは、一九二九年(昭和四年)七月だった。井上蔵相は金解禁の準備のために、二九年の下期には財政の引き締めをはじめたが、そのことによって、日本の景気はゆるやかに後退し、デフレ効果が浸透していった。そのような準備を経て、三〇年(昭和五年)一月に金解禁に踏み切って金本位制に復帰し、さらに政府は、臨時産業合理局を設置して産業合理化の推進役とし、ロンドン軍縮条約や官吏の減俸などによって財政緊縮の道を開き、小作法案や労働組合法案を準備して、不況に伴う社会的不安への対策を打ち出していった(5)。

そのようなことが進行中の一九二九年一〇月二四日に、ニューヨーク証券取引所での大暴落が起こった。この株式大暴落は、多様な経路で日本に波及してきた。ニューヨークでの株の暴落がただちに日本の株式市場の暴落になるわけではないが、米国経済の凋落は、日本の輸出の三、四割を占めていた生糸の輸出業者に大きな打撃を与えた。こうして、金解禁政策は、貿易面から基盤がぐらつきはじめ、三〇年六月頃から生糸や綿糸の相場が大暴落をはじめて、本格的な恐慌状態に陥った。物価は、一九二九年から三一年に生糸が五割以上、綿糸が四割以上、米が三割以上暴落した。(6)

企業はまさに瀕死の状態で、「賃金カット」や「人べらし」の嵐が吹きまくり、失業地獄を招いた。「ルンペン節」が流行し、就職難をテーマにした映画「大学は出たけれど」が大ヒットした。また、生活に困窮した農民は、穫り入れ前の米を投げ売りする「青田売り」をし、「欠食児童」や「娘の身売り」が社会問題となった。昭和恐慌は、まさにこの世の地獄だった。(7)

一九三一年(昭和六年)には、前に述べたようにオーストリアの中央銀行クレディット・アンストール銀行が倒産し、その年の九月二一日にロンドンの金融市場が閉鎖されて、イギリスの金本位制が停止された。その三日前の一八日に、満州事変がはじまった。(8)

この間の三一年四月に浜口内閣は総辞職し、若槻礼次郎内閣が成立したが、井上蔵相は留任になった。しかし、同年一二月に若槻内閣は総辞職し、井上財政は終わった。

その月、民政党の内閣に代わって、犬養毅を首班とする政友会の内閣が成立し、大蔵大臣に高橋是清が就任した。高橋は即日、金本位制を停止することを決めて実行した。それ以降、高橋は井上の政策と正反対のことをやり始める。緊縮財政の代わりに拡張的な財政政策を、円為替維持の代わりに円為替の放任をした。そのため、三一年一二月から約半年の間に円の価格は一気に六割くらい落ちた。

銀行家たちは、金本位制の廃止を見越してすでにドル買いをしていたが、この行動が右翼や軍部から、「国策に反して、私的な利益を貪った」と批判され、翌三二年(昭和七年)に起きた血盟団事件で、三井財団の中心人物(三井合名の理事長)だった団琢磨が暗殺された。また井上準之助も同じ血盟団によって暗殺された。(9)

そして、この年の五月一五日に、また事件が起こった。海軍青年将校が中心になった武力集団は、統帥権を内閣が侵したという名目で犬養首相や主要な施設を襲撃し、犬養は凶弾に倒れた。この五・一五事件は、クーデターとしては規模が小さく成功しなかったが、二大政党による政党内閣時代に終止符を打つテロ事件だった。こうして暗殺とテロという血なまぐさい事件によって国政が左右される時代が、深刻な不況の時代と踵を接するようにして続き、日本は戦争への道を歩みはじめることになった[10]。

高橋蔵相は、五・一五事件直後の財政演説で、「昭和七年度の歳入は財界不況の為め著しく減少するに拘らず、国務の運行に必要なる経費の支出は已むべからざるものでありますから、……現行の公債法に依る事業公債並に満州事件公債を発行するの外、新に歳入補填公債を発行するの已むを得ざるに至りました」と述べた。そして、同年六月一八日「昭和七年度一般会計歳出ノ財源ニ充ツル為公債発行ニ関スル件」（昭和七年法律第六号）を施行して、日本財政史上はじめて赤字国債を発行することとなり、しかも、日銀引受方式をとった[11]。

世界大恐慌の時代のあと、日本の経済は比較的早い回復をしたと前に述べたが、この景気回復には、高橋蔵相が重要な役割を果たした。彼の役割は、日本の経済にどうやったらカンフル注射が打てるかを考え、「何でもいいから金を使え、待合に行って芸者をあげてもいい」という譬えを使って、消費を奨励した。これは、少し遅れてケインズが『雇用・利子および貨幣の一般理論』で言い出した拡張的な財政政策に似ているが、高橋蔵相はケインズに先んじて同じような政策をとったのである。

彼がやったことは、基本的には金本位制停止と赤字財政だった。赤字財政については赤字国債の発行に見るとおりであるが、金本位制停止から為替の放任＝円の下落、輸出拡大という流れは、政策的に何かやったのではなく、何もしなかったのである。円為替を放任すると、銀行家たちが予想したとおり、円が大幅に下落して半分以下まで落ちて、三分の二ぐらいまで戻って安定した。そして、円が安くなると、輸出が拡大されて輸入が抑制される効果があり、国際収支の黒字につながった。

国際収支の好転にはいくつかの波及効果があった。例えば満州投資であるが、日本の傀儡政権の満州国は、日本から借りた金で日本から基礎資材を輸入し、道路・鉄道などを建設した。すなわち、貿易黒字をつくりだして満州に投資し、輸出を拡大する、そしてまた黒字をつくり出すということをしながら、満州事変を拡張していったのである。

輸出を拡大し輸入が減少することによって、国内産業の需要が増加するという効果も生まれる。この需要増加は、貿易の面からだけでなく、財政の面からも生まれるから、需要増加が二つの経路でもたらされることになる。国が賃金を支払い、資材を購入することは、工場や企業に対して有効需要の創出政策として機能する。そして、需要が創出されれば、その需要増大にあわせて、設備の稼働率が上がり、企業の採算が好転してゆき、生産設備を拡大しようと企業が投資をはじめる。財政の赤字によって国内需要をつくり出すと、そのうちに投資が投資を呼んで需要が拡大し、それが生産の増大につながり、その生産の増加は企業や労働者の所得の増加をもたらす。このとおりに順調にゆけば所得も増えて税金も増える。そして、税金が増えれば、国は財政赤字が解消できる——これが高橋財政の基本的な骨格であった。この高橋財政は、外見的、経済的には成功したかに見えた。(12)

しかし、この財政の役割は「ポンプの呼び水」に過ぎないから、ある時点までできたらやめることが前提になっている。したがって、財政支出拡大に適当な支出項目は、あまり継続性のないものの方がよい。すなわち後年度の負担が増えるのは好ましくないが、高橋財政は、軍事費を中心に財政を拡大したので、軍事費の支出の拡大が予算の中で既得権化してもとに戻せなくなってしまった。そのために、高橋財政では赤字を縮小する方法がなく、必要以上に政府が資金をたれ流してインフレーションを起こす結果になった。こうして、一般会計の軍事費率は一九三一年(昭和六年)から徐々に上がって、高橋蔵相の時代には、一般会計の半分近くが、軍事費に使われる経済になっていたのである。

しかし、高橋自身は、どこかの時点で財政政策を転換しなければならないと考えていた。すなわち彼は、軍拡路線を断ち切り、あとは民間の経済活動に委ねるべきだと考えていたが、それは軍の要求を抑え軍備拡張を中断することを意味していた。その当時の高橋は、「経済状態はインフレ的になっていて危ない。このまま続けていては経済も財政も破綻する。(13)だから財政政策を転換せざるを得ない」と閣議で繰り返し主張し、具体策として軍事費を含めた歳費の一律カットを提案した。彼は、老体をかけて一九三六年度(昭和一一年度)予算編成に取り組み、閣議で、「予算も国民の所得に応じたものをつくらねばならぬ。財政上の信用というものは無形のものである。その信用維持が最大の急務である。ただ国防のみに専念して悪性インフレを惹き起こし、その信用を破壊するが如きあっては、国防も決して安固とはなり得ない」と、「蔵相、軍部をたしなむ」一幕もあり、予算閣議を三度開き、しかも最後の閣議は実に一七時間の徹夜になるという記録的な長時間をかけて、かろうじて「財政の生命線」を守ることができた。しかし、そのために二月二六日の大雪の日に、ダルマさんと愛称された蔵相高橋是清は、青年将校の凶弾によって生涯を閉じた。[14]

軍事費のGNP比率は、二・二六事件の翌年から二倍になった。それから先は、軍の論理、戦争の論理が優先され、それに政治も経済もつき合わされる時代に入っていって、やがて第二次世界大戦が起こり、日本は、一九四五年（昭和二〇年）八月一五日の敗戦の日を迎えることになる。[15]

(1) 前出『新版日本経済の事件簿』一四七頁〜一四八頁
(2) 同書一四八頁〜一五三頁
(3) 後藤新一『国債　何が起きようとしているか』（有斐閣）一八七頁〜一八八頁
(4) 前出『新版日本経済の事件簿』一五四頁〜一五七頁
(5) 同書一五八頁
(6) 同書一五八頁〜一五九頁
(7) 前出『国債』一九五頁
(8) 前出『新版日本経済の事件簿』一六〇頁
(9) 同書一六一頁
(10) 同書一六一頁〜一六二頁
(11) 前出『国債』一九六頁
(12) 前出『新版日本経済の事件簿』一七二頁〜一七四頁
(13) 同書一七六頁〜一七八頁

（14）　前出『国債』二〇一頁
（15）　前出『新版日本経済の事件簿』一八六頁

(2)　地価暴騰と価値の「先取り」

一九八五年（昭和五八年）頃からはじまった日本の地価暴騰は、「地価バブル」という言葉で語られているが、私の言葉で語るならば、これこそ「先取り」の典型的な歴史的事実である。この地価暴騰は、一九九〇年（平成二年）頃に崩壊し、その影響で日本経済は長い逼塞状態に陥った。その長い逼塞状態は、かつては「失われた一〇年」と言われていたが、一〇年以後でも日本経済の低迷は続いているので、今では、「失われた二〇年」と言われるようになった。しかし、その二〇年を経過した今日でも、日本経済を覆う暗雲は晴れていないので、将来「失われた三〇年」と言われるかもしれない。そんなことはなかろうと言える保証は、私には見当たらない。

地価暴騰の激しいときには、都市部の地価が瞬く間に二、三倍に騰貴し、東京の銀座では三・三平方メートル（坪）当り一億円というラインを簡単に突破してしまった。また、日本の全国土の総額が一八四二兆円に達し、日本の全国土を売れば、アメリカ合衆国の全国土を四回も買うことができる、というあきれた話も巷で語られていた。[1]

地価暴騰の実態については、一九九〇年に発刊された多くの著書があるので、[2]それらを参考にしていただきたいが、ここではまず先に、地価の暴騰と下落の流れを見ておこう。

日本の地価は、八三年頃に、東京都心の商業地から上昇する気配を見せはじめた。八四年一月一日時点の公示価格は、千代田区、中央区、港区の都心三区の商業地が前年比で軒並み二〇％前後の高い上昇をみせた。その後、都心三区以外の区部の商業地、都内の住宅地、大阪圏、名古屋圏、その他の地方圏の商業地、住宅地の地価が高騰し、地価暴騰は全国に波及してゆく。その上昇の始期、テンポ、上昇率、そして下落の時期、下落率はそれぞれであるが、ここでは、だいたいの趨勢を見るために、都心三区の商業地の地価の上昇率、下落率を中心に追ってみたい。

八四年には、都心三区の商業地の地価がさらに上昇し、平均で三〇%台の高騰となった。しかし、本格的に地価暴騰が起こるのは、八五年からである。

八五年には、都心三区の商業地の平均が五三・六%の暴騰となるとともに、他の区部でも上昇が激しくなり、渋谷区が四七・一%、新宿区が三六・八%、目黒区が三五%と暴騰した。また、住宅地でも似たような状況になった。

八六年には、都心三区の上昇率が横這いとなって、暴騰が他の区部に移り、文京区、目黒区、豊島区は一〇〇%を超える文字通りの狂乱状態になった。この年は、後述するプラザ合意による円高不況のため、金融緩和が四度行われ、不況下のカネ余りで、カネが不動産や株に流れていった。そのため、この年には、東京全域で地価が暴騰した。また、大阪圏でも商業地の地価の上昇が目立つようになってきた。

八七年には、東京都の監視が厳しくなり、東京都の地価の上昇が弱まった。商業地では、区部平均が二八・七%、都平均が三六・七%と上昇の勢いが弱くなった。しかし、住宅地は、区部平均が四四・一%、都平均は六七%と暴騰した。

八八年には、商業地では、東京都がマイナス〇・八%に下落し、神奈川県もマイナスとなり、千葉県の二〇・三%を除いて、東京圏の地価が鎮静化し、東京圏の平均で三・〇%の低い伸びとなった。しかし、大阪圏は三五・六%で、高騰が続いた。名古屋圏も二一・〇%に急騰した。また、札幌市、宇都宮市、静岡市、大津市、前橋市、高崎市、広島市などの地方都市でも、商業地が三〇%前後の暴騰となり、地価の暴騰が全国的に拡大していった。

八九年には、商業地では、東京都が一・七%と再び上昇し、東京圏は四・八%の上昇となった。これに対し、大阪圏では四六・三%の暴騰となった。名古屋圏も二二・四%と高騰した。三大都市圏以外の地方都市の商業地がますます暴騰し、大津市は六三・七%まで上昇した。東京の地価が高くなり過ぎて地価暴騰が鎮静化したため、投機資金が割安感のある地方都市に流れて、地方の地価を騰貴させた。

九〇年には、東京圏と大阪圏での地価の上昇が鎮静化した。商業地では、東京都が〇・六%、東京圏が四・一%になり、大阪圏は八・一%になった。同年四月には、大蔵省がやっと地価対策として不動産投資に対する総量規制を実施したために、地価の騰勢が弱まった。大都市圏の地価は、すでに買い手がいないほど上昇していたし、いわゆる「バブル」の崩壊もはじまっており、地価はいつ下がってもおかしくない状況になっていた。

九一年には、三大都市圏の地価が急落した。商業地では、東京都がマイナス八・〇％、東京圏がマイナス六・九％、大阪圏がマイナス一九・五％の下落に転じた。同年九月末には、都銀一一行の融資のうち、一兆円が回収不能になった。(3)

この影響で金融機関の破綻が多発し、金融崩壊が起こって日本は「失われた一〇年」に突入したが、このことについては機会があるときに触れることにして、前に地価暴騰が「先取り」の典型的な歴史的事実だと言ったので、ここでは、「先取り」という概念を使って地価暴騰を分析しておきたい。このことについては、私は、すでに一九九一年の拙著『先取り経済 先取り社会』に書いたが、その内容に沿って、あまり論じられていない側面に的をしぼって論述をすすめることにする。これから書くことは、この本を書いた当時から論じられていない視点であったが、二〇年を経過した今日に至るまでもあまり論じられていない。したがって、この本の内容に沿って書いても、それほど多くをつけ加えることはないが、全部を転記するわけにはゆかないので、若干の加筆修正を加え、文章を整えながら書きすすめたい。(4)

第一に、地価暴騰は諸悪の根源のように言われ、今でこそ袋叩きにあっているが、当初はむしろ好意をもって迎えられたということである。

ＯＰＥＣ（石油輸出国機構）による原油の値下げや対米輸出の伸びによってささえられていたハイテク景気は、一九八五年六月に天井を打って下降期にはいる。対米輸出の急増で日米間の貿易摩擦が問題になり、短期間で大増設したＩＣ（集積回路）などの電子部品では供給過剰になった。こうしてハイテク部門から崩れた景気は次第に冷え込んでいった。そして、プラザ合意（八五年九月、先進国五か国の蔵相と中央銀行総裁によってなされた、ドル高是正に向けて五か国が協調介入するという合意、これを機にドル安・円高時代がはじまった）以降の数次にわたる公定歩合の引き下げと超低金利を背景に、金融機関に資金がダブつきはじめ、この金が土地の購入資金に投下された。地価暴騰は、その前から兆しを見せていたが、こうした経済状況によって本格的に地価に火がつけられ、これが刺激になって再開発ブーム・建設ブームが起こった結果、内需を拡大して景気が上向き、いわゆるバブル景気といわれる好況をもたらしたのである。

このとき、地上げ屋と呼ばれる中小の不動産ブローカーが暗躍し、土地や借地権、借家権を買い漁って大手不動産会社や建設会社やディベロッパーと呼ばれる開発業者に転売する仕事が横行した。彼らが転売する度に地価が跳ね上がるので、地価はますます暴騰した。この現象を地上げブーム呼んでいたが、これによって景気が上向いたことは事実であるから、景気回復の発端に地上げブームがあったことは否定できない。

地価暴騰は、土地の価格をつり上げて、まだ生まれてもいない価値を先に取ってしまう経済現象であるから、「バブル」というよりも「先取り」のひとつの態様に他ならないが、「先取り」の公式どおり、まず「功」の方が先にやってきたのである。

地価暴騰の恩恵にあずかった人はたくさんいる。多額の借金にあえいでいた人が、土地に思わぬ値段がついて肩の荷をおろしたこともあるだろう。資産価値が増大して、資金繰りが楽になった企業も少なくなかったはずである。現に弁護士をしている私も、その恩恵にあずかったひとりだということは認めざるを得ない。長年争っていた遺産相続の事件も、土地が高く売れたために解決した。難しい借地権の争いも、その借地権に高い値段がついて案外簡単に解決した。

地価暴騰に限らず、「先取り」には、このような恩恵をもたらす「功」の側面があるが、その側面を見落としてしまうと全体像が見えなくなる。ここで指摘しておきたいのは、「先取り」には魅惑的な「功」があるからこそ、何度も繰り返されるということである。そして、全体像が見えたときには、「功」よりも、「罪」の方がはるかに大きいということを知ることになるが、「功」が前面に出ているときにも、やがてあらわれる「罪」の存在を意識しておく必要がある。

第二に特筆すべきことは、地価をつりあげることによって景気を好転させようとする力学が働いていたということである。

地価暴騰の犯人探しがよく行われていた。そして、日銀が金利を低く抑えていたこと、マネー・サプライが増加し続けていたこと、金融機関が不動産投資に対して過剰な融資をしたこと、中曽根民活によって国公有地公開入札・民間再開発優先策がすすめられたことなどが、犯人としてあげられていた。確かに、それらが地価暴騰をもたらしたのは事実であるが、それらは真の原因ではない。すなわち、なぜ日銀が金利を低く抑えていたのか、なぜマネー・サプライが増加し続けていたのか、なぜ金融機関が不動産投資に対して過剰な融資をしたのか、なぜ中曽根民活がすすめられたのか、と理由を問いつめると、それらの前に基本的な原因がなければならないことに気づくはずである。

私は、「先取り」によって景気を刺激しなければならない必然性があったのだ、と考えている。国債発行が限界にきて、もう手詰りになっていたという現実があった。そうなれば、地価を吊り上げるのが最も手っ取り早い。もともと土地は、生産によって生まれたものではないから、その価値は計算しにくい。需給関係や収益性の観点からある程度手堅い地価というものは設定されるが、それも変数の設定の仕方によって幅があるので、正確に算出することは困難である。また、地価の変動がGNP（国民総生産）の中に直接入ってこないというのも絶好の隠れ蓑になる。しかも、地価はロットが大きいので大きな金の流れができる。そのうえ、地価の変動は、経済全般に及ぼす影響が大きいので、景気を刺激するための強烈なインパクトになる。「先取り」を行う道具としては、これほど条件が揃っているものは滅多にない。

こう考えてくると、地価を吊り上げることによって空っぽの価値をつくり、それを膨らませて「先取り」を行い、そのことによって景気を回復させようという意図がはっきり見えてくる。「意図」と言っても、誰かが設計図を書いて、号令を下すわけではない。人々が「先取り」の「功」を享受しているうちに、それがそのときの社会、経済の意図であったことが、すなわち、そのときのあらかたの構成員が望んでいた意図であったことが分かってくるのである。日銀の金利の抑制、マネー・サプライの増大、過剰な投資、中曽根民活、これらは、「先取り」によって景気回復をはかるためのシフトに過ぎない。いったいこの時期に、金利を高くすることができただろうか。不動産投資に対する融資を抑制することができただろうか。景気を回復させようという意図がそうはさせなかったはずである。

つまり、地価暴騰の真の原因は、「先取り」を組み込んでいる経済体制そのものである。

第三の問題点に進もう。地価暴騰は価値の「先取り」に他ならないから、やがてその本領が発揮される。「先取り」は、先にした方が得だという、それ自体の運動法則があるから、独立して増殖する。

ところで、いったいどのようにして地価は暴騰していったのであろうか。日本には、土地は絶対に値下がりしないという土地神話があると言われるが、それだけでは「狂乱地価」とまで言われた暴騰を説明できるものではない。そこで、土地の価格は、もともとどのようにして形成されているのかを見ておく必要があるだろう。

そもそも土地は、地球上の面の一部として自然の中にあり、その所有権の源は遠い過去に遡る。しかも、長い歴史の経過の中で、体制の変更に伴い、所有する主体が交代したり、所有形態が変化することがある。しかし、自然の中にある物体を加工して商品をつくるのとは異なり、通常は土地をつくるための費用というものはない。もとより、開拓、開墾、造成など労働力が投下されることはあるが、それは遠い過去のことであるか、土地の価格のごく一部を占めるものかであって、土地の価格は、通常の財貨、サービスとは全く異なり、コストから算出するという基準が存在しない。

しかし、目安というものがないわけではない。例えば、都市部の商業地に限定すれば、一つは、需給関係から形成される相場がある。もう一つは、土地の収益性から計算される価格である。すなわち、その土地の上に建物を建てて人に貸した場合の賃料収入から逆算して価格を算出する方法である。都市部の商業地の場合には、相場と収益性から割り出した価格が、実際の土地の価格ということができる。この価格をひとまず実質地価と言うことにしよう。

一九八五年頃に東京の青山地区、銀座地区などからはじまった地価の暴騰については、実際にビル需要があり、それが刺激になったことは事実であるが、それははじめのうちのことであって、間もなく将来のビル需要が供給を大きく上回るという予測とカネ余り現象が結びついて、現実の需要を先回りする形で土地が買い漁られた。つまり、まだ現実になっていない将来の需要をあてにして、その需要がもたらすであろう収益、すなわち空っぽの価値を「先取り」して、地価が高く設定されたのである。このようにして高く設定された地価は、実質地価を相当上回り、加速度的にその差を広げていった。私は、高く設定された地価と実質地価との差を、まだ現実になっていない空っぽの価値という意味で、「虚の価値」と言うことにしている。

土地や借地権を高値で売った地主や借地人は、代替地を求めて高い物件を探す。この場合は、譲渡所得税を支払うよりも、日本の税法上の優遇措置を受けた方が得であるから、売り値に見合った高い物件を探すのである。土地の値段が安ければ、「もっと高い物件はありませんか」とくるのである。これは他の商品を買うときのやり方とは全く逆である。同じ品物なら高い方よりも安い方を買うという一般的で健康な経済観念は、ここでは棄てられてしまっているのである。「高い物件を」と言われれば、売る方は、「虚の価値」を乗せることになる。このようにして、虚の価値は虚の価値を呼んで、取引全般に虚の価値が乗せられ、狂乱地価となったのである。

この「虚の価値」の増殖こそ、「先取り」の運動形態に他ならない。

人々は、このような経済現象を「バブル経済」と言う。しかし私は、「バブル経済」と呼ぶのはよくないと思っている。なぜならば、「バブル経済」という表現は、そこで起こっている経済現象を正確につかんでいないからである。私は、ここにこそ「先取り経済」の特徴が表現されていると考えているが、この経済現象を「バブル」と認識するのと、「先取り」と認識するのとの相違については、後に詳しく考察することにしたい。

ただし、この機会に相違点を一つだけあげておきたい。すなわち、「バブル」なら弾ければ無くなってしまうはずだが、「先取り」は弾けて無くなることはない。「先取り」された空っぽの価値は、空っぽのままどこかに潜り込む。そして、潜り込んだ先で、空洞に中身を充足させようとして、さまざまな力を働かせる。これを私は、「先取りの拘束力」と呼んでいるが、「バブル経済」という見方では、「先取り」が拘束力を発揮するときの恐ろしさが視野に入らない。

第四の問題点は、他の態様の「先取り」と地価暴騰による「先取り」との関連性である。

地価を吊り上げることによって価値を「先取り」することは、一九八五年頃にはじまる地価暴騰が初めてではない。近い例をとれば、田中角栄内閣の日本列島改造論である。この田中内閣の登場あたりから、景気と国債と地価暴騰の関連性を、三題噺風にまとめてみよう。

一九七一年（昭和四六年）、政府は、ニクソン・ショック(5)による円切り上げによって「エンキリ不況」がくるとみて、国内需要の喚起をはかるために建設国債を増発した。その後に登場したのが一九七二年七月に成立した田中内閣である。田中は、内閣成立の直前の六月に発行された『日本列島改造論』の中で重要項目をあげ、その一つとして、次のように述べている。

国土改造が必要とする資金を確保するため、国民全体の資金と蓄積を活用することである。国土改造にたいするインフレなき集中投資を可能にするため、利子補給制度を大幅に導入し、財政と金融機能を最大限に発揮させ、民間資金を導入する。また、国土改造のための拠点金融機関として、都市改造銀行、地方開発銀行、産業銀行を創設し、国土計画の分野に応じて長期低利資金を大幅に供給する。(6)

一九八五年頃にはじまる地価暴騰の引き金になったものの一つとして中曽根民活があげられているが、すでに日本列島改造論にも民活がはっきりと打ち出されているのである。また、「財政と金融機能を最大限に発揮させ……長期低利資金を大幅に供給する」というところも似ている。長期間にわたって金利を低く抑え、マネー・サプライを増やし、金融機関がノンバンクまで動員して大幅に資金を供給した地価暴騰は、日本列島改造論のあらすじとピタリと一致しているのである。

しかし、日本列島改造論の積極拡大策は、「インフレなき集中投資」というお題目にもかかわらず、折からの金融緩和による需要超過型のインフレが加わって、一九七三年になると物価上昇とモノ不足が深刻になってきた。これに同年一〇月の第一次オイル・ショックが追い討ちをかけ、「狂乱物価」の大騒ぎになった。その結果、日本列島改造論によって先取りされた「虚の価値」は、第一次オイル・ショックによる物価上昇によって帳消しにされた。これは、先取りされた空っぽの価値の拘束力によって、必要以上に物価が上昇したのだという見方ができるであろう。すなわち、オイル・ショックの機会に貨幣価値が一気に下落し、帳尻を合わせられたのである。

その後の一九七五年度補正予算以降、建設国債の他に新たに赤字国債が発行されることになり、国債発行の歯止めである「建設国債発行の原則」が失われて、国債の増発が重ねられた。しかし、国債発行残高が膨張する一方、一九八五年度からは一〇年ものの国債の償還がはじまるという事態に及んで、財政再建がはかられるようになり、赤字国債の発行をゼロとすることに目標が設定された。このような背景のもとに打ち出されたのが中曽根民活である。

そして、狂乱地価と言われるほどの地価暴騰が折り重なるようにやってきた。この間の活発な土地取引によって土地譲渡所得税が大幅に伸び、課税評価額が高騰したために固定資産税、相続税による税収も増大した。そして、一九九〇年度（平成二年度）の一般会計税収は六〇兆円を超えて、赤字国債は首尾よく発行しないですんだ。

このように、地価の暴騰と国債の増発は、一つのコインの裏表なのである。それは当然のことである。地価の暴騰も、国債の発行も、価値の「先取り」ということでは同じものであって、しかも両方とも景気を刺激するという立派な役割を担っている。このことを考えれば、地価暴騰と国債発行が、相互に関連づけあって、舞台に登場することは、何の不思議もない。日本の経済は、まだ現実になっていない空っぽの価値を「先取り」することによって持ちこたえているのであるから、国債発行が手詰りになったときには、地価暴騰がやってくる。そして、地価暴騰が限界になって崩壊した後には、国債が増発される。地価暴騰が終焉して二〇年が経過したが、その後政府は国債の増発を続け、二〇一一年三月末の国債発行残高は、七五八兆五六九〇億円（借入金、政府短期証券を加えると九二四兆三五九六億円）に達してしまった。こうして今や、日本は国債という「先取り」に覆い尽くされているのである。

いずれにせよ、地価暴騰の真犯人が、価値の「先取り」を組み込んでいる経済体制そのものであるということは、以上によって明らかになったと思う。

（1） 廣田尚久『先取り経済 先取り社会 バブルの読み方・経済の見方』（弓立社）一〇六頁
（2） 日本経済新聞社編『土地を考える 繁栄の基礎を崩すもの』（日本経済新聞社）、石田頼房編『大都市の土地問題と政策』（日本評論社・一九九〇年）、五十嵐敬喜・野口和雄監修『図説日本土地事情'90』（自治体研究社）、都留重人『地価を考える』（岩波書店）
（3） 衣川恵『新訂日本のバブル』（日本経済評論社）六六頁〜七四頁
（4） 本項における以下の論述は、前出『先取り経済 先取り社会』一〇五頁〜一一六頁をベースにして、加筆修正したものである。

(5) アメリカ大統領ニクソンによって発表された金・ドル交換停止を内容とする政策で、これによって世界経済は深刻な衝撃を受けた。

(6) 田中角栄『日本列島改造論』(日刊工業新聞社) 六頁

第三章　「先取り」に関する基本的考察

1　「先取り」を考察する方法

前章で歴史上にあらわれたさまざまな「先取り」を概観したが、もとより「先取り」の歴史は前章でとりあげたものだけではない。前章でとりあげたのは「先取り」の歴史のごく一部であって、それは、連綿と続いているのである。連綿と続いて絶えることがないということは、経済の構造の一部になっているということであるが、そのときどきによって原因が異なり、また使用される道具や形態が異なるので、共通の要素を見逃してしまいがちになる。私は、その共通の要素を「先取り」だと考えているが、そのことは追々解明することにして、まずここでは、「先取り」の歴史の中からなぜ前章でとりあげたものを選んだのかという理由を述べ、そのことによって見えてくるものは何か、どのような方法で「先取り」を考察すればよいか、ということをまとめておきたい。

まず、「先取り」の歴史の中から前章でとりあげたものを選んだ理由であるが、それは――

第一に、「先取り」は古代から現在まで連続して絶えることがなかったということを検証するためである。もとより、連続して絶えることがなかったということを検証するためには、時と場所を選ばずに連続して全部をとりあげなければならないが、本書でそのようなことをするのは物理的に不可能なので、時間的にも空間的にも飛び飛びにせざるを得なかった。しかし、前章のようなとりあげ方をすれば、ある程度「先取り」は連続して絶えることがなかったことを類推できるのではないかと考えた。

第二に、「先取り」の原因や道具や方法には多様性があるので、その多様性が分かるようにできるだけ異なったパターンを選択した。このことについて、簡潔に整理しておこう。

律令制のもとでは、労働力を直接収奪するという方法で「先取り」が行われた。幕藩体制のもとでの貨幣改鋳は、幕府の歳入不足を補うためにマネー・サプライを増やすものであった。ヴェネツィアは戦費を調達するために多額の国債を発行した。スペイン帝国の征服者たちは、金融業者から莫大な借金をして遠征費用を調達し、中南米の文明を破壊しつくした。オランダでは、チューリップが「先取り」の道具として使われた。ジョン・ローは、紙幣、国債、株式という道具を総合的に使って、フランス王国崩壊の道を開いた。第一次大戦後のドイツでは、紙幣の乱発でハイパー・インフレーションが起こった。一九二九年米国の株式市場の大暴落で世界経済は大恐慌に陥った。そのころの日本では、緊縮財政が不成功に終わって赤字国債を発行し、軍部の横暴を抑えることができなくなった。一九八三年頃からは、地価の暴騰という「先取り」が起こった。そして、前章ではとりあげなかったが、第一章4で分析したサブプライム・ローンに「先取り」の歴史は繋がるのである。

第三に、「先取り」の原因や道具や方法には相違があるが、結果、影響は似たようなものになるということである。「先取り」が行われた後の結果、影響は、ごく大まかに言えば、経済が崩壊し、社会が混乱することである。しかし、それだけにとどまらないで、人間の心理に深い傷を残し、世の中が頽廃的になることである。前章ではドイツのハイパー・インフレーションなどで言及しただけであるが、「先取り」と同時進行で、人間の尊厳が失われてゆくことは容易に想像できると思う。

そして、重要なことは、「先取り」の規模が大きいときには、しばしば体制の変更をもたらすことである。もとより、体制の変更が起こる原因は、「先取り」だけではないが、体制変更の原因の最も大きなものの一つに「先取り」があることを認識する必要があると思う。体制の変更とまではゆかなくても、「先取り」が大きな政策の変更を迫ることは頻繁に起こっている。

こうしてみると、「先取り」に費やされるエネルギーとその結果の大きさには相関関係があると思われるが、このことについては後に考察する。

次に、「先取り」の歴史から、見えてきたものについて考えてみよう。

その一つ目は、「先取り」にも進化の歴史があることである。「進化」というとプラスのイメージがあるが、「先取り」の場合には、時代が進むに従って深刻になってくるので、むしろマイナスのイメージを伴う。その意味では、「進化」と言うよりも、「深化のプロセス」と言う方がよいのかもしれない。例えば、「信用」の深化のプロセスを追求することは意義があると思う。

二つ目は、「先取り」と戦争との関係である。「先取り」と「戦争」は、相互に原因となり、結果となって、形成され、膨張し、破裂する。「先取り」と「戦争」は、双方とも、社会、経済の中にビルト・イン（内蔵）されていると言ってよいと思う。すなわち、潜在的な状態を含めれば、ヒトは、有史以来戦争から解放されたことがないのと同様に、「先取り」から解放されたことはないのである。

三つ目は、絶えることなく歴史にあらわれてくるということから、「先取り」はヒトの遺伝子に組み込まれているのではないかと推測されることである。このことについては、専門家の知見を仰ぐ必要があるが、後述することにしたい。

そこで、「先取り」を考察する方法であるが、これを換言すれば、本書のテーマを探究するための方法として、帰納法を採用するのか、演繹法を採用するのかという問題になる。

前章で「先取り」の歴史的事実をピック・アップしたことは、その中から法則性を見出そうという意識が働いていることは事実であるから、帰納法に傾斜していることは認めざるを得ない。いわゆる「バブル」についての著述も、ほとんど帰納法を採用していると言ってよいだろう。もっとも、その大半は、歴史的事実から法則を抽出することにウエイトを置いておらず、歴史的事実が示唆する概念を提示したり、歴史の教訓を示したりするところにとどまっている。(1)

なお、ジャック・アタリは、前出『国家債務危機』の中で次のように言っているが、これは、考察する方法について示唆的である。

現実には、ソブリン（主権）債務の危機が勃発するかどうかは、非常に多くのパラメーターに左右される。例えば、貸し手の心理、貸し手が抱く期待の調整、契約遵守に関する国家の政治力、経済成長率の推移、金利・人口・貯蓄率の推移、債務償還のための徴税能力、プライマリー・バランス[2]、資産状況、自国通貨による借入れ能力、増税や緊縮に踏み切る政府の指導力などである。こうした領域では、経済学は、むしろ政治学という学問分野の一つにすぎない。つまり経済学は、他の学問以上に、科学というよりも政治なのである[3]。

たしかに、アタリの言うとおり、科学というよりも政治なのかもしれないが、もう少し科学に軸足を置いたまま、考察をすすめよう。

ここで注目すべきは、前出『国家は破綻する』のように、豊富な資料を用いて、統計的規則性を発見した著作が出てきたことである。例えば、膨大なデータを集計することによって、資本が国境を越えて自由に移動する時代には国際的な銀行危機が繰り返し起きている[4]、インフレ危機と通貨危機は時代や国を問わず極めて多くのケースで歩調をそろえて発生している[5]、という結論を導き出している。これも、方法としては帰納法を採用したものであり、その対象も公的対外債務危機、公的国内債務危機、銀行危機、通貨暴落、インフレ急増化債務、金融危機、デフォルトに及んでいる。したがって、ここで発見された規則性は、統計的手法を用いているので説得力がある。しかし、そのことがよいかどうか、あるいは可能かどうかはともかくとして、数式を立てるほど抽象度の高い法則を明示してはいない。

これに対して、演繹法を採用するならば、さしずめ、

$$E = f(x)$$

という式を立てることになる。ここでEはeffectで、結果、影響をいうが、前述のとおり、「先取り」の結果、影響は、似

たようなものになり、大まかに言えば、経済の崩壊と社会の混乱であるから、その限りでは、量的に表現できるので好都合である。しかし、結果、影響として人間の尊厳の破壊ということまで視野に入れるとすれば、量的に計量できないので、この式のうえでは捨象せざるを得ない。人間の尊厳と経済、社会のあり方は、極めて重要な関係があるので、人間の尊厳の破壊を捨象する式の立て方、すなわち、演繹法を採ることには懸念があることを認めざるを得ない。

また、xという変数の方だが、ここで例えば、xにある国家の国内債務を置いたとしよう。債務水準対ＧＤＰ比が一定の率に達したときには、デフォルト（債務不履行）とするという式を立てるとすれば、Ｅ＝f（x）という式は、一応成り立つことになるから、演繹法もあり得るということになる。因みに、ユーロ導入国政府のデフォルトを防ぐ目的で設定されたマーストリヒト条約の水準は対ＧＤＰ比六〇％である。これは、債務水準が対ＧＤＰ比六〇％以上になったらデフォルトと認定するわけではないから、演繹法を採用したわけではないが、Ｅ＝f（x）を念頭に置いた目安ということになるだろう。しかし、興味深いことは、債務水準が対ＧＤＰ比六〇％をはるかに下回る状況でデフォルトしてしまうことが多く、債務を無理なく許容できる限界は、その国のデフォルトやインフレの履歴に大きく左右されることである。[6] このことは、事実をもって検証すると、演繹法によって導き出した式が成り立たなくなることを示唆している。ここでも、演繹法を採用することに対する懸念が出てくることになる。

債務水準の対ＧＤＰ比率とデフォルトの関係という単純化した式でさえ、うまくゆきそうにないが、「先取り」のあらゆる形態を変数に置くとすれば、式は、

$$E = f(x, y, z\cdots\cdots)$$

というようなものになるだろう。

ここで、変数x、y、z……は、国家債務だけをとりあげるとしても、その数額、変動率、残高、対ＧＤＰ比等々によって変動する。国家債務だけでなく、変数としてとりあげなければならないのは、政治システムの強弱、税制度、通貨制度、貨幣の供給量・流通速度、戦争と軍事支出、金融制度、対外債務、グローバルな資金フロー、為替の変動、インフレーショ

ン、市場、不動産価格の変動、株価の変動、商品先物取引、証券取引、デリバティブの種類と取引量、家計のデフォルト、企業のデフォルト等々たくさんある。これらは、全部「先取り」の結果、影響、すなわち、Eを算出するためには省略することができない変数である。しかも、それぞれの変数が、

$$x = g\,(x^1,\ x^2,\ x^3 \dots\dots)$$

というように、それを構成する変数によって算出されなければならない。

これはとうてい困難なことのように思われるが、演繹法にこだわるならば、変数を単純化してモデル的な式を立てなければならないだろう。そうなれば、債務水準対GDP比に見るような先ほどの地点に戻ってしまうことになる。

こうしてみると、「先取り」に関して、

$$E = f\,(x,\ y,\ z \dots\dots)$$

という式に内容を盛り込んで、その解を求めることは、少なくとも私には不可能である。また、いわゆる「バブル」に関してでも、そのような試みを見たことはない。「先取り」は「バブル」よりも対象が広いが、「バブル」に関してそのようなことが試みられていないことは、このテーマに関して演繹的な方法を採用することが困難であるということをあらわしているのだと考えられる。[7]

しかし、吉田武によれば、「真理は帰納と演繹の繰り返し作業の中から、次第次第にその姿を現してくるのである。個別に発見された自然法則の中から、より基本的なものを発見（帰納法）し、更にそこから他の法則を順に導き出せる（演繹法）体系を作る為には、先ず諸現象を整理し数学的に表現する必要がある[8]」。

したがって、

$$E = f\,(x,\ y,\ z \dots\dots)$$

という式は、一応、変数と結果、影響とが関係づけられていることを示すものであるから、まったく意味がないというわけではない。ときどきこの式を眺めて、因果の強弱とプロセスに思いを巡らすことは意義があると思う。

そのことはともかくとして、帰納法によるにしても、演繹法によるにしても、何らかの法則を発見し、確立することは、今のところできないということになると思う。このことについて、N・ジョージェスクーレーゲンは、吉田武とは違って、「全面的な数化は不可能であること、数化しなくても正しい知識は存在すること、および偽りの数化が本物らしくあちこち持って回られると弊害があるということである。もう一つ注意したいのは、数化だけでは、それによる理論的構築物が適切妥当であることが保証されないことである」と言っている(9)。

しかしそれは、全面的に数化することは不可能である、あるいは必ずしも好ましくはないということであって、歴史的事実あるいは経験的事実から、何か言えることはあるだろう。これは、帰納法、あるいは帰納法に近い方法である。また、仮説を立てることもできるだろう。これは、演繹法、あるいは演繹法に近い方法である。そのような方法をとり混ぜながら「先取り」を追求すれば、すなわち、吉田武の言うように帰納と演繹の繰り返し作業をしていれば、真理が次第次第に姿を現し、何らかの命題に到達することが可能になると思う。その命題は、数式であらわされるものでなく、言説の形式をとるが、「法則」という言葉で語られるものに接近することができる。そのようなことができれば、仮に数理的な法則に到達しなくても、意義を見出すことはできるだろう。したがって、本書では、時間的には歴史、空間的には社会から見えることを抽出して、言えるところまで言うという方法を採用する。

ところで、本書のテーマは、「先取り」であるから、経済指標を洗って、病理現象が起きたときに指標との乖離や変質を見るところからとりかかることにしたい。「先取り」は極めて苛烈な病理現象としてあらわれることがあるから、ときどき経済指標自体が使えなくなってしまうことがある。そのような現象も視野の中に入れることにしたい。

それだけでなく、「先取り」は、法の枠組みや制度を壊してしまうことがある。したがって、経済指標だけでなく、法の概念を洗い出すことも必要になる。そして、経済と法、制度の関連性を検証することも不可欠である。

しかし、いわばそのような本論に入る前に、「バブル」と「先取り」の相違を明らかにしておく必要があるだろう。「先取り」という言葉には馴染みがなく、多くの人の脳の中では、「バブル」という言葉に置き換えられてしまうだろうが、それでは本書の論旨がほとんど理解されなくなってしまうからである。しかも、私の認識では、経済学者をはじめとしてほとどの人は、「先取り」という事実を、「バブル」という概念に置き換えているのである。

(1) 例えば、ガルブレイスは、前出『バブルの物語』において、陶酔的熱病を支える要因として、金融に関する記憶が極度に短いことと、金と知性が一見密接に結びついているかのように思われていることをあげているが(同書三二頁)、これは、法則性を抽出したというよりも、歴史の教訓を示唆した言説であると言ってよいだろう。

(2) 前出『国家債務危機』三七頁〜三八頁には、プライマリー・バランスについて、「国家などの財政の状況を示す指標。国債などの借金を除いた歳入と、過去の借金の元利払いを除く歳出を比較したもの。歳出が多ければ赤字となり、将来の借金負担が経済規模に比べ増大することになる。黒字になれば、新たな借金は過去の借金返済に充てられるため、財政が健全であることを示す。」という注が記されている。日本では、プライマリー・バランスを黒字にすることが長年の課題になっているが、未だに実現されていない。

(3) 前出『国家債務危機』三七頁

(4) 前出『国家は破綻する』二四〇頁〜二四一頁

(5) 同書二八四頁

(6) 同書六〇頁

(7) 加藤涼『現代マクロ経済学講義』(東洋経済新報社)によれば、「何らかの摩擦や市場の失敗、不完全情報といった完全競争均衡を阻害する要因に焦点を当て、それを組み込んだDSGEモデル(＝動学的一般均衡モデル)を用いて現実経済の分析を行うという研究スタイルが今後わが国にも広がり、定着していくことが望ましい」(同書一〇頁)とのことであるが、「バブル」を組み込んだ現実経済の分析があることは、私は知らない。

(8) 吉田武『虚数の情緒　中学生からの全方位独学法』(東海大学出版会)五一頁

(9) N・ジョージェスクーレーゲン、高橋正立他訳『エントロピー法則と経済過程』(みすず書房)一八頁

2 「先取り」に関する経済学者の言説

マルクスは、「先取り」という言葉を次のように使っている。

借受資本をもって作業する生産資本家にとっては、総利潤が二つの部分に、――彼が貸手に支払わねばならぬ利子と、この利子をこえる超過分であって彼自身の分前をなす利潤とに、分別する。その後の部分は、一般的利潤率が与えられているならば利子歩合によって規定されており、利子歩合が与えられているならば一般的利潤率によって規定されている。さらにまた、総利潤すなわち利潤全体の現実的価値量が各個のばあいに平均利潤からいかに背離しようとも、機能資本家に帰属する部分は利子によって規定されている。けだし利子は（特殊な法律上の契約を度外視すれば）一般的利子歩合によって固定されて、生産過程の開始以前、つまりその成果たる総利潤が獲得される以前に、先取されるものとして前提されているからである。すでに見たように、資本の本来独自の生産物は剰余価値であり、一歩進んで規定すれば利潤である。だが、借受資本をもって作業する資本家にとっては、資本の生産物は利潤ではなく、利潤マイナス利子、すなわち、利潤のうち利子の支払後に彼の手にのこる部分である。(1)

ここで出てくる「先取」という言葉は、動詞を普通名詞化した通常の用語として使用されていると言ってよいだろう。しかし、オーヴァストーンがご都合次第で、資本の価値を現実資本に関連させたり貨幣資本に関連させたりすることを批判する次のくだりになると、マルクスの言う「先取」は本質に触れてくる。

この独りよがりの論客は、手形は事業を拡張するためにのみ割引されるもの、事業は儲かるから拡張されるもの、と想定する。この第一の前提は誤りである。普通の事業家が手形を割引させるのは、自分の資本の貨幣形態を先取し、もって再生産過程を流動状態に維持するためであって、事業を拡張したり追加資本を調達したりするためでなく、むしろ、自分が与える信用を、受ける信用によって相殺するためである。また、彼が信用によって自分の事業を拡張しようとするならば、手形の割引――これは、すでに彼の手にある貨幣資本を一形態から他の形態に転態することにすぎない――は彼にとって殆ど役にたたぬであろう。彼はむしろ、長期の固定貸付を借りるであろう。もちろん信用やりくり師（Kreditritter）は、自分の事業を拡張するために、いかさま事業を他のいかさま事業によってカヴァーするために、利潤をえるためにでなく他人の資本の占有者となるために、自分のやりくり手形（Reitwechsel）を割引させるであろう。(2)

マルクスの言うとおり、手形の割引は、通常は自分の資本の貨幣形態を「先取り」するものであって、事業を拡張したり、追加資本を調達したりするものではない。しかし、「彼の手にある貨幣資本」が何もなくても、融通手形を交換して、手形を割り引く「先取り」の形態はある。マルクスもそれが分かっていて、信用やりくり師が自分のやりくり手形を割引させることがあると言及している。しかし、マルクスは、「先取り」を独立した概念として扱っていないので、信用やりくり師の手形の割引とそうでない「資本家」の手形の割引との同質性に目がゆかないのである。

また、マルクスは、信用によって事業を拡大するならば、手形の割引よりも長期の固定貸付を借りるだろうと言っている。たしかに、経済の生理現象に着目するのであればそのとおりであろうが、いったん病理現象に傾いてくるとそのとおりにはならない。すなわち、手形の割引も、借り入れをすることも、「先取り」ということでは同じなのである。

しかし、マルクスは、舌鋒鋭く「信用」に切り込んでゆく。やや長くなるが、引用を続けたい。

信用は、個々の資本家または資本家と看なされる人をして、他人の資本および他人の所有・したがって他人の労働・を特定の限界内で絶対的に自由にすることを得せしめる。自己資本でなく社会的資本を自由にすることは、資本家をして社会的労働を自由にすることを得せしめる。ひとが現実に――または世間の考えるところでは――所有する資本そのものは、もはや信用という上部建築の基礎となるにすぎない。このことは、特に、社会的生産物の大部分がその手を通過する卸売業にあてはまる。いっさいの尺度は、資本制的生産の内部ではなお多かれ少なかれ正常化される一切の説明理由は、ここでは消滅する。投機的卸売業者が儲けるのは、社会の所有であって自己の所有ではない。それと同時に、資本の起源は節約にあるという極り文句も馬鹿げたものになる。けだし、彼〔投機師〕はまさに、他人が彼のために節約することを要求するからである。(3)

そして、さらに――

資本制生産様式の目標は収奪の遂行であり、しかも究極的にはあらゆる個人からの生産手段の収奪であって、生産手段は、社会的生産の発展につれて、私的生産の手段および私的生産の生産物ではなくなり、もはや結合生産者たちの手における生産手段、したがって彼等の社会的所有たりうるにすぎぬことは、それが彼等の社会的生産物であるのと同様である。だが、この収奪は、資本主義制度そのものの内部では、少数者による社会的所有の取得として、対立的姿態をとって現われる。そして信用はこの少数者にたいし、純粋な賭博師たる性格をますます与える。所有はここでは株式の形態で実存するから、その運動および委譲は取引所賭博の純粋な結果となるのであって、取引所賭博では小魚は鮫により、羊は取引所狼によって鵜呑みにされる。(4)

以上の二つの引用文は、「信用」というものの本質を突いたものとして評価できるが、残念ながら、ここでは「先取り」という概念が脱落してしまっている。この部分のミソは、「取引所賭博では小魚が鮫により、羊は取引所狼によって鵜呑みにされる」というところにあるが、ここでは「先取り」という概念を使っていないので、そこに至るまでに豊富に存在するはずの研究対象に言及されていない。したがって、象徴的な比喩にとどまっていて、前に使われた「先取」自体の解明は行われていないのである。この問題に関して言えば、小魚と鮫、羊と狼の比喩が到達点だといってよいと思う。

私は、このマルクスの到達点をもって、本書の出発点とする。

それはさておき、「先取り」という言葉を、マルクス以上に使っている経済学者の言説があることを、私は知らない。しかし、これに近いものとして、ケインズの次の言説を引用する必要はあるだろう。

「流動的な」有価証券の所有に資産を集中することが投資機関の積極的な美徳であるとみなす教義ほど反社会的なものはない。それは、社会全体にとっては投資の流動性というようなものは存在しないということを忘れている。熟練した投資の社会的目的は、われわれの将来を覆い隠している時間と無知の暗い圧力を打ち破ることでなければならない。今日の最も熟練した投資の現実的な、個人的な目的は、アメリカ人がうまく表現したように「仲間を出し抜き」、群集の裏をかき、質の悪い、価値の下がった半クラウン銀貨を他人につかませることである。(5)

ケインズもまた、投資の現実を見て、警告を発しているのである。そして、次のように言っている。

投機家は、企業の着実な流れに浮かぶ泡沫としてならば、なんの害も与えないであろう。しかし、企業が投機の渦巻のなかの泡沫となると、事態は重大である。一国の資本発展が賭博場の活動の副産物となった場合には、仕事はうまくいきそうにない。(6)

ここで、「泡沫」＝バブルという言葉が出てくることはまことに興味深いが、要するにケインズの認識は「バブル」であって、「先取り」ではないということである。それでは、「バブル」自体が解明されているかと言えば、そうではない。マルクスと同様に、「賭博場」という比喩を使って説明しているだけである。後に考察するが、「バブル」という言葉は、一つの経済現象を指す言葉であって、分析の道具ではない。したがって、「バブル」という言葉を使うと、現象を指すだけでお仕舞になるので、その後の論議を展開できなくなるのである。ケインズも、その後の論議は、利子率の一般理論に移行する。

(1) マルクス著、エンゲルス編、長谷部文雄訳『資本論第四巻』(青木書店) 五二九頁
(2) 同書六〇五頁
(3) 同書六二四頁
(4) 同書六二五頁

（5） 前出『雇用・利子および貨幣の一般理論』一五三頁
（6） 同書一五七頁

3 「バブル」と「先取り」との概念の相異

「バブル」と「先取り」の相異については前にも若干述べたが、ここでは、その概念にどのような相違があるか、ということを中心にして考察しておきたい。

まず、「バブル」という概念についてであるが、「バブル」に関する著書は数多く存在するにもかかわらず、理論的に概念を説明したものは見当たらない。換言すれば、「バブル」という言葉は、学問上定義されていないということである。数多く存在する著述は、「バブル」という経済現象を説明するだけであって、「バブル」そのものを理論的に解明しているのではないと言ってよいだろう。

「バブル」という言葉は、もともと比喩であって、それ以上のものではない。このことから、理論的な解明を必要としないものと扱われているのではないかと、私は考えている。

しかし、「バブル」という言葉が、どのように説明されているかということについては、見ておく必要があるだろう。『経済辞典 第4版』（有斐閣）によれば、「資産価格が投資家の期待によってファンダメンタルズの価値から乖離することをいう。投資家の多くが資産価格の値上がりを予想するならば、その投機による買いによって資産価格は実際に上昇する。上昇期待が招く資産価格の上昇はファンダメンタルズと無関係に起こり得るため、実体のない価格上昇としてバブル（泡）と称される」とある。なお、「ファンダメンタルズ」とは、同辞典によれば、「日本では、一国の経済状態や通貨価値を判断する基礎的条件などの意に用いられ、成長率、インフレ率、失業率、景気動向、国際収支などがその判定基準とされている」というものである。したがって、ファンダメンタルズと乖離した資産価格の上昇をバブルと称しているのであるから、ここでも、比喩として「バブル」という言葉が使われていることを示している。

この説明の中でのポイントは、「投資家」と「投機」という言葉である。投資家が通常の投資の枠を超えて投機に走るときに実体のない価格上昇が起こり、「バブル」が発生すると言いたいのであろう。確かに、「バブル」は、投機と抱き合わせにして語られることが多い。歴史の上に登場する「バブル」は、前述したチューリップ・バブル、南海会社のサウスシー・バブル、ジョン・ローのミシシッピ・バブルからであるが、これらはいずれも「投機」が重要な要素になっている。しかし、これらの事件は、投機だけが原因になっているわけではなく、また、投機だけで事件の全体像を解明できるわけでもない。そのことはともかくとして、すべての投機が「バブル」を発生させるわけではないということは、きちんと認識しておく必要がある。すなわち、「バブル」を発生させる投機と、「バブル」を発生させない投機をどのように区別するか、ということが問題になる。

この点についてケインズは、前述のとおり、「投機家は、企業の着実な流れに浮かぶ泡沫としてならば、なんの害も与えないであろう。しかし、企業が投機の渦巻のなかの泡沫となると、事態は重大である。一国の資本発展が賭博場の活動の副産物となった場合には、仕事はうまくいきそうにない。」と言っている。この部分だけでは理解が難しいので、少し長くなるが、以下にその直前の文章を引用しておきたい。

もし投機（speculation）という言葉を市場の心理を予測する活動に当て、企業（enterprise）という言葉を資産の全存続期間にわたる予想収益を予測する活動に当てることが許されるなら、投機が企業以上に優位を占めるということは必ずしもつねに事実ではない。しかし、投資市場の組織が改善されるにつれて、投機が優位を占める危険は事実増大する。世界における最大の投資市場の一つであるニューヨークにおいては、投機（上記の意味における）の支配力は巨大なものである。金融界の外部においてすら、アメリカ人は平均的意見がなにを平均的意見であると信じているかを発見することに不当に関心を寄せる傾向がある。この国民的弱点は株式市場の上にその因果応報を現わしている。アメリカ人は、多くのイギリス人が今なおやっているように、「所得のために」投資するということは稀であって、資本の価値騰貴の望みのないかぎり、投資物件をおいそれとは買おうとしないといわれる。

このことは次のことを別の言葉で表現したまでのものである。すなわち、アメリカ人は投資物件を買う場合、その予測収益よりもむしろ評価の慣行的基礎の有利な変化に望みをかけており、アメリカ人は上述の意味における投機家である、ということがそれである。(1)

以上のように、ケインズがここで、「企業の着実な流れに浮かぶ泡沫」、「企業が投機の渦巻のなかの泡沫」というときの「企業」とは、「資産の全存続期間にわたる予想収益を予測する活動」という意味である。そして、「投機」は、「市場の心理を予測する活動」であり、「企業の着実な流れに浮かぶ泡沫」も「企業が投機の渦巻のなかの泡沫」も、同じ「泡沫」という言葉で語られているのであるから、ほとんど、投機＝泡沫（バブル）という扱いをしているのだと言ってよいだろう。したがって、「企業の着実な流れに浮かぶ泡沫」ならば何の害もないが、「企業が投機の渦巻のなかの泡沫」ならば事態は重大になるということは、ケインズの言う意味で、投機∧企業ならば害がないが、投機∨企業になると重大な事態になるというように理解できる。しかし、通常は、事態が重大になる後者の方を「バブル」といっているのではないだろうか。したがって、ケインズの言う泡沫＝バブルの概念は、はなはだ曖昧であると言わざるを得ない。

しかし、ケインズも「バブル」を比喩として使っていることは確かであるから、比喩として使われている「バブル」そのものを見ておきたい。そのことによって、「バブル」という比喩を用いることが適切か否かが明らかにされるだろう。

「バブル」すなわち「泡沫」、「泡」は、物理的には、空気やガスを含んで丸くふくれた液体の玉である。通常は小さいもので、直径一センチメートルを超えるものは稀である。外側は液体で、中に気体が入っているのであるから、気体が膨張すればすぐに破裂するし、小さな刺激で液体は壊れる。そして、壊れてしまえば、中の気体は即座に外気と混合するし、液体は外側にある物体に吸収される。したがって、さほど時間を置かずにすっかり消えてしまって、この世に痕跡は残さない。

このようなものと、「バブル」という言葉で譬えられる経済現象は似ているのだろうか。似ているところもあるし、似ていないところもある。どこが似ていて、どこが似ていないかを一つひとつあげることもそれなりに意味があるだろうが、ここでは、重要な点だけを指摘しておきたい。

第一に、投機だけであれば、中の気体が膨らむというところは似ているが、「バブル」という言葉で譬えられる経済現象は、投機だけではない。例えば、貨幣改鋳は投機という言葉の内包に入っていない。しかし、貨幣改鋳も投機も、本質的には同じものであって、経済現象を解明するときには、同じ範疇に入るものとして統一的に理解することが必要である。にもかかわらず、「バブル」という比喩では、その同質性が視野に入らないので、必要なポイントを切り落としてしまって、経済現象を正確に理解することの妨げとなる。

第二に、「バブル」という言葉は、自然に発生するものであるかのような印象を与えるので、「バブル」を起こす主体が見えてこない。しかし、「バブル」という言葉で語られる経済現象は、誰が起こしたかが常に問われる必要があり、また現実に問われることが多い。それにもかかわらず、「バブル」という言葉を使うと主体の存在を曖昧にしてしまう。

第三に、「バブル」は、消えてしまえばお仕舞になるはずだが、常に問題になるのは、「バブル」が消えた後の後始末である。しかし、「バブル」という言葉を使うことは、「バブル」が実体のないものであって、後始末はそれとは関係のないことだと考えられているのであろう。しかしながら、後始末が必要であるということは、「バブル」が何らかの作用を及ぼしているからに他ならない。「バブル」が何らかの作用を及ぼすということは、「バブル」と言われるものが、実体がないにもかかわらず、実は何らかの作用を及ぼすエネルギーを持った存在であることを示している。したがって、消えてしまえばお仕舞になる「バブル」という言葉は、そのことに思考が及んでいないということになる。

第四に、「バブル」という言葉で語られる経済現象は、小はインフレを起こすことから大は経済体制を変えてしまうほど規模が大きい。これを「バブル」と呼ぶのは、比喩としてあまりに卑小であって、まるで釣り合わない。これに対して、大河を覆うほど大量の「泡」もあるという向きもあるかもしれないが、大量であろうとなかろうと、「泡」は「泡」であって、本質的な問題ではない。問題は、「バブル」という言葉の中に、強敵を故意に小さく見ることによって、敵の実力から目を逸らすという心理が働いていることである。第二次世界大戦中の日本人は、連合軍の戦力を過少に評価して、竹槍でも敵を撃退できると信じ込み、実際に竹槍の訓練をした。それと似たような心理が、「バブル」という比喩を使うときに働いているのではないか、と私は考えている。

以上により、「バブル」という語は、それが指し示す経済現象を説明するための言葉としては、不適切である。というよりも、正確な言葉でないばかりか、誤った言葉である。では、比喩としてならよいかと言われるかもしれないが、以上に述べた理由により、比喩としても不適切である。

したがって、「バブル」という言葉は、使うべきではない。

これに「バブル」という言葉を使うと、それが指し示す経済現象を正確に認識できず、したがって、その経済現象がまき起こす病症に対応できなくなる。にもかかわらず、世界中で「バブル」という言葉が使われているが、そのこと自体がこの病理現象の解明を遅らせている原因である、と私は思っている。

しかし、「バブル」という語が、事実としても比喩としても不適切な言葉であること、すなわち、「バブル」という卑小な言葉で扱われていたことが、「バブル」として語られている経済現象を、理論的に解明する必要がないということを意味するのかと言えば、そうではない。

私はまず、「バブル」という言葉を使わずに、他の言葉を使うことにしたい。前にも述べたように、他の言葉とは、すなわち――

「先取り」である。

「先取り」という概念は、比喩ではなく、実際の経済現象を指し示す言葉であって、次のように定義することができる。

> **「先取り」とは、「価値の先取り」の意であり（すなわち、いちいち「価値の先取り」と言わず、それを縮めて「先取り」と言うのであって、「先取り」と「価値の先取り」は同義である）、一定の主体が、価値が生み出される前に、その価値がすでに生み出されたものとして先に取ってしまう経済活動である。**

定義は以上のとおりだが、ここで若干の補足説明をしておきたい。前に「先取り」仮説を説明したときには、「価値」という言葉について大雑把な押さえ方をしたが、この定義の中で言う「価値」の意味を次のように規定しておきたい。これは、価値の源泉をどのようにとらえるかという経済学上の論争とは別のことであって、そのことについては次章で考察する。

「先取り」をする主体は、主として個人か企業か国家であるから、その三つの主体が「先取り」を行うときの「価値」を規定しておけばよいということになる。

そこでまず、個人が主体になるときの「価値」は、報酬からその報酬を得るための費用を差し引いた「所得」である。個人が給与所得者ならば、「給与」ということになる。次に、企業が主体になるときの「価値」は、「付加価値」である。例えば、企業がメーカーであれば、産出額から原材料使用額などの中間投入分の価額を差し引いたものである。企業の総体をとらえるならば、「利潤」ということになる。そして、国家が主体になるときは、「歳入」である。

その他に、各種団体、非営利法人、地方公共団体があるが、各種団体、非営利法人が「先取り」を行う頻度は高くない。もっとも、医療法人や社会福祉法人が「先取り」をする可能性はあるが、経済全体に影響を及ぼすことはないので、とくに規定する必要はないと思うが、あえて言うならば、収入からその収入を得るための費用を差し引いた「収益」としておけばよいだろう。また、地方公共団体は国と同列に論じればよいから、ここでは、特別に断らない限り、地方公共団体を含めて、単に「国」ということにしておきたい。

なお、ここでいう「価値」は、「使用価値」あるいは「交換価値」とは異なるものである。このことは、「価値」という言葉を右記のように規定したことによって自ら分かることである。

ところで、「先に取ってしまう」問題は何より先に取るのかということであるが、これは、前に述べたとおり、現実に「価値」が生み出される前に取ることである。「価値」が生み出される前ならば、何も無いはずであって、それなのに「取る」ことはできないではないかと言われるかもしれないが、何も無いのにあたかも有るかのようにして「取る」ことを問題にしているのである。これこそが、「先取り」の本質であって、先取りする時点では中身のない空っぽの「価値」、すなわち、まだ「価値」になっていない見せかけの「価値」を先に取ってしまうのが本領である。これを「先取り」仮説の中では、「虚の価値」と表現している。「虚」というのは、「実」の反対語で、中身のないうつろな状態、一歩誤れば偽りになる状態である。

ここで明らかなことは、「先取り」は信用を媒介として行われることである。「信用」とは、給付と反対給付との間に時間的なずれのある取引であるが、給付と反対給付との間に時間的なずれのある取引にはリスクが伴うから、「リスク」という言葉で足りるのではないかと思われるかもしれない。たしかに、「先取り」と「リスク」は重なる部分がある。また、同じ性格を持っているところもある。例えば、「リスク」も「先取り」した「虚の価値」と同様に他に移転することができる。しかし、「先取り」は「リスク」と異なる概念である。「先取り」を「リスク」と置き換えてしまうと、大切なことを見落とすことになる。その相違をみておこう。

「リスク」は、確率的に発生する危険であるが、「先取り」は、確率の問題ではない。すなわち、「虚の価値」が存在するかしないかの問題である。給付と反対給付との間に時間的なずれのある取引には、大なり小なりの確率で「リスク」は必ず存在するが、「先取り」は存在しないことがある。

また、「リスク」は対立する契約当事者が存在し、その当事者間に発生するが、「先取り」は先取りする者と先取りされる者とが必ずしも対応するとは限らない。したがって、「リスク」は契約当事者に意識されるが、「先取り」は意識されないことが多い。そして、「リスク」は当事者の履行によって消滅するかデフォルト（債務不履行）によって現実になるのに対して、「先取り」はデフォルトが起こらなくても、後に述べるように拘束力を発揮して、とんでもないところに影響を及ぼすことがある。

しかし、「先取り」と「リスク」は、重なる部分があったり、同じような性格をもっていたりするから、複雑な様相を示すことがある。例えば、デリバティブ（金融派生商品）は、もともとはリスクを回避するために開発したと標榜される金融商品であるが、じつは「先取り」を商品化したものであるから、「先取り」された空っぽの価値、すなわち「虚の価値」はそのまま残っており、リスクが発生する確率は下がらないのである。

よって、「先取り」という概念は、「リスク」という概念とは異なるから、「リスク」と切り離して、定義する必要がある。したがって、前に述べたように定義したわけであるが、このように「先取り」の概念を定義することによって、前に述べた「先取り」仮説が成り立つのである。そのことについては、すでに述べたので、ここでは繰り返さない。

ここで、もとに戻って、「バブル」という概念を用いることと、「先取り」という概念を用いることとの相違点を、さきほどの「バブル」に対する指摘と対比して明らかにしておこう。

第一の、「バブル」という言葉では、例えば貨幣改鋳と投機との同質性を視野に入れないために、経済現象を統一的に、したがって正確に理解することができないという点に対して、「先取り」という概念を使えば、経済現象を統一的に、正確に掌握することができる。

第二の、「バブル」という言葉からは主体が見えてこないという点に対して、「先取り」は定義そのものの中に主体が入っているので、主体の存在は明確に見えている。このことは、「価値」の意味を説明したところからも明らかである。

第三の、「バブル」は消えてしまえばお仕舞になり、後始末は「バブル」とは無関係なものとして扱われるという点に対して、「先取り」という概念によれば、後始末の段階に入っても、「先取り」されたものは「虚の価値」として残っており、「虚の価値」が発揮するエネルギーによって経済が撹乱されると認識する。

第四の、「バブル」という言葉で語られる経済現象が大きいにもかかわらず、比喩としてあまりに卑小であるという点に対して、「先取り」という概念は、その言葉で語られる経済現象を正面から見据え等身大で掌握する。したがって、のっぴきならない巨大な敵を過小評価することはない。

以上により、「先取り」という語は、それが指し示す経済現象を説明するための言葉として、最も適切であると考える。「バブル」は投機の比喩であるが、先取りは比喩ではなく、実際の経済現象を指し示す概念である。「バブル」という概念と、「先取り」という概念とでは、これだけの相異があるのであるから、「バブル」はこの辺でやめにして、「先取り」を使おうと改めて提唱しておきたい。

私は、このことについて、すでに一九九一年に出版した『先取り経済　先取り社会』で言っているが、未だに「バブル」という言葉が横行している。これは、私にとって、たいへんもどかしいことである。

言葉の問題を扱ったので、ここで付言しておきたいことがある。それは、本書でときどき「先取り経済」という言葉を使うので、その意味を明らかにしておきたい。

「先取り経済」というのは、「先取り」が蔓延して、経済現象を支配している社会の状態のことである。この意味では、遅くても江戸末期から今日まで、日本は、そのときどきに形態や程度に違いがあるものの、一貫して「先取り経済」であった。

（1）前出『雇用・利子および貨幣の一般理論』一五六頁〜一五七頁

4 「先取り」の危険水域

「先取り」の概念については前に述べたとおりであるが、すべての「先取り」が不健全で危険だというわけではない。前述のとおり、経済は信用を媒介にして発展してきた事実もあるので、「先取り」が健全に機能することもある。それでは、どこから先が「先取り」の危険水域になるのだろうか。

ミンスキーは、金融形態にヘッジ金融、投機的金融、ポンツィ金融の三種類があると言う。そして、ヘッジ金融は、資本資産の操作（あるいは自己所有の金融証書に関する金融契約）がもたらすキャッシュ・フローが、現在および将来における契約支払額を上回ることを期待し、投機的金融は、資産の操作から得られるキャッシュ・フローが典型的には近い将来の一時期における契約支払額を下回ることを予想し、ポンツィ金融は、資金調達費用が所得を上回り未払いの負債の金額が上昇して、意図が必ずしも詐欺を目的としなくても、しばしば詐欺的な金融慣行と結びつく[1]。

これも、ひとつの区分であるが、「先取り」の危険水域をどこに画するかということになると、投機的金融とポンツィ金融の間に明確な線を引くことはできないであろうし、ポンツィ金融から投機的金融に向かっていっても、どのあたりに危険水域を画する線があるのかは見えてこない。もともと、健全な「先取り」と危険な「先取り」の境界線を引くことは難しいことであるが、できるだけ明確な線を引くことは必要であるので、ここで試みてみよう。

危険水域を画する線を引くためには、客観的な目安が必要であるが、その目安は、「返済可能性」ということになるだろう。

個人的レベルの消費者金融、企業レベルの社債の発行、国家レベルの国債の発行が金銭の貸し借りであることは分かりやすいが、証券やデリバティブなどの金融商品は市場で貨幣と交換されるから売買と意識されている。しかし、そのもとをただせば、金の貸し借り、すなわち、金銭消費貸借である。したがって、「先取り」は、ほとんどの場合、「信用」と同一の運命を持っている。ここで、「信用」とは、給付と反対給付との間に時間的なずれのある交換という意味である。

この「時間的なずれ」を巡って、「金の貸し借り」には三つのパターンがある。「金の貸し借り」は、歴史上の起源を特定できないほど大昔からあったものであるが（因みに、消費貸借契約は金銭に限らなくても、米のように種類、品質、数量の同じものを返還することができるものなら成立する）、金融商品と貨幣との交換に姿を変えても、その基本は変わらない。では、その三つのパターンを見てみよう。

一つの極には、約束した通りに借りた金を返すというパターンがある。しかし、契約と履行との間に時間的なずれがある以上、『ヴェニスの商人』のように船が沈没するようなリスクがあるので、ここでは、返済可能性が相当高いタイプと言っておいた方がよいだろう（『ヴェニスの商人』では、沈没したと思われていた船は、いっぱい船荷を積んで帰港したので、リスクはあったがこのパターンに入れてよいだろう）。この場合は、貨幣と交換された信用は、はじめは中身がなくても、確実に履行され、返済によって中身が埋まるのであるから、「健全パターン」と言うことにしたい。いずれにせよ、世の中の「金の貸し借り」が健全パターンばかりであったならば、経済が混乱することはない。

もう一つの極には、はじめから返す気持ちがないにもかかわらず、金を借りるというパターンがある。これは端的に言えば詐欺である。ありもしないことをあたかも実在するように装って、資金をかき集めることは、それが「投資」という名目であっても、このタイプに属する。東南アジアのエビ養殖[2]とか円天マネー[3]など、その例はたくさんあるが、これが詐欺の一種であることは、誰でも分かるであろう。これを「詐欺パターン」と言うことにしよう。

以上の二つの両極端のパターンの間に、「中間パターン」と言うべきものがある。この中間パターンは、実に幅が広い。一部は返済できるが全部は返せないもの、何回かの利子は払うが元本は返済できないもの、はじめは返済する気持ちがあったが後に返すことができなくなったもの、うすうす返済できないかもしれないと思っていたがやはり返せなくなったもの、返すのは難しいが運がよければ返すことができるだろうと思っていたもの等々、これらが「健全パターン」でないことは確かだとしても、「詐欺パターン」だと言い切ることは難しいだろう。まして、「詐欺パターン」にどの程度近いかということは測りがたい。しかも、その時々の経済情勢により、「中間パターン」の領域と内容が変動することは避けられない。

しかし、「中間パターン」であっても、デフォルト（債務不履行）が起これば、出した金が戻ってこない点、すなわち結果は「詐欺パターン」と同じになる。日本航空が発行した社債の価値がほとんどなくなった例[4]を見れば、誰でもすぐに分かることである。

例えば、デリバティブ（金融派生商品）のＰＲＤＣ債（パワーリバースデュアルカレンシー債）という仕組債の中に、一年目の金利は五％、二年目以降の金利は米ドルやユーロや豪ドルに対する円相場に応じて変動し、発行から三〇年後に満期償還、ただし年一回の利払い日に一豪ドル九八円以上の円安ならその時点で早期償還というものがあるが[5]、これは、「中間パターン」の中のどの辺に位置しているのだろうか。私は、発行から三〇年後に満期償還という条件からすれば、返済可能性という観点からして、これを危険水域の中に入れるべきだと思う。

さまざまな金融商品を混ぜこぜにして、あたかも「健全パターン」あるいは「中間パターン」を装いながら、限りなく「詐欺パターン」に近い金融商品が、世の中にはたくさん出回っている。また、中間パターンにあるように見えても、経済情勢の変化によって容易に危険水域に入ってしまうことがある。

以上によれば、「健全パターン」に属するものと、「中間パターン」の中で容易に「健全パターン」に移行することが可能な条件を持っているものを除けば、あとは全部危険水域にある「先取り」だとしておきたい。

以上のように、「先取り」を仕分けしたうえで、本書では、とくに断らない限り、危険水域にある「先取り」を扱うことにする。

（1）ハイマン・P・ミンスキー、吉野紀・浅田統一郎・内田和男訳『金融不安定性の経済学――歴史・理論・政策』（多賀出版）二五五頁〜二五七頁
（2）二〇〇四年に、フィリッピンでエビ養殖事業の名目で多額の出資金を集めた事件
（3）円天という電子マネーの疑似通貨を発行して出資金を集めたために、二〇一〇年に組織犯罪処罰法違反（組織的詐欺）で東京高等裁判所で有罪判決を受けた事件
（4）日本航空が二〇一〇年に会社更生法適用をしたために、社債の価格は著しく下落した。
（5）吉本佳生『デリバティブ汚染　金融詐術の暴走』（講談社）四一頁〜四二頁

5 「先取り」が使用する法的枠組み

「先取り」は、基本的には金銭消費貸借という法的枠組みを使って行われているが、「先取り」が使用する法的枠組みは、金銭消費貸借に限らない。

ここで、「先取り」が使用している法的枠組み、端的に言えば、「先取り」が利用している「法」のうち、主要なものを列挙してみよう。

「売買」は頻繁に使われている。先物取引は言うまでもないが、本来は投資の性格を有する株式も、株式市場における「売り」と「買い」の売買とされている。

「交換」は、スワップ取引で利用されている。スワップ取引には、金利スワップと通貨スワップがあるが、前者は同種通

貨間でキャッシュ・フローを交換する取引、後者は異種通貨間でキャッシュ・フローを交換する取引である。スワップ取引では、為替レートの変動を利用した「先取り」が行われることが多い(1)。

金銭消費貸借については前項で述べたとおりであるが、多くの金銭消費貸借契約は、担保を必要とされるので、「抵当権」その他の物権法が使用される。

「先取り」は株式会社が行ったり、株式会社を舞台にして行われることが多いので、会社法に定める諸規定が使用される頻度は高い。例えば、株式会社設立の際の株式の発行、新株予約権の発行、社債の発行、合併、会社分割は、「先取り」に利用され得る法的枠組みである。

信託法に定める「信託」や金融商品取引法で定義されている投資信託などの「有価証券」も、「先取り」に利用されている。ここまでくると、「先取り」に利用される法的枠組みは複雑になる。多くのデリバティブは、この範疇に入れてよいだろう。

これらの法的枠組みは、単独で使用されることがあるが、複数の法的枠組みを組み合わせて使用されることもある。例えば、金銭消費貸借契約と抵当権設定契約が同時に締結されることは、日常的に見られることであるが、「先取り」が行われるときには、往々にして担保の価値よりも過大な融資が実行される。

「先取り」と「法」との関係は非常に複雑で、そのことだけでも単独のテーマになると思われる。しかしここでは、「先取り」と「法」との関係から起こる留意点を概観するにとどめることにしたい。

それは、ともすれば「法」が「先取り」を助長したり、正当化したり、「先取り」に追従する傾向があることである。

このことが立法にあらわれた例としては、会社法の制定がある。二〇〇五年に成立した日本の会社法は、米国の年次改革要望書(2)によって実現したものであるが、この会社法よると、例えば、合併の対価として、存続会社の株式等に限らず金銭等を含めた財産でよいとされたので、それによっていわゆる三角合併（吸収合併のうち、消滅会社の株主に対して存続会社の親会社の株式を交付する合併）が可能になった。企業が「先取り」するときの価値は、まだ実現されていない「付加価値」であるから、消滅会社の評価を低くして、存続会社の親会社の評価を高くすれば、合併の機会に容易に「先取り」ができることになる。

また、裁判所の判例が、「先取り」を助長したり、正当化したり、追従することもある。その典型的な例は、日本の地価暴騰のときに、裁判所が多額の立退き料（正当事由を補完する金員）の支払いを認定していた。このことについては後に述べるが、抵当権の効力について、日本の最高裁判所は、抵当権の物上代位（抵当権は、その目的不動産が売却・賃貸・滅失・破損などによって金銭その他の物に転化しても、転化したものに効力を及ぼし、優先弁済を受けること。最高裁判所は、抵当権に基づく賃料債権の差押を認めていたが、平成一五年改正によって民法三七一条にこのことが明文化された）による差押と一般債権の差押の優劣について、差押命令の第三債務者への送達と抵当権設定の先後によって決すべきであるとした(3)。また、抵当権者による物上代位と目的債権の譲渡についても、抵当権者は物上代位の目的債権が譲渡された後でも物上代位権を行使することができると判示した(4)。さらに、抵当権者による物上代位と賃借人の債権との相殺の優劣についても、抵当権者が物上代位権を行使した後は抵当不動産の賃借人は抵当権設定後に取得した債権と賃料債権との相殺をもって抵当権者に対抗することはできないと判示した(5)。これらの一連の判決は、いずれも抵当権の優位を認めたものになっている。すなわち、その抵当権で担保された金銭消費貸借契約の中に「先取り」による「虚の価値」が含まれているとしても（地価暴騰の時期には「先取り」が含まれている金銭消費貸借がたくさんあった）、それが抵当権によって守られるのである。ここに、地価暴騰後の不良債権処理の促進と金融危機の回避という時代の要請が背景にあることは否定できないであろう。したがって、これは「先取り」の追従と考えられるが、如何がだろうか。

もう一つの例をあげておこう。二〇〇五年（平成一七年）にライブドアがニッポン放送に対して申し立てた新株予約権発行差止仮処分命令事件に対して、東京地方裁判所は、ライブドアの主張を認めて、新株予約権の発行を差し止めた(6)。この決定に対する東京高等裁判所の抗告審においても、ニッポン放送の抗告は棄却され、新株予約権を発行することが必要性、相当性を欠き、著しく不公正な方法に当たるとするライブドアの主張が認められた(7)。しかし、ライブドアは、その後の刑事事件で架空売上げを計上していたことが問題になったことからして、ニッポン放送株の取得のために、「先取り」をしていたことは明白である。この事件の東京高等裁判所において、ニッポン放送は、ライブドアの元執行役員が架空取引に関与して業務上横領で逮捕されたが、ライブドアはその架空取引の売上げ増の予想を「通期業績予想の修正に関するお知らせ」としてプレスリリースまでしていると言い、ライブドアは法令順守の精神に欠けると主張したが、裁判所はこの主張をとりあげなかった。すなわち、裁判所は、「先取り」による「虚の価値」の膨張を危険なものとは考えていなかったのである。その意味では、「先取り」を正当化したと言ってよいだろう。

このように、「法」が「先取り」を助長したり、正当化したり、追従することもあるが、逆に、「法」が「先取り」を抑制することもある。

「先取り」そのもの自体は、犯罪として構成されていないが、極端なパターンの粉飾決算などは会社法の特別背任罪を構成したり、刑事特別法に定める構成要件に該当することもある。ライブドアの社長も、村上ファンドの代表も、証券取引法違反で有罪になっているが、これは見方によっては、刑事事件として立件することによって、「先取り」を抑制したものであると言えるだろう。

しかし、刑事事件として立件されるのは氷山の一角であるから、世の中全体の風潮として横行する「先取り」を、「法」によってコントロールすることには限界がある。しかも経済はグローバル化されており、「先取り」は国境を越えて瞬時に行われるから、「法」は「先取り」に対して無力とだとは言わないまでも、あまり多くの期待はできない。しかし、もし「先取り」を抑制するものがあるとすれば、それはやはり「法」であろう。その場合には、強力なサンクションを持つグローバルな「法」であることが要請される。本気で「先取り」をさせないようにするのであれば、「先取り」そのものを直接制約する法的規制が必要なのではないだろうか。

(1) 前出『デス』の通貨スワップによる「先取り」は、小説であるためにやや戯画化しているが、参考になるだろう(同書六九頁〜一三二頁)。

（2）「日米規制改革および競争政策イニシアティブに基づく要望書」の通称。二〇〇一年から毎年日米両国政府間で交換される、個別産業分野の市場参入問題や構造的問題をまとめて要望する文書であるが、事実上は、米国が日本に制度や法律の是正を迫る武器として使われている。
（3）最高裁判所平成一〇年三月二六日判決・判例時報一六三八号七四頁
（4）最高裁判所平成一〇年一月三〇日判決・判例時報一六二八号三頁
（5）最高裁判所平成一三年三月一三日判決・判例時報一七四五号六九頁
（6）東京地方裁判所平成一七年三月一六日決定
（7）東京高等裁判所平成一七年三月二三日決定・判例時報一八九九号五八頁

第四章　価値、価格、貨幣、市場と「先取り」

1　価値

「先取り」とは、「価値の先取り」の意であり、「価値の先取り」と言うときの「価値」の概念については、前章3で述べたとおりである。したがって、「先取り」を論じるときに念頭に置いている「価値」は、「源泉としての価値」ではなく、また経済学で価値をテーマにするときのキーワードである「効用」や「希少性」を扱うわけではない。そして、「使用価値」あるいは「交換価値」とも異なる概念である。

しかし、「価値の先取り」の「価値」は、源泉としての価値から生まれるものであり、それはまた、使用価値や交換価値とは無関係なものではないから、一般に言われている価値の概念について、ひととおり考察しておく必要がある。また、「価値」に関連して、「価格」、「貨幣」についても、検討しておかなければならないだろう。「先取り」は、「価格」、「貨幣」を媒体として行われるから、価格と貨幣をどのようにとらえるかということは重要である。そして、価値、価格、貨幣の関係を考察するうえで、「市場」にも言及する必要があるだろう。また、これらの概念を考察すれば、「先取り」という分析概念を使うことによって、現実にどのような経済現象が起こっているか、すなわち病理現象が発生しているかが見えてくると思われる。

本項では、「価値」を考察し、次項以下で、「価格」、「貨幣」、「市場」をひととおり考察することにしたい。

これらの概念を扱うとすれば、価値の源泉から説き起こしたり、需要と供給の関係から論じはじめたりしたうえで、経済を体系的、論理的に組み立てるのが通常の方法であり、それがこれまでの経済学のあり方であった。しかし、本書は経済の病理現象からスタートするので、本書を書き進めるうえで必要な限度の論考にとどめることにさせていただく。

経済学における価値論については、労働価値説（客観価値説）、効用価値説（主観価値説）などがあり、その論争の詳細をここでトレースすることはできないが、価値の源泉をどのように見るかということは、「先取り」を考察するうえで不可欠なので、ここではまず視点を低く落して、価値の源泉について経済学者の見解を見ることから取りかかることにしたい。

アダム・スミスは、『国富論』の冒頭で、

> 国民の年々の労働は、その国民が年々消費する生活の必需品と便益品のすべてを本来的に供給する源であって、この必需品と便益品は、つねに、労働の直接の生産物であるか、またはその生産物によって他の国民から購入したものである。[1]

と言っているので、労働を価値の源泉と見ていることは確かである。

言うまでもなく、マルクスも、

> ある使用価値または財が価値をもつのは、それのうちに抽象的・人間的労働が対象化または物質化されているからに他ならない。では、それの価値の大いさは如何にして度量されるか？　それに含まれている『価値を形成する実体』すなわち労働の分量によってである。労働そのものの量はそれの時間的継続によって度量されるのであって、労働時間はさらに、時間・日・などのような一定の時間部分をその度量基準としている。[2]

と言い、労働を価値の源泉としている。また、ケインズは、次のように言っている。

私は次のような古典派以前の学説に同感である。すなわち、すべての物は労働によって生産され、そのさい労働は、かつて熟練（Art）と呼ばれ現在技術（technique）と呼ばれているものによって、また希少であるか豊富であるかに応じて地代を要したり要しなかったりする自然資源によって、さらにまた希少であるか豊富であるかに応じて価格をもつ過去の労働の成果――資産の中に具体化された――によって助けられていると見る学説がそれである。労働――もちろん、それは企業者およびその助力者の個人的用役を含む――は、与えられた技術、自然資源、資本設備および有効需要の環境のもとで作用する唯一の生産要素と見るのが望ましい。このことは、なぜわれわれが、貨幣単位および時間単位以外に、労働単位を経済体系において必要とされる唯一の物的単位として採用することができたかを説明する理由の一つである。(3)

以上のように、スミスもマルクスもケインズも、価値の源泉は労働であると考えており、基本的には労働価値説に立っているのである。

これに対して、物によって人間が得る満足度、その主観的評価、効用を価値の源泉とみる価値説が主観的価値説、効用価値説である。ワルラスは、次のように言う。

物質的または非物質的なもの（ものが物質的であるか非物質的であるかはここでは問題でない）であって希少なもの、すなわち一方においてわれわれにとって効用があり、他方において限られた量しか獲得できないもののすべてを社会的富と呼ぶ。(4)効用があり量において限られたものは、すでに一言触れたように、価値がありかつ交換することができる。希少なものがひとたび専有せられると（そして希少なものだけが専有せられ、また専有せられるものはすべて希少である）、これらのすべてのものの間に一定の関係が成立する。この関係は、これらの希少なものの各々が、それに固有な直接的効用とは独立に、特別な性質として、お互いにそれぞれ一定の比率で交換せられる能力をもっているということである。(5)

労働価値説も効用価値説も、理論が精緻になり、論争も激しく展開されるが、ここでは立ち入ることは避けよう。しかし、ここで考えておかなければならないのは、二〇〇八年三月にサブプライム・ローンが破綻する以前の新古典派理論が謳歌していた時代には、労働価値説が捨てられたとは言わないまでも、見る影もなくなったことである。これは経済、社会の中で膨大に膨らんだ不労所得の煌びやかさ、豪勢さに人々の目が眩み、少なからぬ経済学者がそれにつき合ったからではないだろうか。

「先取り」という観点からすると、労働価値説に立っても、効用価値説に立っても、結論に大きな差が出るわけではない。しかし、「先取り」が拘束力を発揮するときには、「労働」にも、「効用」にも大きな影響を及ぼす。そのとき、労働価値説の影が薄ければ、労働が価値の源泉とする考えを軽視することになるから、「先取り」によって労働が破壊されることを安易に許すことになる。現在の日本を例にとれば、「労働」は危機に瀕しているが、これは、価値の源泉は労働であるということを軽視した結果ではないかと、私は考えている。その意味で、私は、労働価値説の肩を持つ。

ところで、「使用価値」と「交換価値」の概念についても、簡単に触れておく必要があるだろう。

アダム・スミスは、使用価値と交換価値について、次のように述べている。

注意しなければならないのは、価値という言葉に、二通りの異なる意味があって、あるときはある特定の対象物の効用をあらわし、あるときはその所有から生じる他の財貨にたいする購買力をあらわす、ということである。前者は「使用価値」、後者は「交換価値」とよぶことができよう。最大の使用価値をもつ物が、しばしば交換価値をほとんどまったくもたないことがあり、これとは反対に、最大の交換価値をもつ物が、しばしば使用価値をほとんどまったくもたないことがある。水ほど有用なものはないが、水ではほとんどなにも購買できないし、それと交換にほとんどなにも入手できない。反対にダイヤモンドは、ほとんどなんの使用価値ももっていないが、それと交換に非常に大量の他の財貨をしばしば入手することができる。(6)

このように使用価値と交換価値をとらえると、使用価値は交換価値の規定要因にはならないことになる。これに対して、効用価値説は、使用価値から交換価値を規定する。この説によれば、使用価値は単に物の有用性ではなく、物に対する効用、すなわち経済主体の欲望満足という主観的評価そのものである。この価値評価と満足極大化原則を含めた経済性原理とに基づいて、――物はその使用によって得る価値評価と、他の物を交換しその他の物によって得られる価値評価とを比較し、極大化を目指して選択され、交換が行われる――という交換の法則が明らかにされた。そして、この交換価値を規定するものとして、限界効用概念などを用いた諸法則が展開された。ここで、ワルラスを引用しておこう。

市場において二商品が与えられているとき、欲望満足の最大すなわち有効効用の最大は、各所有者にとり、充足せられた最終の各満足の比、すなわち希少性の比が、価格に等しくなったときに実現する。この均等が達せられない限り、交換者は希少性がその価格と他方の商品の希少性との積より小さい商品を売り、希少性がその価格と上記の希少性との積より大きい商品を買うのが有利である。(7)

私には、価値論と「先取り」との関係を厳密にすり合わせることは有意義であるという予感があるが、それに取り組むとすれば、本書はそれだけで相当なボリュームになるだろう。率直に言って、私はまだ十分に取り組んでいないし、そのテーマだけに多くの紙数を割くことはできないので、ここでは、「価値の先取り」と言うときの「価値」と労働価値説、効用価値説の言う価値との相異についてだけ、整理することにしておきたい。

前述のとおり、「先取り」という言葉の定義にある「価値」は、個人が主体になるときは、報酬からその報酬を得るための費用を差し引いた「所得」（個人が給与所得者ならば「給与」）であり、企業が主体になるときは、「付加価値」であり（例えば、企業がメーカーであれば、産出額から原材料使用額などの中間投入分の価額を差し引いたもので、企業の総体をとらえるならば「利潤」）、国家が主体になるときは、「歳入」である。したがって、「先取り」の定義にある「価値」という言葉をひと言で統一的に置き換える言葉はない。しかし、「所得」も、「付加価値」も、「歳入」も、上流に遡って源をたずねれば、結局「労働」という泉に辿りつくから、労働価値説に親和的だということになる。これはまた、価値の源泉を「効用」とする効用価値説とは遠いところにあることを意味している。すなわち、「先取り」の定義にある「価値」の概念が指し示すものは、欲望、満足などという主観的なものでなく、客観的なものである。あえて言えば、物質的でドライなものと言ったほうが分かりよいだろう。もっとも、「先取り」をする動機が、欲望であることは大いにあり得るが、それは概念が何を指しているかという問題とは別のことである。

なお、労働価値説と親和的だと言うと、「先取り」の定義にある「価値」とマルクス経済学の基本概念である「剰余価値」との関係を問われるであろう。しかし、剰余価値を定義することからはじめると膨大な作業をしなければならないので、ここではごく簡潔にすり合わせをするにとどめたい。

剰余価値とは、資本家が商品としての労働力を購入するために投じた賃金以上に、労働者が労働すること、すなわち剰余労働することによって生む価値であり、利潤、利子、地代の源泉である。

したがって、「所得」は、労働力を購入するために投じられる賃金から算出されるから、剰余価値ではない。「付加価値」は、「利潤」と同様に剰余価値という源泉から生まれるものである。剰余価値を源泉とする利子、地代は、「先取り」と密接な関係を持つものであるが、それを獲得する主体が個人ならば「所得」に入れ、企業ならば「付加価値」に入れておけばよいだろう。

これらに対して、「歳入」は「所得」と「付加価値」から流入する二段階目の価値である。したがって、「歳入」の中には、元が剰余価値でないものも、剰余価値であるものも混在している。

以上のように見ると、「先取り」の定義にある「価値」の概念と、経済学の諸説に言う価値の概念とは、かなり錯綜していることが分かる。このことは、理論的にすっきりしないような印象を受けるかもしれないが、すっきりしたために後の議論が行き詰まることもある。ここは「先取り」の定義にある「価値」の概念を素直に規定しておいた方がよいと考え、前述のとおり、個人、企業、国に分けて規定した次第である。

（1）アダム・スミス『国富論Ⅰ』（中央公論新社）三頁
（2）マルクス著、エンゲルス編、長谷部文雄訳『資本論第一巻』（青木書店）一一九頁
（3）前出『雇用・利子および貨幣の一般理論』二一一頁〜二一二頁
（4）ワルラス、久武雅夫訳『純粋経済学要論』（岩波書店）二一頁
（5）同書二四頁
（6）前出『国富論Ⅰ』五五頁
（7）前出『純粋経済学要論』八五頁

2　価　格

価格とは、財・サービスの一単位の価値を貨幣によって表示したものである。自由主義経済では、価格の高さは、その財・サービスの希少性を示す指標とみなされ、経済活動は価格を中心に営まれている。また、市場における財・サービスの取引価格を市場価格という。

ところで、経済体制は市場経済と計画経済に大別することができるが、ここでは市場経済における需要と供給の関係から、価格が決定される基本的なメカニズムを見ておこう。

需要は、市場経済における経済構成員の種々の財・サービスに対する購買力に裏づけられた欲求・欲望をいう。経済理論上需要というときは、具体的には需要曲線（需要関数が示す財・サービスの市場価格とその需要量との関係を曲線に描いたもの）もしくは需要関数（需要量を、所得と価格を変数とする関数の形にあらわしたもの）を指す。したがって、価格を縦軸にとって需要曲線を描くときには、需要の増加は、需要曲線の右方への移動を意味する。これに対し、需要量の増加は、需要曲線上の動きをあらわす。

供給は、市場経済において、経済構成員が種々の財・サービスを市場における取引の対象として提供することをいう。経済理論上供給というときは、供給曲線（市場において売り手が提供しようとする量と価格との関係を曲線にあらわしたもの）もしくは供給関数（市場における供給量と価格との関係を示すもの）を指す。したがって、価格を縦軸にとって供給曲線を描くときには、供給の増加は、供給曲線の右方への移動を意味し、供給量の増加は、供給曲線上の動きをあらわす。

市場において、需要と供給が一致している状態を均衡という。さらに需要量と供給量を一致せしめる価格を均衡価格という。

このように、市場における需要と供給の関係によって価格が決まるということは、理論的にはそのように言えるとしても、現実の経済ではそのとおりになるとは限らない。例えば、これは完全競争市場であることを前提にしているが、現実には独占的市場が支配していることもある。

そのことはともかくとして、別の観点から価格を論じられてはいないものなのだろうか。

ケインズは、「使用者費用は、私の考えでは、古典派の価値理論にとって従来見逃されてきた一つの重要な意味をもっている」と言い、『雇用・利子および貨幣の一般理論』の中で、本論を離れ、使用者費用について補論を設けている。それによると、一企業者の使用者費用は、その企業者が他の企業者たちから購入するものの額に、企業者の設備の価値が前期から繰り越された純価値以上に増加した額を差し引いたものに等しい。そして、後者の増加した額は、企業者が彼の設備に加えた当期の投資を示すものであるから、彼の販売総額に要した使用者費用は、彼が他の企業者たちから購入したものから彼が自分自身の設備に加えた当期の投資額を減じたものに等しいことになる。これは、ケインズ自身が、「少し考えてみればわかるように、以上のことはすべて常識以上のものではない(1)」と言っているように、コスト計算によって価格を算出するという普通の感覚に合っている。

ケインズはさらに、使用者費用の概念によって、一企業の販売しうる産出物一単位の単位供給価格について、それは限界要素費用（限界費用とは製品の最後の一単位をつけ足してつくるために必要とされる費用の増加分、要素費用とは物的資本財の消費額以外にかかわる生産要素への支払額）と限界使用者費用との合計であるから、従来採用されてきたものよりいっそう明瞭な定義を与えることができると言う。すなわち、近代の価値理論においては、短期供給価格を限界要素費用のみに等しいとみなすのが通常の慣行であるが、それは限界使用者費用がゼロであることに場合に限られるのであって、それではあらゆる現実性が失われ、ある財の「供給価格」という言葉は、「価格」という言葉が持つ普通の意味を失ってしまう。(2)

また、使用者価格および補足費用の概念によって、長期供給価格と短期供給価格との間にいっそう明瞭な関係を樹立する。長期費用は、設備の存続期間にわたって適当に平均化された期待主要費用（主要費用とは、ある生産物を生産する場合に、原材料消費額、賃金支払額、燃料動力費、修繕費などの生産量の大きさとともに変化する費用）および基礎的補足費用を賄うだけの額を含まなければならない。すなわち、産出物の長期費用は主要費用および補足費用の期待額に等しい。そしてさらに、正常利潤を生みだすためには、長期供給価格は、このように計算された長期費用を一定額だけ超過しなければならない。この額は、設備の原価のある割合として計算された、同じような期限と危険をもつ貸付に対する現行利子率によって決定される。あるいは、もし利子率として標準的な「純粋」利子率を用いようとするなら、現実の収益が期待収益と異なったものになる未知の可能性に対処するために、長期費用の中に危険費用（risk-cost）と呼びうる第三の項目を含めなければならない。こうして長期供給価格は主要費用、補足費用、危険費用および利子費用の合計に等しく、長期供給価格はこれらの数個の構成要素に分析することができる。(3)

このケインズの「価格」のとらえ方は、いかにも手堅いという印象を持つ。こうなると、マルクスが、どのようなことを言っているのか、見ておきたくなる。

諸商品の価格または貨幣形態は、それらの価値形態一般と同じように、それらの感覚的・実在的な物体形態から区別された、つまりただ観念的または表象的な形態である。鉄・亜麻布・小麦なども価値は、眼には見えないけれども、これらの物そのもののうちに実存する。それは、それらの物の金と同等性、金に対する一の連関――それはいわば、それらの物の頭の中でのみ幽霊のように現れる——によって、表象される。だから、諸商品の保護者は、それらの諸価格を外界に伝えるためには、彼の舌で諸商品の代弁をするか、諸商品に紙札をぶら下げるか、しなければならない。[4]

マルクスはここで、価値形態は実存であるが、価格または貨幣形態は観念的または表象的な形態であると言っている。徹底した労働価値説をとるマルクスが「価値」が実存であるということは理解できるが、「価格」は実存でなくて何だと言っているのだろうか。私は、彼は「価格」はメタファー（暗喩）だと言っているのではないかと読むが、もしそうだとすれば、ひとつの見識ではないだろうか。もう少し先を見てみよう。

> 価格形態は、ただに、価値の大いさと価格との・すなわち価値の大いさとそれ自身の貨幣表現との・量的不一致の可能性を許すばかりでなく、一の質的矛盾を宿らせうるのであって、そのために、なるほど貨幣は諸商品の価値形態に他ならぬとはいえ、価格は総じて価値表現たることをやめることがある。絶対的に何らの商品でないもの、たとえば良心・名誉などは、その所有者により貨幣《かね》で売られ、かくして、その価格を通して商品形態を受け取ることができる。だから或る物は、価値をもつことなしに、形式的に価格をもつことができる。価格表現はこの場合には、数学上の或る種の量〔虚数〕と同じように想像的なものとなる。他方において、想像的な価格形態、たとえば、何らの人間的労働もそれに対象化されていないが故に何らの価値ももたない未耕地の価格のごときも、ある現実的な価値関係、またはこれから派生した連関を、潜伏させることができる。[5]

ここまでくると、マルクスが「価格はメタファーだ」と言っているのは確実だと思われる。「価格」がメタファーであるという考え方は、需給関係によって価格が決まるという説とも、ケインズの説とも、相容れないものである。なぜならば、両説とも、「価格」が実存であることを前提にしているからである。

マルクスが「価格」をメタファーだと言っているかどうかはともかくとして、私自身は、どう考えているかと問われれば、次のように答える。

市場経済においては、「マクロ」では、価格はメタファーである。したがって、需給関係で決まるとされている価格と一致することもあれば乖離することもある。また、実数のこともあれば、虚数（中身がなく空っぽのこと）のこともある。「ミクロ」では、取引が成立する直前まではメタファーであるが、売り手と買い手が合意に達したときにはじめて実体を持つ。そのときに両者で決めたものが「価格」である。したがって、多くの場合は需給関係によるが、必ず需給関係によるとは限らない。買い手に欲求・欲望がなくても合意が成立し、価格が決まることがあるからである。

計画経済においては、計画によって相異があるので一概に言えないが、多くの場合は、メタファーだと言ってよいと思う。計画経済だからなおさらメタファーとしての性格が強く出ると言うこともあるだろう。

「価格はメタファーだ」という考えは、「先取り」という概念につながっている。すなわち、価格がメタファーであるから、価格によって表現される価値を、容易に「先取り」できるのである。マルクスが、「価格表現は〔虚数〕と同じように想像的なもの」と言っていることは、私にとって、たいへん刺激的である。

（1）前出『雇用・利子および貨幣の一般理論』六六頁
（2）同書六七頁
（3）同書六八頁
（4）前出『資本論第一巻』二〇七頁
（5）同書二一八頁

3　貨　幣

貨幣の起源を貝殻や石などの自然貨幣にまで遡れば、太古の闇の中に飲み込まれてしまうであろう。ヒトとヒト以外の動物とを区別するものは、言語と火を使うことだと言われているが、私はそれに、貨幣を使うことを加えたい。私は、ヒト以外の動物が貨幣を使ったという話を聞いたことがない。また、チンパンジーが貨幣を使うまでに進化するだろうとも思えない。私の想像では、貨幣の発明は、言語や火の使用よりも相当あとのことだと思うが、それでも淵源を突き止めることができないほど昔のことであることは確かであろう。

しかし、貨幣の歴史については多数の著書があるので、[1]それらの著書に譲ることにしたい。また、経済学の大著は、必ずと言ってよいほど貨幣に関する理論を展開している。[2]これらを跋渉して探究することは有意義であろうが、ここでも、本書に必要な限度で貨幣を論述するにとどめたい。

ところで、「貨幣」という言葉であるが、日本における法令用語としての「貨幣」は、硬貨のみを指し、「紙幣」や「銀行券」とは区別している。私も、第二章の「幕藩制末期の財政破綻と解体現象」の項では、「貨幣」を「硬貨」の意味で使い、「ジョン・ローとフランス革命」の項では、「硬貨」を「貨幣」と言い、「紙幣」とは区別していた。しかし、その他のところでは、「硬貨」と「紙幣」とを区別せず、合わせて「貨幣」という言葉を使っていた。これからは、とくに断らない限り、「硬貨」と「貨幣」を区別せず、合わせて「貨幣」と言うことにする。そして、「貨幣」という言葉には、「銀行券」だけでなく、銀行の当座預金、普通預金などの預金通貨、定期預金などの準通貨を含むことにする。

貨幣の歴史に関係することであるが、「貨幣とは何か」と問われるときには、金本位制について論及することは欠かせないだろう。

アダム・スミスにも、マルクスにも支持されていた金本位制は、二世紀近い時間をかけて作りあげられてきたが、第一次世界大戦（一九一四年〜一八年）の時期に各国は金兌換を停止して金本位制から離脱した。そして、大戦が終わると、各国は金本位制復帰へ動き始めた。しかし、それを難なくやり遂げることができたのは、世界中の金が集まっていた米国だけであって、戦争に膨大な人命と富をつぎ込んだヨーロッパの各国は、金が不足していたので、金本位制への復帰は容易なことではなかった。

イギリスは、大戦前の平価での兌換再開にこぎつけることができたが、金利の長期高騰という犠牲を払わなければならなかった。フランスやイタリアは、大幅な平価切下げを行って、ようやく金兌換の再開をすることができた。ドイツは、前述のとおり、ハイパー・インフレーションが起こったが、レンテルマルクの発行で切り抜けた後に金本位制に復帰した(3)。

しかし、一九二九年の大恐慌のはじまりにより、金本位制の維持が困難になり、一九三一年にイギリス、三三年に米国、三七年にフランスが金兌換を停止し、金本位制はいったん世界から姿を消した。

この間、日本は一九三〇年に井上財政のもとで金解禁に踏み切ったが、三一年に高橋財政によって金本位制から離脱したことは、前に述べたとおりである。

その後、一九三九年にドイツ軍がポーランドに侵入して第二次世界大戦が勃発し、四一年は日本が参戦したが、大戦の帰趨が見えてきた一九四四年の夏、米国北東部ニューハンプシャー州のブレトンウッズに、当時の連合国の代表たちが集まり、戦後の経済体制を決める会議が開かれた。この会議で、国際通貨基金（ＩＭＦ）と国際復興開発銀行（世界銀行）の設立と、金との交換性を復活させたドルを基軸とする国際通貨体制の再構築が決定された。こうして世界大恐慌、世界大戦と続いた混乱のために停止していた金本位制が復活した。この再建された国際通貨体制は、「ブレトンウッズ体制」と呼ばれることになった(4)。

ブレトンウッズ体制では、まずドルが金に対して平価を設定する。すなわち、米国は大不況期の一九三四年の金準備法で、「金一トロイオンス＝三五ドル」（一ドルの価値は〇・八八八六七一グラム）という平価をドルの価値として決めてあったので、それを使うことにした。そして次に、このドルに対して各国は交換比率（為替レート）を設定する。一度設定した為替レートは通常は動かさないことを原則としたので、ブレトンウッズ体制は固定相場制を採用したことになる。しかし、この平価でドルを金に交換できるのは、この体制に参加している国の通貨当局（通貨制度を管理している各国の政府と中央銀行）に限られた(5)。

しかし、このブレトンウッズ体制は、あっさりと崩壊した。一九七一年八月一五日、ニクソン大統領はラジオとテレビを通じて演説を行い、ドルと金との交換を停止すると発表した。第二次世界大戦の打撃から回復した日本や西ドイツからの大

幅な輸入超過に悩んでいた米国がドルの価値維持ができなくなったのである。(6)

このニクソン・ショックを契機にドル売りが激化し、各国通貨当局は固定相場制を維持するのが困難になった。そこで同年一二月にスミソニアン会議が開催され、ドルの切下げが決定されたが、この措置によってもドル売りの動きが鎮静化せず、七三年春には先進諸国が変動相場制に移行した。こうしてブレトンウッズ体制は実質的に崩壊し、国際通貨体制は変容したのである。(7)

国際通貨体制に論及した以上、プラザ合意に言及する必要があるだろう。

一九八五年九月二二日、米国、日本、西ドイツ、フランス、イギリスの五か国は、ニューヨークのプラザ・ホテルで、先進国五か国蔵相・中央銀行総裁会議（G５）を開催した。このプラザ会議では、対外不均衡是正のために、ドルに対して円とマルクを切り上げるとともに、両国が内需拡大をはかることが主要課題になり、G５諸国は、ドル高是正のための協調介入を行うことに合意した。(8)

ブレトンウッズ体制の崩壊とプラザ合意の影響によって、日本がいわゆる「バブル」に飲み込まれることになるのであるが、このことについては、多くの著作があるので、それらの著書に委ねることにしたい。(9)

ブレトンウッズ体制の崩壊が「貨幣」に対して及ぼした影響のうちで、私が重視していることは、貨幣が「金と交換できるもの」でなくなって、「金と交換できないもの」になったことである。つまり、貨幣を繋ぎ止めておくものは何もなくなったことである。

「貨幣とは何か」という問題については、古くから貨幣商品説、貨幣法制説などの論争があったが、ブレトンウッズ崩壊以後は、貨幣が貨幣であるのはそれが貨幣であるからなのであって、貨幣が貨幣としての役割をはたすためには、それに対する社会的な労働の投入や主観的な欲望のひろがりといった実体的な根拠はなにも必要としてはいない、(10)という説に反論の唱えようがないのである。

貨幣は、合金でできた鋳貨か、薄っぺらの紙でできた紙幣か、電磁的に書き込まれたエレクトロニック・マネーであって、そのもの自体には値打ちはない。ただ貨幣として流通しているから貨幣なのである。それが貨幣というものであることは確かであるが、だからと言ってそのことに問題がないわけではない。そこで、貨幣の機能という観点から問題点をあぶり出してみよう。貨幣は通常、次の三つの機能があると言われている。

第一は、価値の尺度としての機能である。貨幣は、財・サービスの交換価値を客観的にあらわす尺度としての働きをもっている。

第二は、交換の手段としての機能である。貨幣は、財・サービスと交換することによって、取引を成立させる働きをもっている。

第三は、価値の保蔵手段としての機能である。例えば、西瓜は腐敗すれば価値が消滅するが、貨幣に換えておけば、その価値を保蔵することができる。

通常言われているのは、この三つであるが、私は、この他にあと二つ加えておきたい。ケインズは、「貨幣はその重要な属性においては、なににもまして、現在と将来とを結ぶ巧妙な手段であって、われわれは貨幣に基づく以外には、期待の変化が現在の活動に及ぼす影響を論じ始めることすらできない[11]」と言っているが、私の言う次の二つの機能も、「現在と将来を結ぶ巧妙な手段」に関係がある。

その一つは、果実を生む機能である。貨幣を銀行に預けておけば利子を生むことは、誰でも知っていることである。この貨幣の機能から、膨大な金融の世界が開かれる。すなわち、貨幣の機能と金融は切っても切れない関係にあるのである。このことについて論じれば果てしのないことになるが、この機能の中枢に位置している中央銀行の役割について、次の文章を引用することは、意義のあることだと思う。

中央銀行の役割を一口で言えば、現在の貨幣価値と将来の貨幣価値を交換することです。現在の価値と将来の価値とを交換するのが金融の本質ですが、そうした交換を貨幣の世界で行うのが中央銀行の役目です。そして、中央銀行は貨幣の独占的供給者ですから、現在の貨幣と将来の貨幣の間の交換比率を操ることができます。これが中央銀行による金利のコントロールすなわち金融政策だということは理解していただけたでしょう。(12)

金融政策の目的は、時間の流れのなかで、貨幣に生じる問題を先送りしたり、あるいは先取りしたりすることです。(13)

中央銀行は無から有を生んだり、有を無に帰させたりすることができる魔法使いではないのです。中央銀行がやっているのは、時間軸の中での現在と将来の貨幣価値交換比率を動かすことでしかありません。(14)

文献には滅多に出てこない「先取り」という言葉が、ちょうどよいところで出現したが、貨幣のもう一つの機能は、まさに「価値を先取りする機能」である。このことについては、これまで「先取り」を論じたところを思い出していただければよいので、ここでは繰り返さないが、中央銀行が無から有を生む魔法使いではないとしても、貨幣は無から有を生む魔法使いとしても働くのである。

では、誰が貨幣をつくるのだろうか。貨幣をつくり出すときに製造者が得る発行益を「シニョレッジ」（語源は、中世ヨーロッパの領主を意味する「シニョール」という言葉）というが、歴史的には、貨幣の発行は王権あるいは領主権と結びついていたのであろう。(15)

しかし、現在では、王や領主はともかくとして、政府だけが貨幣をつくり出しているのではない。次の言葉は、まことに示唆的である。

本当は、何が貨幣であるかは経済の作用によって決定されるのである。そして通常、貨幣は階層構造を成しており、異なった諸目的に各々特定の貨幣手段が対応している。貨幣は単にファイナンスの過程の中から生起するというだけではない。相異なる多数の種類の貨幣が経済には存在する。つまり、誰でも貨幣を創造することができる。問題は、それを受け入れさせることである。(16)

信用を媒介にして、誰でも貨幣を創造することができるようになった。すなわち、貨幣の「価値を先取りする機能」が異常に膨張したところに、最も大きな問題があるのだ。

(1) 例えば、前出『マネーの進化史』、前出『日本の貨幣の歴史』の外に、岩村充『貨幣進化論「成長なき時代」の通貨システム』(新潮社)
(2) 枚挙にいとまがないが、前出『国富論Ⅰ』、前出『資本論第一巻』、前出『雇用・利子および貨幣の一般理論』、前出『純粋経済学要論』の外に、例えば、P・サムエルソン、W・ノードハウス、都留重人訳『サムエルソン経済学上』(岩波書店)。なお、社会学、哲学的考察による貨幣論として、ジンメル、居安正訳『貨幣の哲学』(白水社)
(3) 前述『貨幣進化論』一三九頁〜一四五頁
(4) 同書一六七頁
(5) 同書一六八頁〜一六九頁
(6) 同書二〇七頁〜二〇八頁
(7) 前出『新訂日本のバブル』二頁
(8) 同書九頁〜一〇頁
(9) 例えば、前出『新訂日本のバブル』、前出『新版日本経済の事件簿』
(10) 前出『貨幣論』六四頁
(11) 前出『雇用・利子および貨幣の一般理論』二九四頁
(12) 前出『貨幣進化論』一五八頁
(13) 同書一六二頁
(14) 同書一六三頁
(15) 同書四四頁
(16) 前出『金融不安定性の経済学』二八四頁

4　市　場

市場とは、需要者と供給者との間で財・サービスの売買が行われる場所である。取引される財・サービスの種類によって、生産物市場、労働市場、貨幣市場、金融市場、株式市場、証券市場、外国為替市場などが成立する。

取引される場所とは、必ずしも地理的な空間だけを意味するものではない。株式市場や外国為替市場のように、売り手と買い手が電話やインターネットを通じて緊密に連絡を取り合い、売買契約を結ぶことができるような組織形態も市場である。

市場はまた、取引の契約と実行との間の時間差に着目して、直物市場と先物市場の二つに分類される。直物市場は、取引の契約と実行が同時に行われる市場で、この市場では直接に財・サービスが売買される。そのような取引を直物取引という。先物市場は、取引の契約と実行との間に時間差が存在する市場で、この市場では将来における実行を約する売買契約を現在締結する。そのような取引を先物取引という。

ところで、市場において、需要と供給が一致している状態を均衡といい、需要量と供給量を一致せしめる価格を均衡価格というが、では、需要と供給の動きに対して、市場のメカニズムはどのような働きをするのであろうか。

市場の重要な機能は、需要者と供給者との間の取引を実現することである。需要量と供給量の違いは、通常、価格によって調整される。すなわち、もし需要が供給を上回るならば価格が上昇し、逆にもし供給が需要を上回るならば価格が下落する。その結果、最終的には需要と供給が一致し、売り手と買い手の間で取引が可能になる。このような市場のメカニズムを需給法則という。したがって、自由市場において、自由放任にしておけば、需給法則により均衡値に向かって収斂する、というのが古典派、そして二〇〇八年秋のリーマン・ショックまで主流を占めていた新自由主義経済学の主張である。

しかし、この主張に対しては、批判がある。例えば、進化経済学を提唱するホジソンは、「計画的・集産主義的な解決法を提案したユートピアンが存在するのとちょうど同じように、私的所有権と市場に基づく代替的なユートピアを主張する人々もいるのである(1)」と言ったうえで、次のように言っている。

強調しなければならないことだが、「自由」市場という無制限の目標は、次の事実を無視している。すなわち、取引や市場が、社会文化その他の、古風で、しばしば硬直した諸制度や、その他の伝統的な特徴に依存しているということだ。ジョセフ・シュンペーターの説得的な議論によれば、そのような古い諸制度は、資本主義と本質的な「共生関係」を形成しており、そのため、資本主義的枠組みの本質的な要因なのである。資本主義はこうした土台を掘り崩す傾向があるけれども、「(法的に) 平等な契約主体間の自由契約のネットワークのみをもっぱら基礎とするような社会システムは機能しえないのである」(2)

ここで引用されているシュムペーターについては後に述べるので、その機会に譲ることにするが、需給法則に関する古典学派とケインズとの相異については言及する必要があるだろう。

労働市場における雇用理論についてであるが、古典学派の雇用理論によれば、労働の限界収入（一単位だけ変化させることによって生じる収入の変化量）が労働の限界費用（一単位の変化に伴う費用の変化量）に等しくなるところで雇用水準が決定される。もし製品市場および労働市場が競争的であれば、この条件は労働の価値限界生産力と貨幣賃金との一致を意味することになり、仮に失業が存在しても、貨幣賃金や製品価格が下方に伸縮的であるなら、経済は完全雇用状態に復帰することができる。したがって、古典学派の体系のもとでは、自分の意思に反する失業者が存在するとしても、それは諸価格の伸縮性を妨げる制度的な要因があるためであって、それらの要因が除去されるならば、市場のメカニズムの働きによって完全雇用は実現されるはずである。

これに対して、ケインズの雇用理論によれば、一国全体の雇用量は、消費需要や投資需要から構成される有効需要によって決定される。このように決定される雇用水準は、働く意思と能力を持つすべての人々に必ずしも雇用を保障するものではない。ここに、現行の賃金で働きたいと思いながら雇用されない人々、すなわち非自発的失業の発生する可能性がある。

消費性向と新投資量とがあいまって雇用量を決定し、そして雇用量は実質賃金の一定水準と一義的に関連しているのである――

その逆の関係ではない。もし消費性向と新投資量とが不十分な有効需要しかもたらさないならば、現実の雇用水準は現行の実質賃金のもとで潜在的に利用可能な労働供給量には達せず、均衡実質賃金は均衡雇用水準の限界不効用よりも大きいであろう。(3)

古典派の理論においては、賃金の費用としての側面が強調され、賃金の低下は雇用の増大に役立つと考えられていた。しかし、経済全体の観点からすると、賃金は労働者の所得であり、賃金の増大は消費支出を高める効果を期待できる。したがって、ケインズは、賃金の上昇によって有効需要が高まり、雇用状態が高まることを示唆しているのである。

これまでは、市場経済について論述してきたが、市場経済に対比する意味で、計画経済に言及しておく必要があるだろう。市場経済は、個々の経済構成員が自由に経済活動を行い、社会全体の財・サービスの需要と供給は価格をバロメーターとする市場機構によって調整されるとする経済である。これに対して、計画経済は、財・サービスの生産や分配をはじめとする諸々の経済活動が集権的な中央の計画機構によって決定される経済体制である。そこで問題になるのは、合理的経済計算と効率的資源分配を可能にする計画経済が成り立つかということであるが、これは多種多様な経済学者が参加した社会主義経済計画論争と言われる論争をまき起こしたという。(4) ここでは、次の見解を引用するにとどめるが、市場経済か計画経済かという問題は、さまざまな場面で出てくるので、いつも念頭に置いておきたいことである。

一般的ルールにより定義されるべき市場はルール主義的（形式的）に構成できず、市場を社会的制度として確立するためには、どのレベルにせよ何らかの指令的ないし計画的な要素を含まざるをえないこと、換言すれば、ルールによる市場原理と指令による計画原理はそもそも相補的であり、どちらか一方の原理で実在的経済を統合することはできないこともまた明らかになる。(5)

しかし、本書で問題にしているのは市場経済の方であるから、市場経済に話を戻そう。

「先取り」で問題になるのは、商品、労働、貨幣、金融、株式、証券、外国為替などあらゆる市場であるが、とくに先物取引には関心がある。また、為替の自由化により、貨幣そのものを取引する貨幣市場、外国為替市場、さらにコンピュータの発達とグローバル化により、瞬時に巨額の取引をすることが可能になったことにも注意を払わなければならないだろう。

ではいったい、市場の規模は、どの程度になっているのであろうか。

日本では、一九七〇年代までの経済成長はあくまでも実物経済の拡大であったが、経済の自由化が叫ばれはじめた七〇年代以降は、一転して金融面の膨張につながった。実体経済の規模と金融市場の規模は一九八〇年にはほぼ同じであったが、一九九〇年には金融市場は実体経済の約一・九倍、二〇〇七年には約三・六倍にまで拡大した。(6)

世界全体の生産高累計と株式市場等を比較したものもある。二〇〇六年における世界全体の生産高累計は、四八兆六〇〇〇億ドルだった。世界中の株式市場の額面総額は五〇兆六〇〇〇億ドルで、債権総額は米国の国内・外国を合わせて六七兆九〇〇〇億ドルである。外貨市場では毎日三兆一〇〇〇ドルが取引され、株式市場では毎月五兆八〇〇〇億ドルが売買される。すべての金融商品（デリバティブ）、すなわち証券に伴う契約、金利スワップ、債券信用取引（CDS＝クレジット・デフォルト・スワップ）を合わせると、二〇〇六年末までに、窓口で取引された金融商品（証券市場における取引を除く）の総額は、四〇〇兆ドルを超える。(7)

また、貿易額と外国為替取引を比較すると、世界全体の貿易額の一〇〇倍近い金額の外国為替取引があるという。(8)この取引量が示唆していることは、先物市場で盛んに「先取り」が行われ、膨大な貨幣が創造されているという事実である。そこで、通貨先物取引市場がどのようにしてはじまったのかを見ておこう。

ミルトン・フリードマンは、一九六八年に当時のニクソン大統領に私信を送り、金（キン）とドルの繋がりを今すぐに断ち切って、金ドル交換制をやめるべきだと進言した。(9)この提案は受け入れられなかったが、その三年後のニクソン・ショックによって変動相場制に移行することになった。フリードマンの進言がどの程度強く影響を与えたのかは分からないが、変動相場制への移行が、フリードマンの提案と一致していることは確かである。

時は遡るが、大坂の堂島米会所の誕生から一一七年後の一八四七年に、シカゴに農産物の先物市場が発足した。大坂の堂島と同じような仕組みで始まった理由については諸説があるが、そのうちの一つに、ドイツ人の医師シーボルトが堂島を見て母国に伝え、それがシカゴに伝わったという説がある。フリードマンがニクソンに私信を送った少し後に、穀物、牛乳などの農産物の先物取引を扱っていたシカゴ・マーカンタイル取引所（CME）の会長になったのはレオ・メラメッドだった。彼は、一九三二年生まれのポーランド人だったが、少年時代にナチの迫害を逃れるために、教師の父母とともに、ポーランドからリトアニア、ソ連、日本へと恐怖の旅をして、日本から米国に辿りついた。リトアニア日本領事館でメラメッド一家のためにビザを発給したのが「日本のシンドラー」と呼ばれて尊敬を集めている副領事杉原千畝だった。この旅の行き先々で、ポーランド・ロッテから、リトアニア・レット、ルーブル、円、ドルと通貨が変わってゆくことを経験し、これが彼の原体験になった。彼は、一九六九年にCMEの会長になったとき、扱う商品を多様化させることが何より大事だと考え、なにか新しい上場商品はないかと探した。当時イギリス・ポンドは市場実勢より高く取引されていたので空売りすれば儲かると踏んでいたが、銀行は個人の資格しかない彼を相手にしてくれなかった。ある日彼は、フリードマンが「ウォール・ストリート・ジャーナル」にポンドを売ろうとしたのにできなかったと書いていることを知った。そこで彼はフリードマンに近づき、通貨先物の必要性を説く論文をフリードマンに依頼した。フリードマンはメラメッドのアイデアを「すばらしい、実現できれば世界中が必要とする」と激賞して、通貨の先物取引がなぜ必要であり、それを創設できれば米国にとってどれほど大きな利益をもたらすかを高らかに訴える論文を書き、メラメッドから五〇〇〇ドルの報酬を得た。そして、ニクソンがドルと金のリンクを切った翌年の一九七二年にフリードマンが論文を発表し、その翌年に、マーカンタイル取引所に世界最初の通貨先物取引市場が開設された。それが成功すると間もなく、通貨に続いて債権や金利や株式指数など、さまざまな金融商品の先物取引が始まった(10)。以降、フリードマン的自由主義思想に支えられた国際的な金融自由化の流れに乗って、グローバルに拡散していき、世界の経済に大きな影響をふるうようになった(11)。

日本では、外国為替の先物予約取引には、輸出や輸入などの「実需」、すなわち実体経済の裏づけを証明することが義務づけられていた。この実需原則は、危険な投機の過熱から為替市場の安定性を守るために必要だとされていた。しかし、フリードマン流の経済理論をおし進めたレーガン政権から、「実需原則」は日本の遅れた金融市場の閉鎖性だと批判され、一九八四年四月から撤廃された(12)。

こうして、市場を通じて巨額なマネーが創造され、やり取りされるようになった。すなわち、「先取り」の温床としての市場が、グローバルに拡張され、爆発的に大きくなったのである。

本来的な価値（私は、価値の源泉を労働と見るから、本来的な価値はほぼ正しく算出できる）から遊離した価格（価格はメタファーであるから、本来的な価値から遊離した価格を設定することができる）が設定され、創造された貨幣が貨幣市場、株式市場、外国為替市場などでやり取りされたら、どのような経済現象が起こるだろうか。このことについて、私は一九九九年に小説を書いて発表したので(13)、ここでは詳しく述べないが、サブプライム・ローンに端を発する金融崩壊の現実を見れば、すでに答えははっきりと出ている。これからも、現実のうえで答え＝病理現象が次々に出てくるであろう。

（1）前出『進化と経済学』（東洋経済新報社）二七九頁
（2）同書二八四頁
（3）前出『雇用・利子および貨幣の一般理論』三一頁
（4）この論争の帰趨については、西部忠『市場像の系譜学』（東洋経済新報社）に詳しい。
（5）同書一〇頁
（6）高田創・柴崎健・石原哲夫『金融社会主義』（東洋経済新報社）三〇頁
（7）前出『マネーの進化史』一一頁
（8）伊藤元重『マクロ経済学』（日本評論社）三二二頁。また、服部茂幸『金融政策の誤算　日本の経験とサブプライム問題』四八頁も、「先物市場においては、取引金額と実際に貨幣を支払う額とは大きく乖離する」と言っている。
（9）相田洋『NHKスペシャル　マネー革命第二巻　金融工学の旗手たち』（日本放送出版協会）九一頁
（10）同書七四頁～一〇四頁
（11）関岡英之『拒否できない日本　アメリカの日本改造が進んでいる』（文芸春秋）一九八頁

(12) 同書一九九頁

(13) 前出『デス』では、デリバティブ、通貨スワップ、先物取引を取りあげている。

第五章　「先取り」による撹乱

1　紙幣の出現の意味

ここまで、価値、価格、貨幣、市場の概念をひと通り考察してきた。それでは、価値、価格、貨幣、市場をめぐって、実際にどのような現象が起こっているのだろうか。ここでは、現実に起こっている病理現象の方から観察してみたい。例えば、ヒトの肺は、胸腔に左右一対ある外呼吸を司る器官であり、中には無数の肺胞があって、肺胞とこれをとりまく毛細血管との間で、酸素と炭酸ガスのガス交換が行われるというのが生理現象の説明である。これに対して、肺結核という病理現象は、患者の咳や痰から結核菌を吸い込んで肺に起こす伝染病で、微熱、咳、痰などが出るが、病気がすすむと肺に空洞ができ、またリンパ管や血行中に菌が入り、他の臓器に転移して病変を起こすと説明される。

本書では、生理現象についてはは病理現象を考察するために必要な限度で見ることにして、病理現象からスタートし、その様相、影響等を考察して、その病理現象の克服方法を模索することに主眼を置いている。

本章では、病理現象を発生させる主要な原因について、考察することにしたい。

私は、「先取り」によって、多くの病理現象が発生していると考えている。病理現象の原因である「先取り」は、価値、価格、貨幣、市場など、すべての部門に及ぶものであって、そのどれか一つだけに起こるものではない。例えば、「バブル」は株式市場、金融市場、証券市場に起こるものであるが、「先取り」はそれだけでなく、その基底にある価値、価格、貨幣、市場にまで病変を起こすのである。譬えて言えば、「先取り」は、「ストレス」のようにほとんどの病気に通底する経済現象である。もとより、病理現象を起こすものは、「先取り」だけではない。例えば、政府の政策上の失敗なども、経済に病理現象を起こす。しかし、本書では、すべての病理現象を扱うのではなく（それはほとんど不可能なことであると思う）、多くの病理現象に通底する「先取り」について考察するものであるが、この項では、「先取り」を可能にする最も重要な道具である貨幣、とくに紙幣の出現の意味について見ておきたい。

当たり前のことであるが、経済の問題の中で最も主要な問題は、カネの問題である。もちろん、経済の問題としては、「価値」も「価格」も重要であるが、現在の経済問題は、価値の表現形態である「貨幣」に集中的に問題が発生し、問題は「貨幣」に集約されているのである。

経済の問題の中で最も主要な問題がカネの問題であることは、資本主義経済にはじまったものではない。本書の第二章でとりあげた「先取り」の事例は、すべてカネの問題であった。本書の事例に限らず、ヒトの歴史は、原始共産制の社会を除けば常にカネとの関係の歴史であった。ヒトは生きてゆくためには食べなければならず、食べてゆくための価値は貨幣に表現され、獲得した貨幣との交換によって商品を手に入れて生き延びてきたのであるから、カネと無関係にヒトの歴史を語ることは筋金が入らない、と私は思っている。

しかし、そのような史観で太古の昔からの歴史を語るのが本書の目的ではない。本書は、現在起こっている病理現象からスタートして考察をすすめるという方法をとっているが、その方法によって現在から過去を遡れば、病理現象が発生する重要な原因として、「紙幣の出現」に突き当たる。

なぜそのように考えるのかと言うと、現在の病理現象をやや抽象的に表現すれば、「価値」と「価格」、「価値」と「貨幣」に大きな乖離があることに理由がある。その乖離は、「先取り」によって生じたものであるが、そのプロセスについては次項で考察することとして、問題は、紙幣の出現が、「価値」と「価格」、「価値」と「貨幣」の乖離を容易にしたことである。

そこで、紙幣の出現について、振り返ってみよう。

世界初の紙幣は、中国宋代に売買取引に使われていた手形を政府が引き継いで発行した交子であるとされているので、一一世紀ころに出現したことになる。日本では、江戸時代に各藩が発行した藩札が知られているが、いずれにせよ、貨幣の歴史の中では、紙幣の出現は相当遅れていたことになる。

そうすると、紙幣の発行について画期的だったのは、一七一六年にジョン・ローの提案に基づいて設立されたバンク・ゼネラルが発行した銀行券であろう。この銀行券は、請求があればいつでも発行日の相場で銀貨と交換できるものであった。したがって、銀本位制であったと言ってもよいだろう。紙幣発行後のフランス経済がどうなったかということについては、第二章3で述べたのでここでは繰り返さないが、仮に金本位制あるいは銀本位制をとったとしても、いったん紙幣を発行すると、金あるいは銀の保有量に関係なく発行量が増え、経済を撹乱して社会体制の変革を迫るほどのものになるのである。

しかし、そこまで紙幣を増発したのは、やはりローだったからではないだろうか。これは私の想像だが、彼ははじめから金や銀の保有量に関係なく紙幣を発行するつもりだったのではないだろうか。その意味では、一九七一年のニクソン・ショック以降の変動相場制がローの頭の中にあったことになる。ローはそうだとしても、通常であれば、金本位制は紙幣の発行量に一定の歯止めをかける役割を果たすはずである。したがって、近代に入った以降の経済は、金本位制の採否をめぐって展開されるのである。

一九一四年のサラエボ事件を契機にして第一次世界大戦が勃発し、ドイツは金本位制から離脱した。敗戦後のドイツ政府は紙幣を増発し、また、ゼロをたくさんつけて桁数を増やした紙幣を発行して、すさまじいハイパー・インフレーションを起こした。紙幣の保証に必要な金の手持ち高に関係なく自由に紙幣を発行できるということは、繋ぎ止めておくものがなくなるということなので、まるで糸が切れた凧のようになってしまうのである。一九二三年九月に、シュトレーゼマン首相によってレンテルマルクが発行され、ようやくハイパー・インフレーションは止まったが、レンテルマルクを保証するものは金（キン）ではなく、土地の抵当証券や工場債券であった。しかし、これはフィクションであった。フィクションではあったが、切れた凧の糸の端をようやく繋ぎ止めたという心理的な効果はあったのではないだろうか。

第一次世界大戦の時期に金本位制から離脱していた各国は、大戦が終わると金本位制に復帰した。しかし、一九二九年にはじまった大恐慌によって金本位制を維持することが困難になり、一九三七年には金本位制は姿を消して、そのまま三九年の第二次世界大戦に突入した。その大戦の終息が近くなった四四年に、当時の連合国の代表が集まって、戦後の経済体制を決める会議を開き、ブレトンウッズ体制を構築したことについては、前に述べたとおりである。この体制で、ドルが金に対して平価を設定し、このドルに対して各国は交換比率（為替レート）を設定するという固定相場制が採用された。これはいわば大恐慌と第二次世界大戦で切れた凧の糸をドルで繋ぎ止め、その先を各国が掴むというものであって、各国は間接的に米国の金の保有量に繋がっているから、紙幣の量（通貨発行高のうち、紙幣の発行高が圧倒的に多いので、ここでは紙幣の量としておく）の増発には、ある程度の歯止めがかかるはずである。

　しかし、このブレトンウッズ体制は、一九七一年に、ニクソン大統領のドルと金との交換を停止する、という演説によって崩壊し、各国は固定相場制から変動相場制に移行した。ここではっきりと通貨を繋ぎ止めるものは何もなくなったのである。

　私は、このニクソン・ショックは経済史だけでなく、ヒトの歴史を画する最大の事件の一つだと考えている。これ以降、各国の財政・金融政策は、現実にはマネタリズム[1]の考え方によって運営されるのである[2]。しかし、マネタリズムの考え方によれば、経済をコントロールするために通貨の発行量を加減するはずであるが、実際には経済をコントロールできないために通貨を発行することもある。すなわち、コントロールと言えば、通貨量を減らすこともあるはずだが、現実には通貨量を減らすことは滅多にない[3]。つまり、通貨は増発し続けることになるが、このとき紙幣の存在はまことに都合がよい。紙幣の存在と金本位制からの離脱は、世界中をカネの洪水に巻き込んでしまったのである。

　しかも、コンピュータの発達と電子マネーの開発により、紙幣さえも必要でなくなった。こうなると、貨幣量は増える一方である。ここまで貨幣量が増えると、ドイツのハイパー・インフレーションのような現象があらわれるはずだし、そのことを予言する著書は書店にあふれている。しかしまだ、そのような現象はあらわれていない。これはいったいどういうことだろうか。

　これに対して、貨幣の発行量は、各国、地域の経済力、生産力にリンクしているから、必ずしも、無制限に発行できるわけではないという反論が予測される。

たしかに、紙幣や電子マネーの出現によって、貨幣の量が増えたといっても、それは全般的な傾向を言っているに過ぎず、各国、地域の情勢を子細に見ると、さまざまな違いがあるだろう。しかし、ここでは、その違いがあることを念頭に置いたうえで、大きな流れをつかんでおきたいと思う。

ここで大切なことは、紙幣の機能との関係である。私は、前章3で、貨幣の機能として、価値の尺度、交換の手段、価値の保蔵の三つの機能の他に、果実を生む機能と「価値を先取りする機能」をあげたが、金本位制から解放された紙幣の出現とそれに続いての電子マネーの出現によって、「価値を先取りする機能」が爆発的に膨張したのである。

しかし、それならば何故、世界的な規模のハイパー・インフレーションが起こらないのだろうか。これは、私の仮説であるが、第一次世界大戦後のドイツと比べれば、現在の経済の規模はグローバルになっており、したがってはるかに大きくなっている。そして、カネの流れだけをとってみても、国境を越えてサイクルが大きく広がり、しかも錯綜してきている。そこに、実体経済の消長、資源の流通、環境問題、政治情勢などが複雑に絡んでいる。これらの多種多様な要因が、相互に助長したり、相殺し合ったりしながら動いているので、ただちにハイパー・インフレーションという病理現象が出現するわけではない。しかし、未解決の問題が地下に巨大なマグマのようにたまってきているのが実状ではないだろうか。そして、そのマグマから、ときどきリーマン・ショックのような噴火が起こる。そのときに対応する措置は、決まって財政出動、すなわち「先取り」という応急手当である。したがって、その後は表面的には収まったように見えても、「先取り」された「虚の価値」は、地下に潜り込んで、さらにマグマのエネルギーを増殖させることになる。本来ならば、この経済循環を一つひとつの要因と関連づけて解明すべきであろうが（そのテーマだけで数冊の著作が必要だろう）、本書の中でそれを行う余力がないので、ここでは、以上のような仮説にとどめさせていただくことにしたい。

いずれにしても、紙幣、電子マネーの出現は、金本位制からの離脱とあいまって、経済のあり方を根本的に変えてしまったことは事実だと思う。この意味を厳しく認識しなければ、経済の病理現象に取り組むことは、とうてい覚束ない。

しかし、だからと言って、私は、金本位制に戻ることを提唱するつもりはない。それは現実性のないことだと認識している。問題は、このままでよいのか、よくないのであればどうすればよいか、ということである。そのことを、「先取り」を分析の道具として模索してみよう。

（1）もともとはM・フリードマンに代表される新貨幣数量説の主張を指すが、ここでは貨幣量をコントロールする金融政策の重要性を強調するマネタリストの考え方を言う。

（2）前出『金融政策の誤算』五一頁も、「現在の金融政策のフレームワークはマネタリズムのフレームワークと基本的には変わらない」という認識を示している。

（3）米国では、一九七四年、七五年に引き締めが行われ、連邦準備理事会（FRB）の新理事長P・ボルガーによって新金融調節方式が採用された一九八一年、八二年にも引き締めが行われた。吉富勝著『レーガン政策下の日本経済』（東洋経済新報社）一九八頁～一九九頁

2　貨幣の作られ方

前項では、紙幣の出現の意味を認識するために、貨幣のうちの紙幣を取り出し、他の貨幣と区別して論述したが、本項ではとくに断らない限り、紙幣や電子マネーを含めて「貨幣」ということにする。

そこで問題は、どのようにして貨幣が作られるのかである。

貝殻や石などの自然貨幣は措くとして、硬貨は、銅、合金、銀、金などの金属から鋳造することによって作られる。したがって、かつては銀や金の産出量によって、貨幣の発行量が制約を受けていた。もっとも、改鋳によって貨幣の質を落とし、貨幣の発行量をふやすことはあったが、それでも、紙幣が使われる前は、一つは銀や金の量、もう一つはインフレーションによって、無制限な貨幣改鋳を抑制する条件は存在していた。

また、紙幣が発行されるようになっても、当初は、正貨と交換することを約する兌換紙幣であったから、政府が保有する

金や銀の量によって、紙幣の発行高は制約を受け、無制限に発行することはできなかった。そのことを無視して紙幣の増発を続けたジョン・ローが、二人の王子から紙幣と金銀との交換を求められたことによって大混乱に陥ったのは、一七二〇年のことであるが、これについては前に述べたとおりである。

それから二〇〇年を経て、第一次世界大戦の勃発を契機に各国は金本位制を離脱し、その後いったん復帰したものの、一九二九年の大恐慌以後金本位制を維持することができなくなり、ようやく第二次世界大戦が終息する前夜の四四年にブレトンウッズ体制が構築されたが、一九七一年のニクソン・ショックによってドルと金との交換が停止されて今日に至っている。このことについては、前項で述べたとおりであるが、ここで各国は、金や銀の保有量に全く関係なく、貨幣を発行することが可能になったのである。

しかし、金や銀の保有量に関係なく貨幣を発行できるようになったと言っても、経済的な条件などによって制約されるから、いつも無制限に作られるものではないはずである。

このことを、価値、価格、貨幣の関係から見ておこう。

財・サービスの価値は、貨幣によって表示される価格として表現される。ここで、「価格」という中間項を括弧に入れれば、貨幣は、価値の表現形態だということになる。すなわち、世の中に出回っている貨幣は、本来は価値を担っているものであり、価値によって作られたものであるはずである。金本位制がとられていたときにはそうであったし、少なくともそのように擬制されていた。

しかし、金本位制から離脱して擬制の枠までも取り払われてしまうと、貨幣は本来の価値から遊離して、価値と貨幣とが乖離するようになった。この乖離のプロセスを見ておこう。

価値の源泉を労働と見るときには、本来的価値はほぼ正しく計算することができると思うが、ことはそれほど簡単な問題ではない。仮にマルクスのように労働時間によって度量されるとする場合、平均的労働者の労働と熟練労働者の労働の相異をどのように扱うかという問題ひとつをとっても、たくさんの論争が繰り広げられている。ここではそのような論争を取りあげる必要はないと思うが、労働の本来の価値はどの程度かということは、おおまかに頭に置いて論述をすすめることは必要であろう。

私は、異論はあるだろうが、人々が自分自身とその家族を養うに必要な生活費の水準を、労働の価値であると考えている。こう言うと、生活費をどの範囲のものとするかとか、消費と貯蓄をどのように扱うかとか、さまざまな問題が出てくるが、おおまかには、職種、年齢など毎の賃金センサス（賃金構造基本統計調査）による平均賃金が人の労働の価値であると言ってよいと思う。これに対して、その労働の価値の需給関係で決まるものではないかと言われるだろうが、賃金センサスによる平均賃金は必ずしも需給関係だけで決まるものではないし、全数調査によるものであるから、人々が自分自身とその家族を養うに必要な水準に近いものと考えてよいだろう。病理現象を考察するときには、賃金センサスの平均賃金を労働の本来的な価値と考えて、実際の価値がそれとさほど大きな差が生じないときには、問題にしなくてもよいからである。

労働の本来的な価値が算出できれば、商品の価値も算出できる。これも極めておおまかで異論があるだろうが、一単位の財・サービスを算出するために必要な労働時間をもって、商品の価値としておきたい。このとき、生産財の価値をどのように扱うかであるが、その生産財を産出するために調達した労働は、商品を産出した労働の中に組み込まれて計上されるものとして扱うことにする。このようにして算出された財・サービスの価値が市場における価格とさほどの差がなければ病理現象が発生しないので、この程度のおおまかなやり方でも、財・サービスの価値はほぼ正確に算出されるものとして扱ってよいと思う。ただしこれは、本書が病理現象を扱うから言えることであって、生理現象からスタートするのであれば、価値の計算は厳格にする必要があるだろう。

ところで問題は、貨幣の発行量は、以上のように計算される価値に見合う量なのであろうか。貨幣が価値の尺度、交換の手段、価値の貯蔵の機能しかないのであれば、貨幣は、以上のように計算される価値とそれほど差のない程度に発行し、流通していれば、それですむはずである。

しかし、現実には、貨幣は「価値を先取りする機能」が都合よく使われるようになって、以上のように計算される価値よりもはるかに多く作られるようになった。

通貨の製造発行権またはその認許権は、専ら政府（国家）に属するのであるから、通貨を偽造・変造すれば通貨偽造の罪に問われる。したがって、通貨を勝手に作ることはできない。しかしこれは、物理的に貨幣の形を持つ通貨のことであって、物理的な形を持たなければ、通貨偽造罪に問われることはない。すなわち、通貨は、信用によって作ることが可能であるが、その信用の形成過程が詐欺罪などに問われる場合はともかくとして、そうでなければ、信用によって貨幣が作られることに何らの制約はないのである。

ここで「信用」とは、前にも述べたように、給付と反対給付の間に時間的なずれがある取引であり、通常は、取引の当事者が相互に信頼することによって成り立っている。金銭消費貸借であるならば、貸し主Ａが借り主Ｂに金銭を貸し渡し、弁済期にＢがＡに利息を付して返済するというような形で取引が行われる。また、売買であるならば、売り主Ａが買い主Ｂに商品を引き渡し支払期日にＢがＡに代金を支払うとか、買い主Ｂが先に売り主Ａに代金を支払って引渡期日にＡがＢに商品を引き渡すなどという方法で、信用が活用される。この程度のことであれば、信用によって貨幣が作られるといっても、それほど目くじらを立てるほどのことではないだろう。

しかし、電子マネーの出現と貨幣の「価値を先取りする機能」の活用によって、私的貨幣はほとんど際限なく作られるようになった。

ここで、電子マネーについて、定義しておこう。電子マネーとは、金融機関の口座の中に電磁的に記録されている預金残高のことで、現金を用いずにオンライン・ネットワークで決済できるものである。

さて、第三章**4**で述べた危険水域にある「先取り」が行われる住宅ローンを想定して、貨幣の作られ方を見ておこう。第一章**4**のサブプライム・ローンを念頭に置いて、レンダーのホームズ氏がサブプライム層のワトソン氏に三〇万ドルのローンを組ませて、住宅を買わせたとする。このときワトソン氏の口座にホームズ氏から三〇万ドルがいったん振り込まれて住宅販売会社の口座に代金を送金することがあるだろうが、多くの場合はホームズ氏から直接住宅販売会社の口座に振り込まれる。この時点で住宅販売会社の口座に電磁的に記録されるから、ワトソン氏の信用を利用して貨幣がつくられたことになる。しかも、ワトソン氏の信用は、危険水域にある「先取り」であるから、相当膨張した電子マネーである。このとき、ホームズ氏の口座に記録されている預金残高は減少するが、それはすでに作られていた電子マネーであるから、貨幣の作られ方を問題にしている限りは、考慮外にしておいてよいだろう。

この住宅ローンは、レンダーのホームズ氏から大手の貸し手へ売却される。そして、売却された大量の住宅ローンは、投資銀行の手で束ねられ、住宅ローン担保証券（MBS）として証券化される。またこれを格付けの異なる住宅ローンや住宅ローン以外の証券と混ぜ合わせるなどして、新たな債務担保証券（CDO）という証券が作られる。ここで、レバレッジを高める競争が起こる。すなわち、小さな自己資本を信用にして大きな取引をするのである。市場では、一〇分の一の保証金で一〇倍の金融商品を購入することができるから、このレバレッジによって膨張した取引が電磁的に刻印され、その度に電子マネーが作られるのである。このプロセスによって、ワトソン氏の信用によって作られた三〇万ドルの貨幣は、次々に信用が重ねられて、その何倍かの電子マネーになっている。住宅ローンは大手の貸し手や投資銀行の手によって分散されてはいるが、それをかき集めれば、大きく膨張しているのである。仮に最初にホームズ氏の預金口座から減少した電子マネーの分を差し引くとしても、このプロセスの中で、相当な貨幣の創造があったことは確かであろう。

この例は、サブプライム・ローンの問題が顕在化した後の現在となっては、過去のものと思われるかもしれない。しかし、デリバティブ（金融派生商品）によって貨幣が作られることは現在でも行われていて、そのプロセスの基本は、このサブプライム・ローンの方法と同じである。

ところで、金融商品は貨幣と非常によく似ている。貨幣は、そのもの自体には値打ちがない。すなわち貨幣は、安物の鋳貨か、薄っぺらな紙でできた紙幣か、電磁的に刻印された電子マネーに過ぎない。鋳貨は別として、物理的な姿は金融商品も同じである。貨幣が貨幣として扱われ、人から人へと転々と流通する限りは貨幣であると同じように、金融商品が金融商品として扱われ、人から人へと転々と流通する限りは金融商品であって、単なる紙や電磁的な印ではない。この最も本質的なところは、貨幣とそっくりである。このことは、洋服などの物理的な質量をもつ商品と金融商品との違いを考えてみればすぐに分かることである。

そこで、金融商品のうちのデリバティブを見ておこう。前にも述べたように、レバレッジという作用を使って、市場では一〇分の一の保証金で一〇倍のデリバティブを購入することができる。すなわち、取引の当初の段階では、一〇分の一の貨幣で一〇倍に膨らんだデリバティブが市場から流通のプロセスに出てゆくのである。しかも、デリバティブはもともとは信用によって作り出されたものであるから、「先取り」された価値を表現したものである。したがって、中身のない空っぽの価値、すなわち「虚の価値」が、貨幣と同様に、電磁的に刻印されただけで、あたかも価値を担っているかのように装われて、世の中に出回る。こうして、デリバティブという「虚の価値」が、貨幣と入れ替わり、しかも何倍にも膨れ上がって、貨幣とほとんど同じように機能しているのである。この膨れ上がったデリバティブが貨幣と入れ替わろうとするときに、膨大な貨幣の増発を要請するのである。この原因と結果を繋ぎ合わせると、デリバティブを作ることは、貨幣を作ることに繋がるのである。

では、日本には、どの程度の量のデリバティブが存在しているのであろうか。二〇一〇年一月二九日に内閣府が発表した二〇〇八年末の国民経済計算確報によると、金融機関が保有しているデリバティブは六六兆九五二四億円、民間非金融法人企業が保有しているのは二兆一〇二三億円、家計（個人企業を含む）が保有しているのは四四七五億円である。これを多いと見るか少ないと見るかは人それぞれだろうが、二〇〇六年末では金融機関が二〇兆三五一六億円、民間非金融法人企業が一兆五八五六億円、家計が一三七五億円、二〇〇七年末では金融機関が二八兆七九九億円、民間非金融法人企業が一兆五六〇七億円、家計が二一九九億円であったことと比較すると、二〇〇八年に至って急激に増加していることは明白である。

しかし、これはデリバティブだけのことである。貨幣が作られる方法は、他にもいろいろある。

詳しくは述べないが、例えば、先物取引では、空売りが行われ、投機的な取引によって、莫大な電子マネーが作られる。とくに、外国為替市場における先物予約取引によって、毎日莫大な電子マネーが作られている。

また、大量の国債発行も価値の「先取り」に他ならず、それに伴って貨幣の増発が促される。

以上は、貨幣が作られる方法の例に過ぎず、他にもいろいろある。前に引用したミンスキーの言葉のとおり、誰でも貨幣を創造することができるのである。

ところで、電子マネーの出現によって、紙幣の発行量は減るだろう。しかし、流通する紙幣の減少によって経済に支障をきたすようにはならない。電子マネーが存在する限り、そしてそれはいくらでも作れるのであるから、金本位制から解放された現在では、政府は必要な量の紙幣は発行させるだろう。

3　貨幣の洪水

しかし、現実には、通貨は無制限に発行されているわけではない。

日本の場合、貨幣は「通貨の単位及び貨幣の発行等に関する法律」（昭和六三年四月一日施行、この項では以下「法律」という）によって政府が発行し、紙幣（銀行券）は「日本銀行法」（平成一〇年四月一日施行、この項では以下「日銀法」という）四六条一項によって日本銀行が発行することになっている。

ここでいう「貨幣」とは、「貨幣の種類は、五百円、百円、五十円、十円、五円、一円の六種類とする」（法律五条）と定められているから、金属で鋳造されたコインであると理解されている。しかし、法律四条一項に、「貨幣の製造及び発行の権能は、政府に属する」とあることは、「政府の貨幣発行特権」、すなわちシニョリッジを規定しているのであるから、法律にある「貨幣」とは、政府紙幣を含む「政府貨幣」のことであって、無制限に発行できるという見解がある。(1)しかし、「政府紙幣」の発行はハイパー・インフレーションを起こすと思われているので、その発行が現実になる兆候は見られない。

また、「紙幣」すなわち日本銀行券は、独立行政法人国立印刷局が製造し（独立行政法人国立印刷局法一一条一項一条）、日本銀行が発行する。国立印刷局は、銀行券の発行については、「財務大臣が銀行券の円滑な発行に資するために定める製造計画に従って行なわなければならない」（同法一二条）。

日銀法が施行される前の旧日本銀行法では、銀行券発行高に対し、商業手形、銀行引受手形、有価証券・地金銀・商品を担保とする貸付金、国債、外国為替、地金銀等の同額の保証を保有することが必要とされていた。しかし、現在の日銀法では、そのような金融資産の裏付けは必要とされていない。

ところで、日本銀行の銀行券は、貸借対照表の負債の部に計上されるものである。これは、日本銀行が設立された当初は、金や銀との交換が保証されており、日本銀行は銀行券発行高に相当する金や銀を保有することが義務づけられていたので、銀行券は日本銀行が振り出す「債務証書」のようなものだったからである。その後、金や銀の保有義務は撤廃されたが、銀行券の価値の安定のためには、日本銀行の金融政策の適切な遂行を確実にする必要があり、日本銀行の信認を確保しなければならない「債務証書」のようなものであるという性格には変わりがないので、引き続き負債に計上されているということである。

したがって、紙幣の発行量は、財務大臣が定める銀行券の製造計画と日本銀行の信認の確保という観点から制約を受けていることは事実である。

しかし、ミンスキーが誰でも貨幣を創造することができると言うときには、信用の膨張や電子マネーの増大によって貨幣が作られることを言っているのであるから、政府や中央銀行が通貨を発行することとはイコールではない。また、紙幣類似証券取締法によって、紙幣類似証券を発行することは禁じられているが、ここで言う貨幣の創造は、この法律の構成要件に該当しないものとする。

そこで問題になるのは、政府や中央銀行が発行する通貨の量によって、「誰でも貨幣を創造することができる」というテーゼが成り立たなくなるか否かである。なぜそれが問題になるかと言うと、創造された貨幣は、いつかは実在する貨幣と交換されることが予定されているから、その「いつか」が到来したときに貨幣が実在しなければ、債務不履行（デフォルト）となり、その規模が大きいときには経済的に大混乱が起こるからである。ここで、ブレトンウッズ体制が崩壊して、金本位制を放棄しているために、貨幣量の不足が起こる可能性が少なくなっていることは、念頭に置いておきたいことである。問題は、それでもなお、信用によって創造された膨大な貨幣に対して、実在する貨幣量が不足するかどうかである。

そこで、日本銀行統計から、マネーストック統計を見ておこう。この統計は、二〇〇八年まではマネーサプライ統計とされていたが、現在はマネーストック統計と名称変更されて、日本銀行から公表されている。マネーストックとは、通貨供給量を指し、通貨保有主体が保有する通貨量の残高（金融機関や中央政府が保有する預金などは対象外）であるが、通貨保有主体の範囲は、居住者のうち、一般法人、個人、地方公共団体、地方公営企業である。このうち一般法人からは預金取扱機関、保険会社、政府関係金融機関、証券会社、短資等は除かれる。マネーストック統計の各指標の定義は次のとおりである。

M1の対象金融機関は、M2対象金融機関にゆうちょ銀行その他の金融機関（全国信用協同組合連合会、信用組合等）を加えたもので、M1は、現金通貨（銀行券発行高＋貨幣流通高）＋預金通貨（当座、普通、貯蓄、通知、別段、納税準備の要求払預金－調査対象金融機関の保有小切手・手形）である。

M2の対象金融機関は、日本銀行、国内銀行（ゆうちょ銀行を除く）、外国銀行在日支店、信金中央金庫、信用金庫、農林中央金庫、商工組合中央金庫であり、M2は、現金通貨＋国内銀行等に預けられた預金である。

M3の対象金融機関は、M1と同じで、M3は、M1＋準通貨（定期預金＋据置貯金＋定期積金＋外貨預金）＋CD（譲渡性預金）である。

広域流動性の対象機関は、M3対象金融機関、国内銀行信託勘定、中央政府、保険会社等、外債発行機関で、広域流動性は、M3＋金銭の信託＋投資信託＋金融債＋銀行発行の普通社債＋金融機関発行CP＋国債＋外債である。

マネーストック速報によれば、二〇一一年六月のM2は八〇〇・六兆円である。また、現金通貨は七四・九兆円、預金通貨は四四二・四兆円で、M1は五一七・三兆円である。そして、準通貨は五五三・三兆円、CDは三一・七兆円で、M3は一一〇二・四兆円であり、広域流動性は、一四五八・四兆円である。この統計には、証券会社、短資会社、非居住者が通貨保有主体から除外されており、先物予約取引のように掌握しきれないものがあるから、信用によって「先取り」された貨幣のうちの多くのものが計算に入っていないと思われる。

これに対して、二〇一一年六月の通貨の流通高は八三・八兆円であるから、M2の一〇分の一程度の通貨が出回っていれば、あとは電磁的なやりとりで決済ができることになる。したがって、信用によって膨大な貨幣が創造されたとしても、通貨の流通に支障をきたしたり、実在する貨幣量が不足したりすることは、まず考えられない。

以上のとおりであるから、「誰でも貨幣を創造することができる」というミンスキーのテーゼに制約はない。これは、何も手を打たなければ貨幣がどんどん創造され、やがて人類は貨幣の洪水に飲み込まれることを意味している。それを回避したければ、ノアの方舟を用意する必要があるだろう。

ところで、国債発行も価値の「先取り」に他ならず、それによって貨幣の増発が促されることは、前項で指摘した。このことについて、米国の動向を見ておこう。

米国では、政府の債務上限が一四兆二九〇〇億ドルと定められていて、これを二〇一一年八月二日の期限までに上限を引き上げないと債務不履行（デフォルト）という最悪の事態に陥ることになっていた。しかし、債務上限を引き上げるためには、政府支出を大幅に削減する必要があるが、与党民主党には社会保障費の削減に反対するリベラル強硬派がある一方、野党共和党にはティーパーティー（茶会）系の増税反対派があって、与野党協議は最後まで迷走を続けていた。(2)

しかし、期限ぎりぎりの八月一日に、下院が政府の債務上限を最低でも二・一兆ドル引き上げる法案を可決し、同月二日に上院でも可決されてオバマ大統領が署名し、この法案は成立した。この法律によると、債務上限引き上げの見返りに、二段階に分けて財政赤字を解消する。まず裁量的経費約三九〇〇億ドル、国防費約三五〇〇億ドルの削減を柱に今後一〇年で九一八〇億ドルの財政赤字を削減し、その後一二人の超党派議員による特別委員会が総額一・五兆ドルの赤字削減を提案して、一二月下旬までに上下両院で採決する。

こうしてようやくデフォルトという最悪の危機は回避されたが、世界経済の先行き懸念などから国内外の株式市場は続落した。ニューヨーク株式市場は、ダウ工業株平均が八営業日続落し、前日終値比二六五・八七ドル安の一万一八六六・六二ドルで取引を終え、三月一八日以来約四か月半ぶりの安値となった。東京株式市場でも、米国株の大幅下落や円高が嫌気され大幅に続落した。[3]

国家債務による財政危機は、米国に限ったものではない。二〇一〇年末の国家債務の国内総生産（GDP）に対する割合は、日本二二〇・四％、ギリシャ一四二・〇％、イタリア一一九・〇％、米国九一・二％、ポルトガル八三・三％、ドイツ八三・二％である。[4]この中の欧州諸国は、マーストリヒト条約で、通貨統合に参加するために設けられた、国家債務が対GDP比六〇％以内という基準を、はるかに超えているのである。

各国の政府は国債を発行して貨幣を増やすだけでなく、低迷する景気を浮上させるために低金利政策を続けるであろう。しかし、ゼロ金利政策をとっても景気がよくならなければ、日本銀行が二〇〇一年三月から二〇〇六年三月まで、米国の連邦準備制度理事会（FRB）が二〇〇八年一一月から二〇一〇年三月までと同年八月から一一年六月まで実施していた量的金融緩和政策が敢行されることもあり得る。量的金融緩和政策は、中央銀行が公開市場操作で銀行等の金融機関から国債や手形を買うことで資金を供給する政策であるから、市中に出回る資金の量が増えて金融が緩和される。このプロセスの中で、また「先取り」が行われ、多額の貨幣が創造されることになるだろう。

こうして、公的にも私的にも、あらゆるところで、貨幣が創造され、洪水は圧倒的な大きさになるに相違ない。では、その総量は、どの程度のものであろうか。

私は、その総量を掌握していない。正直なところ、どのようにすれば掌握できるのか見当もつかない。私は、一九九一年に『先取り経済　先取り社会』を書いたときに、「先取り」の桎梏から解放されるための基本的な処方箋として、まず最初に、「先取り」の質量を計量することをあげた。[5]だがその後、世の中の「先取り」が形態を変えながら膨らんでゆくのを横目で見ながら、計量することはできなかった。

しかし、「先取り」の質量を計量することの難しさは、私に限ったものでもないようである。国家債務だけのことであるが、ラインハート&ロゴフも、前出『国家は破綻する』の中で、次のように言っている。

第一に、債務危機とインフレ危機に対処し深刻化を食い止めるには、以下の点に留意すべきである。

国家債務の全容を把握しておくことが何よりも重要である。公的国内残高の規模や構成などを考慮しなかったら、対外債務の維持可能性を分析しても意味がない。理想的には偶発債務も含めて考慮したい(6)。


洪水から逃れるために方舟をつくろうということになれば、まず洪水の大きさを知っておく必要があるだろう。また、仮に方舟をつくらないとしても、災難を逃れるためには、洪水の正体を見極めておく必要がある。

（1）丹羽春喜『救国の秘策の提言　政府貨幣特権を発動せよ』（紫翠会出版）三九頁〜四〇頁
（2）二〇一一年八月二日付毎日新聞
（3）二〇一一年八月二日付毎日新聞夕刊、同月三日毎日新聞夕刊
（4）二〇一一年八月二日付朝日新聞
（5）前出『先取り経済　先取り社会』一九三頁
（6）前出『国家は破綻する』四〇九頁〜四一〇頁

4　価値、価格、貨幣による撹乱

「先取り」によって、価値、価格、貨幣は、ばらばらになって、それぞれが乖離してしまった。

前項で見たような貨幣の洪水が起こると、価値の源泉を労働ととらえ、商品はそれを生産するために要した労働時間であるということと貨幣の発行とは、ほとんど関係がないことになる。すなわち、貨幣は、価値の表現形態ではなくなってしまったのである。もともとは労働や商品（商品にはメタファーとしての価格が表示される）について取引が行われる機会に交換されるのが貨幣であるが、本来の価値と僅かながら何らかの繋がりがあるのはそこまでで、貨幣が「先取り」の道具として機能するときには、貨幣はどんどん増殖して、世の中に存在する本来の価値とは無関係に量を増やし、価値と貨幣との関

係はほとんど切断されたようになり、乖離の幅を大きくする。このとき、名目上の価値が上昇し（すなわち、財・サービスの名目上の価格が上がる）、貨幣はその価値を下げるから、放っておいても自動的に調整されるという考え方もあるだろうが、必ずしもそうはならない。なぜそうならないのだろうか。

それは、貨幣の増殖のスピードに、価格の変動がまるで追いつかないからである。価格の変動が貨幣の増殖のスピードに追いつかないのであるから、価格によって表示される労働や商品の名目上の価値も追いつかない[(1)]。したがって、この段階で、価格と貨幣も乖離し、価値と価格も乖離して、価値、価格、貨幣が、みんなばらばらになる。取引が行われる機会に決定される価格にしたがって商品と貨幣が交換されるが、それ以外の場合には、あの手この手で創造された圧倒的な量の貨幣に価値も価格も圧し潰されそうになっているのである。

これを一般に、「カネ余り現象」といっているようであるが、そのような言葉で表現しつくされるような現象ではない。「カネ余り現象」という言葉は、例えば日本銀行が金利を引き下げて金融緩和を行った影響などを指して使われるが、貨幣の洪水は、ニクソン・ショックによってブレトンウッズ体制が崩壊した後で起こった、構造的で不可逆的な現象であるから、「カネ余り現象」などという生易しいものではない。すなわち、金融緩和政策をとってもとらなくても、形態や手段を変えて「先取り」が行われて貨幣が創造され、その量を膨張させてゆくところに重篤な病気の源泉があるのである。

中身のない空っぽの価値、すなわち「虚の価値」は、貨幣という形態になって量を増殖させてゆくが、理論的には、やがて貨幣はそれ自体の価値を下げて、インフレーションを起こすはずである。しかし、その割にはインフレーションは起こらない。それは、貨幣の増殖のスピードが速いので、貨幣価値を下げるいとまがないからだと思われる。

そして、ここで重要なことは、インフレーションが起こる前に、実に奇妙な経済現象が起こることである。これは私の仮説であるが、圧倒的な量の貨幣が労働や商品の価値を貶め、場合によっては本来の価値を削り取ることである。したがって、この現象があらわれるときには、貶められ削り取られた価値を表示する価格は押し下げられ、デフレーションのような現象が起こる。

もとより、盛んに「先取り」が行われるときにインフレーションが起こることは、日本の地価暴騰の例のように経験している。しかし、それとは逆にデフレーションが起こるのはなぜだろうか。

日本では、労働者の賃金が圧縮され、二〇一一年六月の完全失業率は四・六%に達している。また、消費者物価指数は、二〇〇〇年を一〇〇とすると、二〇一一年六月は九七・七（全国）であり、この間に一一年間の時間があることを考慮すれば、明らかにデフレ傾向があると言うべきである。その原因は、景気の低迷により国内消費が活発でないこと、価格の安い輸入品が流通していること等があげられているが、この間に国債の増発などの「先取り」が行われていることは事実であるから、問題は、「先取り」による「虚の価値」の増殖とデフレーションとの間に因果関係があるか否かということである。

私は、「虚の価値」を「先取り」して、貨幣の量を増やしたこととデフレーションとの間には、因果関係があるのではないかと考えている。その理由は三つある。

第一に、「先取り」によって「虚の価値」を増殖させて貨幣の量を増やしても、それは実体経済に回ってこないことである。例えば、平成二三年度（二〇一一年度）予算によると歳入のうちの公債費（建設国債と赤字国債）が四四兆二九八〇億円であるのに対し、歳出のうちの国債費は二一兆五四九一億円である。すなわち、ほぼ半分に相当する金額が、過去に発行した国債の償還や利払いに充てられるのである。また、デリバティブや外国為替市場における先物予約取引で行われる「先取り」は、ほとんど金融市場で行われるものであって、実体経済を振り回すことはあっても、実りをもたらすものではない。

第二に、次章で述べるように、「先取り」された中身のない空っぽの価値は、さまざまなものに触手を伸ばし、その空っぽの部分を埋めようとして、拘束力を働かせるからである。その対象となるのは、労働や商品も例外ではない。すなわち、労働や商品は、「先取り」の拘束力によって、価値が剥ぎ取られるのである。

第三に、貨幣が量を増やすと、それを支配する人や企業が圧倒的な力を持つようになり、価値や価格の値打ちを低下させる心理的な作用を及ぼすからである。すなわち、貨幣の地位が上昇するのに伴って、価値と価格の地位が低下し、慢性的な不況の気分が社会に蔓延するのである。

以上が、貨幣の量の膨張とデフレーションに因果関係があるという三つの理由であるが、これはあくまで仮説である。しかし、貨幣の洪水によって、インフレーションやデフレーションが起こらなくても、価値と価格と貨幣がばらばらになると、それ自体で経済、社会に撹乱を起こす。

注意すべきことは、労働価値説をとって経済理論を構築することも、労働や商品などの需要と供給との均衡から経済理論を構築することも、貨幣の洪水という病理現象が発生したときには、ほとんど適用されるところがないことである。

そして、価値、価格、貨幣という概念で語られるところに、人々の生活や企業の活動が複雑に関わっていることである。しかし、貨幣だけが突出して地位を高めてゆくと、人々や企業は、ひたすら貨幣を求めて活動する。ところが貨幣が価値の源泉である労働から乖離し、遠くに行ってしまうと、貨幣を獲得することが難しくなり、やがて獲得する手段でさえ失うことになった。日本も米国も欧州各国も失業率が高くなり、改善の見通しが立たないのは、貨幣の洪水がもたらした撹乱であり、これが現在の経済、社会のありのままの姿である。

拝金主義という言葉は、かつては一部の人を指す蔑称であったが、好むと好まずにかかわらず、人々や企業は、獲得することが困難になった貨幣を求めて、活動せざるを得なくなったのである。そうしなければ人々は生きてゆけなくなったし、企業は存続することができなくなった。

二一世紀が開けて一〇年を過ぎた現在、ヒトはとうとう、こんなところに来てしまった。これがヒトの遺伝子に書き込まれている設計図なのだろうか。

そのことにも探りを入れてみたいが、その前に、「先取り」された「虚の価値」の動きを見ておこう。次章では「先取り」された「虚の価値」が拘束力を発揮する現象を考察し、次々章では拘束力によって「先取り」がさまざまな収奪をする現象を考察し、さらにその次に、その結果、「先取り」が資本主義を解体したことを考察したい。

これからの三章に共通するモチーフは、「先取り」された「虚の価値」は、持続的に存在するということである。すなわち「虚の価値」は、形を変えたり、所を変えたりするが、すぐには消えない。すぐに消えてしまう「バブル」という認識では、このことをとらえることができない。このことを念頭に置いたうえで、「虚の価値」の破壊力を考察したい。

（1） このことについて、前出『金融政策の誤算』四一頁では、「労働者は物価が上昇していることをすぐには察知しない」と述べられている。

第六章 「先取り」の拘束力

1 「先取り」の拘束力の様相

「先取り」された価値は、はじめは中身のない空っぽであっても、次第に中身を充足させようとして、さまざまな力を働かせる。すなわち、「虚の価値」が「実の価値」になろうとして、巨大なエネルギーが動きはじめるのである。そして、「先取り」された価値は、時空を越えて移動し、他の価値を収奪し、ありとあらゆる方法で自己の空洞を埋めようとする。こうして「先取り」は、人間の諸行動を拘束する。私は、「先取り」が「虚の価値」を「実の価値」になろうとして、他の価値を収奪し、自己の空洞部分を埋めようとする力を「先取りの拘束力」と呼ぶことにしている。

そこで、第二章5(2)で見た日本の地価暴騰によって「先取り」した価値の行方をトレースすることから、「先取りの拘束力」の様相を見ておくことにしよう。

前に述べたとおり、日本の地価暴騰が本格的に起こり始めたのは一九八五年であるが、ほぼ時を同じくして、八五年のプラザ合意によるドルに対する円の切上げがあった。この円高がもたらしたものと地価暴騰によって「先取り」された価値の行方とは、密接な関係がある。それから四分の一世紀以上を経た今日からすれば旧聞に属するものかもしれないが、この原稿を書いている二〇一一年八月現在の時点でも、日本は円高に苦しんで、日本銀行が外国為替市場に円売りドル買いの為替介入をしたのであるから、一九八五年以降のマネーの動きは、現在でも参考にするに値すると思う。その当時の経済状況の一面を伝えるために、斎藤精一郎『新しい世界　新しい経済　文明と経済の興亡』(日本経済新聞社)を引用させていただくことにしたい。

この年（一九八五年）にアメリカは一九一八年以来初めて、対外純資産残高がマイナス、すなわち対外純資産債務状態に陥った。アメリカの純債務国転落と対照的に、日本は世界最大の純債権国となった。だが、アメリカではこの「日米逆転」は一時的な現象と見られた。

むろんアメリカの債務国化については深刻に受け止める見方も多かったが、日本の債権国化については、これが日本の金融大国化の端緒になるとの見解はほとんどなかった。それは、アメリカ当局が、日本の対外黒字構造は異常な円安・ドル高が引き起こした変事だと、とらえたからだった。

だから、ベーカー（プラザ合意を成立させた当時の米国財務長官）の円高戦略で早晩、日本の債権国化は終止符が打たれると見られたのだった。だが、事態はそのように進展しなかった。これは基本的に二つのポイントから説明される。ひとつは金融的要因、もうひとつは企業経営要因である。

前者は、一九八五年秋以降の超円高過程で生起したマネー・エコノミーの急膨張であった。これは株価や地価などの資産価格が、実体経済の成長率とかけはなれて上昇することによって生じた、いわゆるバブル経済化と関連を持つ問題だが、現象的にはジャパン・マネーの浮上として世界的に注目を集めた。日本から大量の資金が機関投資家（生命保険会社、信託、証券会社など）によってニューヨーク市場でのアメリカ国債などの対外証券投資に投入されたのだった。

大量のジャパン・マネーは、日本国内に異常な過剰流通性が発生したので、国内投資先を失った資金が対外投資に形を変えて出現してきたものだ。ひとつは急速な円高によって輸入業者、中間の問屋や商社さらにメーカーや末端の小売りに至るまで膨大な円高差益が発生し、企業の財務状態が潤ったことに原因がある。

これだけでなく、もうひとつのルートは日本銀行の金融緩和政策だった。財政再建のもと、「円高不況」の克服のための財政支出拡大ができない埋め合わせで、日銀が金融面から景気梃入れに積極的に出たことであった。しかも、一九八四年五月の「日米円・ドル委員会報告」もあって日本の金融機関は豊富な日銀信用と低金利のもとで、金融自由化のなかを生き抜くために、融資を積極的に展開した。

このような円高差益、および日銀のイージー・マネー戦略によって日本企業の手元流動性は突然に高まった。激しい円高のもとにあって、企業は先行き見通し難から設備投資は行えず、ここで余裕資金を株と土地の運用に回しだした。これが「財テク」だった。株価と地価は相互に連動しながら急騰、表1にあるように一九八六年、八七年、八八年、八九年と株価と地価の値上がり分（いわゆる含み益）の合計は膨大な額に達した。この含み益を名目GNPに比較すれば、バブル経済の巨大さに驚かざるをえない。

これがジャパン・マネー出現の金融的要因である。だが、もし日本の金融力がこのような株価と地価の急膨張をバックとしたバブル・マネーだったのならば、金融大国・日本はまさに蜃気楼にすぎない。アメリカや世界の金融界は日本の金融力を恐れる必要などさらさらない。しかし、日本の金融力は単なるバブル・マネー、すなわち空洞化したマネー風船ではなかった。

ここにもうひとつの企業経営的要因が関係してくる。これは、先にふれた円高下の企業の経営革命のことである。つまり、日本企業は円高差益と金融機関の積極融資によって「財テク」で含み益を急増させたが、その含み益を消耗させてしまうのではなく積極的に活用したのである。

つまり、含み益自体は所詮、バブルだったが、このバブルが弾ける前に日本企業、とりわけメーカーは、積極的な経営構造の刷新に資金を投入したのである。生産段階での積極的な設備更新、販売網の拡大、組織段階での大幅なリストラクチュアリング、研究開発体制の拡充などであった。

既にふれたように、こうした大投資ブームが四年間にわたって繰り広げられたわけだが、これによって日本の産業体質はメーカーのみならず、流通やサービスを含めきわめて強靭なものになった。したがって、金融要因だけではバブルは所詮、バブルにとどまるものだが、円高下の一九八〇年代後半にあって日本企業はバブルを梃子にして企業変身を成し遂げたのである。つまり、バブルという風船の中身はもはや空洞ではなくなったわけだ。

いいかえれば、日本の金融力はバブルで支えられているのではなく、企業の技術力によって裏打ちされているのだ。この点については、アメリカが一九八九年頃になって愕然としてきたことに端的に表れている。ジャパン・マネーの変質である。

表1　株価・土地の含み益と名目GNP
（1985～1989年）

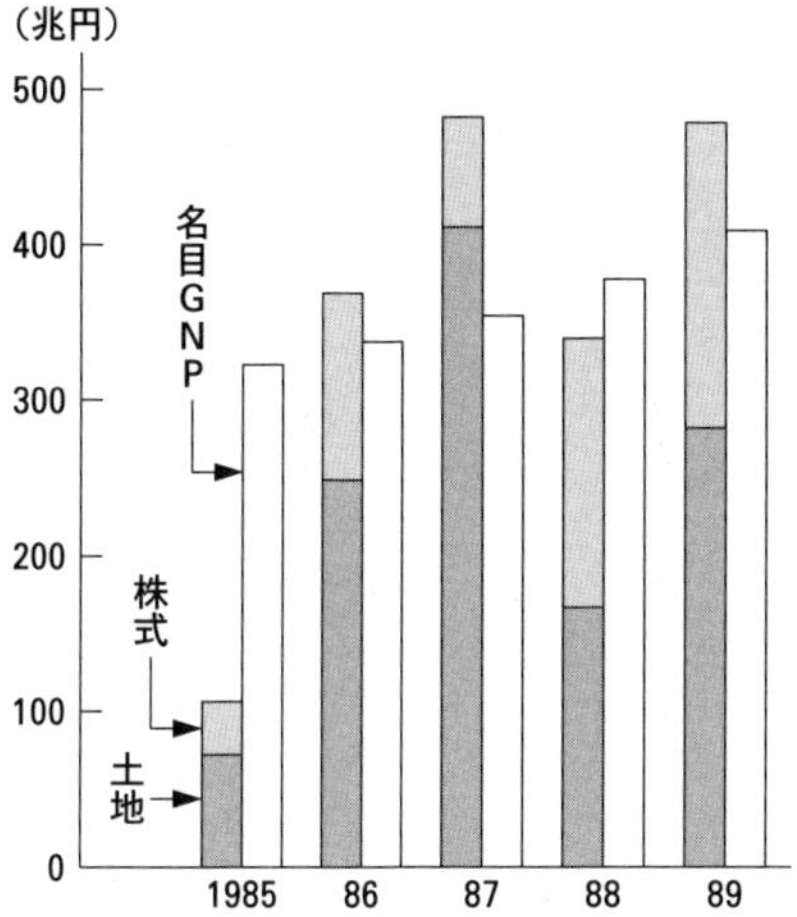

（出典）経済企画庁「国民経済計算」
（『経済要覧』平成3年版）

一九八六〜八八年頃にあっては日本からアメリカに大量に流れるジャパン・マネーはアメリカの貯蓄不足をファイナンスするものでアメリカにとって歓迎すべきだった。実際に、生保を主体とする対米証券投資は単なる金融投資だったから、ここにはジャパン・マネーの支配力はないに等しかった。つまり、ハームフルな資本ではなかったのだ。

しかし、一九八九年頃から様相が変わってきた。その象徴的出来事はおそらく、ソニーのコロンビア・ピクチャーズ買収だったといってよい。これは証券投資という間接的な対外投資ではなく、経営支配権をねらった直接的な対外投資だったからだ。(1)

以上、長く引用させていただいたが、その理由は、次のように興味深い問題があるからである。

第一に、ここでは、「バブル」は「空洞化したマネー風船」であるが、日本企業は積極的な対外投資や経営刷新をしたので、「バブルという風船の中身はもはや空洞ではなくなった」と表現されている。しかし、ここに書かれていることは、まさしく「先取り」の様相そのものである。すなわち、一九八六年〜八九年に株価や地価が高騰し、「含み益」を急増させていった状況は、「先取り」によって中身のない空っぽの価値をつくっていた動きであり、積極的な対外投資や経営刷新は、「先取りの拘束力」が強力に働いていたことを示している。したがって、「先取り」という概念を使うことによって、一貫した説明をすることができる。しかし、「先取り」か「バブル」かの見方の相違はあるが、ここに引用した部分は、当時の経済現象をよくあらわしている。

第二に、表1によって、「先取り」した価値の量がビジュアルに分かることである。ここでは、株価・土地の含み益と名目GNPがあわせて表示され、含み益の伸びと名目GNPの伸びを比較することができるが、とくに目を引くのは、一九八五年と八六年以降の株価の差、地価の差である。この差は、表1では、含み益の差と説明されているが、「バブル」であれば、益金ということにならないであろう。この差は、「先取り」した中身のない空っぽの価値、すなわち「虚の価値」と考えるべきである。

第三に、ここに、「含み益自体は所詮、バブルだったが、このバブルが弾ける前に日本企業、とりわけメーカーは、積極的な経営構造の刷新に資金を投入したのである」、「金融要因だけではバブルは所詮、バブルにとどまるものだが、円高下の一九八〇年代後半にあって日本企業はバブルを梃子にして企業変身を成し遂げたのである」とあるが、そのとおりの現象が起こったことは事実である。しかし、「先取り」は信用を膨張させる方法によって行われるものであり、信用によって資金を調達して経営構造を刷新したり、設備投資をしたり、販売網を拡張することは、「先取り」の積極面として、よくあることである。前に述べたように、「先取り」には「功」があり、その「功」に目を瞑るようでは、「先取り」の片面しか見ないことになる。したがって、このような「功」が起こることは当然のこととするならば、「金融要因だけのバブル」と「企業変身の梃子になったバブル」と分けるよりも、全体を「先取り」と見た方がスッキリする。

第四に、ここに描かれている一九八六〜八九年の日本の状況は、サブプライム・ローンによって株価や地価が膨張した頃の米国の状況とそっくりである。その時期には、逆に米国から日本に大量の資金が流入し、日本の企業や都心のビルなどが買収された。そして、その後の不況も、不況に対して行われた金融緩和政策や財政出動も、ほとんど同じである。すなわち、「先取り」に関しては、米国は、日本を後追いしたことになる。(2) したがって、リーマン・ショックから三年近くになる今日においても、ここに引用した文章は、生々しさを維持している。

しかし、ここに書かれている「先取り」の「功」はコインの一面であって、「先取り」はもう一面に「罪」を持っている。この『新しい世界　新しい経済』が出版されたのは、一九九一年七月であったが、その少し前の新聞に次のような記事があり、すでに別の兆候があらわれていた。

> 超低金利を背景に、地価と株価のダブル上昇で潤った日本企業が、一九八六年から八八年にかけ、円高を追い風にしてロスアンゼルスやニューヨークの有名ビルやオフィス街の土地を買いあさった。ところが、米国はいま、ひところの不動産ブームが暗転、不況風の吹くオフィスビル市場では、家賃の値下げやテナントの引き抜きが横行する。進出企業はバブル（泡）経済のツケを払わされている。(3)

私の前出『先取り経済 先取り社会』は、『新しい世界 新しい経済』に四か月遅れて一九九一年一一月に出版されたが、そこで私は、次のように書いた。

無理な先取りの「罪」の方もそろそろ出てくるのではないだろうか。いずれにせよ、バブル経済という見方にたつだけでなく、先取り経済という見方にたったうえで、その「功」にも「罪」にも目を光らせておかなければならないところに、われわれは立っているのではないか、と考える。(4)

このような観点に立って、「先取りの拘束力」を考察しておこう。

(1) 斎藤精一郎『新しい世界 新しい経済 文明と経済の興亡』(日本経済新聞社) 一三六頁~一三九頁
(2) 米国が一〇年遅れで日本と同じ道を歩んでいることを指摘したものとして、服部茂幸『日本の失敗を後追いするアメリカ』(NTT出版)。
(3) 一九九一年六月二七日付朝日新聞
(4) 前出『先取り経済 先取り社会』一三七頁

2 「虚の価値」の潜入

「先取り」された「虚の価値」は、空洞を埋めようとして、いろいろなところに潜り込んでゆく。すなわち、「虚の価値」は、それ自体に実体がないから、自分で価値をつくることはできない。そこで、他から価値を取ってきて、強い言葉を使うとすれば、収奪して自己の空洞を埋めるのである。また、空洞のままにしていたら危険である。例えば、空洞のままにして放っておけば、債務不履行(デフォルト)になるので、その危険を回避するために、ものすごいエネルギーを使って、ありとあらゆる手段で空洞を埋めようとする。そのプロセスで、人々の行動や経済や社会を拘束する。私はこれを、小説の中で次のように書いたことがある。

先取りされた虚の価値でも、いったん先取りされると、人々は空の価値に中身を入れようとして躍起になる。ここに凄絶な争いや事件が起こる。これこそ現在の本質的矛盾であり、その矛盾が内包しているエネルギーは、産まれた後の価値の分配を巡るエネルギーの比ではない。まるで核爆弾と火縄銃の違いだ。(1)

「先取り」された「虚の価値」は、時空を越えてあちこちに潜り込む。この薄気味悪い生態こそ、「先取り」の本領である。その実例はたくさんあるが、ここでは、その最も分かりやすいものとして地価の暴騰によって膨れ上がった「虚の価値」が、家賃や立退料の中に潜り込んで、建物の賃貸借を破壊したことをとりあげたい。この例は、家賃や地価が落ち着いた現在では、やはり旧聞に属するものと思われるかもしれない。しかし、「先取り」が行われれば形を変えて同様なことが起こるから、その意味ではこれからも参考にされることがあるだろう。すなわち、ここで見ることは、「先取りの拘束力」が経済のみならず、社会制度や法の仕組みや人々の生活を破壊してゆく姿である。

地価暴騰によって空洞になった「虚の価値」の部分を埋めようとして、「虚の価値」が家賃や立退料に潜入し、そのために、地価暴騰の時期には、建物の賃貸借関係が危機に瀕していた。このことを、私が原告訴訟代理人として担当し、一九九一年五月三〇日に、東京地方裁判所で判決言渡を受けた事件に沿ってトレースしておこう。この事件（東海堂銀座ビル明渡請求事件）は、「立ち退き料8億円銀座のビル明け渡しで」(2)、「銀座のビル立ち退き料過去最高の8億円」(3)などと各紙やテレビで報道され、判例誌にも掲載されたが、(4)地価暴騰によって「先取り」された「虚の価値」が家賃や立退料に潜入し、そのことが賃貸借そのものを蝕んでしまったという私の問題意識に対しては、裁判所もマスコミもこたえていなかった。(5)

ところで、今の世の中に、借家という法律関係と全く無縁に暮らしている人は少ないであろう。人々が住居を確保するときにも、営業をするために店舗をつくるときにも、家の賃貸借という法律関係は利用される。また、企業が事務所を構えるときも、土地を買って建物を建てることもあるだろうが、ビルの一室を借りることが多い。その方が一般に投下資本を少なくすることができるからである。このように、借り主にとっては投下資本を少なくすること、選択の幅を広くすること、貸し主にとっては安定収入を確保することというメリットがあるために、建物の賃貸借という法律関係は利便性が高く、人々の生活や企業の活動のために、昔から普遍的に利用されているのである。したがって、建物の賃貸借関係を安定的に維持することは、極めて重要なことである。しかし、いったんこの法律関係にトラブルが発生すると、うまく解決することがなかなか困難になる。とくに地価暴騰のあった一九八三年から一九九〇年の間には、借家をめぐるトラブルはきわめて熾烈であった。それは、地価暴騰によって「先取り」された「虚の価値」が空洞を埋めようとして家賃や立退料に潜入し、猛烈な拘束力を働かせていたからである。

そこで、その潜入経路を暴いてみよう。

まず、家賃であるが、契約期間が到来して更新の時期を迎えると、貸し主は借り主に対して、家賃の増額請求をする（法律上あるいは契約上、公租公課が増額したときなどには賃貸借契約の期間中にも家賃の増額請求をすることができる。また、増額請求だけでなく、借主からの減額請求もできるが、地価暴騰の時期には、専ら貸し主からの増額請求がなされていたので、ここでは増額請求をとりあげる）。

貸し主からの増額請求があったときに、借り主が素直に応じるか、多少の協議によって合意に達すれば紛争にはならないが、地価暴騰の時期には合意に達することが難しくなっていた。なぜならば、地価が高くなれば家賃も高くなるということが、貸し主の頭の中にインプットされたからである。また、継続した賃貸借関係の増額、すなわち継続家賃の増額ではなく、高騰した地価に基づいて取得した建物について新たに家賃を設定するときには、当然高騰した地価の利回りに基づいて算定されるので、どうしても高くなる。この段階で、「先取り」された「虚の価値」は、高い家賃によって空洞部分を埋めようとする拘束力が働くのである。こうして新規家賃が設定されると、それが家賃の相場を吊り上げて継続家賃の方も高くなってくる。したがって、「虚の価値」は継続家賃の方にも侵入してきた。

しかし、そのような高騰した地価によって膨れ上がったものから算出される家賃の増額請求に、借り主が素直に応じることはできないことが多い。更新の機会に、貸し主から三〇%の増額を請求されることは稀ではなかったが、借り主がその請求を拒否すれば、最終的には裁判所に舞台が移されることになる。すなわち、貸し主が家賃増額の調停を申し立てたり、訴訟を提起するのである。裁判所において、調停や和解が成立すれば事件は解決するが、どうしても合意に達しないときには、裁判で最後の決着をつけなければならない。そしてそのときには、不動産鑑定士の鑑定が採用されたり、参考にされたりする。

また、最後の決着が裁判でつけられることになっていると、裁判に至る前の調停や和解の席でも、あるいは、裁判外の任意の話し合いのときでも、裁判をすればいったい継続家賃はいくらになるか、ということを頭に置いて解決する。したがって、継続家賃の増額請求をめぐるトラブルが発生したときには、どのような方法で解決するにせよ、結局裁判所ではいくらになるか、ということが基準になる。

ところで、継続家賃の増額の幅を決定するときに、裁判所が採用したり、参考にしたりするのは、不動産鑑定士の鑑定である。したがって、この鑑定の中に、地価暴騰という「先取り」によってつくられた「虚の価値」が算入される仕組みになっていれば、そこを進入路として継続家賃の中に「虚の価値」が潜入し、継続家賃を吊り上げるという拘束力を発揮するのである。そこで、当時採用されていた継続家賃を算定するための鑑定手法を検討する必要がある。

家賃の鑑定手法には、利回り方式、差額分配方式、賃料事例比較方式、スライド方式、総合方式があったが、簡潔にまとめるならば、次のとおりである。

利回り方式は、積算方式ともいわれるが、土地、建物から生じる純収益に建物を賃貸するに必要な諸経費を加算するものであるから、地価が暴騰すれば、自動的に家賃も跳ね上がることになる。

差額賃料分配方式は、土地、建物の経済的価値に即応した家賃（正常賃料）を算出し、それと現在の家賃（実際支払賃料）

との差額を、貸し主と借り主に配分するという方式であり、回りくどいやり方だが、「正常賃料」を算出するときに土地の時価が用いられるので、地価が暴騰すれば、それが家賃に反映されることになる。

賃貸事例比較方式は、近隣の同類型の継続家賃例をとり、比較対照して算出するものであるが、近隣の継続家賃が高くなることによって、間接的に地価暴騰が反映される。

スライド方式は、現在の家賃（実際支払賃料）にその後の変動率を乗じて算出するものであるが、変動率としては、地価変動率（路線価変動率）を考慮するもの、消費者物価指数の総合を用いるもの、家賃指数を用いるものなどがある。この方式は、変動率として何をもってくるかによって異なる。地価変動率を用いれば暴騰した地価は反映されるが、消費者物価指数の総合を用いれば直接的には反映されない。

総合方式は、利回り方式、差額配分方式、賃貸事例比較方式、スライド方式のうちの複数の方式によって算定された価格を比較勘案し、加重平均をして算出するものである。

以上の通りであるから、スライド方式のうちで変動率に消費者物価指数の総合を用いれば直接的には地価暴騰は反映されないが、裁判所ではこれを採用することは少なく、多数は総合方式によっていたので、不動産鑑定士の鑑定、そしてそれを採用したり参考にしたりしていた裁判所の判決を通じて、地価暴騰によって「先取り」された「虚の価値」は着実に家賃に潜入して、空洞を埋めていったのである。

次に、立退料を見てみよう。

貸し主が借り主に建物またはビルの一室を賃貸した後に、事情があって返還してもらおうとしても簡単には返してもらえない。このことについては、借家法に定めがあって、貸し主は、自ら使用することを必要とする場合その他の正当の事由がなければ、更新拒絶（賃貸借期間がきたときに更新することを拒絶すること）または解約申入れ（賃貸借期間の継続しているときに解約してほしいと申し入れること）ができないとなっていたからである。

しかし、貸し主が自ら使用することを必要とする場合の他に、建物が老朽化したり、立替えをして収益性を上げたいときに、借り主に対して明渡しを請求することは、よくあることである。とくに地価暴騰の時期には、地上げによって土地を取得した地上げ屋が、横暴なやり方で借り主に立退きを迫ることが社会問題になったほどである。

このときに、貸し主と借り主が協議をして、明渡しについての合意に達すれば一件落着になるが、その条件として、多くの場合に貸し主から借り主に対して立退料が支払われた。問題は、その立退料の価額であるが、地価暴騰以来立退料が急騰して、そのために多くのトラブルが発生した。貸し主と借り主のトラブルが、裁判外で合意に達しなければ、最終的には裁判所で決着をつけなければならなくなる。前述した東海堂銀座ビル明渡請求事件も、貸し主が老朽化したために借り主に明渡しを請求した事件であった。

裁判になると、借家法に定める正当事由の存否が第一義的に問題になる。正当事由の有無については、いろいろな事情が考慮され、例えば、貸し主の自己使用の必要がある場合であっても、その必要性の程度、借り主の建物を使用する必要性、建物の老朽化の程度など、事件によってさまざまな違いがある。しかし、これらの事情だけでは正当事由があるとは認められない場合でも、貸し主が一定の金銭を支払う意思を明確にしたときには、その金銭が正当事由を補充したものと認められ、貸し主は金銭の支払いと引き換えに明渡しを受けることができる、という判例理論が確立していた(6)。そして、東海堂銀座ビル明渡請求事件の判決が出た一年後の一九九二年八月一日に施行された借地借家法では、この判例理論が条文の中に取り入れられて、成文法になった（借地借家法二八条）。この金銭は「正当事由を補充するための金員」といわれるが、これは、正当事由が一応は存在する場合にその不足分を補充するための金銭なので、一般にいわれる立退料とは異なる概念である。しかし、経済的には同じように扱われているので、ここでは、「立退料」という言葉を使うことにしたい。

判決をするにあたって立退料を算定するときにも、継続家賃の増額の場合と同様に、裁判所は、不動産鑑定士の鑑定を採用したり、参考にしたりする。

したがって、不動産鑑定士の鑑定の中に地価暴騰という「先取り」によってつくられた「虚の価値」が算入される仕組みになっていれば、そこを進入路として立退料の中に「虚の価値」が潜入し、立退料を吊り上げるという拘束力を発揮するのである。そこで、東海堂銀座ビル明渡請求事件において裁判所に提出された不動産鑑定士の鑑定書によって、当時採用されていた鑑定手法を検証してみよう。

立退料の鑑定手法には、割合方式、補償方式、差額賃料還元法、収益価格控除方式、総合方式があったが、簡潔にまとめるとすれば、次のとおりである。

割合方式は、明渡しの対象になっている建物の敷地の更地価格に一定の比率を乗じて得た結果（土地の価格×借地権割合×借家権割合）と、その建物の価格に一定の比率を乗じて得た結果（建物の価格×借家権割合）を加えて求めるものである。東京二三区内の借地権割合は、商業地では〇・八前後、住宅地では〇・六〜〇・七位であり、借家権割合は、〇・三〜〇・四位であったから、前者だけでも、土地の更地価格の最大で〇・三二、最小で〇・一八という価格になる。したがって、地価が暴騰すれば、自動的に地価が吊り上げられることになる。

補償方式は、公共用地の取得の場合の損失補償基準を準用し、借り主が明け渡す建物に照応する代替物件を新たに賃借する際に必要な一時金及び代替物件との家賃の差額や、営業休止に伴う損失、その他移転に要する実費等について必要な金額の合計として算出する。したがって、計算方法は複雑であるが、その中の一時金は、当該の土地、建物の一定の比率（土地の場合は〇・二五の範囲内）を乗じて求められるので、結局割合方式と似た結果になる。したがって、この方式も、地価の暴騰が直ちに立退料に反映される。

差額賃料還元法は、その借家（建物及び敷地）の経済価値に即応した適正な賃料、すなわち「正常実質賃料」と実際に借り主が支払っている賃料、すなわち「実際支払賃料（一時金等の運用益を含む）」との差額（いわゆる「借り得部分」）を、その差額の持続する期間に基づき資本還元して求められるものである。この方式は、一見もっともらしく見えるが、正常実質賃料を算出する際に、地価に期待利回りを乗ずるので、地価が暴騰すれば結局それが立退料に反映されることになる。

収益価格控除方式は、当該建物及びその敷地の価格からその建物及びその敷地の収益価格を控除した額を立退料とするものである。この方式も、敷地の価格から算出されるから、ここに高騰した地価が反映され、立退料が高くなる。

総合方式は、割合方式、補償方式、差額賃料還元法、収益価格控除方式のうちの複数の方式によって算定された評価額を比較勘案し、加重平均して算定するものである。

東海堂銀座ビル明渡請求事件の鑑定書では総合方式が採用されたが、どの方式を採用するかは、不動産鑑定士の判断による。しかし、どの方式を採用しても、地価暴騰によって「先取り」された「虚の価値」は、確実に立退料に潜入することができたのである。

このように、立退料の場合にも、「先取り」された「虚の価値」がその空洞部分を埋めようとして拘束力を強め、その高額化を促進して、建物の賃貸借関係を身動きのできないものにしてしまったのである。

ところで、このような立退料の高額化という現象は、海外でも起こっていたのであろうか。私は、事務所のスタッフと手分けして、ドイツ（フランクフルト）、米国（ニューヨーク）、韓国（ソウル）に行って調べてみた。(7) しかし、日本のような立退料を制度化している例はない。「先取り」が高度化しているという特異な経済が、高額な立退料を育てる温床になっていて、その温床の中で、「虚の価値」の空洞を埋める作業が行われていたことは明白である。

しかし、継続家賃の値上げ問題で争っていた貸し主と借り主は、自分たちが地価暴騰を促進させたわけではない。また、立退料の問題で熾烈な駆け引きをしていた貸し主と借り主も、地価暴騰に責任があるわけではない。地上げ屋が地価を吊り上げ、不動産業者が活躍し、銀行やノンバンクが土地の購入資金を融資し、土地にからむ企業買収が盛んに行われ、「虚の価値」が「虚の価値」を生んでどんどん地価が暴騰したが、争いの当事者である貸し主と借り主がそのようなことをしたのではない。それなのに、家賃の値上げともなれば借り主は高い家賃を払わなければならないことになるし、立退きの問題ともなれば貸し主は高額な立退料を支払わなければならなくなる。「先取り」のツケは、とんでもないところに回ってきたのである。いったんその方向に舵が切られれば、「先取り」は、ゼロ・サム・ゲームとは異なり、勝ちのない、負けだけのゲームになるのである。

このように、地価暴騰によって「先取り」された価値は、その拘束力を如何なく発揮して、借家の法律関係を破壊してしまったのである。なお、地価暴騰が終焉した後には、さすがにこの不合理な鑑定手法は変更されたが、地価暴騰が鎮静化し、借地借家法が施行されて二〇年近くになる今日においても、高額な立退料の幻影が残っていて、借家の法律関係は不安定な要素を抱えている。

「土地の所有の時代」から「土地の利用の時代」へと移行すべきだとよく言われているが、「土地の利用」とは、土地に建物を建ててその建物を使用することに他ならないから、厳格に言えば、「土地の所有の時代」から「建物の賃貸借の時代」に移行しなければならないのである。しかし、地価暴騰によって「先取り」された「虚の価値」が建物の賃貸借を侵蝕するようになれば、「土地が高くて買えない時代」から「家賃が高くて借りられない時代」または「立退料が高くて貸せない時代」に移行してしまうであろう。一九八五年から一九九〇年までの地価暴騰の時期には、私は、その恐ろしさを地獄絵を見ているような気持ちで見ていたが、地価暴騰が終焉して久しい今日においても、建物の賃貸借が十分に使いやすいほど、家賃も立退料も安くはなっていないと思う。

(1) 前出『デス』一三一頁
(2) 一九九一年五月三〇日付日本経済新聞夕刊
(3) 一九九一年五月三〇日付毎日新聞夕刊
(4) 東京地方裁判所平成三年五月三〇日判決・判例時報一三九五号八一頁、判例タイムズ七五七号二五五頁
(5) 地価暴騰によって建物の賃貸借関係が危機に瀕したことは、「先取り」の各論であると考えて、私は、判決前の一九九一年三月に『不動産賃貸借の危機——土地問題へのもうひとつの視点』(日本経済新聞社)を書いた。また、前出『先取り経済 先取り社会』にも、一項をもうけてとりあげた。本項においてこれから述べることは、これらの著書の内容を要約し、加筆したものである。
(6) 最高裁判所昭和三八年三月一日判決・最高裁判所民事判例集一七巻二号二九〇頁
(7) その調査の結果については、前出『不動産賃貸借の危機』

3 「虚の価値」の触手

前項では、「先取り」した「虚の価値」が潜入して拘束力を発揮することを見た。しかし、「虚の価値」が空洞を埋める方法は他にもある。そこで、中身のない空っぽの価値が、さまざまな分野に触手を伸ばして、空洞を埋める方法について見ておこう。この伸縮自在な触手を伸ばして拘束力を発揮する方法は、他のところに潜入して拘束力を発揮する方法よりも端的で分かりやすい。

まず、「先取り」した主体の組織内部に触手を伸ばし、組織の構成員から収奪する方法がある。企業が「先取り」をして財務状態が悪化した結果、労働者を解雇してリストラクチュアリングをするなどという例は、労働者に拘束力が向けられたものである。このような直接的な拘束力は、いろいろな分野で行われており、あまり意識されないほどになっているが、注意深く観察すると、「先取りの拘束力」がまき起こす現象であることが分かるはずである。

「先取りの拘束力」は、直接的なものから徐々にサイクルを広げてゆく。例えば、日本航空が大量の社債を発行するなどの方法で「先取り」をしたことは誰でも理解できるであろう。この「虚の価値」を埋めるために、日本航空は採算のとれない路線をさかんに拡張した。これについては順序が逆だと言われるかもしれないが、そうではない。ある段階からは、路線の開発は「先取り」のための梃子に過ぎなくなっていたはずである。そして、空港の拡張や建設のために、国や地方公共団体をまきこんで拘束力を働かせる。このとき、方法の一つとして、証券会社は、基金や個人などに日本航空の社債を販売した。すなわち、外から価値をとってきて「虚の価値」の空洞を埋めようとしたのである。仮に日本航空の社債を買い込んでいた団体があったとしよう。この団体は、日本航空の会社更生法適用申請によって、基本金の内容を組み替えたり、予算の変更をする必要が出てくるだろう。また、仮に老後の資金として取っておいた預金を、日本航空の社債に切り替えた人がいたとする。この人は、社債の価値が大幅に下落したために、老後の設計を変更しなければならない。日本航空から団体や個人に移転された「虚の価値」は、それを持ち続けていた団体や個人のところで空洞を埋めることができなくなったことになるが、損をしたのは、日本航空の社債を買った団体や個人の方である。

こうして、「先取りの拘束力」はサイクルを広げ、企業や人々にさまざまな影響を及ぼしてゆくが、「先取り」された「虚の価値」は、さらに触手を伸ばして、やがて経済、社会、法の仕組みを崩壊させ、そのことによって、思いもよらないほどの悲惨な結果をもたらすのである。これが「先取りの拘束力」の恐ろしさであるが、その軌跡をトレースしておこう。

前に述べたとおり、日本の二〇一一年三月末の国債発行残高は七五八兆五六九〇億円（国債と借入金、政府短期証券を合わせた債務残高は九二四兆三五九六億円）である。国債の発行は、将来の税収を当てにした「先取り」に他ならないが、この巨大な「先取り」は、将来の税収によって空洞の部分を埋めることができるのだろうか。もしそれができないのであれば、この「虚の価値」はどこかに触手を伸ばして、別の方法で空洞を埋めようとするだろう。そして、そのとき拘束力を発揮して、収奪の限りを尽くすだろう。したがって、九二四兆円を超える「先取り」を将来の税収で埋めることができるか否かがポイントになる。そこで、その可能性の有無を数字で追ってみよう。

この国債等の国の借金総額を人口数一億二八〇〇万人（二〇一〇年国勢調査による）で割ると、国民一人当たり約七二二万円になる。したがって、この国にオギャーと生まれれば、その瞬間から七二二万円の借金を背負ってしまうことになる。生まれた子供が成人して四〇年間就労し、その間税金を納めるとすれば、七二二万円÷四〇＝一八万五〇〇〇円で、一年間に一八万五〇〇〇円の税金を上乗せして支払う計算になる。これだけで、国債という「先取り」が将来の人々を拘束していることが明らかであるが、この計算だけを見れば、将来の税収で「先取り」による空洞を埋めることができるように思われるかもしれない。しかし、これは、これからの六〇年間に、人口減少がなく、雇用が安定していることを前提にしている。現実には日本の人口は減少しているし、失業率は高く、新学卒者の就職率は低い。またこれ以外にも、不確実性、不安定性を示す要素はたくさんある。したがって、前述の計算どおりに、「先取り」の空洞を税収で埋めることができると信じる人はいないだろう。

さらにこの計算は、国の債務が増えないことを前提にしているが、そのようなことがあり得るだろうか。この点については、プライマリー・バランス（国債などの借金を除いた歳入と過去の借金の元利払いを除く歳出との比較）を見れば一目瞭然である。二〇一一年度予算によると、歳入九二兆四一一六円から公債金四四兆二九八〇億円を除けば、税収とその他の収入は四八兆一一三六億円であるが、これに対し歳出九二兆四一一六億円から国債費二一兆五四九一億円を除けば、七〇兆八六二五億円である。すなわち、二二兆七四八九億円もの赤字であり、プライマリー・バランスが均衡に達するにはほど遠い。

したがって、国の債務がこれ以上増えないということが夢物語であることは、明らかだろう。そこで、もう一つ別の角度から計算をしてみよう。国の借金総額九二四兆三五九六億円を二〇一一年度予算の税収とその他の収入四八兆一一三六億円で割ると、約一九という数字が出る。すなわち、国の借金を税収とその他の収入で返すのであれば、一九年かかるということである。この一九年間という数字は、税収とその他の収入をすべて国の債務に充てた場合の話である。すなわち、福祉にも、教育にも、公共事業にも、司法にも、防衛にも、一円も使わずに、ただひたすら借金の返済をしなければならないという一九年である。しかも、国の借金には利息がついているから、その分一九年間はさらに先に延びる。家計に譬えれば、食うものも食わず、着るものも着ずに、一九年以上、ただひたすら借金だけを返すということを意味する。果たして、そんなことはできるのだろうか。ここまで考えれば、税収で国の借金を返すことは、もはやできない段階にきていることがはっきりする。

だとすれば、国債という「先取り」によってつくられた空っぽの価値、すなわち「虚の価値」は、触手を伸ばして、空洞部分を埋めるために拘束力を発揮するしか方法がないだろう。意識するとしないとにかかわらず、経済はその方向に動くのである。

私は、地価暴騰は大量の国債発行とリンクしていると考えている。すなわち、この二つは、一つのコインの裏表であって、「先取り」ということでは、同じものである。地価が暴騰すれば、固定資産税や相続税や譲渡所得税が増えるので、国の税収が増加し、国債の発行を抑えることができる。しかし、地価暴騰が終息すると国の税収は減少し、さらに金融危機がやってくると国は救済措置が必要となり、国債発行額が増える。

では、地価が暴騰して、固定資産税、相続税、譲渡所得税が高くなっていた時期にどのような「先取りの拘束力」が働いていたのであろうか。総体的に言うとすれば、人々の不動産の所有権が「先取り」された「虚の価値」に侵害され、所有権の中に空洞ができて、いつの間にか所有していられなくなったのである。ここに所有権の危機を見ることができる。このことを具体的な例をあげて説明しよう。

一九九三年二月一五日付朝日新聞夕刊によれば、高級住宅地の代名詞ともなっている東京の田園調布で、初老の夫婦が地価暴騰で跳ね上がった自宅の土地の相続税の重圧に耐えかね、自殺していたことが報道されている。この記事によれば、自宅の土地約三二〇平方メートルと工場のある借地権を父親から相続したが、相続税は合わせて一億九〇〇〇万円であった。この初老の夫婦は、この土地をすべて売却し、納税後の残りで別に自宅を購入する道を選んだが、買い手がつかなかった。しかし、国税局からは差押を予告する納税催告書が送られてきたが、税額は延滞税も加えて二億三〇〇〇万円に増えていた。夫婦はその一週間後に服毒死したという。この税額の算定は、路線価を基にしてなされるものであるが、それは一平方メートル当り九五万円であったという。しかし、路線価が膨れあがったことは、地価が暴騰したためであって、この夫婦には何の罪もない。ただ、父親が死亡して蓋を開けてみれば、土地を失うばかりか、命までも失うはめになっていただけである。

ところで、私が「先取り」と呼んでいる経済現象を、経済学者、経済評論家、エコノミスト、マスコミなどは、こぞって「バブル」と呼んでいる。しかし、こうして「先取りの拘束力」を見てくると、とうてい「バブル」などという生易しいものでないことが分かるはずである。「バブル」という言葉は、せいぜい投機取引を念頭に置いて発せられるものだろう。単なる投機取引であれば、消えてしまえばお仕舞いで、ゼロ・サム・ゲームに過ぎない。ゼロ・サム・ゲームというのは、参加者それぞれの選択する行動が何であれ、各参加者の利得と損失の総和がゼロになるゲームである。すなわち、負けが勝ちとちょうど等しくなるゲームであるから、全国高校野球選手権大会のように、勝ったチームと同じ数の負けたチームがある。カジノでは、負けた人が失っただけのものを、勝者が手に入れる。

したがって、投機取引に参加さえしなければ、影響を受けることはないはずである。だから、ガルブレイスは、「興奮したムードが市場に拡がったり、投資の見通しが楽観ムードに包まれるような時や、特別の先見の明に基づく独特の機会があるという主張がなされるような時には、良識あるすべての人は渦中に入らない方がよい(1)」と忠告し、ベックマンは、来たるべき「崩壊」に対処するには、「まず第一に、何よりも重要なルールは、何をするにしろシンプルに、ということである(2)」と心がまえを説いている。

しかし、投機の渦中に入らず、何をするにもシンプルに生活をしていれば、わが身を守ることができるのだろうか。ゼロ・サム・ゲームをせずにただ見るだけにしておけば、ちょっと興奮するだけでツケがわが身に回ってはこないものなのだろうか。

そうでないことは、これまで述べた「先取りの拘束力」で、厭というほど見せつけられてきた。しかし、「先取り」はこれからさらに強力に拘束力を発揮して、収奪の限りを尽くすのである。その様相について、章を改めて考察することにしたい。

（1）　前出『バブルの物語』一五五頁
（2）　前出『経済が崩壊するとき』三八六頁～三八七頁

第七章 「先取り」による収奪

1 行き着いたところ

この原稿を書いている今日現在は、二〇一一年八月一四日である。六六年前のこの日に日本はポツダム宣言を受諾し、第二次世界大戦は終わった。翌一五日の玉音放送をじかに記憶している人は、当時七歳であった私の世代が最後であろう。思い出すのは、あの夏の日の灼熱の太陽と、子供ながらに襲ってきた何とも言えない脱力感である。そして今やってきたのは、とうとうこんなところまで行き着いてしまったという思いである。

とうとうこんなところに行き着いてしまった。

今朝の新聞には、「週明け一五日の金融市場は、欧米の国家債務（借金）問題をきっかけにした投資家の不安が和らぐかどうかが注目される。一二日の米国市場で株価が上昇し、世界的な株安には一服感も出ている。株安やドル安の連鎖に歯止めがかかり、落ち着きを取り戻せるか」とある。そして、同じ面のトップには、「日本 出遅れに危機感」という見出しで、「アジアの多国間自由貿易圏構想が動き出した」という一文からはじまる記事が掲載されている。[1]

これが行き着いた地点であるが、ここに来るまでの二週間の動きを、新聞記事によって追ってみよう。

前にも述べたように、米国では国家の債務上限が一四兆二九〇〇億ドルと定められていて、これを二〇一一年八月二日までに上限を引き上げないと債務不履行（デフォルト）に陥ることになっていたが、同月一日に下院が国家の債務上限を最低でも二・一兆ドル引き上げる法案を可決し、二日には上院でも可決されてこの法案が成立し、デフォルトは回避された。オバマ大統領は、「第一歩だ。今後も一層の財政赤字削減に向け超党派で努力する必要がある」との声明を発表した。これを受けて、格付け大手の米ムーディーズ・インベスターズ・サービスと欧州系のフィッチ・レーティングスは、現在最上位のトリプルAにある米国債の格付けを据え置くと発表した。(2) 大手格付け三社のうち、残る米スタンダード・アンド・プアーズ（S&P）の格付けが注目された。

八月四日の夕刊には、政府・日本銀行が同日午前に、東日本大震災直後の三月一八日以来約四か月半ぶりに、東京外国為替市場で「円売りドル買い」の為替介入に、日本単独で踏み切ったことが報じられている。これによって、朝方には一ドル＝七七円一〇銭程度で取引されていたドルが、一ドル＝七九円一〇銭に急落した。(3)

歴史的なドル安のせいで通貨高に悩んでいるのは日本だけではなく、ドル安是正の動きは、トルコ、スイス、ブラジルなど世界各国に広がっていった。トルコ中央銀行は、政策金利を現行の六・二五％から五・七五％に引き下げ、金融緩和に踏み切った。米政府の財政赤字に対する不安や米景気の失速懸念から深刻なドル離れが起き、行き場を失った投資資金は、日本のほか、スイスのような安定感のある国の通貨や成長著しい新興国に流れ込み、スイスフランはこの一年で約三五％も上がった。スイス中央銀行は、政策金利の誘導目標を〇・〇〇〜〇・七五％から〇・〇〇〜〇・二五％に下げ、金融市場への資金供給量を三〇〇億スイスフランから八〇〇億スイスフランに増やした。ブラジル政府は、ドル売りレアル買いを抑える目的で、外国為替市場の先物取引への課税をはじめた。ブラジル国内にマネーが過剰に流れ込めば、株や不動産などが急上昇し、バブルを引き起こす懸念があるからである。防衛策は、アジアにも広がっている模様で、為替介入を発表する国が少ないためにはっきり分からないが、市場では複数の国が介入しているとみられている。(4)

世界経済の先行きに対する懸念が急速に強まり、国内外の株式市場は四日から五日にかけて連鎖的に急落した。きっかけは欧州中央銀行（ECB）がユーロ加盟国の国債買い取りプログラム再開を発表したことだった。欧州債務危機深刻化への警戒感が拡大し、トリシェ総裁が「ユーロ圏の景気下ぶれリスクが高まる可能性がある」と発言したことが伝わると一気に売り込まれた。五日続落のロンドン市場など軒並み急落した欧州株の影響を受け、四日のニューヨーク市場は、ダウ工業平均株価が前日終値五一二・七六ドル安の一万一三八三・六八ドルまで下落した。これは、一〇年一二月九日（一万一三七

○・○六ドル）以来の約八か月ぶりの安値で、下落幅はリーマン・ショックによる金融危機の渦中にあった○八年一二月一日（六七九・九五ドル）以来二年八か月ぶりで、過去九番目の記録である。五日の東京株式市場も欧米株式市場の急落を受けて全面安の展開となり、日経平均株価は一時前日終値比三九五円○九銭（四・一％）まで下げた。取引時間中に九二○○円台につけるのは東日本大震災の三月一八日以来、約四か月半ぶりだった。(5)

こうした中で、米国では景気後退懸念が出てきた。政府の債務不履行による金融の混乱は寸前で回避したが、今度は住宅バブルの後遺症や消費が鈍っていることによる実体経済への不安である。(6) そこへ、五日、米格付け大手スタンダード・アンド・プアーズ（S&P）が米国債の格付けを「トリプルA」から一段階下の「ダブルAプラス」に格下げすることを発表した。これは、米国債史上初めての降格である。この「格下げショック」は瞬時に世界に伝わり、米株価は乱高下した。危機感を強めたオバマ大統領は、メルケル独首相、サルコジ仏大統領と相次いで電話で協議し、G7は一両日中に財務相の緊急電話協議を行うことを決めた。(7)

三兆ドルを超す外貨準備の三分の一に当たる一兆一五九八億ドルを米国債に投資している中国では、中国国営の新華社通信が、「ドルを監視する国際機関をつくれ」「軍事費や社会保障費を削らないとさらなる格下げにつながる」と警告を連発した。中国の「大公国際資信評価」は早々と米国債を格下げし、「自国の富をつくりだす能力と巨額消費との重大な不均衡」と指摘するとともに、議会の論争という政治体制までを弱みに数えた。(8)

八日朝、主要七か国（G7）の財務相・中央銀行総裁は緊急電話会議を開き、共同声明を発表した。その骨子は、次のとおりである。

○金融安定化と成長を支えるために必要なあらゆる手段を講じることを確認
○財政赤字・債務・経済成長に関する現在の課題に対処し、米国や欧州で講じられた断固たる行動を歓迎
○必要な場合には、流動性を確保し、金融市場の機能や金融の安定、経済成長を支えるために、協調行動をとる
○スペインとイタリアが発表した財政規律を強化し経済活動と雇用創出の回復を支えるための追加的な政策措置を歓迎

○為替レートの過度の変動や無秩序な動きは経済及び金融の安定に悪影響。為替市場における行動に関して緊密に協議し、適切に協力

○今後数週間緊密に連絡を取り適切に協力し、金融市場の安定と流動性を確保するため行動をとる準備がある

しかし、G７の声明が具体策に欠けるために、市場はG７の限界を見てとり、世界的な株安の連鎖は続いた。[9]

このことを追う前に、同じ八日、江戸時代に大坂の堂島米会所で発祥したコメの先物市場が七二年ぶりに復活したことを注視しよう。東京穀物商品取引所（東穀取）と関西商品取引所は、農林水産省から認可を受け、コメの先物取引を試験上場の形ではじめた。コメは、国内流通の過半を握るJAグループの価格支配力が強く、現物も先物も市場がない状態だったが、商品市場関係者の間では、先物復活で価格形成の場ができ、透明性が高まると期待が広がっている。しかし、東穀取では、一俵（六〇キログラム）当り一万三五〇〇円の基準値を大きく上回る一万八四〇〇円～一万八五〇〇円の注文が売り買いともに出て、この日は取引開始直後から値がつかなかった。市場では「放射線物質による汚染懸念などで今年産米の需給が逼迫する」との見方がある。なお、JAグループは、先物市場の復活に反発し、組織を挙げて取引に参加しない方針を表明している。[10]

さて、主要七か国（G７）が財務相・中央銀行総裁が市場安定化を目指す共同声明を出したにもかかわらず、八日のニューヨーク株式市場は一時、前週末比三八五ドル安となった。アジア、欧州も大幅に下げ、世界同時安となり、東京株式市場も日経平均株価の終値は二〇二円三二銭安い九〇九七円五六銭で、四か月半ぶりに九一〇〇円を割り込んだ。また、ドル売りにも歯止めがかからず、円相場は、一ドル＝七七円台の「超円高」になった。[11]

そして、米連邦準備制度理事会（FRB）は、九日の連邦公開市場委員会（FOMC）で、政策金利であるフェデラルファンド（FF）レートの誘導目標を年〇・〇〇～〇・二五とする事実上のゼロ金利政策を、「少なくとも一三年半ばまで継続する」との方針を賛成多数で決めた。FOMC後の声明では、「景気回復ペースは従来の予想よりやや緩慢な状況が２～３四半期続くだろう」と景気認識を下方修正し、景気動向次第で追加金融緩和策に踏み込む可能性も示唆した。[12]

米国債の格下げをきっかけにした世界の株安を招いたのは、国家債務への不安だけでなく、実体経済に影をおとした。米国では住宅市場が低迷して失業率は九・一%に高止まりし、個人消費も不振で、三重苦の様相である。中国では、消費者物価指数が前年同月比六・五%と上昇し、不動産価格は融資や購入を制限して投機を防いでも、高騰したままである。先進国の一段の金融緩和で行き場を失ったマネーが中国に流れ込めば、物価の上昇圧力はなお強まる。欧州の銀行は、ユーロ圏各国の国債を多く抱えている。ギリシャ国債が一部債務不履行になるのが確実になったほか、ポルトガルやアイルランドでも将来は損失が出るのではないかとの見方が根強い。これが銀行システム全体への懸念につながっている[13]。

一〇日、米財務省は、二〇一一会計年度（一〇年一〇月〜一一年九月）の七月時点の財政収支を発表した。一〇か月間の累積財政赤字は一兆九九九億一〇〇〇万ドルに達し、三年連続で一兆ドルを超えた[14]。

週末一二日の東京株式市場は、円高への警戒感から輸出関連銘柄を中心に売られ、日経平均株価の終値は前日比一八円二二銭安の八九六三円七二銭と、小幅ながら二日続落した。また、東京外国為替市場は、一ドル＝七六円台後半を中心に取引された[15]。

そして、時系列的には、先ほど引用した今朝の「株安やドル安の連鎖に歯止めがかかり、落ち着きを取り戻せるか」という記事につながってくる。ここで、今日（二〇一一年八月一四日）の新聞記事の中から、さらにいくつかを引用させていただきたい。

イタリア政府が一二日に閣議決定した緊縮財政策は、七月に成立した緊縮財政法の追加策で、増税への不満を募らせる伊国民の一層の反発を招くのは確実だ。ベルルスコーニ政権は、公務員削減や地方自治体統合など「行政コスト」削減をアピールし、議会での承認取り付けを目指すが、市場の動きを払拭できる緊縮策が最終的に実現するかは予断を許さない[16]。

世界経済のめまぐるしい動きに対して、「ニクソン・ショック」からの四〇年を振り返り、分析した記名記事もある。その一部を二つ引用させていただく。

ニクソン・ショックから四〇年。戦後のブレトンウッズ体制が崩壊しても米ドルは基軸通貨であり続けたが、ポスト「金本位制」の国際金融秩序だった「米国債本位制」の根幹が問われている。

足元は金価格が最高値をつけて、「金本位制」への郷愁を見せている。だが、欧州危機に中国の利己主義と、ライバルが見当たらない。代替がないのに「米国債本位制」の正当性が否定され、投資家がパニックに陥ったというのが、昨今の大荒れ相場の真相といえる。（ニューヨーク　松浦肇(17)）

ニクソン大統領がドル防衛のため、ドルと金の交換停止を打ち出したニクソン・ショックから一五日で丸四〇年を迎える。当時、ドルの価値を保証していた金との交換が停止されたことで、変動相場制の時代が幕を開けた。この後もドルは世界の基軸通貨の地位を何とか維持してきたが、〇八年のリーマン・ショックや新興国の急速な台頭で、世界経済地図が塗り替わりつつある。ドルの基軸通貨の地位が揺らぐ中、世界の金融市場の動揺も続く恐れがある。（小倉祢徳(18)）

もう一つ、見逃せない記事がある。

歴史的な乱高下に揺れる米国の株式市場で、コンピューターを使った株式の高速取引の台頭が不安定な値動きの一因だとの指摘が出ている。情報技術（ＩＴ）の進歩が生んだ構造変化だが、損失拡大のリスクを恐れる個人など一般投資家の株離れを招きかねない。

高速取引は市場の値動きに追随して売買を執行する特徴がある。このため、相場は局面ごとに一方向に傾きやすくなる。高速取引の台頭が従来は考えられなかった値動きの荒さを招いている可能性は否定できない。(19)

そして、「成長の意味 改めて示す時」というタイトルの「時評」の冒頭と最後の部分を引用させていただくことにしたい。

「経済成長偏重の生き方を根本的に見直すべきだ」。三月の東日本大震災や福島第一原子力発電所の事故を受けてこんな声がネット世論などでよく聞かれるようになった。原発事故を招いたのは成長と効率を最優先する土壌。消費や金もうけをはやす文明からの転換が求められているといった言説だ。

新たな世界経済危機の足音が近づく中で、どう成長を確保してゆくかは喫緊の課題である。そのための政策に幅広い理解を得るうえでも、成長の重みをきちんと説明するとともに、懐疑的な見方をもつ人とも対話していく必要がある。（論説副委員長 実哲也）[20]

僅か二週間の新聞報道、しかもその要旨を追うだけで、これだけのものが出てきた。では、いったい何が出てきたのか？ それは、現在の経済が罹っている病気の症状である。

要するに、私たちが行き着いたところは、こういうところだったのだ。

しかし、慨嘆している暇はない。病理現象からスタートするという本書の方法からすれば、行き着いたこの地点から歩みはじめるのが、むしろ相応しいと言うべきではないだろうか。

(1) 二〇一一年八月一四日付朝日新聞
(2) 二〇一一年八月二日付毎日新聞夕刊
(3) 二〇一一年八月四日付朝日新聞夕刊、同日付毎日新聞夕刊
(4) 二〇一一年八月五日付朝日新聞
(5) 二〇一一年八月五日付毎日新聞夕刊
(6) 二〇一一年八月六日付朝日新聞

(7) 二〇一一年八月七日付毎日新聞
(8) 二〇一一年八月八日付朝日新聞
(9) 二〇一一年八月八日付朝日新聞夕刊
(10) 二〇一一年八月八日付朝日新聞夕刊
(11) 二〇一一年八月九日付朝日新聞
(12) 二〇一一年八月一〇日付毎日新聞夕刊
(13) 二〇一一年八月一〇日付朝日新聞
(14) 二〇一一年八月一一日付朝日新聞夕刊
(15) 二〇一一年八月一三日付毎日新聞
(16) 二〇一一年八月一四日付読売新聞
(17) 二〇一一年八月一四日付産経新聞
(18) 二〇一一年八月一四日付毎日新聞
(19) 二〇一一年八月一四日付日本経済新聞
(20) 二〇一一年八月一四日付日本経済新聞

2　国家債務に集約された「先取り」

二〇一一年八月一日から一四日までの僅か二週間の新聞報道の中に、現在の経済が罹っている病気の症状が、あらかた出揃っていると言ってよいだろう。その症状を整理することによって、何が見えてくるか考えてみよう。

まず症状であるが、最も目立つのは米国で債務上限を引き上げる法律が成立したことである。これは国家債務がさらに膨張するという症状で、国家債務の膨張を病気と見立てれば、いっそう重くなるということを意味している。これはすなわち、財政赤字の拡大という症状としてあらわれる。また、株式市場では株価の乱高下、外国為替市場では円高という症状も出てくる。そして、住宅市場が低迷し、失業率が高止まりし、銀行システムに対する不安という実体経済への影響も出てくる。そして、ドルの基軸通貨としての地位が揺らぐという大きな症状もあらわれている。

これに対して、対策を示唆する記事もあった。米国の国家債務の膨張、財政赤字に対しては、中国からの軍事費や社会保障費を削れという警告が報道されている。株価の乱高下に対しては、株式の高速取引の問題が指摘されている。これは、対策というよりも原因の指摘というべきであろうが、対策の開発につながる可能性を持っているのかもしれない。外国為替市場における円高に対しては、日本などの為替介入、ブラジルの先物取引への課税がある。また、実体経済への影響については、トルコやスイスなどの金融緩和やG７の共同声明に対策が示されている。そして、ドルの基軸通貨としての地位の揺らぎに対しては、中国のドルを監視する国際機関をつくれという意見がそれに対応するであろう。しかし、病気の重さに対する対策としては、いずれも心許ないと思われる。

さらに、一見関係がないように見えるが、実はこれらの動きと緊密な関係を持っている記事もあった。一つは、アジアの多国間自由貿易圏構想である。これはこれからの経済を、グローバルで行くのか、それともブロック化するのか、という大きな問題に繋がっている。もう一つは、コメの先物市場の復活である。価格形成の場ができて透明性が高まるという表看板は立派だが、外国為替市場における先物取引のように、先物取引には弊害があることを忘れてはならないだろう。さらにもう一つ、経済成長偏重の生き方を根本的に見直すべきだという意見を紹介した論説である。これは、将来の道筋を暗示するものであるが、これが難題であることは直ちに分かる。

この最後の論説には、病気の原因を探るという姿勢が見えるが、新聞報道の特徴からか、原因を追求する記事は少なかった。そこで、現在罹っている病気の原因を探究してみよう。本書は、現在の病理現象からスタートするという方法を採っているので、原因の探究ということになれば、現在から過去に遡ることになる。では、どこまで遡ればよいのであろうか。

歴史は原因と結果の連鎖によって繋がっているので、現在から過去に遡って原因を追求するときには、際限なく過去に遡らなければならないことになる。しかし、現在起こっている病気の原因は近い過去にあり、近い過去に原因が見当たらなければ、さらに少し遡るという方法をとれば、おおよそのところ、一九二九年まで遡ればよいということになるのではないだろうか。この年、日本では井上準之助が蔵相になって緊縮財政を行いはじめ、米国ではニューヨーク株式市場の大暴落によって大恐慌が起こった。その後、日本では高橋財政に代わって赤字国債を発行し、米国ではルーズベルトのニューディール政策が行われ、やがて第二次世界大戦が勃発して、一九四五年の終戦の日を迎えるまで、人々は戦争の渦中に放り込まれていた。終戦直後の日本は、戦後の復興に追われていたが、やがて高度成長の波に乗った。そして、一九八五年頃に本格的になる地価暴騰が起こり、それが終焉した一九九〇年以降は、「失われた一〇年」といわれる低迷期に入った。一方米国は、消長の波があったものの長く経済的な隆盛を誇っていたが、二〇〇八年秋にはじまる金融危機によってその地位が揺らぎ、大きな病気を抱えて、その巨体をさらしている。

これらの歴史的な事実については、これまでに随所で触れたが、これを順序立ててきちんと論じるとすれば、何冊かにわたる経済史を書く必要があるだろう。しかし、それは本書の目的とは異なるので、これまでの経済史の業績に委ねることにしたい。本書は、「先取り」という概念を使って、病理現象を解明することが目的なので、過去に遡るのならば、日本では一九八五年の地価暴騰の少し前まで、米国では二〇〇八年秋のリーマン・ショックの少し前まで遡れば、十分とは言えないまでも、まずはよかろうということになると思う。地価暴騰の少し前から終焉したことまで、リーマン・ショックの少し前からその後の影響までについては、既に述べたので繰り返さないが、これらの詳細な事実や評価については、これまで述べたことだけでは十分でない。しかし、そのことについても多くの著述があるので、それらの著書に委ねることにさせていただきたい(1)。

現在直面している病気はいろいろあるが、そのなかで最も重篤なものは、膨張した国家債務の大きさと溢れるほどの貨幣の量である。これは主として、それに先立つ地価暴騰とサブプライム・ローンによる「先取り」が産出したものである。結論を先に言うことになるが、原因の筆頭にあげるべきものは、地価暴騰とサブプライム・ローンによる「先取り」である。

既に見たとおり、地価暴騰とサブプライム・ローンによってかき集められたマネーは、為替の自由化の波に乗って、世界中を駆け巡った。そのマネーは、新興国の経済発展を促したが、「過ぎたるはなお及ばざるが如し」という格言どおり、あちこちでインフレーションを起こし、人々を物価高で悩ませるようになった。そして、一九九〇年には日本の地価暴騰が終焉し、二〇〇八年には米国のサブプライム・ローンが破綻した。

詳細は省略するが、このとき政府がとった対策は、日本も米国も、財政出動をして金融機関等を救済するという対症療法である。

日本では、一九九五年に住専（住宅金融専門会社）に六八五〇億円の公的資金を投入することが決定された。[2] 一九九八年に破綻した日本長期信用銀行は一時国有化され、七兆八〇〇〇億円強の公的資金が投入された。[3] また、日本債券信用銀行の破綻処理では、三兆二〇〇〇億円弱の公的資金による金銭贈与が行われた。[4] そして、一九九二年度から二〇〇八年度までに、預金保険機構が金融機関に投じた公的資金は、資本注入は別にして、金銭贈与一八兆八六七三億円、資産買取六兆三六八〇億円、瑕疵担保支払約一兆二二〇〇億円で、合計約二六兆円強にのぼった。[5] しかし、金融機関に資本注入したものもあるし、金融機関以外にも公的資金が投入されているから、二六兆円をはるかに超える公的資金が、いわゆるバブル崩壊後の不良債権処理のために投入されたことになる。

また、米国でも、ブッシュ前政権が総額七〇〇〇億ドルの公的資金枠を用意し、金融機関に資本注入した。そして、二〇〇九年二月一〇日、オバマ政権は、官民合同で不良債権を買い取る基金を創設することを柱とする新たな金融安定化策を発表した。その額は、最大で二兆ドル超になる。[6] さらに、同月一八日には、金融危機の原因になっている住宅ローンの焦げ付き増加に歯止めをかけるために、政府が返済額を大幅に減らすことを盛り込んだ救済策を発表した。そこで投入する公的資金の総額は七五〇億ドルで、支援する対象は、最大九〇〇万の住宅所有者であるという。[7] そして、ゼネラル・モーターズ（GM）、シティ・グループ、ベアー・スターンズ、アメリカン・インターナショナル・グループ（AIG）などに巨額の公的資金が投入された。サブプライム・ローンの破綻に発する金融崩壊に対して米国が投入する公的資金の額は、恐らくまだ集計されていないだろう。また、集計の方法によって数字が異なるかもしれないが、二兆ドルには軽く達するのではないだろうか。二〇〇九年の集計で、約一兆五〇〇〇億ドル（住宅ローン関連の不良債権買取に七〇〇〇億円、政府系住宅金融機関の支援その他に八〇〇〇億ドル）という見解もある。[8]

なお、サブプライム・ローンの破綻によって、財政出動を余儀なくされたのは米国だけでない。サブプライム・ローンの影響が比較的少なかった日本でも、ほぼ同じ時期に追加経済対策の財政支出を一五兆円とする補正予算措置がとられた。また、二〇〇九年四月に行われた主要20か国・地域（G20）の金融サミット（緊急首脳会議）では、総額五兆ドルの財政出動を行うことが決まり、欧州各国でも金融危機に対して公的資金を投入することが決められた。

表2　一般会計における歳出・歳入の状況

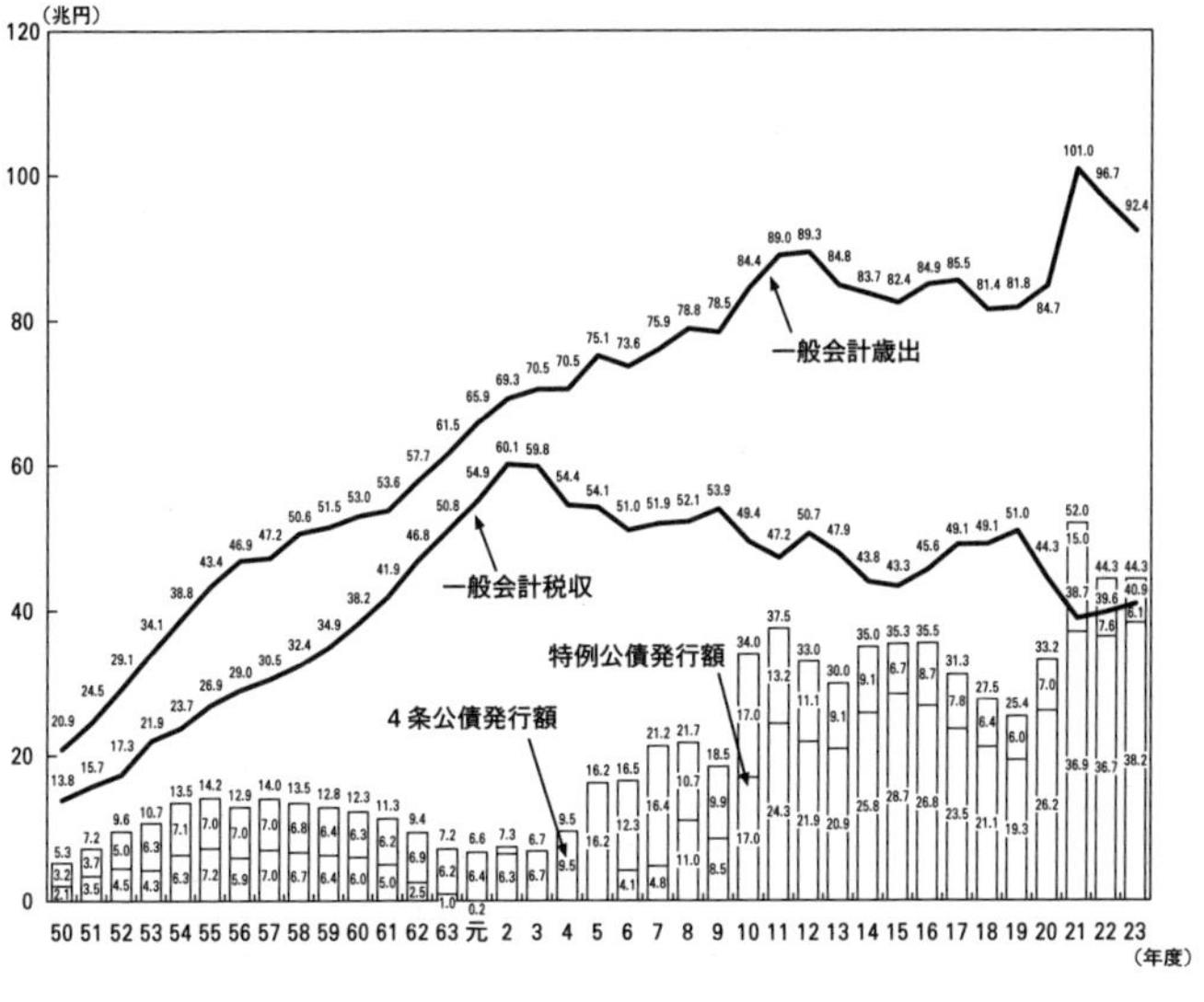

ところで、財政出動をするためには、国債を増発しなければならない。一つひとつの財政出動をする度ごとにそれに対応する国債を発行するわけではないが、国に財政出動をするための財源が用意されていることは稀であろう。したがって、財政出動をするならば、いずれ国債を増発するはめになる。

日本の地価暴騰もサブプライム・ローンも、世間では「バブル」と呼んでいるが、前に述べたとおり、私は、「バブル」でなく、「先取り」であると考えている。したがって、地価暴騰やサブプライム・ローンの崩壊によって財政出動が要請され、国債が発行されることは、「先取り」が地価暴騰やサブプライム・ローンから国債に姿を変えたものであるということになる。

表3　公債残高の累増

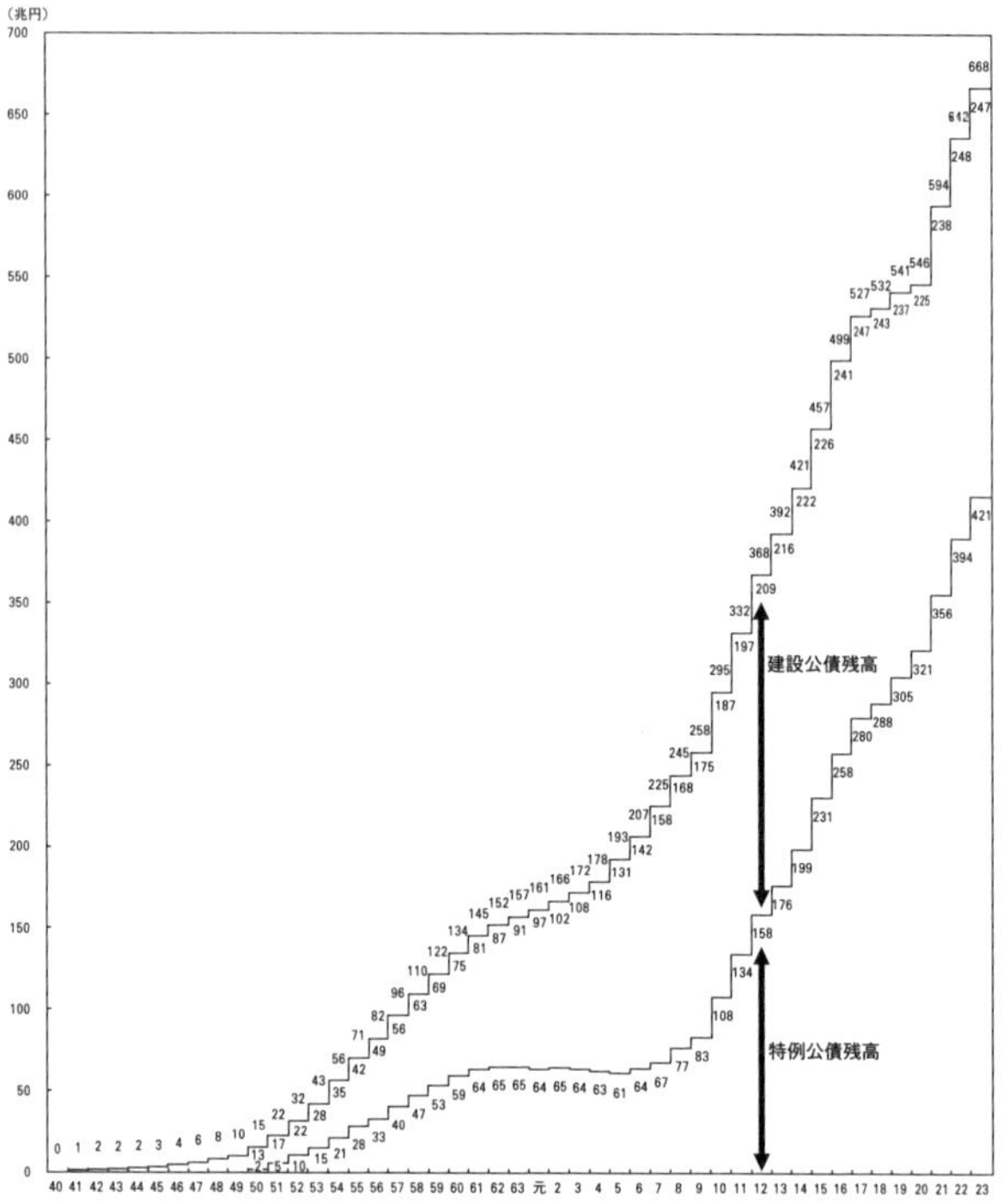

もとより、地価暴騰やサブプライム・ローンの「先取り」だけが国債の「先取り」を促すものではなく、したがって一対一に対応し、数字がピタリと合うわけではないが、大局において、地価暴騰やサブプライム・ローンによって「先取り」された「虚の価値」、すなわち中身のない空っぽの価値は、国債の中に移動したと言ってよいだろう。

　地価暴騰やサブプライム・ローンを「バブル」と呼ぶ経済学者やエコノミストなども、その崩壊後と財政出動のための国債の増発とに何らかの関係があることを前提として立論されているが、消えてしまうはずの「バブル」と実在する国債との関係を説明することは難しいだろう。したがって、その関係は、「バブル」崩壊後には国債が増発されるという現象の関連性で説明することになる。しかし、「先取り」が姿を変えただけで、「虚の価値」が移動するという私の見解は、いわば物理的にそうなるという説明である。そのことを実証することは、厳密にすることを要請されるのであれば別であるが、おおまかに言えば、地価暴騰、サブプライム・ローンが盛んに行われたときと、終焉後の国債の新規発行額および発行残高の比較、あるいは財政赤字の増加の変化を見れば分かるであろう。

　前出『国家は破綻する』では、銀行危機と国家債務の急増との関係であるが、データをあげたうえで、「銀行危機後に政府債務が急増するのは、一世紀も前から見られる決定的な特徴である[9]」という、同様の結論を導いているが、これを日本の地価暴騰、米国のサブプライム・ローンについて見ておこう。

表2と表3は、日本の「先取り」が地価暴騰から国債に姿を変えたことを見るために、財務省の『日本の財政関係資料――平成二三年度予算　補正資料――』の「一般会計における歳出・歳入の状況」(表2)、「公債残高の累積」(表3)を転載したものである。ここから分かるのは、地価暴騰が税収に反映していた一九八七年度(昭和六二年度)から一九九二年度(平成四年度)までは国債の新規発行高は少なかったが、一九九三年度(平成五年度)からは新規発行高が増え、発行残高が急速に膨張していることである。

また、表4は、米国の財政収支の推移である。米財務省が二〇一一年一〇月一四日に発表した一一年度(一〇年一〇月～一一年九月)の財政赤字は、一〇年度比〇・三%増の一兆二九八六億一四〇〇万ドルと〇九年度から三年連続で一兆ドルの大台を突破し、過去最大の〇九年度に次ぐ二番目の高水準となった。〇八年秋のリーマン・ショックで大規模な財政支出に踏み切ってから、財政悪化が改善されておらず、オバマ政権にとって重い課題となっている[10]。サブプライム・ローンの崩壊後の二〇〇八年以降に、「先取り」が国家債務に姿を変え、その結果以上に見るような財政赤字の急増になっていることは一目瞭然である。

以上によって、「虚の価値」が国家債務に移動したことが明らかである。病気の原因を探究するということに譬えれば、現在の国家債務の膨張という症状は、もとからの「先取り」によって起こっていることになる。

表4　米財政収支の推移

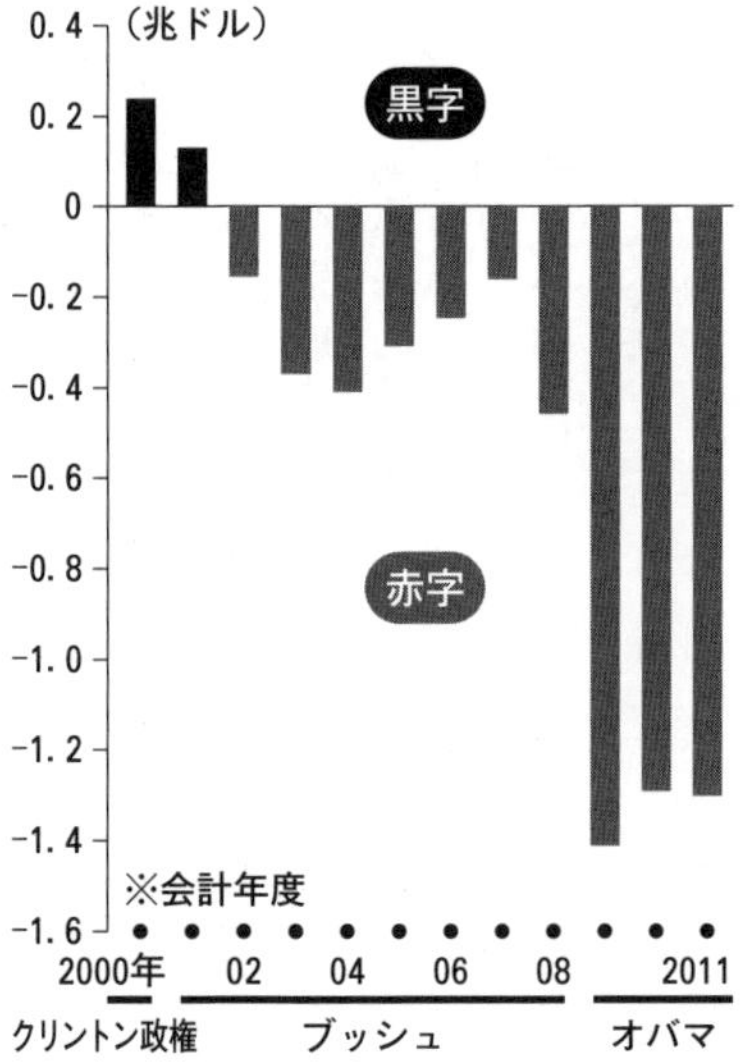

こうして、現在のところ、「先取り」は国家債務に集約されてきた。もとより、個人レベルでも、企業レベルでも、「先取り」は行われているが、「先取り」が国家にほぼ集約され、「先取り」によって創造されたマネーが、それを巡ってグローバルにやり取りされているところに大きな特徴がある。しかし、それは現在の大まかな特徴に過ぎないから、「虚の価値」を移転することによって、さらに姿を変える可能性は残っている。

現在のところ「先取り」が国家債務に集約されているということは、国家の手の中に、あらかたの「虚の価値」があるということである。このことには、一長一短がある。野放図に「先取り」が世の中に蔓延しているよりも、国家の手の中にある方がコントロールしやすいかもしれない。しかし、それは次章に見るように、一筋縄にはゆかないだろう。この「先取り」に手を焼いて、国家権力がおかしな方向に発動されることがあるかもしれない。そんなことはあり得ないという保証は、どこにもないのである。

(1) これまでに引用した著書があるが、ここではとくに、前出『金融政策の誤算』、『日本の失敗を後追いするアメリカ』をあげておきたい。
(2) 前出『日本のバブル』一七九頁
(3) 同書二〇〇頁
(4) 同書二〇八頁
(5) 同書二〇九頁
(6) 二〇〇九年二月一二日付毎日新聞夕刊
(7) 二〇〇九年二月一八日付朝日新聞
(8) 国家破綻研究ブログ・世界金融危機（8）
(9) 前出『国家は破綻する』三三八頁
(10) 二〇一一年一〇月一五日付毎日新聞

3 出口のないジレンマ

このように見てくると、現在の経済が罹っている病気をどのような方法で治療するか、という問題に取り組まなければならないと誰でも思うであろう。書店に行けば、そのテーマにこたえる著書がたくさん並んでいる。したがって、それらの著書を引用したうえで私の見解を述べるのが、最もオーソドックスな方法である。しかし、そのような方法を採用すれば、徒にボリュームが増えるばかりになるだろう。そこで、ここでは引用は最小限にし、私の論理の筋道に従って述べさせていただくことにしたい。

この段階では、治療法を述べる前に、この病気の性格をよく知ることが必要だと思う。多くの著書の中では、治療法を述べる過程で一緒に病気の性格が述べられているが、私は、病気の性格を取り出して、独立に見るという方法を採用したい。なお、これまで「病気」とか「治療」という言葉を使ったが、もとよりこれは比喩であって、「病気」は「現在の経済が抱えている深刻な問題」という言葉に、「治療」は「解決法」という言葉に、それぞれ戻す方がよいだろう。したがって、目下のテーマは、現在の経済が抱えている深刻な問題の解決法を考える前に、その問題の性格を独立に考えるということになる。

では、現在の経済が抱えている深刻な問題は、どのような性格を持っているのであろうか。

結論を先に言えば、現在の経済は複雑なジレンマの体系であって、深刻な問題を解決しようとしても、さまざまなジレンマに直面して、容易に解決を見出せないという性格を持っているのである。

およそ「問題」と言われるものは、大なり小なりジレンマを抱えている。こちらに良いことは、あちらにとっては良くない。全体にとって良いことでも、個にとっては苛酷なこともある。その意味では、現在の経済が抱えている深刻な問題も、一般に「問題」と言われるものと同じ性格を持っているものであるが、そのジレンマの複雑さが半端ではないのである。

このことを国家債務の膨張という問題に即して考えてみよう。

このとき、日本の国家債務が九二四兆円に及んでいること、米国の国家債務が一四兆二九〇〇億ドルを超えること、そして、その国内総生産（GDP）に対する割合は日本が二二〇・四％、米国が九一・二％であることを念頭に置いて考えることにしたい。これは、ここまで膨張した国家債務自体にジレンマがあることを示している。

ここまで国家債務が膨張した理由は、国の財政が長年にわたってプライマリー・バランスを崩し、歳出が歳入を大幅に超えていたことにある。また、金融機関の破綻を招かないようにするために財政出動をしたので、いっそう国家債務は増加した。しかし、ここまで国家債務が膨張すると、一般会計歳出の各費用の相互間のジレンマが厳しくなるのである。このことを日本の財政について見ておこう。

財務省の『日本の財政関係資料――平成二三年度予算　補足資料――』によれば、一般会計歳出総額九二兆四一一六億円のうち、国債費が二一兆五四九一億円（二三・三％、うち債務償還費一二・五％、利払費等一〇・八％）であるのに対し、社会保障は二八兆七〇七九億円（三一・一％）、地方交付税交付金等は一六兆七八四五億円（一八・二％）、文教及び科学振興は五兆五一〇〇億円（六・〇％）、公共事業は四兆九七四三億円（五・四％）、防衛は四兆七七五二億円（五・二％）、その他は一〇兆一一〇六億円（一〇・九％）である。

限られた予算の中で、こちらを増やせばあちらを減らすというジレンマがあることは当たり前のことであるが、問題は、国債費が二三・三％も占めているので、残りの七六・七％の中にジレンマが生じるということである。すなわち、ジレンマが濃縮されていて、解決をすることが難しいということを示している。このことは、大量の国債発行が財政を硬直化するという言葉で一般には説明されている。

表5は、前記資料の中にある「一般会計歳出の構成の変化」を転載したものである。ここには、「一般会計歳出に占める国債費の割合は、公債発行の累増により趨勢的に高くなってきており、他の政策的な支出を圧迫しています」というコメントがついている。表5で注目すべきところは、一九八〇年度と一九九〇年度の間に地価暴騰が起こり終焉したことである。そして、一九八〇年度の国債費が一二・七％であるのに対し、一九九〇年度の国債費が二〇・七％に増えていることである。このことによって、地価暴騰が後に国債発行の増発を促し、財政の硬直化が一気に進んだこと、私の言葉で言えば、財政の

中のジレンマがいっそう厳しくなったことが分かる。
　このことはまた、経費の削減が思うようにならなくなったことを示している。これほど財政が硬直化すると、経費節減の限界がはっきり見えてくる。

表5　一般会計歳出の構成の変化

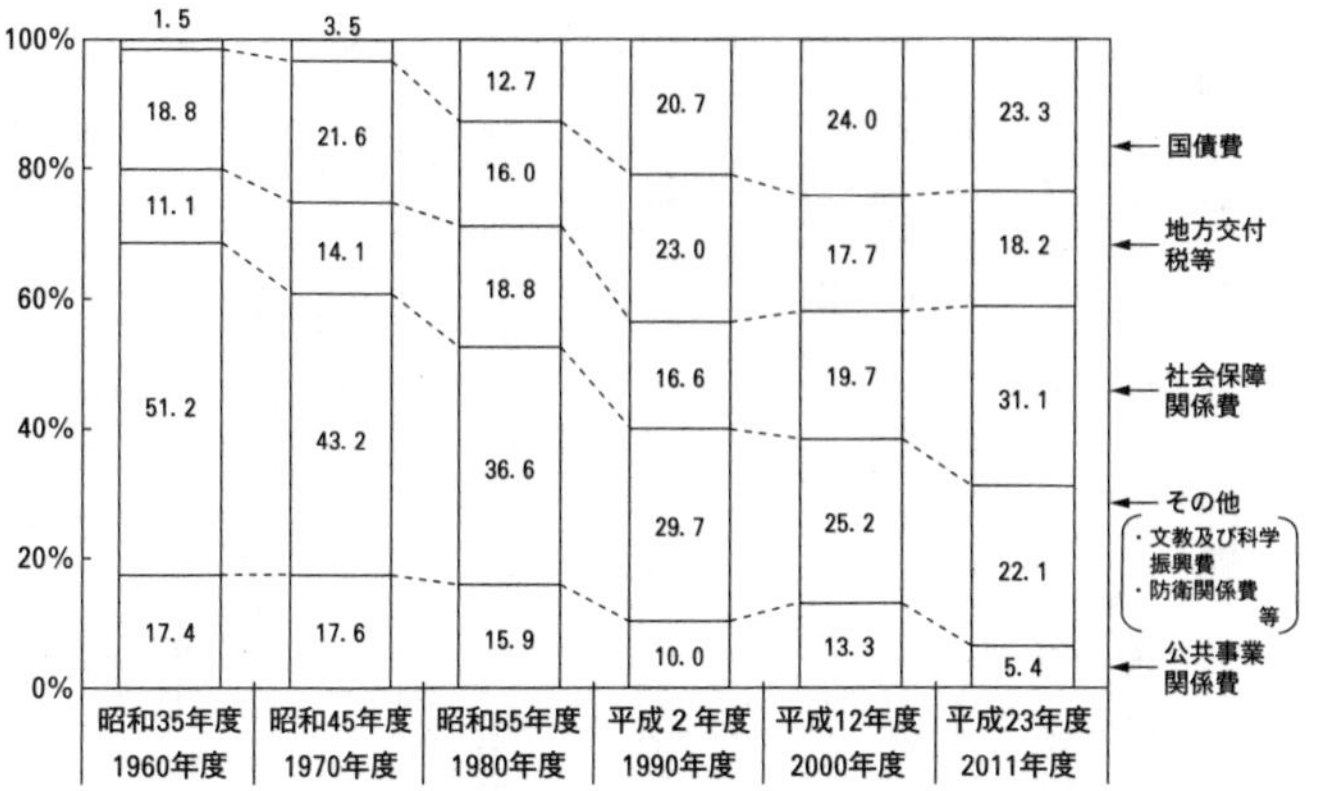

　では、増税によってこのジレンマを打開しようということになるが、そのときはまた、次のジレンマが待っている。増税によって消費が冷え込み、不況になれば、歳入が減って、また国債を増発する必要が出てくるであろう。このとき国債発行を控えたり、増発を抑えたりすれば、社会保障費や公共事業費などを思い切って削減する必要があるだろう。そうすれば、さらに景気を冷え込ませることになり、歳入を減らす結果になる。
　ここで登場するのは、経済成長を促して、歳入を増やす方策である。この解決策が多数説であろう。アタリも、「公的債務の危機に対する本当の解決策とは、結局のところ、経済成長である」と言っている[1]。また、二〇一一年八月八日のG７の共同声明にも、「金融安定化と成長を支えるために必要なあらゆる手段を講じることを確認」とうたわれた。たしかに、経済成長が可能であれば、万事うまくゆくので、それに越したことはない。しかし、それは可能なのだろうか。
　サブプライム・ローンの破綻によって引き起こされた金融危機は、米国だけでなく世界を同時不況に陥れた[2]。日本も例外でなく、景気の低迷にあえいでいる。げんに、内閣府が一五日発表した一一年四〜六月期の国内総生産（GDP、季節調整済み）速報値は、物価変動の影響を除いた実質で前期（一〜三月）比〇・三％減、年率換算で一・三％減となった。これは、3四半期連続のマイナス成長で、東日本大震災で生産が打撃を受け、輸出が落ち込んだことが原因とされている[3]。このような状況で、景気の浮上をねらって各国は低金利政策をとっているが、とくに日本と米国は実質的にゼロ金利政策に踏み切っている。したがって、これ以上の金融緩和をはかるのであれば、量的金融緩和政策をとらざるを得ないだろう。しかしそうなれば、インフレの懸念が出てくるとよく言われている。あるいは、ハイパー・インフレーションが起こると予想する論者もいる[4]。ハイパー・インフレーションはともかくとして、国内に溢れるマネーは、中国やアジアの新興国に流れて、国内産業を空洞化し、国内の失業率を高めるであろう。金融緩和政策をとらなければ経済成長は望めない、金融緩和政策をとればこのような問題が起こると言うジレンマに立っているのである。

経済成長に関して言えば、技術力を高めて競争力をつければ、十分に新興国に対抗することができるという見解もある。たしかに、実体経済の足元から積み上げてゆくことは大切である。しかし、これは、日本生き残りのための方策であって、日本という地域に限定したものに過ぎない。世界中にマネーが溢れているときに、その洪水に耐え抜いて生き残ることは並大抵のことではない。また、せっかく高めた技術を海外に持って行かざるを得ないという事態が起こりかねない。

ここでは国家債務だけをとりあげたが、さまざまな分野で、現在の経済は複雑なジレンマを抱え、出口を見つけられない状況に陥っている。例えば、環境問題と経済成長、エネルギー問題と原子力発電と並べればそこに二律背反のジレンマがあることが分かるが、じつはこれは、環境問題と経済成長とエネルギー問題と原子力発電の複雑なジレンマであって、しかもそこに国家債務の膨張という問題が被ってくるのである。

こういうジレンマに直面すると、これまでの経済学の理論で、果たして解決できるかという問題に突き当たる。

フリードマン流の投機の安定化論、自由な市場の擁護論が正しいとすると、財政出動による政府介入は否定されるはずである。それを信奉したブッシュ政権の本来の立場は市場原理主義であり、財政出動をして金融機関を救済することには反対するものであった。にもかかわらず、サブプライム問題の深刻さによって、本来の立場を放棄せざるを得なくなったのである。[5] これは、サブプライム問題以前に主流の位置を占めていた新自由主義の経済理論を自ら否定したことを示している。新自由主義の経済理論に代わって、ケインジアンの経済理論が復活した。金融機関を救済するために財政出動することを正当化したのは、ケインジアンの理論であると言ってよいだろう。しかし、今やその財政出動によって膨らんだ国家債務に苦しんであるのである。

そこで登場するのが、マルクスの経済理論である。リーマン・ショック以来、マルクスの著書が読まれていると仄聞している。しかし、マルクスの理論によって、現在の経済の複雑なジレンマを解決することができるだろうか。社会主義の結末がどうなるかということは、ソヴィエトの崩壊によって、歴史的事実として人々は知っている。

私は、これほど大きなジレンマを抱えたときに、うまく解決することができた歴史的事実があることを知らない。一時的にあったかもしれないが、長続きしたとも思えない。

では、こういうときに、歴史的事実としては、何が起こったのだろうか。ほとんど例外なく、「収奪」が起こるのである。第二章の歴史的事実を思い起こすと、すべからく「収奪」によって彩られていることに思い当たるはずである。

（1）　前出『国家債務危機』三九頁
（2）　前出『日本の失敗を後追いするアメリカ』四頁
（3）　二〇一一年八月一五日付毎日新聞夕刊
（4）　徳川家広『バブルの興亡　日本は破滅の未来を変えられるか』（講談社）二三四頁～二三五頁
（5）　前出『金融政策の誤算』一九九頁

4　収奪の矛先

では、どのような収奪が起こるのであろうか。

そのことを考える前に、「収奪」という言葉の意味をはっきりさせておこう。辞書によれば、「収奪」とは、「(権力をもつ者が）うばいとること」（大辞林）とある。ここで括弧に入っている「権力をもつ者」は、必ずしも国家ではない。奪い取られる方から見て、何らかの組織や社会制度や事件によって、自分の手元にある財産や労働力を取り上げられたり、自分の手元に入るはずの金銭が入らなかったりすることを、ここでは「収奪」と言うことにする。したがって、国家が直接収奪しようと意識しなくても、組織や社会制度や事件を通じて人々を収奪する仕組みがあり、実際に収奪される結果が生じれば、それをもって、収奪が起こったことになる。

サブプライム・ローンをはじめとする膨大な「先取り」が行われ、国家債務が膨張して身動きができないほどのジレンマを抱えてしまったときに起こることは、大抵は「収奪」である。その苦境を脱却するためにいろいろなことが提言され、また試みられることは貴重であるが、確率的には、「脱却」よりも「収奪」という結末になる方が高い。このことは、歴史が教えてくれている。

ここで大切なことは、収奪の矛先がどこに向かっているかである。それは、巡り巡って、大多数の生身のヒトに向かっているのである。例えば、失業して再就職ができない人は、すでに自分に矛先が向けられていることを身に沁みて知っているだろう。その意味では、すでに収奪ははじまっているのである。そこで、現在進行形の収奪が、この先どこに進むのかという観点から、どのような収奪が起こるかを予測してみよう。これは、あくまでも予測であるから、起こるか起こらないかは確率の問題である。また、どちらかというと悲観的な予測であるから、起こらない方が望ましい。しかし、歴史的にはすでに経験ずみのことであるから、あり得ないことではない。いずれにせよ、悲観的予測をしておけば、それを回避する方策を思いつくことがあり、また備えもできるから、それなりの意味があるだろう。

アタリは、前出『国家債務危機』の中で、国家の過剰債務のさらなる増大、ユーロ破綻と世界不況、ドル破綻と世界的インフレ、世界的不況からアジアの失速、と段階を踏んで進行する「最悪のシナリオ」を想定し、これは、「想定できる中での最悪のシナリオではない。これまでもしばしば起こってきたように、戦争や革命が勃発したりするシナリオも想像できる」と述べている。(1)

アタリはこの過程で世界的なインフレーションが起こることを予測しているが、アタリ以外にもインフレーションが起こることを予測する論者は多い。(2) しかし、私は、起こるとすれば、インフレーションではなくて、深刻なスタグフレーションだと思っている。

価値と価格の病理現象を扱うときに、必ず取り上げられる現象は、インフレーションとデフレーションであろう。インフレーションは、一般的な物価水準が持続的に上昇すること、あるいは一般的な物価水準の逆数である貨幣価値（一単位の貨幣がどれだけの財・サービスと交換できるかというときの貨幣の値打ち）が持続的に下落することである。その程度や物価上昇の速さによって、クリーピング（忍び足の）・インフレーション、ギャロップ（駆け足の）・インフレーション、ハイパー（超）・インフレーションと呼ばれるが、長い時間をかけて物価水準が徐々に上昇するインフレーションは、適度の経済成長期には起こることであって、むしろ健全な経済現象だとされている。

はじめのうちインフレーションは、第一次世界大戦後のドイツマルクのように、通貨膨張に起因する物価の暴騰、通貨の下落を指していた。しかし、一九三〇年代に世界恐慌を経験した後は、制度的には管理通貨制度（通貨当局が政策目標に照らして通貨量を管理調節しようとする通貨制度）に移行し、理論的にはケインズ理論が台頭して、非貨幣要因によるインフレーションが発生した。その中には、①総需要の構成因子が何らかの理由で増大し、経済全体として超過需要を発生させ、物価水準を上昇させるもの、②輸入原材料価格の上昇、労働組合の圧力による賃金上昇、企業の独占・寡占状態での管理価格などの供給側の費用要因によるもの、③経済に好況部門と不況部門が並存し、好況部門では価格が上昇するのに対して、不況部門では下落せず、全体として物価水準を上昇させるもの、④生産性上昇の高い部門での賃金上昇が低生産性部門の賃金上昇へと波及することによって、全体として物価水準を上昇させるものがあり、それぞれにインフレ理論が展開されている。

以上は、一般に言われているインフレーションであり、それぞれその通りであると思うが、私は、インフレーションの最も重要な原因は、「先取り」であると考えている。価値と価格の乖離は、まだ現実になっていない空っぽの価値、すなわち「虚の価値」を「先取り」することによって起こることである。前記①～④の原因で起こる物価上昇の中に、「先取り」が入っていなければ、インフレーションの程度・速度はせいぜいクリーピング・インフレーションであろうから、そこそこの財政政策や金融政策で乗り切ることができるかもしれない。しかし、その中に大きな「先取り」が入っていたり、①〜④以外のところで相当な「先取り」が存在すれば、容易に解決できないギャロップ・インフレーションやハイパー・インフレーションを起こすであろう。そうなると、人々の生活や経済、社会に及ぼす影響は甚大になる。第二章の「先取り」の歴史に見たように、さまざまな形態の「先取り」は、結果として一様に経済、社会に壊滅的な、場合によっては体制を崩壊させるほどのインフレーションを起こしているのである。

ここで、デフレーションについても言及しておこう。

デフレーションは、インフレーションの反対の状態で、通貨収縮による物価水準の下落であるとされていた。通貨供給量が金にリンクされている金本位制のもとでは、インフレーションとデフレーションは、対称的な現象としての意味をもっていたが、管理通貨制度の採用と、価格・賃金の下方硬直性が顕著になったことによって、経済に超過供給が存在する場合でも、物価は下落しなくなった。その結果、デフレーションは、産出量低下や失業の増加を意味するようになり、物価変動に関するインフレーションとの対称性は失われるようになった。

ここで問題になるのは、デフレーションの状態のときには、「先取り」が行われていないかということである。私は、デフレーションと「先取り」は重要な関連があると考えている。その一つは、デフレーションを起こす原因にある。それが企業であるならば、価格・賃金の下方硬直性と通常言われているものの中に「先取り」した「虚の価値」が入っているために、硬直性をいっそう強くしているのである。その結果産出量低下や失業の増加をもたらし、デフレーションに陥るのである。また、それが国家であるならば、国債の増発という「虚の価値」によって財政が硬直化し、有効な需要を起こすことができなくなる。これも、デフレーションの原因になる。

もう一つは、デフレーションの結果として、さらに「先取り」を行うという悪循環に陥ることである。デフレーションは、インフレーションとは逆に、価値と価格が逆転し、その乖離は価値と価格の差としてあらわれる。それは、価格破壊という現象にあらわれるが、企業ならば価値と価格の差を埋めるために、社債を発行するなどの「先取り」を余儀なくされるであろう。そして、国家ならば、歳入の不足を国債の発行で補うことは、もはや財政の常套手段になっている。

こうして見ると、デフレーションの状態でも、「先取り」が行われること、すなわち、「先取り」が経済の構造に組み込まれていることははっきりした事実として認識できると思う。

インフレーションとデフレーションを見たので、スタグフレーションについても触れておきたい。

スタグフレーションは、スタグネーション（景気停滞）とインフレーションの合成語で、産出量低下あるいは失業率の上昇と物価水準の持続的上昇の並存した状態をいう。一九五〇年以降、このような状態は何度か経験しているが、とくに一九七三年の第一次石油危機後に世界各国で高率のインフレーションと失業が同時発生し、長期化したことから注目されることになった。スタグフレーションの現象は、何らかの原因（石油価格の大幅な値上げなど）で急速なインフレーションが発生し、政府がその克服のために総需要抑制政策をとったときには、価格と賃金が下方硬直的な現在の経済では、物価が安定しないまま、生産の縮小と失業が生じる。このように、スタグフレーションは政策と関連づけて説明されることが多い(3)。

ここで、「先取り」という分析道具を使うと、スタグフレーションについて、もう少しはっきり見えてくるものがあるのではないだろうか。

すなわち、「先取り」が亢進している経済体制のもとでは、常に貨幣価値を下落させようとする圧力がかかっているから、景気停滞のもとでも、インフレーションに向かうインパクトが働いている。一方、国債発行残高が増大すると、歳出の節減を迫られ、財政は硬直する。また、「先取り」をした企業は、その「虚の価値」がコストに潜り込み、会計を硬直化させるので、好況期のもとでも、成長抑制へ向かうインパクトが働いている。

「先取り」の質量が増大すると、この二つのインパクトが同時に働き、それがスタグフレーションの原因になる。

以上のことを前提として、私は、一九九一年に、次の仮説を立てた。すなわち——、

価値の先取り体制のもとでは、常に貨幣価値を下落させようとする圧力がかかっているからインフレーションへ向かうインパクトが働く一方、国の財政、企業の会計を硬直させるから景気後退へ向かうインパクトが働いている。これがスタグフレーションの原因である。(4)

これが私の「スタグフレーションの仮説」であるが、実際には、インフレーションへ向かうインパクトと景気後退へ向かうインパクトは相殺し合っているので、表面的にはスタグフレーションはあらわれない。しかし、もし、「先取り」がなければ、インフレーションへ向かうインパクトはないから、景気後退は現状よりもすすむはずである。すなわち、企業や国家の「先取り」が極端なスタグネーション（景気停滞）を抑制しているのである。このように考えれば、国債を多発している先進諸国は、潜在的、慢性的なスタグフレーションの状態にあると言ってよいと思う。その「先取り」が雇用を削り込んで、いつまでたっても、失業率は改善しないのである。

したがって、表面にあらわれない潜在的、慢性的なスタグフレーションによって、人々は、絶えず収奪されているのである。

しかし、普段は表面にあらわれないが、「先取り」の質量が増大して、相殺できないほどバランスが崩れれば、スタグフレーションが経済の前面に出現して、人々は激しく収奪される。第一次オイル・ショック後の不況期に、日本でスタグフレーションが起こったのは、日本列島改造論による地価の暴騰などによって「先取り」した「虚の価値」の質量が増大していたために、このエネルギーが一気に貨幣価値を下落させる圧力をかけたものである。

インフレやデフレ、あるいはスタグフレーションによらなくても、「虚の価値」の爆発によって、巨大な収奪が起こることがある。アタリが指摘したように、歴史的には戦争も起こっているのである。

戦争が起こる前に、軍国主義の台頭があるだろう。成長と経済の変容のエンジンとして働く兵器産業が軍国主義に伴っているならば、軍国主義を推進することによってジレンマを克服しようという動きが出てくることはあり得る。ボブ・ローソンは、『現代資本主義の論理　対立構造とインフレーション』（新地書房）の中で、「軍国主義が資本に有利な経済的政治的諸条件をつくりだし、それによって利潤を増加させる形で所得を再分配する役に立つかどうか」という問題を設定し、「然りだと思う」と言う。そして、その理由を二つあげ、次のように言っている。

第一に、軍国主義には、ただ単に武器と軍隊への支出を行うということ以上の意味がある。それは権力機構全体の一部なのであって、そのなかで、多くの場合資本家と地主からなる支配集団は、その地位を維持し、社会の他の人々からの搾取を強化する。もしこの権力が民衆の生活水準を押さえつけるのに使われるならば、搾取率が非常に大幅に引き上げられる結果になり得る。これによって利用可能となった追加的な剰余価値は、軍事やその他の国家の出費を控除したのち、なお充分に資本家階級に追加的な利潤をもたらしうるかもしれない。もしこうなれば、軍国主義は、たとえ資源の大幅な浪費を伴うとしても、利潤を上昇させるだろう。第二に、軍国主義には、手厚い保護を受けた技術と生産力の発展があろうから、生産性は急速に上昇し、たとえ生活水準が引き下げられないとしても、ますます多くの剰余価値が生産されうるだろう。(5)

これは、設定された問題に対する答えに過ぎない。しかし、ここにある第二の理由は、軍国主義を支持する勢力からよく聞かれる言説である。それにしても、軍国主義の台頭によって収奪が行われることが、ここから浮かび上がってくることは確かだろう。当然のことであるが、ローソンは軍国主義を是としているわけではなく、「資本にとってさえも、軍国主義は理想的な解決策だというわけではない。なぜなら、それには、そうでなければ蓄積や消費に使えたはずの膨大な資源の浪費が伴うし、また、それとともに戦争の危険も生じるからである」と言っている。(6)

しかし、油断はできない。戦争という収奪によって矛盾を解決しようとした実例は、ヒトは歴史の中にいっぱい持っているのだ。

戦争に至らなくても、収奪はほぼ日常的に行われているし、これからも行われるだろう。大中小の企業の倒産、金融機関の破綻、失業率の上昇の波はすぐ近くまでやってきているし、すでにその波を被ったり、飲み込まれたりした人も少なくない。そして、アイスランド、ギリシャに続いて、ポルトガル、スペイン、イタリアには、続々と債務不履行（デフォルト）の影が忍び寄っている。これらの国々にデフォルトが起これば、収奪は一段とその度合いを強めるであろう。

（1） 前出『国家債務危機』一八四頁～二〇〇頁
（2） 例えば、徳川家広『バブルの興亡』（講談社）二五三頁～二五四頁は、ハイパー・インフレーションが発生し、銀行の連鎖倒産、マネー・サプライの爆縮、一般企業の大量倒産、失業率の急上昇という廃墟経済が到来することを予測している。
（3） 本項のインフレーション、デフレーション、スタグフレーションの説明は、主として『体系経済学辞典第6版』（東洋経済新報社）によった。
（4） 前出『先取り経済 先取り社会』一二五頁～一二六頁
（5） ボブ・ローソン、藤川昌弘・小幡道昭・清水敦訳『現代資本主義の論理――対立構造とインフレーション』（新地書房）三二五頁～三二六頁
（6） 同書三二六頁

第八章　「先取り」による解体現象

1　貨幣の崩壊と凶暴な市場

体制の内部に矛盾があるときには、矛先を外部に向ける。これは、歴史上の経験から帰納される法則であると言ってよいであろう。だとすれば、矛先が外部に向けられるときには、体制の内部に矛盾があると言うこともできそうである。私の「先取り」仮説は、「生み出される前に先取りされた虚の価値が、後にいかにして実の価値として埋めつくされるかが、本質的矛盾である」というものであるが、これまでに述べたことによって、「本質的矛盾」の内容については、ほぼ説明を尽くしたと思う。

日米とギリシャなど少なからぬ国の経済は、重畳的な「先取り」に辛うじて乗っかっているものであり、その矛盾は誰の目にもはっきり見えるようになったが、問題は、その矛盾が解決できないほどの質量になってしまったことである。

この矛盾を解決することができなくなって暴発したときには、現象としては金融崩壊としてあらわれる。そして、金融機関を救済するために、莫大な財政出動が行われる。そのことについては、日本の地価暴騰が終焉したとき、米国のサブプライム・ローンが破綻したときのことをすでに見たので、ここで繰り返す必要はないと思う。

このような一連の経済現象に通底する事実は、「先取り」による貨幣の膨張であり、それとともに、市場が凶暴化してコントールができなくなることである。

前章**1**で二〇一一年八月一日から一四日までの二週間の動きを新聞報道で追ったので、それから後の二週間の動きを追ってみよう。

二〇一一年八月一六日、中国人民銀行は、人民元の取引の目安となる基準値を、一ドル＝六・三九二元に設定した。これは、一〇日から五営業日続けての値上がりで、年初来三・五％の上昇である。この値上がりで、二〇〇五年七月の人民元改革以降の高値を更新した。当局の元高誘導の背景には、インフレ抑制の狙いがあるようだが、長期的にはドル離れの兆候ともみられる。中国では米国債の格下げで「ドルリスク」への警戒感が高まっている。(1)

一九日午前のニューヨークの外国為替市場で円相場が一時、一ドル＝七五円九五銭まで上昇し、東日本大震災直後の三月につけた一ドル＝七六円二五銭の戦後最高値を五か月ぶりに更新した。米経済の先行き不安が高まってドルが売られ、比較的安全な通貨とされる日本の円が買われているのである。政府・日本銀行は、再度円売りの市場介入と追加の金融緩和を検討するとのことである。(2)

しかし、政府に切り札はなく、欧米景気の先行き懸念という根本原因が解消されない限り対応には限界があり、円高圧力を封じ込めるのは難しい。(3)けれども、このまま円高が続けば、日本からの輸出は全く成り立たなくなる。例えば、ホンダは、一円の円高が進むと年間の営業利益が一五〇億円目減りするところ、今年度の想定為替レートは一ドル＝八〇円としているので、このままでは年六〇〇億円が吹き飛ぶ計算になる。(4)

そして、為替と株価の見通しであるが、円相場をめぐっては、最高値圏での円高水準が定着するという見通しが多く、株式市場では日経平均株価が八〇〇〇円台前半まで下げるという見方が広がってきた。(5)世界的には、自国通貨安につながる金融緩和競争が激化する可能性も高く、日本が埋没する懸念すら漂っている。(6)

さらに、米大手企業では、相次いで人員削減が行われている。雇用と住宅市場の低迷で米景気が減速するとの警戒感や欧州の債務危機の拡大懸念などで、世界経済の先行き不透明感は強まっており、人員削減に踏み切る企業がさらに増える可能性がある。(7)

二四日、米格付け会社ムーディーズ・インベスターズ・サービスは、日本国債の格付けを上から三番目の「Ａａ2」から四番目の「Ａａ3」に一段下げると発表した。東日本大震災で政府支出の増加が見込まれるにもかかわらず財政赤字削減の具

体策が見えず、債務返済の可能性が低下したと判断されたのである。(8)

二六日朝、米連邦準備制度理事会（FRB）の議長バーナンキは、米ワイオミング州ジャックソンホールで講演し、九月の連邦公開市場委員会（FOMC）を二日間に延長し、「FRBがより強い景気回復を促進するため、適切な政策をとる意思がある」として、追加緩和の検討を続ける姿勢を示した。しかし、実際に追加緩和に踏み切るかとか、緩和の具体策については明言しなかった。また、米国の財政問題については、「財政が制御不能に陥っていくのは避けられず、経済と金融に深刻な打撃を与える危険がある」と警告した。二六日のニューヨーク株式市場は、議長から追加緩和の具体策が出なかったためダウ工業平均株価が一時、前日終値より二二〇ドル超の下落になった。しかしその後、FOMCを二日間に延長するとの表明は追加緩和の可能性を示したものだという分析が広がり、ダウ平均は上昇に転じ、一時一〇〇ドルを超える上げ幅になっている。これは、追加金融緩和への期待が高まっていることをあらわすとともに、米国の景気が「二番底」に近づけば、追加緩和に踏み込むものとみられていることを示している。しかし、追加金融緩和はドル安を加速させるので、通貨高を防ごうと世界的な緩和競争を惹き起こす恐れもある。(9)

二〇一一年八月一日から四週間の動きを追って分かることは、一貫して金融緩和政策をとってドルをたれ流すことが期待され、実際にそのような施策がとられるということである。しかし、このような施策で、錯綜したジレンマを克服できるのであろうか。これは、一七二〇年に「恐るべき審判の日」を迎えたジョン・ローが九台の印刷機を何週間もフル回転させて紙幣を増刷したのと、どこが違うのだろうか？

なお、この頃までずっと金（キン）の価格が高騰している。ここに来て主要各国の債務膨張が信用不安を招き、最も信用度の高かった米国の国債は格下げされた。金が債務問題と無縁の「無国籍通貨」として買われる現象は、ニクソン・ショックから四〇年にわたり世界経済の根幹になっていたシステムに対して疑問符がついたことになる。(10)

このことは、ドル基軸制が揺らいでいることを示唆している。ドル基軸制の問題については、以前から論じられている。森和朗は、米国の覇権が崩壊することを予測して、崩壊後はいくつもの地域政治経済圏が並立もしくは乱立しているだろうとしたうえで、ドルに代わる国際通貨としては、各地域の経済圏にはそれぞれの共通通貨があるであろうから、圏内ではそれを使えばよいが、各経済圏間の貿易差額の決済や他の経済圏への投資にドルのような基軸通貨を認めれば、赤字肥りしたドルの二の舞を踏むことになるので、新しい国際通貨は、たとえ薄められたものであるにせよ、何らかの形で金（キン）と結びつかなければならないと言う。(11)

また、岩村充は、人々の自由な選択を法律や規則で抑えられるはずはないから貨幣が多様化すると予測している。(12) これは、地域通貨の流通が盛んになることを指しているのであろうが、基軸通貨が多様化することも視野に入れているのだと思われる。

しかし、これからもドル安が亢進するとすれば、ドル基軸制が崩壊することは不可避になるだろう。そうなると、次に出てくるのは、貨幣はこれからどうなるかという根本的な問題であるが、その対策を講じる前に、決定的な惨状が起こらないとも限らない。日本にも米国にもハイパー・インフレーションが起こり、貨幣が価値を下落させて、日米は「廃墟経済」に陥ると予測する見解もある。(13) この予測が的中するかどうか分からないが、かなり高い確率で起こり得ることではないだろうか。少なくとも、この見解を無視することができる段階ではないだろう。

このような見解が出てくることはすなわち、貨幣の量が増えすぎたために、すでに金融システム、経済システムが解体されるプロセスに入ってきたことを意味している。

このようなプロセスに入ったときに、市場、とくに外国為替市場はどのような動きをするだろうか。

私は、予め有効、適切な規制をしない限り、市場は貪り尽くすような凶暴な投機をする場になると予測している。投機家は、実体経済がどうなろうと、失業者が巷にあふれようと関心がない。関心があるのは、売りと買いを巧みに操って、どれだけ儲けるかということだけである。貨幣の崩壊というまたとないチャンスを逃すまいと、盛んに空売り、空買いという「先取り」をするだろう。そのような投機家は、失敗しても精々破産するだけである。磔刑にされたり、投獄されたりするわけでない。あのジョン・ローのようにヴェネツィアに逃げて行けば、また博奕を打てる。そしてもし、首尾よく大儲けができれば、牧場を買うこともできるし、ヨーロッパの大きな城を買うこともできる。このように、当たったときの大儲けと外れたときの小さい不利益との落差の大きさが、投機家を魅了してやまないのである。

この凶暴な市場が顔を見せた象徴的な事件は、東日本大震災直後の二〇一一年三月一六日に投機的な円買いが行われ、シドニー市場で円相場が戦後最高値（当時）となる一ドル＝七六円二五銭につけたことである。[14] このときは、一八日に日米欧の先進七か国（G7）の財務相と中央銀行総裁が緊急電話会談を行い、協調介入をして投機筋が円相場の吊上げに動いていることに対抗する姿勢を鮮明に打ち出したが[15]、この事件は、市場が凶暴な動きをすることを強く印象づけた。

こうして市場の動きに対しては一時的に凌ぐことができたが、このような市場のあり方は、実体経済に大きな影響を及ぼす。例えば、円高によって日本経済は空洞化の危機に直面している。しかし、そもそも市場の投機的な動きによって、一国の経済が空洞化するということがあってよいものだろうか。いずれにせよこれは、「先取り」が経済システムを解体する現象としてとらえることができる。

このような危険な状態にあるにもかかわらず、それでも現在のところは、あり余るマネーが外国為替市場を通じて、グローバルに動き回っている。そして、貨幣も市場も、もはや国家や複数の国家の集合体が手の届く規模ではなくなっている。すなわち、貨幣や市場をコントロールができなくなっているのである。国家や複数の国家の集合体がコントロールできなくなっているのであるから、いくらでも「先取り」をし、利益を貪り、損失をまき散らすことができる。こうして、経済システムの解体現象は、ますます進行するのである。

（1）二〇一一年八月一七日付朝日新聞
（2）二〇一一年八月二〇日付朝日新聞
（3）二〇一一年八月二一日付毎日新聞
（4）二〇一一年八月二一日付朝日新聞
（5）二〇一一年八月二一日付日本経済新聞

(6)　二〇一一年八月二一日付産経新聞
(7)　二〇一一年八月二一日付読売新聞
(8)　二〇一一年八月二四日付朝日新聞夕刊
(9)　二〇一一年八月二七日付朝日新聞
(10)　二〇一一年八月二一日付日本経済新聞
(11)　森和朗『自我と仮象　第Ⅲ部』（鳥影社）三〇七頁〜三一二頁
(12)　前出『貨幣進化論』二九一頁
(13)　前出『バブルの興亡』二三七頁
(14)　二〇一一年三月一七日付読売新聞夕刊
(15)　二〇一一年三月一八日付読売新聞夕刊

2　奔流の前に拱手する人々

「先取り」によって、すでに経済システムの解体現象が起こっているが、これがさらに進行すればどのようなことになるのだろうか。

各国の政府は、「先取り」の膨張を前にして、まったく何もしないわけではない。対策として行われている方法は、歳出の削減である。例えば、前述のとおり、米国では、政府の債務上限を引き上げたときには、約二・四兆ドルの赤字削減を約束した。歳出を削減して財政出動を抑えることは、どこでも考えられている常套手段である。

次に考えられるのは、増税である。例えば、財政危機に陥ったギリシャ政府は、二〇一〇年五月二日、約三〇〇億ユーロ規模となる財政再建策を閣議決定した。これを受けて欧州連合（EU）と国際通貨基金（IMF）は、三年間で総額一一〇〇億ユーロ規模の協調融資を正式に決定することになった。(1) しかしその後、ギリシャでは、公務員の減給や人員削減、付加価値税の増税に反対する暴動が起こった。日本でも、震災復興を含めて増税が取り沙汰されているが、なかなか現実化しない。増税は、暴動や政争の火種になるのである。

そして、ときどき行われるのは、徳政令である。

シラーの『歓喜の頌歌』の中には、「われらの債権簿を破棄せよ、全世界は和解せよ！」という一節がある。ベートーヴェンは交響曲第九番でこの部分に曲をつけていないが、興味深いのは、シラーがこの頌歌を書いたのが一七八五年であることである。前に述べたように、一七八五年という年は、隣国フランスでは、ルイ一四世時代からの財政赤字を削減しようとしたネッケルが失脚して、さらに累積赤字が膨らんできた革命前夜である。隣国の状況を念頭に置いてこの一節を書いたのかどうかは知る由もないが、たしかに債権簿を破棄して累積赤字を全部消すことができたら、これで「先取り」された「虚の価値」は一気に消滅する。ただし、債権簿を破棄して全世界が和解できるかどうかは難題だろう。シラーに言わせれば、債権簿の破棄と全世界の和解の二つが同時にできてはじめて『歓喜の頌歌』を歌うことができることになるのだろう。これはできるかもしれないし、あるかもしれない、と一瞬思わせる力がある。しかし、詩人の想像力の魔法から醒めれば、やはり難しいと思わざるを得ないだろう。

では、徳政令の方向はないかと言えば、そうでもない。例えば、前に述べたように、オバマ大統領は、二〇〇九年二月に、金融危機の原因になっている住宅ローンの焦げ付き急増に歯止めをかけるために、総額七五〇億ドルに及ぶ救済策を講じて最大九〇〇万の住宅所有者を支援することにした。その方法は、住宅ローン会社や銀行などの貸し手が金利を下げて月収のローン返済比率を三八％まで軽減し、残りの負担は貸し手の金利減免と政府補助金で折半するというのであるから、徳政令を変形させたものだと言うことができるであろう。

日本でも、二〇〇九年一一月三〇日に、「中小企業等に対する金融の円滑化を図るための臨時措置に関する法律」（中小企業金融円滑化法）が成立した。これを徳政令だと言い切ることはできないが、金融機関に返済猶予を促すものであるから、少なくとも徳政令の思想を汲み取った施策であると言うことはできるだろう。

こうしてみれば、徳政令そのものでなくても、徳政令を変形させることによってその思想を汲み取った施策がこれからも採用されることはあるだろう。しかし、この日米の例に見るように、解体現象を起こしている経済に直面した人々や企業を救済し、市場の荒波から守ることはできるとしても、貨幣の増量という観点からすると、かえって解体を促進させるものになる。

また、歳出の削減や増税にしても、その実現性が困難であるばかりでなく、貨幣と市場の天文学的な膨張と比べると、あまりにも非力ではないかと思われる。

すなわち、それなりの手を打つことはあっても、この膨大な貨幣と市場の奔流を前にして、あらかたの人々は、手を拱いて呆然と眺めているしかないのではないだろうか。政府もまた、拱手して奔流を見ているしかないのだろう。

では、拱手して奔流を見ているだけだったら、何が起こるのだろうか。

可能性としてあり得ることは、国家の債務不履行（デフォルト）である。

アタリによれば、一八〇〇年から二〇〇九年にかけて、対外債務に対するデフォルトが二五〇回、公的債務に対するデフォルトが六八回も発生しているそうである。(2) 国家のデフォルトがあれば、それに連鎖して海外でもデフォルトが起こる可能性がある。デフォルトを起こした国内の企業も倒産が多くなるだろう。倒産が多くなれば、取引によって結ばれている絆が断ち切られ、経済のネットワークはバラバラに解体される。

もう一つ、あり得る可能性として、よく論じられているのは、ハイパー・インフレーションである。これについてはすでに述べたので繰り返さないが、私が恐れているのは、ハイパー・スタグフレーションである。もしハイパー・スタグフレーションが起こったならば、実体経済も根底からひっくり返されるので、経済の解体は決定的になり、かなり長期にわたって停滞を続けるであろう。

こうして、人々は、「先取り」が引き起こす経済の解体現象を、まざまざと見ることになる。これは、あくまでも可能性の問題であるが、同様な危惧を抱いている人は、今や多数派なのではないだろうか。

（1）二〇一〇年五月三日付朝日新聞
（2）前出『国家債務危機』三六頁

3　「先取り」による社会の解体現象

「先取り」による解体現象は、経済だけで収まるものではない。社会全般も、解体の危機に曝されるのである。このことについて、まず過去の歴史を見ておこう。

一九二一年〜二三年のドイツに起こったハイパー・インフレーションのときに、精神病が広がり道徳的退廃が凄まじかったことについては前に述べたが、ここで、具体的事実によって補足しておきたい。

ベックマンは、前出『経済が崩壊するとき』にその時代の頽廃と堕落のエピソードを詳細に記しているが、そのいくつかをここに引用させていただくことにする。ここに引用する以外にも、目を覆いたくなるような多くのエピソードが紹介されているが、とても本書に引用する気持ちになれないので、この程度にしていただきたい。

すでに連合国の経済封鎖によって悪化していた国民の健康、とくに子供や老人の健康状態が、インフレと、その影響によってさらに悪くなった。幼児の死亡率が急上昇した。赤ん坊をもつ家族には新鮮なミルクが支給されていたが、幼い子供は依然として栄養不良の状態にあった。体重不足は珍しくもなく、クル病や結核にかかる子も多かった。その親たちも、極端に貧しい食事と衛生状態の悪化のせいで壊血病や胃の病気にかかった。必要な燃料や暖かいベッドがないために——おそらく毛布や暖かい着物は食料と引き換えに売ってしまったからだろう——老人の多くが体温の低下や肺炎、急性のリューマチなどに悩まされた。(1)

インフレの猛威から何とか逃れられた少数のドイツ人の間には、わがままや不道徳、強欲がはびこった。こういう連中は金持ちの持ち物に二束三文しか払わず、後でそれを転売して外国通貨を手に入れた。悪徳業者にもち込まれた宝石や時計、着物、毛皮、骨董品、陶器などの財産も、涙金で引き取られた。いまや「もてる者」は「もたざる者」を搾取し続けることで、大きな喜びを得ているようだった。(2)

ステファン・ツバイヒは『昨日の世界』という著書の中で、ベルリンの中心街に下卑た娯楽の殿堂が雨後の筍のように次々とできた様を書いている。男の街娼がクルヒュルステンダム通りに並んだ。ベルリンには「魔女の安息日」のような雰囲気があったと、ツバイヒはいう。彼は、ホモやレズのダンスを、退廃したローマの都市に流行した馬鹿騒ぎや、ダンテの神曲の地獄篇に描かれているパーティーらしきものにたとえた。娼婦は旅行者と見たら誰にでも近づいていって「なめちゃいたくなるアメリカ・ドル！」と歌いかけたものだった。(3)

ファッショナブルな白い粉を入れた小さな紙包みつきの、小さなスプーンのようなものが、現実逃避の手段を切望していた極道たちにとっては時代のシンボルになった。コカインが人生のイロハなのだ。地方の売人——ある地方では菓子売りとも呼ばれた——は、様々な覚醒剤や鎮静剤も売った。軍病院で幻覚を起こさせる薬の味を覚えた者たちには、山のような紙幣と引き換えに、タクシー運転手が看護婦と寝たり、売春婦が病院の職員を脅して「廃品」として記録させたりして手に入れた貴重な薬瓶が売られた。注射針は鈍くて痛んだり、肝炎や黄疸の病原菌がうようよしていた。しかし買手にはそれなりの見返りがあった——モルヒネの雲の上を漂って、束の間の幸福へと数時間の旅ができるのだ。(4)

彼らにとって唯一の出口は、生き続けるために必要な物なら何でも「失敬する」ことしかなかった。犯罪発生率、とくに窃盗罪は貨幣価値の下落と反比例して急上昇した。一九一三年に窃盗で有罪になった者の数は一一万三〇〇〇人だったが、それが一九二三年には三六万五〇〇〇人に増加した。絶望や貧困という多少は同情に値する動機は別にしても、タガのはずれた精神にとって、盗みは当たり前の許される生活様式になった。銅製のパイプや、しんちゅうの鎧、屋根の鉛板などは必ず餌食になった。どんな車もタンクからガソリンを抜かれたり、シャシーから車輪を抜き取られたりされかねない時代だった。鉄道の客車は旅客にいつも狙われ、一等車からはカーテンや革製の窓紐まで剥ぎ取られた。金属は溶かしてくず鉄になったし、革紐は靴の修理に使えるので、紙幣で払うよりも食べ物が買いやすかったのだ。(5)

微妙なニュアンスを伝えるために原文をそのまま引用させていただいたが、一読しただけで、すえた臭気を吸い込んでしまったような気分になってしまうではないか。ここに描かれているのは、解体現象を通り越して、溶解してしまった社会の姿である。

これは過去の事実であるが、もしハイパー・インフレーションやハイパー・スタグフレーションが起これば、同じような現象が発生するのだろうか。徳川家広は、ハイパー・インフレーション後を次のよう予測している。

すなわち、企業が大量破産し、失業者が大量発生する。高い失業率は、ただちに治安を悪化させる。しかも、あちこちで犯罪が散発的に発生するのではなく、闇の世界が関与する巨大な地下経済が発生するだろう。売春も激増する。そして、あまりに売春婦の数が多くなるので、警察は取り締まることが不可能になり、ついに売春は公然化するだろう。売春の激増とともに深刻化するのが、麻薬問題である。これもまた、あまりに広汎になるので、警察は取り締まり切れなくなる。老人層の貧困と売春の激増から派生するのが、感染症の問題だ。財政規模が極端に縮小し、年金制度も崩壊状態の「廃墟経済」において、医療保険制度だけが機能しているとは考えにくい。「医療費は患者の半額負担」というのが現実的な線になろう。そうなると当然、医療費を払えなくなる人が一気に増える。(6)

以上は、将来予測であるが、これは過去に経験した事実と何と似ていることだろうか。

ただし、ここで述べたことは、過去に起こった事実と将来起こる可能性がある事実であって、現在起こっている事実ではない。しかも、あまりにも極端なので、現在ではあり得ないことだと考える人が多いだろう。しかし、「先取り」が膨大な

第九章　資本主義は終わっている

1　なぜ資本主義は終わっていると認識されないのか

ここまでくると、資本主義はすでに終わっていると言えるのではないだろうか、というところに辿りつく。資本主義の時代がすでに終わっていると認識している人は、かなりいるのではないかと思われる。はっきり認識していなくても、薄々気づいている人は、相当多数にのぼるのではないだろうか。とくに、二〇〇八年秋の世界的な金融危機以降、新聞や本に「一〇〇年に一度の危機」という言葉が並び、それから三年を経た現在でも一向に明るい兆しが見えない状況が続くと、資本主義の時代が終わったのかもしれないという思いが頭をかすめる人は少なくないだろう。

しかし、それでもなお、資本主義が終わっていると言う認識が、人々に行き渡っているとは言えないと思われる。それは何故かと自問すると、次の五つの答えが思い浮かぶ。

第一に、「資本主義が終わっている？　まさか！」と思われているからである。すなわち、「資本主義が危機に瀕している」あるいは「崩壊の恐れがある」という認識があっても、「終わっている」とまでは思われていないのである。

圧倒的多数の人々は、金融危機を乗り越え国家債務の膨張を抑えれば、資本主義は生き続けることができると、あるいは意識して、あるいは漠然と考えているのではないだろうか。そして、米国のドル支配は終焉しても、例えば新興国の中産階級をターゲットにして消費を掘り起こせば、資本主義は息を吹き返すことができると思っているだろう。

しかし、仮に新興国の中産階級に目をつけるとしても、同じことが繰り返されるだけではないだろうか。だいいち、金融危機にせよ、国家債務にせよ、資本主義の枠組みの中で解決することができるのだろうか。

第二に、資本主義がすっかり全部終わったとまでは言い切れないからである。資本主義を一つの生物体に見立てれば、あちこちの臓器が麻痺したり、壊死を起こしたり、あるいは臓器が入れ替えられたりしているものの、いくつかの臓器は元通りに残っていて、生物体自体は喘ぎ喘ぎ生き続けている。この姿を見れば、まだ終わっていないと認識することは、あながち誤りだとは言えない。

私も、資本主義のすべてがすっかり終わったとは言い切れないと考えている。しかし、社会システムは生物体と異なって、完全な死＝終焉を認定することは困難なことが多い。多くの場合は次のシステムに切り替える前の過渡的な段階があり、また、次のシステムを準備することが必要なこともある。したがって、資本主義のすべてがすっかり終わっていなくても、「資本主義は終わっている」と認識するかしないかは重要なポイントになる。

第三に、「資本主義は終わっている」という認識が人々に行き渡らない理由は、終わった時期を確定することが難しいからである。

ある人は、二〇〇八年秋の金融崩壊を目の当たりにして資本主義が終わったと言うだろう。またある人は、一九八五年のプラザ合意に終わりの萌芽を見るかもしれない。

途中を省略するとしても、マルクスには言及しないわけにはゆかないだろう。彼が予言し、嘱望した資本主義の終焉は、一九一七年の十月革命によってソヴィエト連邦が社会主義国家として成立し、少なくとも部分的には、資本主義から社会主義に体制は移行された。そして、それから以後は、社会主義国家は資本主義の終焉を喧伝し、資本主義国家はこれに対抗して、長期間の冷戦が続いた。しかし、一九九一年にソヴィエト連邦が解体し、社会主義国家の成立によって資本主義が終焉したという考えは、霧消してしまった。

およそ一つの体制が終わり次の体制に移行するときには、誰が見ても分かるようなメルクマールがある。ごく簡潔に言うとすれば、それは、転換の節目に武力が行使されることと、所有形態の変更が行われることだと、私は考えている。

前者については、戦国時代から封建時代へ移行したときも、封建時代から近代へ移行したときも（近代への移行は資本主義への移行にほぼ重なる）、そして、部分的、一時的ではあったがソヴィエト革命のときにも武力が使われたから、時代を画する線は引きやすい。

しかし、今度の資本主義の時代の終わりについては、武力は行使されていない。なぜならば、資本主義を擁護すると標榜している現体制は膨大な軍事力、とくに核兵器を持っているから、それを武力で覆すとすれば、それを凌駕する軍事力を持つ必要があるからである。しかし、それは現実性がないことである。つまり、資本主義の終焉に武力を行使されることはあり得ない。したがって、武力の行使は、資本主義終焉のメルクマールにならないのである。

そうだとしても、武力を行使されたときと同様に社会システムが破壊されれば、その破壊されるプロセスと結果に着目して資本主義の終焉を論じる方法はある。武力が行使されなくても、プロセスと結果において同じような状態になれば、そのような方法をとることができると思う。また、武力が行使されない以上、そのような方法をとらざるを得ない。私は、そのような方法で資本主義の終焉を論じようと思うが、何せ大量に鉄砲を輸入して上洛したり、奇兵隊を結成してひと暴れするのとは異なるので、鮮やかな絵は描きにくい。

では、後者の所有形態の変更の方はどうだろうか。

後に述べるように、ここにこそ「資本主義は終わっている」という根拠があるのだが、実のところこれも分かりにくい。この所有形態の変更は、武力を行使して截然と旧体制から新体制に変更させた前の時代とは異なって、長い時間をかけて行われたものであるから、結局資本主義の終焉の時期を確定することは難しいのである。その難しさが、資本主義が終わっているという認識が人々に広まらない理由である。

第四に、資本主義が終わっていることを論証する的確な言葉を、人々が使っていないことがあげられる。

前にも述べたように、一九九〇年代の日本の地価暴騰とその崩壊や二〇〇八年米国発の世界金融危機に対して使われる言葉は、「バブル」、「バブルの崩壊」である。しかし、「バブル」という言葉は、現象を説明するためにも、分析するためにも、不十分、不適確である。そればかりでなく、これから先の対策を考えるときにも役に立たない。率直に言えば、「バブル」という言葉が盛んに使われていることが、経済、社会に対する認識を誤らせ、ひいては人々を不幸にしていると、私は考えている。

したがって、私は、「バブル」という言葉を使わないで、「先取り」という言葉を使っている。このことについては、すでに詳論したので繰り返さないが、私の脳裏に「先取り」という概念が宿ったのは一九六二年であり、それ以来この概念を使って経済現象を分析してきた。その間、一九六六年に大学ノートにまとめ、一九六九年に金嬉老事件の弁護人として意見陳述の中で述べたことを発表し、(1) 一九九一年には単行本にし、(2) 一九九五年〜九九年には小説三部作のテーマとして取り上げ、(3) 一九九九年には「先取り」を主要テーマにして小説を書いた。(4)

このように長く「先取り」という分析概念を使って経済現象を見てきた結果、「資本主義が終わっている」という姿が浮かび上がってきたのである。

しかし、「バブル」という概念では、その言葉が持つ固定的なイメージに邪魔されて、とてもここまで認識できないはずである。

第五に、「資本主義は終わっている」と薄々気づいていても、資本主義の次の時代の名称がないから、資本主義の終焉を明確に認識できないのである。

つまり、「資本主義が終わって、次は○○の時代だ」と言えるような名称があれば別であるが、まだ○○に該当する言葉がない。あちこちでいろいろな言葉が使われているが、「資本主義の時代だ」という言葉と対等に渡り合える言葉、一般のコンセンサスを獲得した言葉は存在しないと言ってよいだろう。

しかし、資本主義が相当変質していることについては、広く認識されている。変質の内容や時代の趨勢を反映して、独占資本主義、金融資本主義、グローバル資本主義、マネー資本主義、はては強欲資本主義などと、形容詞を頭につけて語られることは多い。しかし、いくら形容詞をつけても、うしろに「資本主義」という言葉がくれば、資本主義の次の時代を語ることにはならない。

後に詳しく述べるが、資本主義経済における社会の規範関係は、私的所有、契約、法的主体性の三つの要素が基礎になっている。(5) すなわち、資本主義の最も基本的なルールは、一人ひとりの人間が領主の封建的支配から脱して法的に主体性を持ち、その主体性を持った個々人が商品や財産を所有することが保障され、自由に契約、すなわち取引をすることが認められることであって、資本主義は、この私的所有、契約、法的主体性の基礎のうえに成り立っているのである。

ここで、私的所有に的を絞ると、おおまかに言えば、生産、金融、流通までは私的所有の対象になるから、これらは資本主義の射程内に入る。しかし今や、私的所有の対象とならないところに大きな問題が起こっている。もとより、その射程内に入る問題の中にも、「資本主義は終わっている」という現象があらわれており、そのことについてはすでに述べたことの中にも見られるが、それはさて措いて、ここでは別の角度から分かりやすい例を挙げておこう。

二〇〇九年一二月七日にデンマークのコペンハーゲンで開幕した国際気候変動枠組み条約締結会議（COP15）は、地球温暖化という人類が直面する脅威に対して、どのようにして温室効果ガスの排出量を削減するかという問題がテーマになっていた。ここで問題になっている温室効果ガスは、生産過程などで排出されるものではあるが、私的所有の対象にはならない。つまり、温室効果ガスが誰のものかということは意識にさえのぼっていないように思われる（資本主義では、常にだれのものかが問題になる）。また、途上国への資金援助策が会議の焦点になったが、(6) この資金援助を拠出する主体、方法は、対価、報酬を目的とする資本主義の経済循環とは別のものになるはずである。すなわち、一二〇近くの国・地域の首脳が取り組むべきこの時代の愁眉の大問題が――それはまさしく経済問題であるにもかかわらず――資本主義の射程の外に出てしまっているのである。

このことは、「資本主義」という言葉では、この時代を語ることができなくなっているということではないだろうか。すなわち、今現在のこの時代を語る言葉としては、

「資本主義」では器が小さすぎる

のである。

資本主義の次の時代の名称がないために、「資本主義が終わっている」ことを認識することが困難だとしても、仮の名称でもよいから、○○に該当するところに単語を入れて、この時代を語る方がよいのではないだろうか。

私は、仮にネーミングするとすれば、○○に該当する言葉として、「共存」という単語を充てたい。これは、何だかんだと言っても現実に地球上に人類が生活し、さまざまな仕組みをつくって共存している事実に着目したものであるが、このことについては後に述べる。

以上が、「なぜ資本主義が終わっていると認識されないのか」という問に対する私なりの答であるが、これから「資本主義が終わっている」ことを段階を追って論証したい。

（1）廣田尚久「剰余価値の先取り体制に関する試論――金嬉老と手形との関係から――」（金嬉老公判対策委員会『金嬉老公判対策委員会ニュース第9号』一九六九年）

（2）前出『先取り経済　先取り社会』

（3）廣田尚久『壊市』（汽声館）、廣田尚久『地雷』（毎日新聞社）、廣田尚久『蘇生』（毎日新聞社）

（4）前出『デス』

（5）川島武宜『民法総則』（有斐閣）二頁～四頁

（6）二〇〇九年一二月八日付朝日新聞

2　資本主義の定義と終焉の指標

資本主義の終焉を論証する前提として、「資本主義」という言葉の定義と終焉の指標を検討しておく必要があるだろう。

資本主義の定義についてはいろいろな説があるが、ここでそれを並べることにそれほどの意義があるとは思えない。なぜならば、本書は「先取り」を鍵にして資本主義の終焉を論証する方法を採るので、これまで巷間に流布されている方法と異なる道筋を辿るからである。しかし、資本主義の終焉と論証するためには、定義を押さえておくことは必要なことである。その場合、標準的な定義が最もふさわしいと思われるので、辞典の定義を引用させていただくことにする。

資本主義という言葉は一九世紀中頃からイギリスで用いられはじめたが、その定義は必ずしも明確でなかった。これに明確な規定を与えたのはマルクスである。マルクスによれば資本主義とは、一方で生産手段が少数の資本家の手に集中され、他方に自分の労働力を売る以外に生活する手段をもたない多数の労働者階級が存在するような生産様式をさす。この生産様式は次の諸点において、それ以前の生産様式と異なっている。(1)商品生産が社会のすみずみまでいきわたり、労働力までが商品化されて、価値法則が貫徹していること、(2)労働者が身分制などの拘束から解放されて自由となり、また生産手段をも失って「二重の意味において自由」であること、(3)したがって労働者からの搾取は経済外的強制によらず、経済的強制によって行なわれ、必要労働と余剰労働とが空間的に分離されていないこと、(4)生産手段の私有制が完全に確立していること、である。[1]

このマルクスの定義は、今でも一部「なるほど」と思わせるところがあるが、総じて古色蒼然とした印象があるのと同時に、いかにも対象が狭いと言わなければならないだろう。すでに独占資本主義、金融資本主義、マネー資本主義、強欲資本主義などと頭に形容詞がつくような資本主義を経験しており、それが「資本主義」という言葉で語られている以上、それらを全部資本主義の範疇に入れなければならないからである。

また、マルクスの定義が狭いと感じられるのは、それが主として産業革命以後の大規模な工業生産を念頭に置いているからであろう。すなわち、この定義の中には、流通、サービス、金融、情報などの仕事が直接的には入っていないからである。

一定の元手を使って生産するだけでなく、物の売り買い、金の貸し借りなどは大昔からあったことだが、資本主義の時代における流通、サービス、金融、情報などの仕事がそれより前の時代のそれと異なるところは、市場を使って莫大な資金を集め、それこそ「社会のすみずみまでいきわたる」大規模なシステムを社会の中に組み込んでいるところであろう。したがって、資本主義を定義するのであれば、流通、サービス、金融、情報などの仕事も、その範疇に入れておく必要がある。

こうしてみれば、「資本主義」とは、産業革命以後の社会のほぼ全体にゆきわたっている経済体制という意味で使われているといってよいだろう。

「資本主義」という言葉をこのように定義し、このような意味で使われているときに、では、どのような状態になったら「資本主義は終わっている」ということになるのだろうか。

これについてはさまざまなことが言われている。例えば、二〇〇八年秋の米国発の金融危機によって資本主義が終焉したと言う論者もいるし、いやその前に、多くの国が社会主義政策を導入したときにすでに資本主義ではなくなったのだという論者もいる。しかし、表面にあらわれているそのような現象だけで資本主義の終焉を説くのは、説得力に欠けるところがあると思われる。

マルクスによれば、生産過剰による恐慌が引き金になって資本主義が崩壊するということになるのだろう。これは、マルクスの定義からすれば、論理必然的に出てくる結論であるように思われるが、歴史的な事実によれば、恐慌が起こっても資本主義そのものは崩壊しなかった。すなわち、生産過剰による恐慌によっては、資本主義は終焉しないのである。

このことは、岩井克人が指摘しているところであり、私もその通りだと思う。その岩井は、ハイパー・インフレーションによる貨幣が崩壊したときをもって資本主義の終焉としていて、次のように述べている。

貨幣が今ここで貨幣であるとするならば、それはつぎのような因果の連鎖の円環によるものであった。すなわち、貨幣が今まで貨幣として使われてきたという事実によって、貨幣が今から無限の未来まで使われていくということが期待され、貨幣が今から無限の未来まで使われていくというこの期待によって、貨幣が今ここで現実に使われるという円環である。この円環が正常に回転しているかぎり、貨幣は日々貨幣でありつづけ、その貨幣を媒介として、商品世界が商品世界としてみずからを維持していくことになる。しかしながら、もし、過去になされた現在にかんする期待がことごとく裏切られ、過去がもはや無限の未来の導きの糸とはならなくなったとしたならばどうなるのだろうか？　そのとき、貨幣を貨幣として支えている円環がもろくも崩れさってしまうことになるのである。

ひとびとが貨幣から遁走していくハイパー・インフレーションとは、まさにこの貨幣の存立をめぐる因果の連鎖の円環からみずから崩壊をとげてゆく過程にほかならないのである。(2)

そして、そのときこそが、「巨大な商品の集まり」としての資本主義社会の解体（Spaltung）に他ならないとされている。(3)この説によれば、まだ決定的なハイパー・インフレーションは起こっていないから、将来はともかく、現在のところ「資本主義は終わっている」とは言えないことになるのだろう。

この見解については、「なるほどそうか」と納得するところもあるが、基軸通貨のドルが安くなっている現実などを踏まえれば、無限の未来まで使われていく期待は怪しくなっていて、相当の綻びが出ていることは確かであろう。したがって、ハイパー・インフレーションはまだ起こっていないが、この論理を使って資本主義の終焉を論証することは可能なのではないかと思われる。

しかし私は、これとは別の終焉の指標を使って論証することにする。すなわち、位相を低い所に置いて「資本主義」を見ることによって、そこから終焉の指標を導くのである。「位相を低い所に置く」ということは、資本主義の基礎を見るということである。前にも少し触れたが、資本主義経済における規範関係は、次の三つの要素が基礎になっている。

(1)　私的所有　　富が商品であるということは、富に対する排他的な完全な支配——すなわち、私的所有——の相互承認なくしては、存在し得ない。

(2)　契約　　商品に対する排他的支配の相互承認という前提の下では、商品（私的所有）の交換は、交換当事者双方の合意なくしては、存在し得ない。この合意が契約である。

(3)　法的主体性　商品交換の過程においては、交換当事者は、私的所有および契約をとおして、相互の独立主体性――すなわち法的主体性――を承認しあっている。(4)

すなわち、私的所有、契約、法的主体性が資本主義の基礎であり、これが中学校の教科書にも書いてあるように、「身分から契約へ」という封建制度の時代から資本主義の時代への変化のメルクマールである。

私は、「先取り」――すなわち、価値を生み出す前に先に取ってしまうこと、「先取り」した段階では中身のない空っぽの価値――が、私的所有、契約、法的主体性という資本主義の基礎を壊してしまったことによって、「資本主義は終わっている」ということを論証しようと考えている。

これまで、「先取り」による撹乱、「先取り」の拘束力、「先取り」による収奪、解体現象を考察したので、それだけでも資本主義の終焉はある程度論証したと思うが、終焉の指標を基礎の壊滅に置くことによって、いっそう確かな論証をしておきたいと考えるのである。すなわち、後に詳しく述べるが、基礎が壊れれば、基礎の上に建っている建物は倒壊する――ここに着眼するのである。

歴史上、資本主義は二度の大きな挑戦を受けている。一度は、共産主義革命である。しかし、ソヴィエト連邦が崩壊し、中国が市場経済を導入して、この挑戦は退けた形になっている。もう一度は、ナチによる全体主義（国家社会主義）からの挑戦である。これも、ヒットラーの敗北により、資本主義は持ちこたえることができた。

この二つの挑戦の見逃すことができない特徴は、資本主義の基本的な要素である「私的所有」に手を突っ込んで否定し、国家が「契約」を規制・管理し、人権を侵害して「法的主体性」を無視したところにある。

この二つの挑戦は退けることができたが、それでは資本主義は終わっていないということになるのだろうか。このことに関し、資本主義と社会主義を対比するとともに、もう一つの「混合経済」という考え方について後に検討するが、その前に、資本主義の基礎の崩壊現象を見ておこう。

（1）高橋泰蔵・増田四郎編集『体系経済学辞典（第6版）』（東洋経済新報社）八六頁
（2）前出『貨幣論』一九六頁
（3）同書一九七頁
（4）前出『民法総則』二頁～三頁

3　資本主義の基礎の崩壊

前に述べたとおり、資本主義経済における社会の規範関係は、私的所有、契約、法的主体性の三つの要素が基礎になっている。つまり、封建時代が終わって近代に入り資本主義の時代になったメルクマールは、個々人が領主の支配から脱して主体性を持った自由な個人になったこと、同時に土地をはじめ私有財産を持つことを禁じられていた支配を排除して私的所有が認められるようになったこと、独立した個人が生産した商品を対象にした契約によって取引することができるようになったこと、以上の三つである。仮に私有財産を持っていなくても、法的主体性を持った各個人は、自分の労働力を売ることによって、富と交換することができる。

これが資本主義の基本的な仕組みであって、私的所有、契約、法的主体性の三つの要素が揺るがずに維持されている限り、資本主義は終わっていないということになる。しかし、この三つが維持できなくなると、資本主義の基礎が崩壊して、「資本主義は終わっている」と言ってよい状態になる。

そこで、この三つの要素が揺るがずに維持されているかどうか、そのことによって、まだ「資本主義の時代だ」と言えるか否かを、考察しておきたい。

なお、前項で引用した私的所有、契約、法的主体性の意義は商品取引に特化しているような印象があるが、この三つの要素は、資本主義社会に共通する基礎であり、今まさにその資本主義が終わっているか否かをテーマにしているのであるから、商品取引に限定しないで論じたい。ただし、三つの要素と言っても、これは理念形態であるから、多少の揺るぎがあっても大目に見る必要があるだろう。問題は、これを維持しきれなくなっているか否かである。

ここで取りあげているのは、主としてストックの問題である。これについてはいろいろな角度から考察することができるが、その一つとして、日本の国家債務がどの程度侵蝕しているかを見てみよう。

二〇一〇年一月二九日に内閣府が発表した二〇〇八年末の国民経済確報によると、個人と民間企業と民間非営利団体が所有する正味資産は、二七一七兆円である。これに対し、二〇一一年三月末の国債と借入金、政府短期証券を合わせた債務残高は九二四兆三五九六億円である。時点のずれはあるが、個人と民間企業と民間非営利団体が所有する正味資産はここ数年減少の傾向にあるので、二〇〇八年の数値を使っても大きな違いはないだろう。したがって、マクロ的に見れば、民間が所有する正味資産の約三分の一に匹敵する借金があるということであり、その分ストックとしての資産すなわち所有権がすでに侵蝕されているということになる。前に述べたとおり、この国家債務の総額九二四兆三五九六億円を歳入の四八兆一一三六億円で割ると、約一九という数字が出る。すなわち、歳入のすべてを国家債務の返済に充てても約一九年もかかるのであるから、とても返済可能な額ではない。したがって、これから国家債務が所有権を侵蝕する度合いが、増えることはあっても、減ることはないと言うことができる。

これに対して、国家債務に引き当てられているのは、民間が所有する資産だけでなく、国や公共団体が所有する財産もあるという反論が予測される。それは確かであるが、民間が所有する資産の多くは、後に述べる担保権の設定などの何らかの負担を負っている。したがって、完全な価値のある所有権を維持していることは少なく、そのうえに国家債務によって侵害されているのである。国家債務以外の負担は措いて国家債務だけを取りあげてみた場合に言えるのは、人々が所有する資産は、すでに国の借金の型（担保）にとられていることである。すなわち、私的所有のうちのかなりの部分は、国家債務という「先取り」によって侵蝕されているのである。

したがって、何時の日にか、何らかの方法で、人々の資産は、国によって収奪されるだろう。なぜならば、すでに私的所有のかなりの部分は「先取り」され、現在の時点でもその部分はなくなっているからである。ここに、「生み出される前に先取りされた虚の価値が、後にいかにして実の価値として埋めつくされる」という本質的矛盾が露呈されるのである。

では、具体的に、どのような方法でそれが実行されるのであろうか。

その中には、意識的に行われるものや、成り行きで行われるものや、別の目的で行われることが結果として実行されたと同じことになるものなど、さまざまな方法がある。

意識的に行われるものの代表は「増税」であるが、増税によって景気が悪化することが恐れられたり、選挙の機会に得票を落とすことが心配されたりして、与野党ともなかなか実行できないのが各国の趨勢である。日本でも、国家債務の残高が九二四兆円になってもなかなか増税に踏み切れなかったが、ようやく二〇一一年六月三〇日に、「社会保障・税一体改革案」を決定した。その骨子は、二〇一五年度段階で年金、医療、介護、子育ての給付を三・八兆円程度拡充、一〇年代半ばまでに段階的に消費税率を一〇%まで引き上げ、引上げは経済状況の好転を条件とし一一年度内に法整備を実施、というものである。[1] しかし、仮に消費税を五%から一〇%に引き上げても、試算によると一年間に一二兆円の増収に過ぎない。この増税分は社会保障に充てられるものであって、国家債務の返済に充てることは予定されていないが、仮に増税分を全部国家債務の返済に充てたとしても（そのようなことはあり得ないのであるが）、債務残高の総額が九二四兆円という規模になれば、単純に割算をしても七七年かかるのである。それはともかくとして、いずれこの程度の消費税増税を上回る増税は避けて通れないだろうが、増税が行われれば、人々の資産はそれに見合う分だけ減少することになる。

前にも述べたことであるが、「先取り」された「虚の価値」が他人の所有権に潜入して、その中身を取ってしまうこともある。このことについて、住宅ローンを組んで不動産の所有権を取得する例を考えてみよう。

住宅ローンを組むことは、信用を媒介にして将来の価値を「先取り」することに他ならない。そのときに不動産の所有権を取得しても、経済的に見ると、その不動産のうちの住宅ローンの部分（多くの場合、その部分は七〇%から九〇%を占めるだろう）は、所有者のものではない。すなわち、その所有者にとっては、中身は空っぽのものである。正確に言うと、住宅ローンを組めば担保権が設定されるので、所有権は借り手にあっても、経済的に見ると、中身の価値はローン金額を差し引いたものになる。返済が順調に行われて順次中身が埋めつくされると、所有権は実質的に所有者のものになる。したがって、このことが全般に遂行されていれば、資本主義の基礎である私的所有は揺るぐことはない。しかし、当事者間のやりとりとは別に、「先取り」が世の中で大々的に行われていれば、不動産の価格は暴騰する。そして、それに伴って、固定資産税や相続税や譲渡所得税が吊り上る。すなわち、「先取り」された「虚の価値」が他人の不動産に潜入して、固定資産税等に姿を変えて忍び込み、その分だけ所有権を侵蝕するのである。前に述べたが、日本の地価暴騰のときに、東京・田園調布で初老の夫婦が地価高騰で跳ね上がった自宅の土地の相続税の重圧に耐えかねて自殺した。自殺とまではゆかなくても、相続税を支払うために、非常に多数の人が不動産を売却し、所有権を失った。このように、「先取り」された価値が地価を跳ね上げることによってその中に潜入し、税金として吸い上げられる仕組みになっていたのである。すなわち、自分のものだと思っていたものが、実は自分のものではなくなっていたのだ。

一方、不動産価格が下落することによって所有権を失ってしまうこともある。不動産の下落によって、住宅ローンを組んで取得した不動産の資産価値を失うこと自体が、私的所有の危機を示すものであるが、そのことによって債務不履行になれば、一気に不動産の所有権を失うはめになる。米国でサブプライム・ローンが破綻したときには、多くの人々がこのような悲惨な運命に遭遇した。つまり所有していたはずなのに、実際にはずっと前から所有権を失っていたのである。

こういう方法で、空っぽで中身のない「虚の価値」が実の価値として埋めつくされる過程で所有権に対して収奪が行われ、私的所有の基礎が揺らいできたのである。これは一例であるが、マクロ的に見れば、収奪が顕在的になる前から、「先取り」の質量が多くなった段階で、私的所有という資本主義の基礎が中身を失ったと言ってよいと思う。すなわち、人々が所有しているものの中に、「先取り」による「虚の価値」が潜り込んできて、その段階ですでに潜在的には所有権を失った状態になるのであるが、相続や売買や債務不履行の機会にそれが顕在化して、現実に所有権を失う結果をもたらすのである。

以上によって、資本主義の基礎をなしている三つの要素のうちの「私的所有」の相当部分がすでに壊れていることが明らかになった。ここで「相当の部分」と言ったが、日本の場合、民間の資産に対する国家債務の残高の割合だけでも三分の一に達していることは、すでに述べたとおりである。その他にも「先取り」に侵蝕された部分があるから、それ以上はるかに空洞は大きいはずである。基礎というものは、三分の一も空洞になれば、その上に載っている建物は倒壊を避けることができない。上に載っているものが大きければ大きいほど倒壊の危険性は大きく、また、倒壊したときの影響は甚大になる。

ここまで資本主義の基礎をなしている三つの要素のうちの「私的所有」について述べてきたが、残りの二つの要素、すなわち、「契約」と「法的主体性」についても少し見ておこう。

「契約」については、契約の危機という言葉が、以前からよく言われていた。すなわち、今日の社会では、公の機関が当事者の意思決定に介入している。さまざまな局面で契約への公的介入を要請し、また許容しており、多くの規制が加えられてきた。それに伴い、伝統的な契約法は、大きな変貌を迫られるようになった。これは、今日の社会が抱えている現実の姿であって、規制緩和政策がとられるようになっても、大局的には変わらない。とくに経済危機が叫ばれるようになると、いっそうこの傾向は強くなる。この例は枚挙にいとまがないが、例えば、破綻した企業に公的資金を注入するときには、受け入れる側は意思決定に制約を受けるであろう。また、農林漁業に対して財政援助をする必要が生じたときには、土地の利用方法などにおいて特殊な契約をする必要があるだろう。こうしてみると、「契約」も、単なる揺らぎにはとどまらず、修復のできない段階に入っていると思われる。

また、これまで述べたように、「先取り」は金融崩壊、経済危機をもたらした。これによって精神病が増え、「法的主体性」が危うくなっている現実がある。しかし、何と言っても重大な問題は、労働が危殆に瀕していることである。すなわち、資本主義では、労働者は労働力を売って生きてゆくことが前提であるのに、その前提が崩れていることである。具体的には派遣労働者の問題など、現在の日本で起こっている問題をあげればきりがないが、失業者が増え、労働力を売りたくても売ることができない状況になったとき、すなわち、自分の力で生活ができなくなったときには、法的主体性も何もあったものではないではないか。こうして「法的主体性」も崩壊しつつあることは明らかである。

以上により、資本主義の基礎である三つの要素、すなわち、「私的所有」、「契約」、「法的主体性」の相当部分が壊れていることが明らかになった。ここまで基礎が壊れれば、その上に載っている建物、つまり資本主義の表層がどんなに立派に見えても、すでに「終わっている」と言うことができるのではないだろうか。ヴェルサイユ宮殿がどんなに堂々と立っていても、——現在でもパリの西南に行けばその美しい姿を見ることができる——「私的所有」、「契約」、「法的主体性」という基礎の上に「近代」築かれた時点で、すでに「近世」は「終わっている」のである。

（1）二〇一一年七月一日付読売新聞

4　漂流する資本主義

資本主義の基礎である「私的所有」、「契約」、「法的主体性」が壊れていて、すでに「資本主義は終わっている」という状態になっていることは、前項で述べたとおりであるが、それでも、漂流する資本主義を沈没させまいとする試みは、いろいろ行われている。そのために、人々は資本主義が終焉していることに気づかないのだと思われるが、ここでその試みを見ておこう。

例えば、「私的所有」が壊れていることは前に見たとおりであるが、壊れた部分に公的資金を投入することによって、漂流船を修理する試みが行われている。これは、「私的所有」を「公的所有」に置き換えることによって、基礎を補強する工事だと言ってもよいだろう。

公的資金を投入するパターンにはいろいろあるが、その一つは、一定の機関を通して投資する方法がある。例えば、日本航空が会社更生法の適用を申請した際には、企業再生支援機構が三〇〇〇億円以上の増資を引き受けることが事業再生計画案の骨子に入っているが[1]、ここを通じて多額の公的資金が投入されることになる。一方、日本航空のこれまでの株式や社債はほとんど無価値になり、株主や社債権者は、アッと言う間に「所有権」の大部分を失った。こうして、日本航空の「私的所有」の多くの部分が「公的所有」に置き換わったのである。これは一つの例に過ぎないが、こうして公的資金を受け入れた企業の所有権の一部または全部は、実質上公的資金に占められることになる。

　もともと資本主義の原則からすれば、事業に失敗すれば市場から退場するのが筋である。しかし、日本航空ほど規模が大きくなると、経済的、社会的影響が大き過ぎて、市場から退場させることはできない。このことは、日本に限らず、米国の金融危機の際にゼネラル・モーターズ（GM）、アメリカン・インターナショナル・グループ（AIG）などに巨額の公的資金が投入されたように、普遍的に見られるパターンである。このようにして、公的資金を投入する方法で難破船を修理し、積み荷を海に捨て——具体的には、不採算部門を廃止したり、人員削減をしたりしながら——救助船が来るのを待つのである。しかし、そもそも資本主義の基礎となっている「私的所有」の大きな部分が「公的所有」に置き換わること自体が、資本主義の終焉を告げていることになるのではないだろうか。

　そのことは措くとしても、「公的資金」の元を辿れば財源は国債発行等の「先取り」によって調達したものであり、それは中身のない空っぽの価値、すなわち「虚の価値」であるから、結局のところ基礎の大きな部分にジャンカ（空洞）が発生していると言わなければならない。したがって、「私的所有」の一部を「公的所有」に置き換えても、漂流する「資本主義」を沈没させまいとする試みは、きわめて頼りないものであると言わざるを得ない。

　なお、中身のない空っぽの価値をつくりだす方法は、株式や通貨の空売り、空買い、金融派生商品（デリバティブ）、融通手形、消費者金融などたくさんある。「先取り」された「虚の価値」は、これらの姿になって、所有権のあちこちに潜入し、空洞をつくってゆくが、その空洞を、将来実の価値によって埋められる保証はないのである。

　厄介なのは、経済がグローバル化しているために、「先取り」もグローバル化していることである。サブプライム・ローンによって「先取り」された中身のない空っぽの価値は、どんどん肥大化して、世界中のあちこちに潜り込み、実体経済にも影響を及ぼし、世界中に失業者を溢れさせてゆくのである。

　このように今や資本主義は、国債やデリバティブなどの「先取り」された「虚の価値」を満載して、荒海の中を漂流していると言ってよいだろう。ただし、現在の段階で高度成長を謳歌している中国、インド、ブラジルなどを念頭に置いて、資本主義が漂流していると見るのは早計だと考える人もいるだろう。しかし私は、非常に高い確率で、これらの諸国も、欧米や日本と同じ道を辿ると思っている。要は時間の問題であって、やがて漂流がはじまるだろう。

それでもなお、漂流する「資本主義」を沈没させまいとする試みはいろいろ行われるかもしれない。しかし、結局は打つ手がなくなって、放っておかざるを得なくなるだろう。では、放っておかれたら、どうなるのであろうか。

まず考えられるのは、貨幣価値の下落という結果である。貨幣価値が下落すれば、国債を代表とする諸々の借金は、相対的に下落した分だけ帳消しになるので、「先取り」した「虚の価値」は縮んで小さくなり、その分だけ楽になる。しかし、デフレ・スパイラルが懸念されている昨今の経済情勢では、貨幣価値の下落を期待することは難しいだろう。

それでも、タイムスパンを長くとれば、貨幣価値の下落は、高い確率で起こる現象である。したがって、気長に時間を稼いであれば、漂流する資本主義も、いつかは安全な港に辿り着くかもしれない。しかし、その長い間に、国は国債の増発を続け、企業は借金を増やし続けるだろう。だから、長い時間をかけるわけにはゆかないのではないだろうか。九二四兆円にも及ぶ国家債務だけをとってみた場合に、仮に長いタイムスパンをとって貨幣価値の下落があったとしても、通常の方法では、とうてい消すことはできないと思う。

だとすれば、通常の方法ではない、もっと過激な方法で、貨幣価値を下落させることが起こる可能性が高い。この過激な方法による貨幣価値の下落という現象は、人類は何度も経験している。その方法は、ハイパー・インフレーション、徳政令、戦争などであるが、このことについてはすでに述べたので繰り返さない。そして、もう一つあるとすれば、財政出動をし続けることである。これは、漂流する資本主義の破損個所を修繕するための応急措置としてやむを得ないことかもしれない。しかし、中身のない空っぽの価値、すなわち「虚の価値」は膨らむばかりになる。そんなことがいつまでも続けられるわけがない。だいいち、「先取り」によって資本主義の基礎が空洞になったのであるから、空洞が大きくなるばかりになる。このような方法で解決することは期待できない。

ここまで考えると、漂流する資本主義を補修して、もとどおりに元気にする方法はないということである。そうなれば、残されるのは、ゴーストタウンである。資本主義がつくりあげてきた立派な工場、豪勢な建造物は、基礎がしっかりしていて、生産活動が円滑に行われ、相応の利潤を生むことができてはじめて成り立つのである。基礎に空洞ができ、生産活動が滞り、利潤がさっぱりあがらないようでは、成り立って行かない。しかも、巨額の資本を投下して計算上は大きな資産を計上していても、それはほとんど転用がきかず、いったん役に立たなくなれば、無用の長物になる。近いところでは、GMの工場跡地を例としてあげることができるが、その例を引くまでもなく、これまでゴーストタウンとして放置されているところは地球上にたくさんある。「私的所有」という基礎が崩壊したことを目に見える形にすると、それはゴーストタウンになる。

私は前に、時代が移行するときには、所有形態の変更があり、これこそがメルクマールであると述べた。現在のところ革命のような目の覚める変化ではないが、所有権の絶対性というドグマからすれば、すでに所有形態の大幅な変更があり、その結果、「資本主義は終わっている」という状態になってしまったと言ってよいのではないだろうか。

（1）二〇一〇年一月二〇日付朝日新聞

5　資本主義、社会主義、混合経済

本章2で、資本主義の定義と終焉の指標を概観したが、資本主義の対極にある「社会主義」も見ておく必要があるだろう。「社会主義」、あるいは「社会主義社会」の定義にも諸説があるが、ここでも辞典を引用させていただくことにする。

社会主義社会の生産関係は、次の三つの特徴をもっている。⑴生産手段の社会的所有、⑵勤労者の搾取からの解放、⑶勤労者自身のための分配。そこでは生産手段は、資本主義社会におけるように個人の私有ではないから、生産手段の私有者たる搾取階級もなくなる。そしてこの生産手段の社会化は、生産手段と労働力の計画的配分・利用を可能にするものであるから、社会主義社会は、計画的に経済が運営される計画経済社会である。勤労者の生産する生産物は、一部はさらに生産手段として役立って社会的所有になるが、生産物の中の消費物資は、おのおのの勤労者の「労働の量と質に応じて」彼らのために分配され、勤労者の個人的所有となる。(1)

この定義は、社会主義社会は資本主義社会から共産主義社会に移行するときにあらわれるもので、共産主義社会の前段階にある社会であることを前提にしている。これは多分に理念的なものであるから、もっと一般的に「社会主義」は、資本主義の生み出す経済的・社会的な矛盾を、私有財産制の廃止、生産手段や財産の共有・共同管理によって解消し、平等で調和のとれた社会を実現しようとする思想および運動であり、共産主義・無政府主義・社会民主主義などを含む広い概念ととらえることにしたい。

一般的にはこのように広い概念としてとらえられているので、「社会主義」という言葉は政策と結びつき、雇用政策、福祉政策などを指して、「社会主義政策」と呼ばれることが多い。このことは、例えば私有財産の廃止などを念頭に置かなくても、「社会主義」という言葉が、あちこちで使われることに通じている。

したがって、ぴったりと重なるわけではないが、雇用政策、福祉政策などに多額の財政出動をすれば、現実的には社会主義に近づくことになる。このことは、いきおい「大きな政府」を指向せざるを得なくなり、自由放任主義に価値を置く「小さな政府」指向論者からの非難の的になる。

その象徴的な例は、二〇一〇年一月に行われたマサチューセッツ州における上院議員の補欠選挙であろう。予想を覆して当選した共和党議員の支持者が高く掲げていたのは、「オバマは社会主義者だ！」というプラカードだった。まさかオバマ大統領が私有財産制の廃止までを考えているとは思われないが。

ここで注意すべきことは、「社会主義」という言葉をどのように使用しようとも、あらかたの人は、資本主義か社会主義かしかないと考えていることである。あるいは、社会主義政策を取り入れた資本主義、資本主義政策を取り入れた社会主義という体制はあると考える人は多いだろうが、そのときに使われる概念は、「資本主義」と「社会主義」の二つだけである。したがって、そのような認識であれば、資本主義の次は社会主義であるという考えしか浮かんでこないことになる。シュムペーターは、「アメリカの生産力の発展過程における実業家階級の成功そのものが、そしてまた、この成功がすべての階級に対して新しい生活基準を創造したという事実そのものが、逆説的であるが、この同じ実業家階級の社会的・政治的地位をひそかに切り崩すことになった」などという理由をあげて、「資本主義的な秩序が自ら崩壊する傾向をもち、かつ中央集権的な社会主義が、もっとも確からしい推定相続人であると確信する」と言っている[2]。

資本主義的な秩序が自ら崩壊する傾向を持つというのは鋭い指摘であるが、社会主義が最も確からしい推定相続人であるというのは、果たしてそうであろうか。

この考えをおし進めれば、資本主義が終焉すれば社会主義に移行する、さらに社会主義に完全に移行することによってはじめて資本主義が終焉するということになる。しかし、社会主義に移行しなくても、資本主義の終焉があるという考え、すなわち、「資本主義」と「社会主義」の二つだけでなく、「他にもある」という考えはありえないことだろうか。そのことは、本書の主要テーマの一つであるから、最終章で詳しく考察することにしたい。

ここで言及しなければならないのは、サムエルソンの「混合経済」という概念である。彼は、「アメリカのような先進工業国の経済生活の研究を始めるに先立って、われわれは、近代混合経済の歴史と進化の過程に目を転じなければならない」と言い、次のように述べている。

> 市場メカニズムというのは、経済的組織の三つの中心的課題を解決するにあたり、個々の消費者と企業が市場を通じて相互に関連し合うところの経済的組織の一形態である。指令経済というのは、資源の配分が政府によって決定され、政府が個人や企業にたいし国の経済計画に従うよう指令するところの経済組織の一形態である。今日では、これらの極端例のいずれもアメリカの経済体制の現実を描写していない。むしろ、アメリカの体制は混合経済であって、そこでは民間の機構と公共的機構の両方が経済面で統

御にたずさわる。(3)

サムエルソンは、ここでは米国を念頭に置いているが、現在では米国に限らず、先進国全般の現実を描写していると言ってよいだろう。また、中国もまた混合経済を採用しており、その他の新興国も同様であって、それだけでなく、多くの発展途上国もまた混合経済だと言ってよいと思われる。こうしてみると、今や「混合経済」は、世界中に普及している経済システムだと言ってよいだろう。

このように考えると、おおまかに言えば、現在は、資本主義と社会主義が混在する混合経済の体制であると言うことができる。私も、表層を見る限り、なるほどそうであろうと思っている。

ところで、資本主義と社会主義との混合経済という考えは、政策的には資本主義的経済政策と社会主義的経済政策とを、その時々の経済情勢に応じてバランスよく採用すればよいということになるだろう。確かに近代以降、世の中はだいたいそのように動いてきたし、今後もバランスさえ崩れなければ、混合経済でうまくやってゆけるのではないだろうかと思わせるところがある。これは、好況のときには新自由主義的な理論がもてはやされ、財政出動が要請される不況のときにはケインジアンの理論が動員されることに結びついている。

では混合経済であるから、「資本主義は終わっている」と言えるだろうか。この問に対して、イエスと答える人は誰もいないだろう。なぜならば、シェアに大小の差があっても、混合経済の中には資本主義経済が多くの部分を占めているからである。

したがって、バランスを崩して社会主義に完全に移行しない限り、すなわち、バランスを保って混合経済を維持する限り、資本主義は終焉を迎えることはないということになる。

しかし、ここに三つの問題がある。

一つは、資本主義と社会主義は基本的に矛盾する体制である、ということである。資本主義は自由を重んじ、社会主義は平等を尊重する。この通常であれば矛盾する要請に対して、「混合経済」をうまく操縦してゆくことができるのだろうか。そこには絶えずせめぎ合いや葛藤が起こり、あちこちに亀裂が生じる。その例はいくらでも挙げることができるが、長くなるので先に進もう。

もう一つは、いつまでもバランスを保つことができるだろうか、ということである。社会主義に完全に移行する前に、混合主義がバランスを崩して、ハイパー・インフレーションなどの混乱が起こることがないだろうか。果ては、戦争という大愚を犯すことはないだろうか。そんな馬鹿なことは起こらないと誰が保証することができるだろうか？　ヒトは何度もそれを経験しているのである。とは言え、狼が来ると騒いでいると誤解されるのはよくないので、ここまでにしておこう。

さらにもう一つの問題は、バランスを保って混合経済を維持する限り資本主義が終焉しないという考えは、私的所有が空洞になっていて、資本主義の基礎が崩壊しているという事実を見逃してしまうことである。そしてその結果、社会が壊滅する前に手を打つことができなくなる恐れがある。

こうして見てくると、「混合経済」という認識は、表層にあらわれている現象はともかくとして、社会を形作っている基礎のところまで視野に入れたときには、中途半端であると言わざるを得ない。

では、資本主義でもなく、社会主義でもなく、混合経済でもないというのであれば、他に何があるのだろうか。

（1）　前出『体系経済学辞典（第6版）』八〇頁

（2）　シュムペーター、中山伊知郎・東畑精一訳『資本主義・社会主義・民主主義』（東洋経済新報社）六六九頁

（3）　P・サムエルソン、W・ノードハウス、都留重人訳『サムエルソン経済学上〔原書第13版〕』（岩波書店）三七頁。なお、ここで三つの中心的課題というのは、すべての生産可能な財貨やサービスのうち質・量いずれに関しても〈何を〉生産すべきかという問題、これらの財を生産するのに資源を〈いかに〉組み合わせて使用すべきかという問題、これらの財は〈誰のために〉生産されるべきか、すなわち異なる個人や階級の間の消費配分はいかにあるべきか、という問題の三つである（同書三四頁）。

6　経済学の第三の道

世界的な金融崩壊を眼の当たりにしたとき、これまでの経済学はいったい何をしていたのか、という疑問が湧いてくる。この疑問に関して、朝日新聞に論説が掲載されていたので、その一部を引用させていただくことにしたい。

昨年来、あるセミナーでポンペウ・ファブラ大学（スペイン）のジョルディ・ガリ教授は「経済学に対する宿題」を指摘した。ガリ教授は、最近のマクロ理論の指導的な研究者の一人である。彼は、最近の理論には、今回の世界的な金融危機を扱うだけの能力がないことを率直に認め、次のような課題を挙げた。金融危機では、問題の中心は銀行などの金融機関である。ところが、マクロ理論では、銀行、証券、保険会社などの金融システムがほとんど無視され、省略されている。また、現実の危機では、不動産や株式などの資産価値が下がったことで、不況が急激に悪化している。資産価値も標準的なマクロ経済モデルでは十分に扱えない。

（中略）

「貨幣」の問題を中心に据えるケインズ経済学と現在の標準的マクロ経済学との二者択一ではない、「第三の道」が見えてくる。(1)

この論説の中では、ケインズ経済学と現在の標準的マクロ経済学の双方とも、二〇〇八年米国発の世界的な金融危機を扱うだけの能力がないと指摘されているのであるが、その点について若干の考察をしておこう。

一九二九年のニューヨーク株式市場の大暴落からはじまる大恐慌に対して、F・ルーズベルト大統領が採用したニューディール政策は財政出動を促した。そして、そのことが恐慌克服に繋がったと言われている。もっとも、この恐慌は、ニューディール政策によって克服されたのではなく、第二次世界大戦にまで持ち越されたのだとも言われているが、それはともかくとして、この政策はケインジアンの理論と合致するものであったことは事実であろう。

しかし、財政政策・金融政策などの政府による政策介入の必要性を説くケインジアン流の経済政策は、景気過熱によるインフレーション、公共事業や福祉政策の肥大化という顕著な現象をもたらし、一九六〇年代になると、ケインジアン流の経済政策が財政赤字をもたらす元凶のように見られて風当たりが強くなり、やがて新自由主義の経済学に主流の地位を譲ることになった。こうして、二〇〇八年の金融崩壊直前までは、小さな政府、市場メカニズム、自己責任を核に据える新自由主義的なマクロ経済学が主流の座を占めていた。ガリ教授が「現在の標準的マクロ経済学」と言うのは、この新自由主義経済学を指していると言ってよいだろう。そしてこの経済学は、イギリスに首相サッチャー、米国に大統領レーガンが登場して政策として実施され、日本でも歴代政権がこの政策に追従していた。

ところで、この新自由主義経済学の根幹は、「市場のさまざまな変数は均衡値に向かって収斂する傾向にある」というパラダイム（理論的枠組み）である。つまり、簡単に言えば、市場でさまざまなことが起こっても、やがて均衡値に達して落ち着くから、自由放任が一番よいのだという考え方である。新自由主義を標榜しているフリードマンは、次のように言っている。

交換の実質的な自由が維持される限り、経済活動が行われる市場では、ある人が別の人の取引を邪魔だてすることはまずできない。これが、市場経済の最大の特徴である。たとえば消費者は、ほしいモノはほかでも買えるので、特定の売り手からどうしても買わねばならぬということはない。逆に売り手は、買ってくれるお客はほかにもいるので、特定の消費者にどうしても買ってもらう必要はない。また労働者は、雇ってくれる会社はほかにもあるので、特定の雇主とどうしても契約せねばならぬということはない。市場はこれをごく機械的に、中央集権的な組織の存在なしにやってのける。(2)

しかし、自由放任にしておけば、ほんとうに均衡値に達するのだろうか。また、均衡値に達するか否かにかかわらず、自由放任にしておくプロセスの中で、あるいは結果において、何か問題が起こらないものなのだろうか。

まず、自由放任にしておけばやがて均衡に達するという点であるが、これはまったく幻想に過ぎない。市場は往々にして思うようにならないことがあるばかりか、ときどき暴走して手がつけられなくなる。これは、人類が何度も煮え湯を飲まされた経験則である。二〇世紀最大の投資家といわれているJ・ソロスも、「この経済学上のパラダイムは偽りでしかなく、この誤ったパラダイムを基盤にして国際金融システムが築かれたことこそが、現在の世界経済危機の主たる原因である」と言っている。(3)

さらに重要なことは、市場はやがて均衡値に達するというパラダイムは、パラダイムだけに留まっていないことである。すなわち、このパラダイムを金科玉条にして、さまざまな仕組みやシステムや制度がつくりあげられる。そのことがパラダイムの誤りを単なる誤りに留めておかずに、誤りを拡大化させてしまうのである。

例えば、米国がつくった国際金融システムは、世界中に自分たちに都合のよい壮大な仕組みの網を張り巡らし、サブプライム・ローンを梃子にして、膨大な「先取り」をしてしまい、均衡値どころか、システムそのものを破壊してしまった。

そして、自由放任を旗印にした新自由主義のパラダイムを基盤にして経済や政治が動かされた結果、どのような問題が起こったのだろうか。この点については、もはや顕著な結論が出ているので、詳しく説明をするだけでなく、項目を列挙するだけで足りるであろう。

まず、景気の悪化、生産規模の縮小、企業倒産の増加。そして、株や金融商品の暴落による損失の発生、個人破産。見渡せば、貧富の差、格差の拡大、中間層の消失。さらに、派遣切り、人員削減、失業者の増加。環境破壊。犯罪の増加、治安の悪化。

新自由主義がもたらした結末については、新自由主義から転向した人も交え、多くの論者が指弾するところであって、今や新自由主義は集中砲火を浴びている状態であると言えよう。

新自由主義に取って代わられる前に主流の位置を占めていたのは、ケインズ経済学である。しかし、前に述べたように、ケインジアンの理論は、景気過熱によるインフレーション、巨大な財政赤字、公共事業や福祉政策の肥大化が顕著になってくるに従って批判の対象になり、主流の座を新自由主義に譲るはめになった。ケインズ経済学の中で、とくに槍玉に挙げられていたところは、資本主義経済の自動調節機能は不完全であって、完全雇用や物価安定を実現するためには、財政政策・

金融政策などの政府介入が必要であるとする考え方であろう。

しかし、二〇〇八年秋からの金融崩壊による不況と失業者の増加に直面すると、新自由主義の理論は一転して集中砲火を浴び、またしても、政府の財政支出を要請する声が高まってきた。そして、米国、欧州、中国、日本などで、次々と政府の財政支出による金融機関、企業への救済措置がとられるようになった。つまり、困ったときの神頼みではないが、「不況のときのケインズ経済学」と再登場を促され、「財政出動」「財政出動」の大合唱となった。

確かに、当面の応急措置として、各国の政府が財政出動をすることはやむを得ないことであろう。しかし、ケインジアンの理論に対する批判は、各国が莫大な国家債務を抱え込んで財政難に陥ったという歴史的事実を踏まえてのものだったはずである。だとすれば、当時の批判が二〇〇八年秋以降の財政出動に対する批判として成り立つことになる。さらに素朴な問題として、財政出動によって多額の国家債務を抱え込む各国の政府は、今後どうやってそれを解消するのかという難問に直面するであろう。

問題はそれだけでない。一九六〇年代と異なって、経済は良い意味でも悪い意味でもグローバル化している。したがって、二〇一〇年のギリシャの財政危機に見るように、一国の財政支出やその結果の財政破綻が、ただちに他国の経済に影響を及ぼす。すなわち、一国の財政支出や財政破綻がその国だけの問題にとどまることはないのである。新自由主義の理論を捨てて財政出動を是とする政策に乗り換えても、経済がグローバル化している限り大量の貨幣や信用が世界中を瞬時に動きまわるのであるから、何らかの手を打たない限り、財政出動だけで解決することはあり得ないのである。

二〇一〇年六月二七日に閉幕した主要20か国・地域首脳会議（G20サミット）では、先進国が二〇一三年までに財政赤字を少なくとも半減させる、との目標を盛り込んだ首脳宣言をまとめた。日本については、G20サミット直前に政府がまとめた財政運営戦略を「歓迎する」としながらも、目標からは例外扱いされ、日本以外の先進国も、各国の状況に応じた財政再建計画をつくるべきだとされた。しかし、参加国からは「明確な目標値とはいえない」（サルコジ仏大統領）との声がさっそく出ており(4)、各国の国家債務を削減することの困難性が滲み出ている。そしてそれから僅か一年二か月を経て行き着いたところが、第七章1で書いたような、米国の債務上限を引き上げる法案を巡る騒動である。

二〇〇八年秋以降の金融崩壊に対する応急措置としての各国の財政出動を正当化したのは、ケインジアンの理論だった。金融崩壊からしばらくの間は、「ケインズ」という名をときどき見たり、耳にしたりしていた。しかし、ギリシャの財政危機に発した欧州の信用不安、金融市場の混乱以降は、「ケインズ」の名を聞くことはなくなった。とは言え、ギリシャを救済するための欧州各国の財政出動を正当化する理論として、まさか新自由主義を担ぐわけにはゆかないだろう。あるとすればケインジアンの理論であろうが、それにしては財政赤字の問題は深刻になってしまったので、「ケインズ」の名を持ち出すわけにはゆかなくなったのではないだろうか。それはすなわち、ケインジアンの理論に基づく政策が、早くも国際的な規模で破綻を見せはじめたということである。

以上がガリ教授の言う、ケインズ経済学も現在の標準的マクロ経済学も十分でないという理由であると考える。このことは、一九六二年から「先取り」という概念を使って金融や貨幣の問題を考察してきた私にとっては、あまりにも当然である。それは、新自由主義の理論とケインジアンの理論は二者択一ではなくて、盾の両面だからである。市場をうまく利用できる段階では前者がもてはやされ、市場が破綻すれば後者が正当性を帯びる。ただそれだけのことであって、根は同じである。

では、どこが同じなのか？

すなわち、価値を生み出す前に、実体のない価値、空っぽの価値を先に取ってしまう「先取り」という点では、新自由主義の理論も、ケインジアンの理論も、そしてそれらの理論による政策も、相異がないということである。新自由主義の理論を捨てて、ケインジアンの理論を復活させても、個人レベル、企業レベル、国家レベルの「先取り」が行われることは確かであるが、この段階では、厖大な国債発行という「先取り」が行われて、やがては経済的、社会的ダメージを与える。新自由主義の理論が主流を占めていたときにはサブプライム・ローンのような企業レベルの「先取り」が大きなシェアを占めていたが、それが破綻して経済的、社会的ダメージを与えるようになると、国債という「先取り」に主役が交代したのである。このことは、歴史的事実として、帰納的に証明できることであるし、現在進行形で人々は日常的に体験しているから、あらためて証明するまでもないことだろう。

ケインズ経済学も標準的マクロ経済学も今回の世界的な金融危機を扱う能力がないというガリ教授の指摘はその通りだとしても、では、なぜ今回の世界的な金融危機を扱う能力がないのだろうか。私は、双方とも、「先取り」という歴史的事実が念頭にないばかりか、むしろ、「先取り」を容認、助長する理論だからであると考えている。

したがって、ガリ教授の言う「第三の道」があり得るとすれば、「先取り」を容認、助長しない理論でなければならないであろう。なぜならば、そうでなければ今回の二〇〇八年秋米国発の金融危機を扱う能力を欠くことになるからである。

そこで、あり得る「第三の道」を模索することにするが、その前に、ヒトは何故「先取り」をするのであろうか、ということを考えておきたい。

なお、断っておくが、私は、「第三の道」として社会主義を考えているのではない。

広い意味の社会主義にはさまざまなバリエーションがあり、社会主義もどきの全体主義などというものがあるので、その全部について言及することはできないが、最も極端な共産主義について、大雑把に見ておこう。

共産主義の経済体制のもとでは、まず「私的所有」は否定され、生産手段の社会的所有という形態になる。そして、「法的主体性」は大幅に制約され、個々人が自由な意思に基づいて「契約」するのではなく、一定の計画によって規制される。また、法的主体性のある労働力を売るのではなくて、能力に応じて労働し、生産物の配分を受ける。しかし、現実には、その社会を運営、維持するために、厖大な官僚機構がつくられ、往々にして独裁政治が行われる。

この共産主義の経済体制のもとでは、「計画」という名の「先取り」が行われることは確実である。また、律令国家以前のように、労働力を直接収奪することもあり得る。したがって、私は、「第三の道」として共産主義の経済体制を想定することはない。またその過渡的な段階とされる「社会主義」を想定することはない。

しかし、新自由主義による理論も、ケインジアンの理論も、資本主義という基礎の上に構築された経済学である。もし、「第三の道」があり得るとすれば、発想をガラリと変えて、資本主義とは別の基礎の上に築いたらよいのではないだろうか。

前にも述べたように、すでに、**「資本主義では器が小さすぎる」**のである。すなわち、「近代」がスタートしたときには、その基礎が「私的所有」、「契約」、「法的主体性」という三つの要素だけでよかったものの、それから二〇〇年以上を経た今日では、基礎が脆弱になり、カヴァーできる範囲が狭小になってしまって、もはや保てなくなったのである。そこで、そのようになってしまった「資本主義」に拘泥せずに、「資本主義は終わっている」ものとし、経済、社会の規範関係をすっかり別なものに変えることによって、新たな基礎をつくる必要がある。そして、それを踏まえた経済学を構築することによってはじめて、「第三の道」を成立させることができるのではないかと、私は思っている。

「資本主義」は、今や、物質か精神か、資本か労働か、持てる者か持たざる者かと分けたとき、いずれも前者にスポットライトを当てて組み立てられた概念となってしまっている。しかし、ヒトの思想や利害が錯綜する現代では、後者を無視して経済、社会を組み立てることができない時代になっている。精神、労働、持たざる者を眼中に入れずに、経済を循環させ、社会を維持することができない時代――これが私たちの生きている時代なのだ。

だとしたら、物質も精神も、資本も労働も、持てる者も持たざる者も、その他もろもろの事象を包摂する「器」を発見し、また創造することはあり得ないことだろうか。

その「第三の道」を模索する前に、ヒトは何故「先取り」をするのか、という真の原因を探究したい。そのことが「第三の道」の扉を開く鍵になるという予感がするからである。

（1）二〇〇九年一月三一日付朝日新聞・経済産業研究所上席研究員小林慶一郎『金融危機が与えた宿題』
（2）ミルトン・フリードマン、村井章子訳『資本主義と自由』（日経BP社）四九頁
（3）ジョージ・ソロス、徳川家広訳、松藤民輔解説『ソロスは警告する　超バブル崩壊＝悪夢のシナリオ』（講談社）二一頁
（4）二〇一〇年六月二八日付朝日新聞夕刊

第一〇章　「先取り」の原因と本質

1　「先取り」の原因について

新自由主義の理論もケインジアンの理論も世界的な経済危機を救うことができないことは明らかだとしても、そのことを指摘するだけでは、ヒトは滅びにいたる大きな門に入らざるを得ないことになる。そこで、生命《いのち》にいたる狭き門[1]を発見する必要があるが、そのためには、「資本主義は終わっている」ものとして、経済、社会を抜本的に改変する覚悟がなければならないだろう。

そこで本書では、最終章でその細い道を辿りながら狭き門を模索することにしたいが、その前に、ここに至った真の原因を突き止めておかなければならない。

ところで、二〇〇八年秋のリーマン・ショック以来の金融崩壊、経済危機の原因は、「強欲」であると指摘されている。そして、「強欲」を指弾する論調が数多く見受けられる。[2]確かにそれはその通りであるが、原因を追究するのであれば、それでは「強欲」はどこから起こるのか、なぜそれが横行するのか、というもう一つ前の原因を突き止める必要があるだろう。すなわち、「強欲」と言うだけでは、真の原因を突き止めたとは言い難い。またこれは、金融崩壊、経済危機の原因を探究するのであるから、基本的には経済の問題である。「強欲」というモラルの問題にする前に、経済現象の中に答を突き止めることが必要なのではないだろうか。

私は、「先取り」に原因を求めている。すなわち、金融崩壊、経済危機をもたらした真の原因は、「先取り」であるとまずは言い切っておきたい。それではヒトがなぜ「先取り」をするのだろうか。それを、「強欲」に求めると、トートロジーになってしまうので、別の答を探さなければならない。

価値が生まれる前に先に取ってしまう「先取り」について、これまで「先取り」仮説の内容とその検証、「先取り経済」の歴史、「先取り」の態様、「先取り」による撹乱、収奪、解体現象等々について考察してきたが、ではいったい何がヒトをして「先取り」させるのかという問題に立って、いわば根源的な原因を探究する必要があるだろう。

ヒトと他の動物との違いを説明するときに、火や言語の使用がよく挙げられるが、「先取り」もその一つに加えてよいと思う。ヒトが「先取り」を発明する前には、狩猟の道具、農耕、工場生産、貨幣等々の発明の集積があるが、「先取り」にはヒトの発明の中でも、先端的で特異なところがある。それはいったい、どこからきているのだろうか。

それを、「強欲」と言うかどうかはともかくとして、ヒトの欲望に根差していることは確かであろう。そのことをもう少し掘り下げれば、生存の方法として、「先取り」が選択されているということが理解できる。それは、戦争が生存の方法として選択されているのと非常によく似ている。その特徴は次の通り——

① いったん選択されると、止めどなく拡張する。そのとき、欲望と幻想が無限に向かってゆく。

② したがって、何らかの理由で拡張が不可能になるまで止まらない。何らかの理由とは、例えば、物量的に続行ができなくなるとき、矛盾が生じて支えている基盤が崩壊するときなどである。

③ 自己の生存を肯定することと他者の生存を否定することとが極端にアンバランスである。

④ 最終的には、自らの生存が否定される確率が非常に高くなることである。

ところで、ヒトは、「先取り」という手段を使わなければできないことを、「先取り」という手段を使ってできるようになった。例えば、ルイ一四世の戦争は、国家債務を膨張させる「先取り」をしたから遂行することができた。ルイ一四世の心理の深層を知ることはできないが、あるいは敗北などのリスクに対する恐怖感が膨大な「先取り」をさせたのではないかと想像される。この想像が正しいかどうかを検証するためには、「先取り」とリスクに対する恐怖感との関連性をキーにして、歴史を洗いなおしてみる必要があるだろう。そのような作業をすれば、なぜヒトは「先取り」をするのかという、もう一つ前の原因を突き止めることができると思う。

それにしても、ヒトは「先取り」を選択しないことはできないものであろうか。すなわち、「先取り」を選択しなくても生存できないのだろうか。今や、人々も、企業も、国家も、好んで「先取り」をしているわけではないだろう。戦争があちこちで行われているが、好んで戦争をしているのは、ごく少数であるとしか思えない。戦争をしている当事者も、大多数は戦争を終結したいと考えているに相違ない。それと同様に、「先取り」をしている人々も、企業も、国家も、大多数は借金地獄から解放されたいと望んでいるはずである。

しかし、やっかいなのは、「先取り」という病理現象は、すでに慢性化しているということである。すなわち、その病気を抜きにしては、その人を語れないのと同様に、「先取り」を抜きにしては、経済現象を語れない。例えば、透析している人は、常に透析が必要で、時間、労働、食事、休息、生活は腎臓病を意識し、計算に入れなければ成り立たない。これが「先取り」が属性になっているという理由であるが、このことによって、「先取り」を選択しないことは非常に難しいことが分かる。

したがって、「先取り」の原因は、さらに深く追究することが肝要であろう。そして、その追究の過程で、「先取り」の本質を見極めておくことも必要だと思う。

言うまでもなく、「先取り」はヒトの脳によって発明されたものである。そしてまた、実際に「先取り」をする能力はヒトの脳の働きによって可能になる。そのことについては後に考察することにするが、「先取り」を正当化するバックボーンがあってはじめて、ヒトは「先取り」をするものだと考えられる。そこで、そのバックボーンになっていると考えられるものとして、次項では宗教の所業、次々項では戦争との因縁をとりあげることにしたい。そしてその後に、「先取り」をする思考回路と、その基底にある脳の働きを考察する。

なお、本章の次項以下で述べることは、それぞれの項ごとに厖大な先行研究があり、また多数の説がある。例えば、次項の宗教に関しては、宗教学、宗教思想、宗教史のみならず多数の宗教会派の言説があるから、その主要なものを跋渉するだけでも大著になってしまうであろう。本書の一項目としてそのようなことをすることはとうてい不可能なので、ここでは「先取り」の原因というところに焦点を絞って、必要最小限のことだけを述べたいと思う。したがって、ここに書くことは、私なりの考えの要旨であって、これに対しては当然数多くの別の説がある。しかし、「先取り」の原因を究明するためには、どうしても言及しないわけにはゆかないので、敢えて異説を唱えさせていただくことにする。

（1）　新約聖書マタイ伝第七章の一三

（2）　前出『強欲資本主義　ウォール街の自爆』は、「ウォール街にいると、まことに人間の強欲さが手に負えないところまで来ている」（一四頁）とし、「強欲」をキーワードにして、「バブル崩壊」を解明している。

2　宗教の所業

「宗教」という言葉を辞書で引くと、①神仏などを信じて安らぎを得ようとするこころのはたらき、また神仏の教え。②経験的・合理的に理解し制御することのできないような現象や存在に対し、究極的な意味と価値とを与えようとする信念・行動・制度の複合体系（大辞林）、とある。すなわち、宗教は、超自然的な神または仏が存在するものと信じ、信仰によって救済されるという教えであり、それぞれ一定の教義を持ち、多くの場合その教義を布教する組織を持つ。

したがって、まず問題になるのは、超自然的な神または仏がほんとうに存在するのか、ということである。神仏の存在を証明したとする言説も、神仏の不存在を証明したとする言説も多数あるが、神そのもの、仏そのものが現実に物理的に存在していない以上、神仏の存在が完全に証明できているとは思えない。しかし、現象として人知では及ばない超自然的なことが起こることがあるし、人によっては神仏を見たような不思議な体験をすることもある。したがって、それらの経験を踏まえて神仏の存在を確信することがあるのは否定できない。これもヒトの脳の作用とみることができるだろうが、脳の作用のすべてが解明されない限り、神仏の存在を否定する根拠としては十分ではないと思われる。今なお世界中に多種多様の宗教が存在し、神や仏の存在を信じる人が多数いるということは、神仏の存在を信じることがあながち突拍子でないことを示している。

しかし、億万の人が神や仏の存在を信じているとしても、それだけで神の存在が証明されたことにはならない。だからと言って、神や仏の不存在が証明されたことにもならない。不存在の証明は、一般的に悪魔の証明といわれるほど不可能に近いことだが、それが神や仏の不存在の証明ともなれば、もはやまったく不可能だと言ってよいだろう。したがって、神仏の存在を信じることが信仰の入り口であるならば、神仏の不存在を信じることもまた、信仰のようなものなのである。もともと超自然的な神仏の存在ないし不存在を、言説という自然的、経験的な道具で証明することは無理なことである。したがって、私は、神仏が存在することも、神仏が存在しないことも、分からないとしか答えられない。すなわち、神仏の存在、不存在の問題については、ここで結論を出すことはできない。

問題は、神仏が存在するものとして成り立っている宗教が、ヒトの歴史にどのように関わっているか、である。宗教は、それぞれが教義を持ち、その教義を布教し、布教するための組織を持っている。その組織は、しばしば社会的に大きな影響力を持ち、国家と一体になることさえある。このことについては、ヒトには何千年もの歴史の集積があるので、経験的に論ずることができる。ここではっきり認識しておかなければならないのは、もし神仏が存在しないのならば、神仏の存在を前提にしている宗教は実におかしなものだということである。つまり、ヒトは、何千年にわたって存在しないものの上に精神世界を組み立て、そのような精神をもって社会を構築していたことになる。そして、宗教はしばしば支配の道具として使われたが、ヒトは存在しないものによって支配し、支配されていたことになる。神仏が超越的、絶対的な力のメタファーであるならば、ヒトはメタファーを支配の道具として使っていた。そして現在もなお使っていることになる。このことは、仮に神仏が存在するとしても、その神仏の実体が正確に掌握されていない以上（神仏は宗教によってさまざまに語られているが、さまざまに語られていること自体が正確に掌握されていないことを示している）、メタファーが支配の道具として使われることは同じである。これは、価値を価格というメタファーに置き換えている脳の操作によく似ている。

もとより、神仏がヒトの心を救済するために存在するとされる側面を持っていることは確かであるが、その側面を含めて、宗教が支配の道具として使われるという歴史的事実を、私は問題にしているのである。

ただし、本項では、「先取り」に的を絞って考察することにしているので、「先取り」を先端的に発展させてきた西欧に着目することにしたい。西欧に着目するということは、宗教としては一神教のキリスト教を念頭に置くということである。したがって、仏教その他のキリスト教以外の宗教はしばらく措くことにして、キリスト教と「先取り」との関係ということに問題を単純化して考えることにする。

誤解のないように断っておくが、私は、キリスト教の中にある思想については人類最高の叡智の一つであると高く評価している。しかし、その教義の中には、権力に利用されやすいものがあり、したがって権力と癒着したり、権力そのものになったりする要素がある。このことについては、西欧の歴史を見れば明らかであるから、ここでいちいち説明する必要はないであろう。ただ一つだけ例をあげて考えてみよう。キリストはすべての人の罪を背負ってその犠牲になり、自ら十字架を背負ってゴルゴダに行き磔刑に処せられたとされている。(1) このことには深い思想があるのだろうが、思想に関係なくこの部分は権力に利用される性格を持っている。なぜならば、キリストを犠牲にしてしまったすべての人は、その罪を背負わなければならないからである。すなわち、この教えは、すべての人がキリストから罪を押しつけられ、それを甘受しなければならないという構造を持っているのである。

「お前に罪があるから私が犠牲になったのだ」と言われれば、人はキリストにひれ伏さなければならない。しかも、キリストは唯一絶対の神の子である。こうなったら、すべての人はひれ伏すより他に道はないのである。そして、便利なことに、唯一絶対の神は、他者を容易に否定することができる。このことは、すべての人に頭を下げさせて支配したい権力にとってはまことに都合がよい。権力は、神を担げば人々をひれ伏させることができ、思うように何でもできるのである。キリスト教徒の多くは、これとは違う理解をしているであろうが、権力の意図は、多くのキリスト教徒とは別のところにあるのだ。

これは、「先取り」を肯定する構図に非常によく似ている。価値が生まれる前に先に取るという一歩踏み出した行為を正当化することは、神を担げば容易に可能になる。だいいち、天国を構想して現世で説示することは、現在において将来の天国を実現しようということであるから、宗教はそれ自体観念的な「先取り」に他ならないのである。

第二章の「先取り経済」の歴史でみたように、ヴェネツィアは守護神聖マルコを戴いて戦争を繰り返し、スペイン帝国はキリスト教を伝道するという強い使命感をもって新世界に征服者を送り略奪を恣にし、あのジョン・ローはカソリックに改宗して紙幣を増刷し続けた。

私は、キリスト教が唯一絶対の神の存在という論拠をかざして他者を否定し、権力と結びついて多くの戦争をし、莫大な戦費を費やすことを肯定したことが、「先取り」を正当化するバックボーンになっていると考えている。

これは私の想像であるが、デリバティブを開発した人の中には、多くのキリスト教徒がいるのではないだろうか。そして、そのキリスト教徒は、意識しているか意識していないかはともかくとして、「先取り」を正当化しているのではないだろうか。いずれにせよ、「先取り」を肯定し、正当化する要素がキリスト教の教義の中に存在しているのは確かだと思う。すなわち、「先取り」の淵源を辿れば、キリスト教に突き当たるのである。

そして、今なお「先取り」はキリスト教と無縁ではない。敬虔なクリスチャンの大統領がイラクに戦争を仕掛ける、莫大な戦費がかかる、サブプライム・ローンを助長する、金融崩壊が起こる、財政出動をして国家債務が増える、という一連の流れの中に、キリスト教は色濃くその影を落としているのである。そして今、その刃が反転して、人々に襲いかかろうとしているのである。

なお、近代哲学もまた、神との関係で「先取り」と繋がっている。このことについては、森和朗『自我と仮象』（鳥影社）の第Ⅰ部〜第Ⅲ部で詳細に論じられているが、それによると、近代哲学の嚆矢とされるデカルトは、理性的な神が世界を方法論的に創造したのであるから、その謎に迫るにはその神の方法を真似るにしかずと考えた。そして、その方法論によって、人間は神に代わって世界の再創造に乗り出し、神のオリジナルよりももっと柔軟で、多産で、高速に作動する機械を続々と産み出した[2]。また、アダム・スミスは経済学者として売り出す前は道徳哲学者であり、彼の名を高らしめた「見えざる手」の寓話は、『国富論』ではなくて『道徳情操論』にお目見えするところ、神を信じてことを行いさえすれば何事もうまくゆくという確信が、ありありと手に取るように見られるという。[3]

以上のように、ここではキリスト教と「先取り」との関係に的を絞ったが、他の宗教も、大なり小なり「先取り」と縁を結んでいる。前にも述べたように、宗教は、あの世をこの世にもってくる壮大な「先取り」に他ならないから、宗教が「先取り」と縁を結ぶことには何らの不思議もない。いずれにせよ、「先取り」を正当化するものとして、宗教が利用されていることは否定できないと思われる。すなわち、宗教は、「先取り」のバックボーンとして便利に使われているのである。もっとも、それぞれの宗教の利用のされ方は、直接的か間接的か、強いか弱いかという違いがあり、そのことがまた、態様や拘束力等に相違をもたらすが、ここではそれを指摘するにとどめたい。

いずれにせよ、ヒトの脳の所産である「先取り」は、同じくヒトの脳の所産である宗教と密接な関係を持っている。かつてのヴェネツィアやスペイン帝国ように、宗教の名において「先取り」をすることはさすがに少なくなってきたが、今なお「先取り」のバックボーンとして宗教が控えていることは意識しておいた方がよいと思う。[4]

（1）新約聖書ヨハネ伝一九章の一七～一八
（2）森和朗『自我と仮象　第Ⅰ部』（鳥影社）二一九頁～二二〇頁
（3）同書二三三頁～二三四頁
（4）「先取り」と宗教との関係について、私は、前出『壊市』、『地雷』、『蘇生』の三部作の主要テーマとして取り上げた。

3　戦争との因縁

戦争と「先取り」とは因縁が深く、相互に因果関係があることは、これまでの歴史を見れば歴然としている。しかし、戦争と「先取り」との因果関係は複雑であり、ストレートに結びつくものもあれば、因果関係を辿ることが難しいものもある。その複雑な関係を整理してみよう。

まず、戦争が原因になって「先取り」が起こるときと、「先取り」が原因になって戦争が起こるときがある。前者の例としては第一次世界大戦後のドイツで起こったハイパー・インフレーション、後者の例としては一九二九年の大恐慌後に起こった第二次世界大戦をあげることができる。しかし、後者の例に見るように、一九二九年の大恐慌によって即第二次世界大戦が起こったわけではない。大恐慌から第二次世界大戦までの間には、軍備の拡張やら国家債務の膨張やらの紆余曲折があって、それらが相互に絡み合いながら戦争に至り、それから戦争中や戦後までも「先取り」が伸縮しつつ延々と続いたのである。このように、戦争と「先取り」は、相互に原因、結果になりながら、複雑に展開するものであるが、その一つの断面をとらえれば、戦争は「先取り」の大きな原因になると端的に言うことができるだろう。

また、戦費を調達するために「先取り」をするということは、これまでの歴史の中でさんざん見せつけられたことである。すなわち、「先取り」は戦費調達のための常套手段であり、したがって、この点からも戦争が「先取り」の原因であることは明白である。このことは、戦時でなく平時でも同じである。各国は、平時でも莫大な軍事予算を計上しているが、もしそれがなければ、各国の国家債務は、相当縮減することができるであろう。

このことからすれば、戦争と因果関係がある「先取り」は、主として国家債務の膨張という国家レベルの「先取り」の部分にあらわれると言ってよい。しかし、個人レベル、企業レベルの「先取り」が、戦争と全く関係がないというわけではない。

個人レベルで言えば、戦争の予測や、勃発や、戦況を睨んで、投機取引が活発になることがある。また、企業レベルでも、戦争の予測や、勃発や、戦況を睨んで、利益を先行的に計上して「先取り」を行ったうえで、設備投資をしたり、業務を拡張したりすることもある。

こうした戦争を原因とする「先取り」は、経済的に何をもたらすのであろうか。

かつての大航海時代や帝国主義の時代では、戦争によって領土を拡張し、植民地からの財宝や貿易による利益を期待することができた。「先取り」によって調達した戦費は、その利益によってある程度穴埋めすることが可能であったであろう。しかし、これもそれぞれの戦争によって違いがあり、一概に言えないことである。とくに現代の戦争は、領土の拡張や貿易利益の拡張を目的にしているものは少なくなったと言えよう。しかし、国境周辺では局地的な戦争が繰り広げられているところは少なくなく、また表向きはともかくとして、石油利権を巡る戦争はしばしば起こっている。

私は、戦争についての収支計算を調べていないが、戦争を経済的に見るならば、その収支計算をする必要があるだろう。その場合、戦争には相対する当事国があるので、一方の当事国側から見ただけの収支計算では経済的得失は計算できない。また、戦争は多くの死傷者を出すので、喪失する労働力も計量しなければならない。それらの要素を全部計算したとき、戦勝国、敗戦国の全部をトータルでみれば、おそらく失う方がはるかに多いという結論が出るのではないだろうか。

しかし、前にも述べたように、戦争によって需要が起こり、一時的には生産性を急速に向上させる現象が見られる。とくに戦争は軍需産業に多くの利益をもたらす。すなわち、戦争が経済を循環させる起動力を持っていることは否定できない事実である。したがって、戦争を遂行するために盛んに「先取り」をするという力学は常に存在するし、平時においても、景気を良くするための戦争に期待する心理を、為政者も一般大衆も、大なり小なり持っていることは認識しておいた方がよいだろう。

そして、いったん戦争を容認すれば、あとは堰を切ったように際限なく「先取り」が行われる。これが戦争と「先取り」との因縁であり、「先取り」の恐ろしさである。すなわち、数多くの歴史的事実が証明するように、「先取り」をすることによって、戦争の準備、遂行が可能になるのである。もしヒトが、価値が生まれる前に先に取ってしまうという「先取り」を発明していなかったならば、人類が経験した戦争の質量は断然少なくてすんだであろう。

それにしても、ヒトはこれまで戦争をし過ぎたのではないだろうか。戦争によって一時的には生産性が向上し、軍需産業を潤すことがあったとしても、ヒトの衣食住に必要なものは何も生産しないのである。その間、教育、医療、福祉、芸術は棚上げになり、環境は破壊される。軍需産業によって生産された武器は、戦場で消費されるだけでなく、後々まで地雷やクラスター爆弾の不発弾によって人命を奪ったり、ヒトを傷つけたりするのである。これほどの資源の浪費を、ヒトはよくぞ何千年にもわたって延々と続けてきたものである。

「先取り」の原因に戦争があり、戦争の原因に「先取り」がある。この複雑な因縁の先には決定的な破滅があるのではないかと危惧するのは私だけでないだろう。

4　虚数の暗示

私は本書において、「価値」を生み出す前に先に取ってしまう経済現象を「先取り」と言い、先に取られる価値を「虚の価値」と言っていたが、ここでいう「虚の価値」とは、中身のない空っぽの「価値」、まだ「価値」になっていない空虚なもの、という意味である。しかし、これは概念規定としてはやや曖昧なところがあるので、厳格に意味づけておく必要があるだろう。そのためには、「虚数」が暗示している「先取り」の「虚」を解明するのがよいと考えられる。そのような方法で「虚」の意味を明らかにすることができれば、「先取り」を生み出した思考回路が分かり、「先取り」の本質に迫ることができると思う。

ところで、「虚」の字義は、辞書によると次のとおりである。すなわち――①くぼんで、中があいているさま。転じて、中身がなくうつろであるさま。から。②中身がうつろな、実質をともなわないさま。うわべだけ。うそ。むだ（学研漢和大辞典）。

以上のとおりであるから、私は、ほぼ字義のとおり「虚」という語を使っていたことになる。ということは、「虚」という語に伴う否定的なイメージをそのままにしておいたことになる。そして、「先取り」された「虚の価値」をあらわすときには、否定的なイメージを持っている「虚数」と書いてもよいと考えていた。

ところが、数学上の「虚数」とは、「二乗するとマイナスになる数」で、英語の imaginary number の訳語である。すなわち、「想像上の数」という意味である。「虚数」に対する数は「実数」であり、「実数」は英語では real nummber（現実の数）であって、「二乗すると0以上の数」のことである。(1) すなわち、ここでいう「虚」とは、real（現実）に対する imaginary（想像）という意味であって、そこには否定的なイメージが伴っていない。

したがって、「虚の価値」という言葉に伴う否定的なイメージはいったん捨象して、ニュートラルな概念としてとらえる方がよいのではないかと思われてくる。そのような気持ちになった方が、事態がよりよく見えてくるのではないかと思うからである。

ところで、経済学は、多くの部分が仮定の上に成り立っている。例えば、多くの経済学ではヒトは合理的な行動をするものと仮定されている。(2) しかし、この仮定はヒトの全貌をとらえているのでないことは言うまでもない。のみならず、経済活動だけに限定するとしても、ヒトは必ずしも合理的に行動するわけではない。しかし、経済学が多くの仮定の上に成り立っているためか、経済学を他の学問になぞらえて語られることに抵抗感を覚えることはない。例えば、進化経済学は生物学から進化的メタファーを採用して経済学に応用し、(3) すぐれた業績を集積している。

これに倣えば、「先取り」についても、数学から虚数的メタファーを採用して語ることは、あながち奇異なことではない。そのことによって「先取り」の本質に迫ることができれば、僥倖というものであろう。

そこで、「虚数」について、その概要を見ておこう。

アレキサンドリアのディオファントス（推定没年二八四年～二九八年）は、それ以前の数多くの数学者たちの成果を収集し、それを首尾一貫した形式を持った偉大な著述にまとめた数学者であるが、それでも著書の中で、4X＋20＝4は「ばかげている」と書き残している。それは、X＝－4という「ありえない」解を導き出すからである。つまり古代人は、負の数をまるで意味がないものとして捨て去ってしまったのである。そのことはずっと後まで続き、一六世紀も終わろうとしているころになっても、数学者たちは、等式の負の解を、「架空である」、「ばかげている」、「虚偽である」といった言葉で表現している。(4) しかし、この間にもインド人は負数の存在を意識していた。バスカラ（一一一四年～一一八五年?）は、負の数を財産と負債によって説明し、二次方程式の負根を発見した。しかし、発見はしたものの、「世の人は認めない」という理由で、実際には負根は採用されなかった。(5)

そういうわけで、負の数の平方根などは論外だった。ディオフォントス以降一四世紀が経過した一六三七年に、デカルト

（一五九六年〜一六五〇年）は『幾何学』を上梓し、その中で、その種の数に「虚の」という形容詞を冠した。デカルトがこうした概念を持ち出す以前には、負の数の平方根は、「きわめて複雑な」あるいは、「名状しがたい」と表現されていた。[6] しかし、そのデカルトでさえ負数を完全に消化していなかった。座標軸が負の方向にも伸び、直線上に正負の数を並べた「数直線」が今日のようになるのは、「座標」という言葉を初めて用いたライプニッツ（一六四六年〜一七一六年）まで待たなければならなかったのである。こうしてようやく負の数が完全に受け入れられた。[7]

まことに興味深いことは、デカルトが『幾何学』を上梓した一六三七年は、オランダでチューリップの投機熱が最高潮に達した年である。また、ライプニッツの没年一七一六年は、ジョン・ローにバンク・ゼネラル設立の権限が与えられた年である。これを歴史の偶然というにしては、あまりにも出来過ぎているのではないだろうか。ここに分析心理学の創始者ユングの言う共時性の原理（意味のある偶然の一致を重要視して、これを因果律によらぬ非因果的な一種の規律と考える原理）が働いていると思うのは、それほど無理なことではないだろう。

ところで、負の数でさえ一七世紀後半のライプニッツの時代にようやく認められ、しかも一般の人に広くゆきわたるようになったのは一九世紀のことであるから、ましてや、負の数の平方根である虚数は簡単には受け入れられなかった。虚数は、一六世紀のルネッサンス期に三次方程式の一般解に関する考察の中で意識にはのぼったものの、その後鎮静化してしまい、再度注目されたのは、一八世紀に入ったころのオイラー（一七〇七年〜一七八三年）によってであった。オイラーは、$\sqrt{-1}$をはじめて〝i〟と表記し、虚数iを媒介にして、指数関数と三角関数を結びつけたオイラーの公式をつくった。この時代に、オイラーたちは虚数を計算に積極的に活用したが、それにもかかわらず彼らにとって「虚数」とは、「便利な虚構」以上のものとはならなかった。[8]

虚数がまともに受け入れられたのは、一九世紀初頭のガウス（一七七七年〜一八五五年）の出現によってである。ガウスは、「虚数」を「複素数」としてとらえなおし、複素数を「複素数平面」（ガウス平面ともいう）に図示することによってその実在性を人々に意識させることに貢献した。そして彼は、複素数を変数とする「複素関数」についても考察した。この「複素関数論」は、すぐあとのコーシー（一七八九年～一八五七年）によって大発展した。こうしてようやく複素数が受け入れられるようになった。そして、複素数は、少なくとも数学やその応用の世界では、もはや複素数なくしては成り立たないほどのものになった。(9)

以上は虚数・複素数が発見された経緯であるが、ここでその特徴を見ておこう。

「虚数」を語るためには、その基準となるものが必要となる。そこで、

$$X^2+1=0 \quad \rightarrow \quad X^2=-1$$

の解を、iと表すことにする。すなわち、

$$i=\sqrt{-1}$$

を新しい数の基準として「虚数単位」と名づける。このように定義することによって、虚数単位同士の掛け算は、

$$i^2=i\times i=-1$$
$$i^3=i\times i^2=i\times(-1)=-i$$
$$i^4=i\times i^3=-i^2=1$$
$$i^5=i\times i^4=i\times 1=i$$

となる。要するに、式中にi^2が出てきたら、それを-1に置き換えるだけである。この結果から、五乗以上の冪（同一の数を何度か掛け合わせたもの。冪乗）はそれまでの計算の繰り返しになる。(10)

しかし、「虚数」は、いったん受け入れられると、たちまちその存在感が薄れてしまう。虚数とは実数に〝i〟という記号をつけただけのものだということになりかねないからである。そこで、虚数の存在を積極的に認め、その性質をさらに探ろうとすると、二次方程式や三次方程式の中に頻繁に表れる複素数に着目する必要がある。ガウスは、この新しい数を、「虚数」という負のイメージを持ちかねない呼び方から、「複素数」（complex number）という名称に変更した。複素数は、

$$a+bi\,(i=\sqrt{-1})$$

と表し、aを「実数部分」、bを「虚数部分」という。

そこで複素数の特徴であるが、複素数には実数と同じように、絶対値という大きさがある。しかし、絶対値は数の大きさそのものではない。複素数そのものには「大きさ」がなく、したがって、複素数では大小関係がない。すなわち、実数には大小関係があって、数直線上に並べることができるが、複素数は複素数平面上に散らばっていて一列に並べることができないので、大小の関係をつくることはできないのである。[11]

こうして誕生した複素数は、数学の世界を圧倒的に拡張しただけでなく、量子力学、時空物理学、天文学、電気工学など、さまざまな分野で応用されているという。[12]

なお、ここに述べたことは、虚数・複素数のほんの入り口に過ぎない。しかし、それでも「虚の価値」を先に取ってしまう「先取り」にとっては、かなり多くの示唆を与えられる。思いつくままにそのいくつかを列挙してみよう。

第一に、「先取り」された「虚の価値」は、負数ではなくて虚数・複素数ではないかということである。すなわち、「価値」と「虚の価値」の相違は、正数（プラス）と負数（マイナス）の違いでなく、実数と虚数の違いであるということである。したがって、「虚の価値」には絶対値はあるが、大きさはなく大小の関係をつくることができない。

「先取り」される虚の価値は、個人や企業の債務にしても国家債務にしても、負債として計上されるから、負数であると認識されている。「先取り」したばかりのときはそれが普通であるから、いつまでも負数と思われがちであるが、その量が第三章**4**で述べた危険水域に入ると、もはや負数でなく虚数・複素数になるのではないかと思われる。すなわち、「虚の価値」が及ぶ行方、その影響等が分からなくなるために、その量的な大小を掌握することができなくなるのである。

この点は、実数と虚数との境界がはっきりしている数学と相異するが、「虚の価値」が時間の経過に従って増減したり、コントロールが及ばなかったりすることは、絶対値はあっても大きさがなくなってしまうのと同じである。これは、虚数・複素数が暗示するところであって、この暗示によって、「虚の価値」がそのような状態になることを厳しく認識する必要があるだろう。

第二に、「虚数i」は二乗するとようやくマイナスの実数になり、四乗しなければプラスの実数にならないということである。これは、二つのことを示唆している。

一つは、虚数は冪乗するとときどき実数の姿をあらわすということである。しかも、正数として姿をあらわすときも負数として姿をあらわすときもある。これは、「先取り」された「虚の価値」が変幻自在であることを表徴している。

二つは、いったん「虚の価値」を計上すると、マイナスの実数にするだけでも二乗するエネルギーが必要であり、プラスの実数にするにはまたその二乗のエネルギーが必要だということである。このことは、「先取り」の拘束力が容易なものではないことを暗示している。

第三に、「先取り」された「虚の価値」も、多くは実数を伴って複素数の姿をしているということである。例えば、元本が「虚の価値」でも、配当や利息という実数が出てくる。これは、複素数がもたらす興味深い暗示である。

第四に、複素数のご利益であるが、ヒトは「虚の価値」を「先取り」することによって、何とかかんとかここまで生き延びてきたことを暗示している。もし、複素数を発見しなければ、量子力学も、時空物理学も、天文学も、電子工学も、その進歩は止まっていたかもしれない。それと同様に、ヒトが「虚の価値」を「先取り」することを発明していなければ、どこかで進歩は止まっていたかもしれないし、まったく違う世界を築いていたかもしれない。リーマン・ショックから三年経った今日でも、何とか経済が動いているのは、日米欧などの各国が財政出動という「先取り」をしたからである。しかし、今やこの「虚の価値」によってヒトは塗炭の苦しみをなめている。このあたりは、数学における虚数・複素数の命運と大きく異なるところだろうが。

第五に、「虚の価値」をつくる能力の問題である。虚数・複素数を発見した経緯については本項でその概要を見たが、発見したライプニッツ、オイラー、ガウス、コーシーたちの思考回路は、いったいどのようになっているのであろうか。これは、ジョン・ローの思考回路と似ているのであろうか。いずれも一種独特の脳の働きによって可能になったものであろうが、そのようなことは科学的に解明されているのであろうか。そのことが解明されれば、「先取り」の原因を突き止めることができるはずだが、次項で考察してみよう。

いずれにせよ、虚数・複素数の暗示によって、「先取り」の本質が多少見えてきたのではないだろうか。

（1）深川和久『ゼロからわかる　虚数・複素数』（ベレ出版）二〇頁
（2）伊藤元重『ミクロ経済学　第2版』（日本評論社）一〇頁
（3）前出『進化と経済学』四九頁
（4）ポール・J・ナーイン、久保儀明訳、好田順治監修『虚数の話〔新訳版〕』（青土社）二五頁～二七頁
（5）前出『ゼロからわかる　虚数・複素数』八九頁
（6）前出『虚数の話』二七頁
（7）前出『ゼロからわかる　虚数・複素数』九一頁
（8）同書一〇〇頁～一〇一頁
（9）同書一〇一頁
（10）前出『虚数の情緒』四六〇頁～四六一頁
（11）前出『ゼロからわかる　虚数・複素数』一二六頁
（12）量子力学については前出『虚数の情緒』五一一頁～五一四頁、時空物理学については前出『虚数の話』一六六頁～一七七頁、天文学については同書一八六頁～二〇九頁、電気工学については同書二〇九頁～二二六頁。

5　脳科学の知見

「先取り」をする人としない人、「先取り」をすることに抵抗がない人と抵抗がある人の相違があることは確かであろう。それは、遺伝子の違いなのだろうか、それとも脳の働きの違いなのだろうか。

「先取り」をするかしないかは、ヒトの気質だけで決まるのではなく、その当事者が置かれている経済状況や社会環境などによって影響されるから、遺伝子や脳の働きを問題にすることはさほど有意義ではないかもしれない。しかし、いわゆる

「バブル」といわれている経済現象と経済状況、社会環境などとの関係は多くの論者によって語られているし、私が「先取り」という経済現象についてこれまでに述べたことも、ほとんど経済現象や社会環境などとの関係についてであった。したがって、「先取り」と遺伝子や脳の働きとの関係を取り上げることは必要なことだと思われる。なぜならば、「先取り」の真の原因を突き止め、その本質に迫るためには、究極的にはヒトの遺伝子や脳の働きに帰着すると考えられるからである。

しかし、ヒトの遺伝子の構造や脳の質量には多様性があるので、それらを全部扱うことは不可能であろう。また、一般論を述べてもさほど意味はないと思われるので、問題を限定しなければならない。そこで、私がここで問題にしたいのは次のとおりである。

第一に、ジョン・ローのように紙幣の発行を思いついたり、複雑なデリバティブを開発したり、サブプライム・ローンの仕組みを考案するような大掛かりな「先取り」を発明するのは、どのような遺伝子または脳の働きによるものか。そのような働きがあるのだとすれば、そのメカニズムはどのようになっているのか。それとも、大掛かりな「先取り」は遺伝子や脳の働きと全く関係がないのか。

第二に、ヒトは、大掛かりな「先取り」の影響を予見して、それを防止する遺伝子または脳の仕組みを持っているのか。もし持っているのであるとしたら、そのメカニズムはどのようになっているのか。

第三に、第一、第二の問題については個人差があると思われるが、限定された人に対してだけに言えることなのか。それとも、条件が揃えば誰に対しても言えることなのか。

第四に、第一〜第三の問題についての研究は十分に進んでいるか。もし十分に進んでいないとすれば、今後そのような研究を進める可能性はあるか。また、研究を進めるのであれば、どのような方法で進めるのか。

以上の問題を逐一的に答える知識を私は持っていないので、そのことは後に専門家に教えを求めることにして、まずこれらの問題と関連性がありそうなことを概括的に見ておくことにしたい。

脳の中の大脳皮質の容積の三分の一を占めるのは、大脳前方（顔面側）の前頭葉である。前頭葉の大脳皮質は、思考や判断など高度な知的活動の中枢である。(1) ヒトでよく発達し、高次機能を司るのが、前頭葉にある前頭連合野である。ここは目標を設定して計画を立て、論理的で順序立った効率的な行動を起こすという、他の動物にはない極めて高次な活動を担っている。一部には、性格や社会性、感情表出などに関わる領域もある。(2) すなわち、意思決定、モラル、感情、攻撃性、恐怖、社会的学習などの高度な社会性行動をヒトがとるときは、前頭葉が関与しているのである。前頭葉は、サルからヒトに進化する過程で急激に発達してきた部分であるが、この人類らしい悩みや心を揺り動かされるところは、後になって肥大化してきた部分である。この「理」の肥大化は、一種の妄想や幻想のようなものであって、ヒトはもはやそういうものを自身でコントロールすることができなくなりつつある。(3)

生体の欲求は、基本的には満たされれば収まるし、過剰になるとむしろ嫌悪に行きつく。すなわち、「超満足＝嫌悪」の図式が成立し、そういうフィードバック制御系によって、行き過ぎないように調整されている。(4)

ミクロの視点から脳を見ると、脳にはニューロン（さまざまな神経伝達物質を媒介する細胞で、脳内に広く分布している）たちが網目状になった細かい回路があって、その中に抑制が働くようなブレーキがある。つまり、一個のニューロンが活動して、次のニューロンに情報を送ると、それを受け取る側のニューロンが興奮し、その興奮したニューロンが側枝を伸ばして、ブレーキ専門であるＧＡＢＡ（主に抑制性の神経伝達物質として働くアミノ酸の一種）性のニューロンも興奮させる。ＧＡＢＡは脳内で抑制性に働くが、逆に興奮性なのがグルタミン酸であり、これによって興奮性の活動が起こったら、同時にフィードバックで抑制をかけて、興奮が過剰にならないようにするのである。(5)

ところで、マネーの価値判断をしているのは、主にＯＦＣ（眼窩前頭皮質。前頭葉の中で眼窩の上に位置する領域）であると考えられるが、この脳部位は、マネーがなかった時代でも、「得した」「損した」という判断に使われてきたわけで、対象がマネーであろうとなかろうと何でもよい。ＯＦＣはマネーを扱うために発達してきたわけではないが、マネーはＯＦＣの機能にたまたまピッタリとフィットしてしまったのである。そのような進化発展の形態を「コオプト（転用）」というが、コオプトとは、進化の目的と違う方向にものが使われることであって、マネーを扱う脳回路は典型的なコオプトと言える。ところが、まだ制御系が追いついていないから、ヒトはマネーにひどく溺れるのである。[6]

しかし、マネーを扱う脳回路に制御系が追いついていないとしても、社会規制によって制御する方法が脳に設計されていないものだろうか。この点については、興味深い実験がある。

二人にトランプのゲームをやってもらい、不正を見つけた第三者が自分のお金を使って、不正をしたプレイヤーに罰金を科すことができるようにする。譬えば、自分が一〇〇円を使って、不正をしたプレイヤーから一〇〇〇円を没収することができるという具合に。そのとき使うお金の額も自由に決められるようにするのであるが、それは、自分が感じたプレイヤーの罪の重さを判定させることになる。このとき、プレイヤーに科した罰金は、自分に入ってくるわけではなく、プレイヤーの罰を重くすれば重くするほど自分の出すお金が多くなることになる。つまり、金銭上の損得計算のうえでは、見て見ぬふりをするのが一番よいのである。しかし、それでもヒトは黙って見過ごせず、あいつは悪い奴だと思ったら、自分のお金を使ってまで罰を与える。そのときの脳の活動を測定すると、快感中枢が活動していて、その活動の強さに応じて金額も変わってくる。したがって、測定している研究者は、測定中に、この人は活動が活発だからきっとすごく重い罰を与えるに違いないと予測することができる。自分の損得だけを考えるのであれば、目をつぶって何もしない方がよいに決まっているが、しかしヒトは、不正を見逃せない。むしろ、自己を犠牲にして不正を罰する方が気持ちよく感じる。このようにして、お互いのための社会規制が生まれてくる。ヒトの脳は、そういうふうにプログラムされているのである。[7]

この実験によって、社会規制の発生が脳に由来することが分かるが、これは進化生物学の言う「互恵的利他行為」に通ずるものである。すなわち、ヒトは、互恵性のシステムを遺伝的に持つ生物である。[8]

それにしても、なぜヒトは大掛かりな「先取り」を発明し、その発明の成果を盛んに使うのだろうか。それは、マネーに対する制御系が未発達だからだろうが、そのようなことをするときに葛藤が起こらないものだろうか。

道徳的に非常に強いジレンマを伴うような場面でｆＭＲＩ（機能的ＭＲＩ。ＭＲＩは核磁気共鳴画像法）を行うと、前頭連合野の内側部前部、前部帯状皮質、角回などが活性化していることが分かり、これらの部位が道徳的葛藤に関与していることが示されたという。[9] このことからすれば、「先取り」を発明し、使用するときには、前頭葉のいずれかが活性化することは確かであろう。

さて、前に私が挙げた問題点であるが、ここまで述べたことの中に部分的には答が出ていると思われる。また、答を出すためのヒントになるところもあるだろう。しかし、全体に答を出すとすれば、私にはとうてい手に負える問題ではないので、池谷裕二東京大学大学院准教授にご教示をお願いすることにした。以下は池谷准教授から教えていただいたことを中心にしてまとめたものである。

脳研究が著しく進展しているとは言え、ヒトの創造性や意識の在りかといったテーマに関しては実験方法さえ見つからず、解明にはほど遠いのが現状であるという見解もある。そして、脳研究における究極的な問いである「心・意識とは何か」の解明に向け、今後の研究が期待されると言われている。[10]

私は、資本主義以前からの負の遺産を清算する時期がきたのではないかと考えているので、私の関心は、脳科学の研究の成果をどれだけ使わせてもらえるかというところにある。

このことに関連することだと思うが、池谷准教授は、「脳の機能をひとつだけ挙げよ」と言われれば、間違いなく「予測」だと答えるとされている。予測に関して、ケンブリッジ大学の生理学者ウォルフラム・シュルツがサルを用いた興味深い実験結果を報告している。線状体の神経活動を記録しながらサルにエサを与える。線状体は報酬系であるから、エサが与えられると活動する。これは「快楽の神経活動」と呼ばれる。次に、ランプを点灯してからエサを与えるようにすると、快楽の神経活動が、エサではなくランプに強く反応するようになる。つまり、エサという報酬そのものよりも、報酬が来ることを知らせる予兆であるランプに快感を覚えるようになる。価値が移転するのである。

シュルツの実験データは、報酬を「予測」する行為が快感であることを示しているだけでなく、「先取り」の原型とも言える現象がヒト以外の動物の脳で観察されることを示唆している。このような価値の転移は「予測」という能力によって実現される。

多様に見える脳機能は、突きつめれば、ほとんどすべて予測のためだと言ってよい。予測のために、ヒトは記憶や学習をするし、ときには快を欲したり、恐れたり、あるいは価値判断をしたりする。しかし、脳の予測性はそれほど高くないから、脳の予測性を補完する目的で、ヒトは人類のために科学を編み出したのだとされている[(11)]。

だとすれば、それほど高くない脳の予測性を補完するために、ヒトは何をすべきかということに回帰するだろう。ヒトは、「予測」のうえに将来を構想する。そしてその構想のもとに社会を構築する。予測性が高くない脳を使って「先取り」をし、その「先取り」によって経済、社会を組み立てるのであるから、ヒトはそのことを十分に意識して、よりよい社会を構想することが肝要であろう。

(1) 坂井建雄・久光正『ぜんぶわかる 脳の事典』(成美堂出版) 三〇頁
(2) 同書三五頁
(3) 池谷裕二・鈴木仁志『和解する脳』(講談社) 二〇〇頁
(4) 同書二〇一頁
(5) 同書二〇三頁
(6) 同書二一三頁~二一五頁
(7) 同書二二四頁~二二五頁
(8) 同書二二五頁~二二六頁
(9) 前出『ぜんぶわかる 脳の事典』一二九頁
(10) 同書一二九頁
(11) 前出『和解する脳』二三一頁~二三二頁

第一一章　資本主義から共存主義へ

1　新しい時代「共存主義」

「新しい」という形容詞は、明るい希望を持つことができるようなときに使われる単語であろうが、ギリシャの財政破綻の影響でユーロ危機に脅えている欧州の不安、失業者が高止まりしている米国の不況、国債の膨張と東日本大震災の復興に苦しんでいる日本の危機などの状況をみると、この時代に「新しい」などという形容詞をつけることは、最もふさわしくないように思われる。

しかし、「新」という文字の「解字」によると、「辛」は鋭い刃物を描いた象形文字であり、「亲」は「木＋音符辛」の会意兼形声文字で、木を切ること。「新」は「斤＋音符亲」の会意兼形声文字で、切りたての木、なまなましい意。薪（なま木、まき）と同系の言葉である（学研漢和大辞典）。したがって、斤で木が断ち切られてなま木としてゴロリと横たわっていることをイメージすれば、この時代こそ「新しい」という形容詞に適しているのではないだろうか。

もともと新しい時代は、目も当てられないようなその時代の旧弊を断ち切って立ち上がってくるものである。したがって、惨憺たるこの時代はすでに新しい時代に入っていると言ってよいが、この時代をを言いあらわしている「資本主義」がすでに終わっているのであれば、次の時代はいったいどうなるのだろうか。また、どうあるべきだろうか。

脳の予測性がそれほど高くないというのであれば、ヒトは脳の予測性を補完するために衆智を集めなければならないだろう。すなわち、それぞれの脳が行う予測を検証することによって、予測性を高め、その予測のもとでよりよい経済、社会を構想する必要がある。

そこで、「隗より始めよ」で、私から「資本主義は終わっている」ところからスタートする予測を始めてみよう。中国の戦国時代の故事ではないが、それほど立派でもない私から始めれば、次々に賢い知恵が集まってくることが期待されるからである。

しかし、ささいなことでも将来を予測することは難しいのに、ことは「資本主義の後」というスケールの大きな問題であるから、その予測は簡単にできることではない。前にも述べたようにハイパー・インフレーションやら戦争やらを予測すれば、ある程度の確率で当たるだろうが、それではノストラダムスの大予言の後塵を拝するようなものになってしまうから、いかにも芸がないことである。

そのことはともかくとして、悲劇的な結果を招くような事態は避けたいところであるが、そのためには、予測とは言うものの、次の時代はこうありたいという願望や、こうしたらどうだろうかという提案を含めて、未来を展望する必要があると思う。

それにしても、資本主義は終わっている！

――しかし、何も驚くことはないではないか。資本主義の時代が終わったからと言って、恐れることはないではないか。資本主義の時代でなくても、ヒトは生き抜いてきた長い歴史を持っているのだ。資本主義でなくても、立派な文明・文化を持っていた。ダ・ヴィンチの「モナリザ」も、バッハの「ゴルドベルグ変奏曲」も、スウィフトの「ガリヴァー旅行記」も、みんな資本主義以前の作品ではないか。

そこで、現状を踏まえ、将来に希望を託し、資本主義の次の時代を構想することにしたいが、そのためには、まず現在何が問題になっているかを押さえておく必要があるだろう。そのことについてはこれまでに詳しく述べたとおりであるが、私の認識をひと言で言うとすれば、それは、「先取り」による収奪とそれによる経済、社会の解体現象に他ならない。すなわち、莫大な「先取り」の結果によって、厖大な貨幣の量と市場の暴走が猛威をふるっていて、政治の力ではコントロールできない段階に達しており、もはや資本主義の基礎を崩壊させてしまったことである。したがって、今や対症療法では間に合わなくなっており、資本主義そのものにメスを入れざるを得ないということになる。それは、とりもなおさず、如何にして「先取り」の桎梏から脱出するかという問題に帰着する。

ここで注意すべきは、「先取り」は資本主義以前の遠い昔から行われていたということである。したがって、「先取り」を問題としてとりあげ、「資本主義は終わっている」として次の時代を構想することは、資本主義以前から現在に至るまでのすべてについて、「先取り」と訣別する、すなわち「先取り」の総決算をする、という観点から刷新することを意味する。

そのような意図で次の時代を予測し、かつ構想することにしたいが、「資本主義の時代」に代わる次の時代をネーミングするときに見落とせないのは、ドラッカーの「ポスト資本主義」という認識であろう。彼は、「先進国は、社会としては、すでにポスト資本主義社会に移行している」と言い、知識社会への移行を説いている。(1)資本主義がすでに次の時代に移行しているという時代認識はその通りであるが、時代に名称をつけるのであるならば、「ポスト資本主義」などという言葉を使用せずに、「資本主義」とは別個独立の名称が欲しいところである。また、知識社会に限定せずに、経済、社会全体を包括するためにも、それにふさわしい名称が必要だと思う。

すなわち、次の時代に「〇〇の時代」という名称がなければ、その像を思い描くことは難しい。例えば、資本主義の基礎をなしているのは「私的所有」、「法的主体性」、「契約」の三つの要素であるが、〇〇の時代の基礎は「これ」と「これ」と「これ」と言うときに、〇〇の部分に入る言葉がないと、きちんとしたイメージを持つことができない。

私は前に、「資本主義」の次の時代の名称がないから、資本主義の時代がすでに終わっているということに気づかないのだと言い、次の時代は「共存主義」とネーミングするのがよいのではないかと述べた。そこで、これからは、次の時代を「共存主義」と言うことにして考察をすすめることにするが、なぜ「共存主義」とネーミングするのかということを、次の時代を考察する前提として述べておきたい。

ネーミングするときに最も重要なポイントは、その名称が実態に合っているか否かである。つまり、「名が体を表している」かどうかである。

キューバや北朝鮮を資本主義の国だとは誰も言わない。それだけでも、「資本主義」が全世界で採用されているわけではないことが分かるが、資本主義が採用されているところでも、資本主義の論理に乗らない数多くの仕事があること、破綻しても市場から退場せずに公的資金が導入されること、国民・住民の税負担が増大化していること、資本主義経済における社会の規範関係が解体の過程にあることによって、「資本主義」という名称が、今や実態と乖離していることは明らかだと思う。

私は、何だかんだ言っても現実に地球上で七〇億人のヒトが生活し、さまざまな仕組みをつくって共存している事実に着目し、これからもうまく共存して生きてゆこうではないかという願いも込めて、「共存主義」とネーミングするのがよいのではないかと考えている。それは、世の中の実態をあらわしているし、また、共存の中には、経済的意味も内包しているし、「存」には、所有形態のあり方も問われているからである。

ところで、ものごとに名称をつけるのであれば、類似の言葉を点検しておかなければならない。このごろは、さかんに「共生」という言葉が使われているので、「共生」について検討する必要があるが、それは次項で行うことにして、ここでは辞書によって「共存」の字義を明らかにしておくことにしたい。

「存」には、「ある」、「たもつ」、「この世に生きている」、「なだめて落ち着ける」、「金品を保管してもらうために預ける」という意味がある。一方、「生」の意味は、「いきる・いかす」、「うむ・うまれる」、「はえる・おう」、「なま」、「いきていること。また、いのち」とある（学研漢和大辞典）。比較してみると、「生」には生物的ニュアンスがあるのに対し、「存」には物質的ニュアンスがある。とくに、「ある」、「たもつ」、「金品を保管してもらうために預ける」というのは、所有の概念に隣接していて、私が展開する理論にぴったりである。

因みに「解字」のところを見ると、「存」は、「在の字の左上部＋子」の会意文字で、残された孤児をいたわり落ち着ける意をあらわし、もと存問の存（いたわり問う）の意。のち、たいせつにとどめおく意となるとあり（同辞典）、あたかも「共存主義」の目標を示されたような気持ちになる。これし対し、「生」は、「若芽の形＋土」の会意文字で地上に若芽のはえたさまを示す。いきいきとして新しい意を含む、とある（同辞典）。これもなかなかよいが、現実性ということになれば、やはり「存」の方が力強いのではないだろうか。

なお、両方に共通している「共」の「解字」は、「上部はある物の形、下部は両手でそれをささげ持つ姿を添えた会意文字。拱（両手を前にそろえる）・供（両手でささげる）の原字。両手をそろえる意から、「ともに」の意を派生する、とある（同辞典）。

以上により、「ともに生存する」、「互に助けあって生存する」の意（同辞典）を持つ「共存」をとって、「共存主義」とネーミングしたい。

（1）　ドラッカー、上田淳生訳『ポスト資本主義社会』（ダイヤモンド社）六頁～一一頁

2　共生経済、連帯経済

ところで、以前から共生経済あるいは連帯経済が提唱されているから、これを検討しておこう。

日本学術会議協力学術研究団体に指定されている共生社会システム学会の設立趣意書には、次のように記載されている。

いま社会は、経済をはじめすべての分野で画一的なグローバル化と格差拡大が進行し、矛盾をさらに深めつつあり、「持続可能な社会」への転換が求められています。しかし、「持続可能な社会」に導く理論的枠組みをはじめ、現状分析方法などがほとんど解明されていません。この点で注目されるキーワードが、持続可能性、多様性、コミュニケーション、地域社会、風土、農の営みと暮らし、などであり、そこに共通するキー概念が「共生」です。しかし、「共生」概念は、社会の矛盾が深まるにしたがって拡散して用いられ、概念そのものが極めてあいまいになっています。いま求められることは、「共生」概念の明確化と現実社会における実質化です。そこで私達は、「持続可能性」、「コミュニケーション」などの概念や「農」の摂理を踏まえ、人文社会科学の今日の総合的視点を「共生」と定位し、そこから共生持続社会の構築に必要な問題の解明と現状分析方法の確立、問題の解決方策の定立を目指

して、「共生社会システム学会」（The Association for Kyousei Society：略称ＡＫＳ）を設立することにしました。つまり、「人と自然」、「人と人」で成り立つあり方を「共生」という視点から体系的に把握・認識し、またその成果を実践に役立てることができる「共生社会システム」の構築です。(1)

この問題意識は私と共通するものであり、大いに意を強くする。ここでは経済に的が絞られていないせいか「共生経済」という言葉は出てこないが、「共生経済」という概念については、次のように言われている。

いま唱えられている競争至上、市場至上の社会は、他人の失敗がなければわが身の成功もない、そういう仕組みのなかに人びとを追い込もうとするものです。そうではなく、私たちは、自らの生をつなぐ日々の営みそのものが、即「他」においても同様の歓びの源泉であって欲しい、そう願わずにはいられないのではないでしょうか。そのようなあり方を求めてこその改革でなければならないはずです。いま、この日本列島に、分断・対立・競争を煽り、その裂け目に利益チャンスを置くという「競争セクター」一辺倒に代わって、連帯・参加・協同を原理とする「共生セクター」が力強く芽吹くようになってきました。「もうひとつの日本」をめざす新たなビジョンが次つぎ人びとを巻き込み、勢いを増す時代が始まっているのです。あらたな「共生経済」の足腰をさらに鍛え、ひろく普遍的な経済の仕組みを立ち上げる、そのような日本人の誕生が相次いでいます。(2)

これによると、資本主義から共生主義へのパラダイム転換を構想していることは明らかであるから、私の考えていることとは共通点が多い。

また、近年、「連帯経済」という言葉が頻繁に国際市民社会の間で用いられていることを指摘した西川潤の著書を引用させていただくことによって、「連帯経済」という概念を見ておこう。

連帯経済という用語が最初に出てきたのは一九世紀の中葉、資本主義経済が発達を始めたときに、そこから脱落せざるを得ない失業者や破産者をどう社会の中に組み入れていくか、という関心に発する。この言葉が二一世紀になって再び復活したのは、グローバリゼーションという形で、資本主義市場経済がグローバル規模に拡大していくなかで、失業、南北格差や貧富格差、貧困、環境破壊や生態系の悪化の問題が深刻化してきたからである。(3)

「連帯経済」という用語は、一九世紀末の初期社会主義期における「社会的経済及び連帯経済」というシャルル・ジードの用法に始まるが、「社会的経済」、「連帯経済」の概念は、次のように説明されている。

ジードは「社会的経済」の実現を次のように考えた。つまり、社会のなかで共同組合、信用組合や共済組合など、非営利的な組合活動を活発に展開し、労働権や労働規制を守り、利潤の公正な分配をはかる一方で、子どもの労働をやめさせ、救貧事業や更生施設を充実させ、市民のための福祉や保健設備をも発達させ、教育に力を入れて、労働者の知的道徳的進歩をはかっていくことで、営利優先の資本主義経済を変質させることができると。

これらはいずれも非営利的な社会的事業だが、このような社会的事業を発展させることにより、人の人による支配や搾取を常態とする資本主義経済は営利動機を減らし、より社会的連帯を重視する経済組織へと変貌していくことが可能であるとする。つまり、「社会的経済」とは具体的な非営利社会事業を指すが、「連帯経済」とは、マクロ・レベルでより社会的連帯を重視する経済組織を意味する、より抽象性の高いレベルのものとして使われている。(4)

そして、西川は、「ミクロ、メゾ、ナショナルそしてグローバル（マクロ）のそれぞれのレベルにおける連帯経済の展開は、こうした現代資本主義の自己破滅の方向への進展に対するオルタナティブとして立ち現われているのである。ここにポスト・グローバル化への展望が生まれる」と述べて、「連帯経済の発達」という章を結んでいる。(5)

こうしてみると、「連帯経済」もまた、私の考えと同じ方向を向いていると言ってよいと思う。だとすれば、問題は、すでに、「共生経済」、「連帯経済」を提唱している研究者や評論家などがいるのに、敢えて「共存主義」を唱える意味があるかということである。言うまでもないことだが、私は、「共生経済」、「連帯経済」に関する研究、論考を尊重している。ただ、私が長年にわたって「先取り」をキーワードにして考え続けていたことをおし進めれば、「資本主義」の次は「共存主義」という言葉が適していると考えているに過ぎない。

なお、「共生経済」は、競争一辺倒の市場原理至上主義に対する「対抗経済」とされている(6)。また、前述のとおり、「連帯経済の展開」については、「現代資本主義の自己破滅の方向への進展に対するオルタナティブとして立ち現われている」のであるが、オルタナティブとは、「代替的」という意味であるから、資本主義経済の「代わり」ということになる。そうであるならば、資本主義経済と入れ替わって連帯経済になるということかもしれないが、オルタナティブという言葉には資本主義経済の矛盾を補うものというニュアンスも読み取れる。対抗経済の「共生経済」にせよ、オルタナティブの「連帯経済」にせよ、市民社会を中心として資本主義システムを変容させ、新しく社会的連帯、世代的連帯という倫理的要因をシステムに導入することによって、資本主義システムの行き詰まりから出口を見出そうとする動きであるから(7)、資本主義経済から移行する概念としては重要である。

しかし私は、資本主義以前から盛んに行われ、資本主義の進行によって現在まさにそのために苦しんでいる「先取り」という病巣にメスを入れなければ展望が開けないという問題意識を持っている。したがって、資本主義の次の時代をネーミングするにあたっては、そのようなニュアンスを盛り込んでおきたいと思っている。

なお、「共生経済」、「連帯経済」という言葉には、それが使われるようになった経緯があり、必然性があるのだから、経済のあり方を指す概念としては、「共生経済」あるいは「連帯経済」が適切であることが多いであろう。しかし私は、経済に限らず、すなわち経済を含めて、時代を画する言葉としては、「資本主義」の次は、「共存主義」の時代であると言うことにしておきたい。

その時代を画する線をどこに引くのかと問われれば、私は仮に、二〇〇八年秋のリーマン・ショックに引きたいと思う。すなわち、後世の人が二〇〇八年秋以降の時代を何と呼ぶのかはともかくとして、その線以降は「共存主義」の時代になったものとして、これからの考察をすすめることにする。

(1) 共生社会システム学会ホームページの設立趣意書
(2) 内橋克人『「共生経済」が始まる〜競争原理を超えて』(NHK人間講座)「はじめに」。なお、「共生経済」について詳しくは、内橋克人『共生の大地　新しい経済がはじまる』(岩波書店)、内橋克人『共生経済が始まる　世界恐慌を生き抜く道』(朝日新聞出版)
(3) 西川潤『グローバル化を超えて　脱経済成長 日本の選択』(日本経済新聞社) 一六九頁
(4) 同書一七一頁
(5) 同書一八五頁
(6) 前出『「共生経済」が始まる』三〇頁
(7) 前出『グローバル化を超えて』一八四頁

3 「共存主義」の現状

私は前に、一つの体制が終わり次の体制に移行するときには、誰が見ても分かるようなメルクマール――簡単に言うとすれば、転換の節目に武力が行使されることと、所有形態の変更が行われること――があると述べた。

ところが、「資本主義」から次の時代――私のネーミングによれば「共存主義」――への移行は、武力が行使されていないから、非常に分かりにくい。しかし、私は前項で、「資本主義から共存主義へ」の時代を画する線を、仮にということではあるが、敢えて二〇〇八年秋のリーマン・ショックのところに引いた。それは、二〇〇八年秋のリーマン・ショックが時代の転換を象徴している出来事だからである。およそ時代の転換を画する線は、その転換を象徴する出来事があったところに線を引きがちであるが、実際の時代転換は、その出来事の前後にわたる時間的な幅をもってなされるのである。

例えば、近世から近代へという時代の転換についてはフランス革命が果たした役割が大きいが、言うまでもなく、そのフランス革命は一七八九年七月一四日のバスティーユ監獄襲撃という出来事だけを指しているのではない。前述したとおり、フランスは一七七六年にはじまったアメリカ独立戦争を支援するために多額の出費をして公的債務を増やしたが、アメリカ独立戦争はフランス国内に自由への希求が高まりを見せた。一七八八年に国務大臣に就任したジャック・ネッケルは、全国三部会の招集を就任の条件にしたので、ルイ一六世は財政赤字問題を議題とする全国三部会の招集を布告した。全国三部会は翌年五月五日に開催されたがすぐに行き詰まり、六月一七日には第三身分による国民議会設立が宣言された。また、七月一二日にはパリ民衆が廃兵院を襲撃する事件が起こった。これは一七八九年七月一四日以前の動きであるが、その日以後にも革命は延々と続き、さまざまな紆余曲折があって、一七九九年にナポレオンが第一統領になるころにようやく時代の転換があったことがはっきり見えてくるのである。

このように、二〇〇八年秋のリーマン・ショックを時代の転換を象徴する出来事としてとらえ、ここに一応の線を引くが、「資本主義から共存主義へ」の転換は、現在進行中であることを明記しておきたい。

それにしても、この度の「資本主義から共存主義へ」の移行には、これまでとは違う特徴がある。それは、武力が行使されていないところにもあらわれているが、今回の顕著な特徴は、はっきりした階級闘争が見えないところにある。具体的に言えば、旧体制を壊す勢力と新体制を創る勢力が別だということである。

明治維新を例にあげれば、坂本竜馬、高杉晋作、西郷隆盛、大久保利通、桂小五郎、勝海舟、岩倉具視、三条実美は、その果たした役割はそれぞれであったが、旧体制を壊し新体制を創るひとかたまりの勢力の中で、ほぼ同じ方向を向いていた。しかし、この度の資本主義から共存主義への移行は、壊す勢力と創る勢力が別である。壊した勢力の方は、新自由主義の思想をバックボーンにして盛んに「先取り」をした米国の投資銀行などであると言うことができるが、この壊した勢力が創る勢力になることはあり得ない。しかし、創る勢力の方が一向に見えてこないのである。

もっとも、新自由主義の思想をバックボーンにして「先取り」した勢力は単に自滅しただけであって、壊した勢力は別にあるという見方もあるだろう。確かに、資本主義の終焉をもたらしたのは、新自由主義の思想をバックボーンにして「先取り」した勢力だけではない。そこに至るまでに連綿と続いた「先取り」勢力が、資本主義の基礎である「私的所有」、「契約」、「法的主体性」を壊し、資本主義を終わらせてしまったのである。

これに対しては注目すべき動きが現れてきた。二〇一一年七月にカナダの非営利雑誌「アドバスターズ」の創始者兼編集長のカレ・ラースンが世界最大の金融街であるウォール街を「占拠しよう」とインターネットのブログで呼びかけたのに対し、経済格差に異議を唱え世界経済を牛耳る金融・銀行界へ反発する約一〇〇〇人が、この呼びかけに応じて九月一七日にウォール街に集まってデモを開始し、二週間後にはデモが全米各地に拡大して、多くのデモ参加者が逮捕された。(1) 仮にこの運動が効を奏して金融・銀行界を破壊することになれば、これが後世に「壊した勢力」と評価されるかもしれない。しかし、仮にそのようなことになったとしても、私は、「すでに終わっている資本主義」に引導を渡す役割を果たしたにすぎないものと考える。そして、その場合には、当然その思想に基づいた具体的な政策を用意しなければならないだろう。さらに、その政策を実行することができる政治勢力を形成することができれば、時代の転換ははっきりと目に見えることになると思う。

そのような展開になる確率はないとも言えないが、それはともかくとして、すでに資本主義が終わり、時代が「共存主義」に転換していることは確かだと言えるだろう。そこで、現在における共存主義の「証拠」、すなわち共存主義の現状を見ておくことにしたい。

（1）二〇一一年一〇月五日付毎日新聞

(1) 資金の調達方法の変化

現在では、富の蓄積→資本の調達という形になるのではなく、いわゆる「資本」の調達方法が変化している。「資本」という言葉は、過去の生産活動が生み出したストックを指すことがあるので、そのことと混同されるのを避けるために、ここでは、事業を起こし、経営するための「資金」の調達という観点から見ることにしたい。すると、資金の調達方法には、おおまかに言って次の三つがあることが分かる。

すなわち、——

① 個人、企業の私的蓄財を使い、または集めて資金とするもの

② 国家その他の公的資金からの調達

③ 「先取り」による調達

以上の三つであるが、①〜③のシェアがどうなっているかが問題になる。それを計量することができればはっきりするだろうが、ここではおおよその傾向を考えておきたい。なお、①〜③は、それぞれだけで完結するものではなく、相互に入り組んで複雑なものになっているが、それは措くことにする。

ところで、①〜③のうち、①だけならば、資本主義が貫徹していると言ってよい。また、③がある程度のシェアを占めていても、「先取り」した企業体が確実に債務を返済することが可能であり、そのことが経済、社会に行き渡っているのならば、資本主義が健全に機能していると言える。

しかし、②のシェアが増え、③が返済不能の域に達すると、②については究極的には納税者の税金を移転したものであり、③については中身のない空っぽの価値＝「虚の価値」に過ぎないから、資本主義はもはや機能していないということになるのではないだろうか。

とくに、③の「先取り」による調達が亢進し、それが爆発して経済が破綻したときには、資金の調達方法は②にシフトされてゆくから、いっそう「資本主義」からは遠くなる。そして、市場に対するコントロールの必要性が叫ばれるようになると、もはや、「資本主義」と言うか言わないかは、言葉の問題に過ぎなくなってくる。

また、そうなったとき、受け皿の企業体も株式会社とは限らない。仮に株式会社の形体を残したとしても、事実上政府の管理下に入ることもある。このような体制になったとき、それでも「資本主義」と言えるだろうか。

私は、現状において資本主義が全部終わっているのではない。まだ、市場や株式会社など、資本主義のいろいろな仕組みは残っている。そして、資本主義的生産方式は存続させ、健全な競争が機能する経済は望ましいと思っている。しかし、金融市場が規制の対象にされたり、金融大手シティ・グループの株価の急落により実質的に国有化される例に見るように、もはや市場原理主義が謳歌されたような時代ではなくなっていることは確かである。このことの中に、資本主義を包摂しながら「共存」をはかることを目指す「共存主義」の「証拠」を見ることができる。

(2)　「公」の仕事のシェア

よく言われるように、現在の資本主義は、社会主義の政策をとり入れている。しかし、社会主義の政策をとり入れるまでもなく、国や公共団体が設立し、運営している仕事は、世の中にたくさんある。国によって違いはあるだろうが、資本主義の論理によらない仕事、営利行為にはなじまない仕事、一部または全部が市場原理に従っていない事業を列挙すると次のとおりになる。

教育、医療、福祉、年金、介護、環境、宇宙開発、裁判、警察、防衛等々。このうち、裁判、警察、防衛は、がちがちの夜警国家論でも国家の仕事として認めているから、誰でも異存のないところであろう。また、東日本大震災で大きな被害を受け、福島原子力発電所による放射能汚染に脅かされている日本が、真の復興を果たすためには、「公」の仕事が重要になり、資本主義の論理だけではとうてい及ばないことははっきりしている。

新自由主義を旗印にし、「民営化」、「民営化」と騒いだ時期があったが、民営化できるのは一部であって、全部ではない。民営化できないもの、民営化が望ましくないものはいっぱいある。にもかかわらず、新自由主義が跋扈していたときには、経済の中に大きなシェアを占めている「公」の仕事の存在は、ことさらに無視されていたのである。

それだけでなく、小泉純一郎が政権の座（二〇〇一年～二〇〇六年）にあったときに行われた「民営化」には、次の指摘にあるように奇妙なすり替えがあった。

主権在民に代わって戦後を染め上げたのは「官僚絶対優越社会」でした。小泉氏の唱える「官から民へ」は、この官僚優越社会の「改革」をめざすもの、と多くの国民は期待を寄せました。実態はどうだったのでしょうか。国民の強い「反官僚意識」を巧みに衝いて、逆に上層官僚・財界主導政治という政官財一体構造を深化させるのに貢献したのではなかったのでしょうか。小泉氏の「民」には「民間資本」の民はあっても、市民の「民」は入っていないように思います。改革の名において巨大資本の行動自由化、何よりも「公共の市場化・企業化」が進んでいる事実を憂える国民は決して少なくはありません。

「格差ある社会は活力ある社会」とさえ唱えるネオ・リベラリズム（市場至上の新自由主義）がこの国のものとなり、雇用差別が奨励される有様です。多くの国民がこの壮大な錯覚のなかに連れ込まれ、政治への関心までも放棄し始めたように見えます。(1)

しかし、このようにしてすすめた民営化も、「民」が破綻すれば、「公」が乗り出して救済する。すなわち、「民」が転べば、財政出動をして「公」が援け起こすはめになる。これは、まさしく矛盾に他ならない。こういうことになっているのに、あたかも世の中全体が「資本主義」だと言うのは、もはや無理というものではないだろうか。

（1）　前出『「共生経済」が始まる』八頁〜九頁

(3)　公的資金による救済措置

ところで、資本主義の本来のあり方からすれば、市場で敗北したときには退場して姿を消すことになるはずである。しかし、大手金融機関や業界を代表するような大企業が経営破綻したときに、破産や整理をするのはあまりにも経済、社会に対する影響が大きくて、そのまま退場させるわけにはゆかない。つまり、「大きくて潰せない」のである。譬えば、大手自動車メーカーが破産したとしよう。そうなると、下請け部品メーカーや取引先が連鎖倒産を起こす。また、自社や関係の企業から何万人もの失業者が出る。不要になった大きな機械はスクラップになり、企業城下町はゴーストタウンになる。

そこで、そのような事態になることを避けるために、公的資金が投入される。米国を例にとれば、まず、ブッシュ前政権が総額七〇〇〇億ドルの公的資金枠を用意し、金融機関に資本注入した。そして、二〇〇九年二月、オバマ政権は、官民合同で不良債権を買い取る基金を創設することを柱とする新たな安定化策を発表した。その額は最大で二兆ドルになるという。

　さらに同月、金融危機の原因になっている住宅ローンの焦げ付き増加に歯止めをかけるために、政府が返済額を大幅に減らすことを盛り込んだ救済策を盛り込んだ。そこで投入する公的資金の総額は七五〇億ドルで、支援する対象は、最大九〇〇万の住宅所有者だということである。

　そうこうしているうちに、金融大手シティ・グループの株価が急落し、一時一・六一ドルまで値下がりした。これを背景にして、米国政府は、政府の保有する優先株の一部を議決権のある普通株に転換し、約三六％のシティ株を取得することになった。これによって、シティ・グループは事実上の「政府管理」になった。

　以上は米国の例であるが、ほぼ同じ時期に、日本でも追加経済対策の財政支出規模を一五兆円とする補正予算案が提出され、欧米各国でも金融危機に対して公的資金を投入することが決められた。

　このような動きをみると、リーマン・ブラザーズのように市場からの退場という結末になったものもあるが、たいていの大手金融機関や大企業は、一部整理や縮小をしても、何らかの方法で救済されることになるであろう。しかし、その場合には、国有化されたり、国の管理に入ることになる。例えば、公的資金を受け入れるときに新株が発行されることがあるが、これは株式会社の形を借りるだけのことであって、実質は「資本」には関係のない公的資金である。

　結果論になるかもしれないが、一連の動向をトレースすると、「先取り経済」の中に、いざというときには財政出動を要請することが予め織り込まれているのではないかと思われてくる。実際にこれまでは財政出動をしてきたし、これからも「先取り」の連鎖を辿りながら、財政出動を続けることになるであろう。

　しかし、いざとなれば財政出動、公的資金の投入という後ろ盾がある体制を「資本主義」と言うのであろうか。しかも、公的資金として投入される金は、もとをただせば国民、住民から調達した税金か、これから調達するであろう税金を担保にしてつくる金である。これは不健全であるが現実に他ならない。

いざとなったときの動きも範囲が拡張されるようになった。二〇一〇年五月、財政危機に陥ったギリシャ政府は、約三〇〇億ユーロ規模となる財政再建策を閣議決定した。これを受け、欧州連合（EU）と国際通貨基金（IMF）は三年間で総額一一〇〇億ユーロ規模の協調融資を正式に決定することになった。(1) しかし、その直後のニュースによると、ギリシャでは、公務員の減給や人員削減、付加価値税の増額に反対する国民による暴動が起こっている。

このギリシャ危機をきっかけに始まった欧州債務危機はその後も長く尾を引き、二〇一一年一〇月にはフランス・ベルギー系大手銀行の政府救済やイタリア国債の格下げの事態に発展している。この欧州債務危機を放置すれば、影響はギリシャにとどまらず、欧州全体、世界全体に広がる可能性があり、リーマン・ブラザーズの破綻よりも深刻であると指摘されている。しかも、リーマン・ショック後の大規模な財政出動によって各国の財政事情は「火の車」であるので、危機を封じ込める手段は限られている。(2) この原稿を書いているのは二〇一一年一〇月であるが、連日の新聞で予断を許さない逼迫した情勢が伝えられている。

財政危機の元凶は、言うまでもなく「先取り」である。すなわち、ギリシャの財政危機に発し、欧州全体の危機に及ぶ一連の事態は、「先取り」によって、経済だけでなく、社会を崩壊させかねないことを端的に示すものに他ならない。公的資金による救済措置をとること自体「資本主義」と矛盾し、「資本主義」はその原理を投げ出したことを意味しているが、さらに深刻なのは、もはや「資本主義」では事態を打開することができなくなっていることである。すなわち、すでに「資本主義」という一つの時代が終わっているのである。このことを厳しく認識し、速やかに次の時代――共存主義――の基礎を固めるための手を打たなければならないと思う。

（1）二〇一〇年五月三日付朝日新聞

（2）二〇一一年一〇月六日付毎日新聞

(4)　スウェーデン・モデル

「公」の仕事が増えれば、いきおい国民の負担を増やさなければやってゆけなくなる。したがって、国や地方公共団体は国民、住民の負担を増やそうとし、国民、住民はそうはさせまいとしてせめぎ合いが起こる。しかし、政府が「先取り」をせずに現在の国民、住民が負担をするというシステムをつくるのであれば、どうしても租税を高くせざるを得ないであろう。そこで、スウェーデンの実例を見ておこう。

スウェーデンの経済の基本政策は、資本主義の特徴である生産手段の私有と自由市場システム、社会主義の特徴である計画性と公共部門の生産への関与を併せながら実行していくもので、「第三の道」あるいは「スウェーデン・モデル」と一般的に言われている。(1)

「スウェーデン・モデル」とは、さまざまな制度や政策が相互に連関して福祉と成長の両立をはかるシステムの集合体であり、その特質は、マクロ経済・財政運営、税制、労働市場、教育など経済・社会システム全般に通じるキー・コンセプトとして、「人を大切にする」、「人間の意欲・能力を最大限発揮させる」という理念が貫かれているところにある。(2)

スウェーデンといえば、誰しも「高福祉・高負担」という言葉が思い浮かぶ。たしかに、国民負担率（国税・地方税などの税負担や年金をはじめとする社会保険料負担の合計が国民所得に占める割合）を比較すると、日本（二〇一〇年）が三九％であるのに対し、スウェーデン（二〇〇七年）は六四・八％である。(3) 年次の相違はあるものの、この国民負担率の差には大きな変動はないものと考えられる。したがってこれは、日本人の感覚としては想像を超えるほど高負担であると言えるであろう。

また、日本人にとっては意外なことに、スウェーデンの税負担や社会保障負担の大部分は、低所得者にも高所得者にも一定の率で課せられるフラットな定率負担になっている。二〇〇七年の税率は、地方所得税が三一・四％であり、給与所得に対する社会保険料は、家計が七％（年金保険料）、企業が三一・四％（自営業者の社会保険料は二八・九七％）である。また、付加価値税（消費税）の税率は、一般財とサービスに対して二五％、食品と公共輸送機関に対して一二％、新聞に対して六％である。さらに、スウェーデンの所得税には定率の地方所得税だけでなく、高所得者のみが納める国税の所得税もある。

これは所得に応じて税率が二段階（二〇%、二五%）ある累進課税であるが、この税が税収全体に占める割合は三%に過ぎない。また、法人税も国税であるが、その税率は二六・三%で、日本よりもはるかに低く、税収全体に占める割合も僅か七%である。(4) こうしてみると、高負担といわれるものの中身がよく分かる。ここには、スウェーデンの基本的な理念が具体的に反映しているものと思われる。

ここで、スウェーデンの予算の概要を見ておこう。二〇一一年度の政府予算案によれば、歳入の総額は、八三二九億八八〇〇万クローナであり、その内訳は、税収が七九八四億六〇〇〇万クローナ（九五・九%）、国営事業が五〇五億六七〇〇万クローナ（六・一%）、資産売却が二五〇〇万クローナ（〇・〇%）、EU補助金ほかが一三〇億二〇〇〇万クローナである（記載以外の調整項目があり、各項目の単純計算は合計と異なる）。これに対し、歳出の総額は、八二七〇億八四〇〇万クローナであり、その内訳のうちの上から一〇位までの項目を百分率であげると、疾病・障害補償一一・三%、地方自治体交付金一〇・六%、家族・児童保障八・八%、労働市場・労働生活八・四%、医療福祉介護七・三%、教育・大学研究六・六%、国防五・五%、高齢者保障四・九%、運輸・通信対策四・九%、司法四・四%である。(5) なお、スウェーデンでは、EMU（欧州連合の経済通貨同盟）加盟の賛否を問う国民投票が二〇〇三年九月に行われたが、加盟反対が多数を占めてユーロ導入が見送られたので、(6) 通貨単位としてはクローナが用いられている（二〇一一年一〇月六日現在の一スウェーデンクローナは一一・二〇三円）。

この歳出予算から分かることは、「スウェーデンの高福祉」と言われているとおり、広い範囲に福祉の目が行き届いていることである。そして、最も注目すべきことは、日本の予算では歳入のほぼ半分を占め、税収よりも多い「公債金」が、項目すら存在しないことである。つまり、スウェーデンでは、政府による「先取り」をしていないのである。

そのスウェーデンは、二〇一〇年八月になって輸出と民間設備投資が大幅な伸びを示し、個人消費支出も堅調であることから、(7) 政府は、二〇一〇年の経済成長は四・五%、二〇一一年には四%、二〇一二年には三・四%が見込めると上方修正した。また、世界五八か国・地域を対象としている世界競争力ランキングによると、二〇一〇年のスウェーデンは第六位

で、高い国際競争力を保持している。これに対して日本は、第二七位である。(8)

では、このような高福祉・高負担に対して、国民はどのような意識を持っているのだろうか。藤井威元スウェーデン大使に対するインタビュー記事によれば、国民は税金が高いと思っているが、「それだけのことはしてもらっている」、「富の再分配につながる」という意識があり、低所得者は、納税すれば収入以上に高価なサービスを受けられるから喜んで税金を納めている。高額納税者も、年収が少ない時期にさんざん世話になっているから「高負担」には反対できない。そして、スウェーデンと日本の最大の違いは、公共部門にやってもらいたいことは山ほどあるし、やらせなければならない、それが民主主義だと考えていることである。(9)

ところで、このスウェーデン・モデルは、「資本主義」だと言えるのだろうか。もはや、「共存主義」と言ってよいのではないだろうか。そのことはともかくとして、少なくとも「共存主義」は、スウェーデン・モデルから重要な示唆が与えられる。それは、人類が延々と続けていた「先取り」に終止符を打つことは、やって出来ないこと=不可能事ではないということである。そして、「先取り」をしないということは、「共存主義」にとって必須の条件だということである。

(1) ARC国別情勢研究会編『ARCレポート　スウェーデン二〇一一／一二年版』(ARC国別情勢研究会) 五五頁
(2) 湯元健治・佐藤吉宗『スウェーデン・パラドックス』(日本経済新聞出版社) 一四頁
(3) 同書二一〇頁～二一一頁
(4) 同書二一二頁～二一四頁。なお、付加価値税の税率の種類については、前出『ARCレポート　スウェーデン二〇一一／一二年版』七三頁
(5) 同書六三頁
(6) 同書一〇頁
(7) 同書六二頁
(8) 前出『スウェーデン・パラドックス』三四頁
(9) 二〇〇九年二月三日付毎日新聞

4 「先取り」の清算

現在すでに「資本主義」が終わっていて、「共存主義」の時代になっているとしても、「資本主義」がすっかり終わっているのではなく、また、「共存主義」が確固として確立しているわけではない。しかし、「共存主義」の経済、社会をしっかりと構築するためには、それにふさわしい改革に手をつけなければならないことは当然である。

そこで何から手をつけるべきかであるが、「共存主義」は、「先取り」をしない経済、社会を構想するものであるから、まず、「先取り」をさせているさまざまな要因を取り除くことである。

「資本主義」を崩壊させた原因は「先取り」であるから、「先取り」をさせている要因を除去することは当然であるが、「先取り」は資本主義以前からいわば有史以来延々と行われているので、ここで、「先取り」の要因を除去して「先取り」と訣別することは、容易ならざる大事業であることを認識する必要がある。したがって、これに踏み出すためにはよほどの覚悟が必要だと思うが、スウェーデン・モデルのような実践が現実に存在するのであるから、やって出来ないことでないと思う。

ここで、当面すぐに問題になることは、今日現在すでに「先取り」されている空っぽの価値＝「虚の価値」をどうするかということである。すなわち、個人レベルでは消費者金融からの借り入れ、住宅ローンその他の借り入れ等、企業レベルでは巨額の短期、長期の借入金、社債等、国家レベルでは国債等の国家債務……これらの「先取り」うち、前に述べた危険水域に入っているものは、すでに膨大なものになっている。この膨大な「虚の価値」があちこちに潜入し、「共存主義」の基礎に潜り込んでしまったら、「共存主義」の基礎は空洞になり、「共存主義」の経済、社会を構築することはできないであろう。また、仮にそのような基礎の上に構築しても、簡単に崩壊してしまうであろう。

しかし、現に存在する「先取り」を清算することは容易な事業でないことははっきりしている。これに着手すれば、経済、社会に大きな影響を及ぼすことは火を見るより明らかである。それでも、敢えて着手するとすればどのような手段があるだろうか。

誤解を恐れずに言えば、私は、危険水域に入っている「先取り」、すなわち「虚の価値」の部分を世界的な規模で切り離し、別途に処理するより他にないと思っている。このとき、民事再生などの破綻処理の手法を参考にして、絶妙な方法を編み出すことはできないものだろうか。このことを少し考えてみよう。

なお、スティグリッツは、国際金融システムに必要な七大改革の一つに破産法の改正とスタンドスティルをあげ、「民間の借り手が債権者に返済できなくなった場合、問題に対処する適切な方法は、国内であろうと国外であろうと、破産である。IMFの融資による債権者の救済ではない。必要なのは、マクロ経済の混乱から生じる破産の特性を認識した破産法の改正である。そのためにスーパー一一条、つまり、構造改革を促進し現在の経営陣が続投する見込みを大きくする規定が必要である」と言っている。(1)

ここにあるスーパー一一条とは米連邦破産法一一条のことで、これは再建型の倒産の手続きを定めた法律であるから、日本の民事再生法にあたる。したがって、私は、スティグリッツとほぼ同じことを言っているのであるが、「債権者が返済できなくなった場合」に対処するのではなくて、「先取り」が亢進している現在の時点で、「先取り」した「虚の価値」の部分を切り離して、予め再生手続きに入る、あるいは少なくともその準備をするべきだと考えているのである。

ギリシャの国家債務危機の影響で、二〇一一年一〇月九日、フランスとベルギーに主な経営規模を置く金融大手デクシアは、取締役会を開き、両国政府に支援を要請することにした。すなわち、公的管理のもとで会社を解体し、優良資産を他者に売る事実上の破綻処理に入る。デクシアは、優良資産と不良資産の二つに切り分け、優良資産はさらに国別に分けて、ベルギー国内の資産はベルギー政府が一時国有化し、フランス国内分は同国の公的金融機関が買収することが検討されている。欧州では、国家債務問題の深刻化で、財政不安が高まっている国の国債を多く持つ欧州系の銀行に対して、巨額の損失を抱えて破綻することへの懸念が強まっている。金融危機を封じ込めるためには早急な対応が欠かせないため、銀行への公的注入をめぐる議論が加速する見込みである。ユーロ圏一七か国は、同年七月に債務問題に対応する緊急融資制度「欧州金融安定化基金」（EFSF）の拡充を決めたが、一〇月一一日までに全加盟国の議会承認手続きを終えれば、EFSFを銀行の

資本注入に使えるようになる。(2)

以上は、二〇一一年一〇月一〇日現在の状況であるが、ギリシャ国債だけでなく、財政問題を抱えているポルトガル、イタリア、スペインなどの国債を大量に持っている欧州の金融機関がかなりあり、それらの金融機関がデクシアに続くことが懸念されている。そうなると、その影響は、米国、日本にも及び、やがて金融危機は全世界を覆い尽くすようになる可能性がある。

ここではっきり分かることは、国家債務と金融危機とが不可分に結びついていることである。そして、金融危機を回避するためには、公的資金を注入せざるをえないということである。しかし、これは、あくまでも応急措置であって、根本的に問題を解決するものではない。のみならず、リーマン・ショック後に日米欧などの諸国が公的資金をつくるために国家債務を膨張させたのと同様に、またもや各国の国家債務を膨らませることになるから、それは事態をますます深刻にするだけのことである。そのようなことは誰でも分かっていることであろうが、各国首脳も金融機関の幹部も、出口の見えない状況に皆困り果てているのではないだろうか。

それにしても、デクシアの破綻は、単に欧州の一金融機関の問題でなく、現在の世界経済全体の状況を表象している事件であるように思われる。その意味では、極めて重要な事件である。すなわち、私は、世界経済——少なくとも債務と金融——は、全体としてデクシアのようになっているのではないかと思う。これはあるいは杞憂かもしれないが、二〇一一年一〇月一〇日の予感が的中しないことを、むしろ期待したいところである。

しかし、世界中の国家債務と金融機関の債務、不良債権を合計すれば、極めて巨大であり、そのほとんどが「先取り」である以上、デクシアのように破綻処理をすることは早晩避けられないだろう。そのときには、デクシアが行うように、金融機関を解体したり、優良資産と不良資産とを分離したり、優良資産を売却したりすることが必要になる。また、場合によっては、預金者を保護したり、公的資金を投入することもあるだろう。すなわち、そのときに使用されるのは、民事再生などの破綻処理に似た方法であろう。肝心なことは、これを世界的規模で行うことである。経済がグローバルであるから、金融危機や国家の債務不履行（デフォルト）あるいはデフォルトが起こるのではないかという恐れによる影響は、グローバルな規模で波及するだろう。したがって、危機に対応する解決の方法も、グローバルな規模であることが要請される。財政は国家単位になっているが、破綻はグローバルである。破綻に対応するためには、国家単位の仕組みでは解決できないのである。

したがって、グローバルな破綻処理を今から設計し、準備しておくことが大切であると思う。グローバルとは言え、もとより、国家単位の詳細図も同時に設計する必要がある。その方策の中には、債務の繰り延べ、一部免除などが入る可能性があるので、もし、破綻処理にかかるのだとすれば、債権者、国債の所有者をはじめ、多くの利害関係者に直接被害や影響を与えるであろうし、利害関係がなくてもあらゆる人に影響を与えるであろう。したがって、設計に当たっては、それらの影響を緻密に計量し、救済措置を用意する必要もある。

これは、気の遠くなるような仕事であるが、どちらにせよやらなければならないことである。もしこれを怠れば、金融破綻と公的資金投入の「先取り」イタチごっこを続けるだけであって、ますます泥沼の深みに沈むばかりになるであろう。あるいはハイパー・インフレーションが起こって、「先取り」は一気に消滅し、国家債務も金融機関の債務もすべて帳消しになるかもしれない。そうなったらそれで、影響ははかりしれないことになる。

何時、どのような手順で実行するかは重要な問題であるが、グローバルな規模の再生計画について、今から練り上げておく必要があるだろう。絶妙な方法を発明する方向に向かうことは、「共存主義」という理念を掲げるからこそ可能なことである。そして、もしヒトが絶妙な方法を発明することができれば、そのときこそ「共存主義」は実りあるものになると思う。

座してハイパー・インフレーションを待つのと、再生計画を設計することとの違いは、経済をヒトのコントロールが効かないものにするか、効くものにするかの違いである。前者によって塗炭の苦しみを味わった経験をヒトはいくつも持っている。それを避けようとするのであれば、後者の道を追求するべきだと思う。

その第一歩は、「先取り」は切り離して、別途に解決するという頭になることである。

（1）　ジョセフ・E・スティグリッツ、鈴木主税訳『世界を不幸にしたグローバリズム』（徳間書店）三三三頁

（2）二〇一一年一〇月一〇日付朝日新聞

5　金融、貨幣、市場の縮小

「共存主義」を実りあるものにするためには、金融、貨幣、市場を国際的な規模で徹底的に規制して、「先取り」をしないことが最も重要な課題になる。その規制の結果、「共存主義」のもとでは、この分野の仕事は大幅に縮小することになる。

金融、貨幣、市場の縮小については、すでに数多くの学者や経済評論家やエコノミストたちの提言がある。また、部分的には、さまざまな政策が試みられている。しかし、これらの提言や政策は、金融、貨幣、市場のそれぞれの分野に関する提言、政策であって、それらを統合したものではないように見受けられる。そのために、「徹底」という意味では不十分であるように思われる。徹底的に金融、貨幣、市場を縮小するのであるならば、「資本主義」の枠組みの中ではできないからだと思われるが、だからこそ、「共存主義」という新しいコンセプトが必要なのだ、と私は思っている。

金融について、スティグリッツは、前述の七大改革の一つとして、先進国と途上国の両方における銀行規制の改善をあげ、「短期融資を助長することがグローバルな不安定性を高める一因になっていることについては、疑問の余地がない。金融部門の規制緩和と自己資本基準への過度の依存は見当ちがいであり、不安定化の要因になっている」と言い、「安全で健全な銀行制度は重要だが、それはまた、企業と雇用創出を供給するものでなければならないのだ」と言い切っている。(1)

銀行制度のあり方は、このスティグリッツの指摘に尽きると言ってよいと思う。すなわち、金融は、「企業と雇用創出を供給するもの」に限るべきであって、それ以外は規制の対象にすべきである。

その方法はいろいろあるだろうが、その一つとして、銀行業務と証券業務を分離し、銀行が証券業務を扱うことを禁止することである。これについては、すでに政策的な転換の動きがある。

オバマ大統領は、二〇一〇年一月二一日に金融規制を強化する改革案を発表した。その改革案では、銀行と証券業務の垣根を高め、銀行が証券、債権などの自己売買を行うことや、ヘッジファンドを運営したり、それに投資することを禁止する内容になっている。もともと米国では、一九三〇年代の世界恐慌時に、銀行業務と証券業務との垣根を厳格に分けるグラス・スティーガル法が制定され、銀行がリスクの高い投資に傾斜することを防いできたが、一九八〇年以降に規制緩和の流れが加速し、クリントン政権時の一九九九年に同法が撤廃された。[2]

このグラス・スティーガル法が撤廃されたことと、デリバティブなどの開発によって「先取り」が盛んに行われるようになったこととは軌を一にしており、その意味でオバマ大統領が金融規制を強化する改革案を打ち出したことは、「先取り」の防止に踏み出してものとして注目に値する。

なお、この金融規制改革法案の発案者であるボルカー米経済回復顧問委員長は、二〇一〇年二月二日、米上院銀行委員長の公聴会で証言し、「強力な国際合意が適切だ」と述べ、日本を含めた各国が同様の規制強化をすべきだとの考えを示した。[3]さらに、同月五日から始まった先進7か国財務相・中央銀行総裁会議（G7）で、ガイトナー米財務長官は、金融規制強化への協調を求めた。[4]これらの国際協調の要請は、経済がグローバル化している以上、一国だけの金融規制では効果があがらないことを端的に示している。

そして、米上下両院協議会は、二〇一〇年六月二五日、この金融規制を抜本的に強化する金融規制法案の一本化に合意した。一本化の焦点となっていたデリバティブ（金融派生商品）取引規制については、リスクの高い分野についてのみ銀行業務から分離することになった。銀行顧客サービスと無関係の投機的な自己勘定取引やヘッジファンドへの投資は自己資本の三％以内に制限された。[5]しかし、銀行以外の大手金融機関も高リスク投資に制限を加える予定だったが、証券業界などが巻き返したので、土壇場で大きく後退した。ただ、銀行と証券との垣根ははっきりさせる内容で、銀行は今後、高リスク投資でもうけるのではなく、貸し出し中心の伝統的な業務への回帰を迫られることになりそうだ。[6]

オバマ大統領は、その直後に開かれた20か国・地域首脳会議（G20サミット）で各国に同様の金融規制強化を求める構えであったが、金融機関への規制をめぐっては、国際決済銀行にもうけられている専門家の集まり「バーゼル銀行監督委員会」が資本規制の新たな基準をつくろうとしている取組みを評価し、基準の具体的内容は、一一月に韓国・ソウルで開かれ

る次回Ｇ20サミットまでに合意することになった。(7)

そして、上下両院で一本化した金融規制改革法案は、下院で採決された後に同年七月二〇日には上院を通過し、大統領が署名して成立した。オバマ大統領は演説で、「八〇〇万人の雇用と数兆ドルの富を奪った金融機関の無責任の時代が終わる」と歴史的意義を強調した。(8)

しかし、銀行以外の大手金融機関の高リスク投資に対する制限が後退するなど、この金融規制法は、不徹底なところがある。なお、一一月にソウルで開かれたＧ20の首脳宣言では、金融規制について、「銀行の自己資本・流動性の基準のほか、システム上重要な金融機関をより良く規制する。新たな枠組みは金融部門の過去の行き過ぎを抑制し、より強固な金融システムを確保する」(9)とされただけで、その内容は抽象的なものにとどまっている。

この程度の金融規制では、経済の崩壊は免れないだろう。金融に関しては、「先取り」を徹底的に禁止する方向で規制する必要がある。「先取り」を禁止するということは、銀行も銀行以外の金融機関もデリバティブ取引などの投機取引、先物取引をすべて禁止するということである。したがって、銀行や証券会社などの証券業務は大幅に縮小することになる。この私の考えは、銀行を含めたあらゆる金融機関から大きな抵抗を受けるであろう。

しかし、経済的に大きなショックがあれば、規制する法律がなくても、金融機関はどの道、縮小せざるを得なくなるのである。米国には、上から順に、ゴールドマン・サックス、モルガン・スタンレー、メルリンチ、リーマン・ブラザーズ、ベアー・スターンズという五つの巨大投資銀行があったが、サブプライム金融危機によって、メルリンチはバンク・オブ・アメリカによる買収、リーマン・ブラザーズは破綻、ベアー・スターンズは破綻、ＪＰモルガン・チェースによる買収となった。また、ゴールドマン・サックスとモルガン・スタンレーは銀行持ち株会社となり、こうして五つの巨大投資会社は消滅した。(10)

なお、言うまでもないことだが、金融を縮小すると言っても、すべての投資行動を禁止するわけではない。しかし、投資行動にも一定の節度が求められなければならない。このときに推奨されるべきことは、目先の利益だけでなく環境や社会にも配慮した投資行動によって持続可能な社会を導こうという運動と実践である。米国やイギリスで一九二〇年代から始まった社会的責任投資（ＳＲＩ）は、キリスト教の教義に反する酒、タバコ、ギャンブルには投資しないという行動から始まり、その後米国では南アフリカのアパルトヘイトに対する反対運動を契機に公務員年金基金、投資信託、労働組合、大学のファンドなどに拡大し、そのテーマも環境問題や人権問題、雇用問題、地域貢献などへと広がっていった。また国連は、二〇〇六年に責任投資原則（ＰＲＩ）を公表し、世界の機関投資家に「責任ある投資」の実践を呼びかけた。[11] これらの動きは、投資のあり方についての重要な指標となるべきものである。

次に、貨幣について、「先取り」の観点から規制、禁止の必要性を考えておこう。

このことについても、学者、経済評論家、エコノミストの数多くの提言があるが、まずは、「先取り」という概念からこのことを見ておこう。

ここで「先取り」をしないということは、具体的には貨幣の機能を限定することである。前に貨幣の機能について述べたように、貨幣には、価値の尺度としての機能、交換の手段としての機能、価値の保蔵手段としての機能の他に、果実を生む機能と価値を「先取り」する機能とがある。貨幣による「先取り」を防止、あるいは禁止することは、貨幣の機能を価値の尺度、交換の手段、価値の保蔵手段の三つにとどめ、果実を生む機能は規制し、価値を「先取り」する機能を禁止することである。

ミヒャエル・エンデが「重要なポイントはたとえばパン屋でパンを買う購入代金としてのお金と、株式取引所で扱われる資本としてのお金は、二つのまったく異なった種類のお金であるという認識です」[12] と言っていることについて、内橋克人は前者を「お金」、後者を「マネー」としているが、[13] 前三者（価値の尺度・交換の手段・価値の保蔵）の機能に限定するのが「お金」、後二者（果実を生む・価値の先取り）の機能に拡張するのが「マネー」と理解すれば、論旨は同じと言ってよいだろう。[14]

エンデはまた、「通貨を人間のもとに返さなければならない」と説いているが、まさしくそのとおりである。言い回しは異なるが、貨幣が「先取り」の手段として使われることによって経済、社会に崩壊現象が起こることを、私が最初に気づいたのは一九六二年である。その後五〇年を経て、貨幣の桎梏によって人々が苦しむ現実が、今まさに誰でも分かる形になって迫ってきたのである。

なお、内橋克人は、「マネー」を運用する「ヘッジファンド」が成り立つ条件そのものの中に本来的に非道徳性を組み込んでおり、規制格差、為替格差、価格差、税率格差、貧富の格差を利用して、「格差が格差を生む」構造を作りあげ、それが「利が利を生む」マネーの運動を可能にすると言っている。(15) この指摘は、第一に、「マネー」すなわち「先取り」の機能を持つ貨幣の温床は格差であること、第二に、貨幣から「先取り」の機能を奪うことは同時に格差の解消につながること、第三に、「利が利を生む」という貨幣の果実を生む機能が価値を「先取り」する機能と密接な関係があり、したがって果実を生む機能も規制する必要があること、以上の三つの意味で重要である。

なお、貨幣の「先取り」する機能を制限、禁止するためには、信用を媒介にして貨幣を創造することについて厳しい規制をする必要がある。具体的には、デリバティブ（金融派生商品）の開発、発行を全面的に禁止すること、社債の発行に厳格な条件を設けて規制することなどである。これで世の中に金が回らなくなれば、それはそれでよしとし、別途の対策を立てればよい。信用を媒介にして誰でも貨幣を創造することができ、マネーは溢れているが、必要なところには金が不足するのはいつものことである。金融不安の風が吹けば、たちまち金融機関の金が足りなくなる。二〇一一年一〇月現在の欧州の危機はまさしくこの現象が起こっているのである。こういうときに、「先取り」で膨張させた金はあてにならない。一時的には金が不足しても、実体経済を活性化して、必要なところに必要な金が回るようなシステムを構築するしか方法はないのである。したがって、結局は、貨幣の機能を、価値の尺度、交換の手段、価値の保蔵手段の三つに限定することに帰着するのである。

また、以上のことに関連して、シニョレッジ（貨幣をつくり出すときに製造者が得る発行益）についても言及する必要があるだろう。

米国がドル基軸制の特権を使ってドルをグローバルに垂れ流し、莫大なシニョレッジを懐に入れて貿易赤字を膨張させていることが世界経済に歪みをもたらしていることは、今や公知の事実であろう。この構造を如何にして変えるかということが目下の最大の課題であるはずだが、当の米国にその気がなければ変えることは難しい。しかし、失業率が高止まりし、国家債務が膨張し過ぎている米国は、遠からず抜本的な改革に着手せざるを得ないであろう。もっとも米国が放置して米国発の途方もない変事が起こるかもしれないが。

このことについて、浜矩子は、米国連邦準備制度理事会（FRB）のバーナンキ議長が、「アメリカは貯蓄率を上げなければいけない。一方でアジアの貯蓄超過諸国にはもう少し消費を拡大してもらわなければ困る」と、米国のカネの借り過ぎ・使い過ぎに警告を発したことについて、ドルの暴落を恐れてそうなる前に地球的な経済不均衡の是正に向けて世界の協力を取りつけたいと考え始めたと評し、実際問題としては、いずれにしてもドルは大きく減価しなければいけないと言っている。[16] ドルの大幅な減価も必要なことであるし、また必然的に避けられない事態が起こるかもしれないが、それが現実であるならば、その方法と影響は、予め緻密に計量しておく必要があるだろう。

このシニョレッジに関して、岩村充の次の文章は示唆的である。

シニョレッジとは、人々の「額に汗」の結晶です。人々が額に汗して働いた成果が、回りまわって資産運用益つまり利子というかたちとなり、そしてシニョレッジとなって貨幣制度を支えてくれているからです。シニョレッジは成長する経済ではプラスになります。自然利子率がプラスだからです。しかし、いつまでもプラスだとは限りません。私たちの地球が抱える人口や環境そして科学技術の現状を考えれば、いくら額に汗しても豊かになれない世界が戻ってくる可能性に今から備えておくべきではないでしょうか。[17]

さらに、市場に対しても徹底的な規制が必要である。

その方法としては——、

第一に、為替、株式、債券、金融、金融派生商品（デリバティブ）、商品の各市場において、投機的取引を禁止することである。空売り、空買いはもっての外である。

第二に、先物取引も原則として禁止とする。例外があるとすれば、為替、株式、商品を業として扱い、一定の条件を備えた当事者間の取引についてのみ先物取引を許可することに限る。

第三に、外国為替取引は、実体経済の裏づけがある「実需原則」を厳守することである。外国為替の先物予約取引には、輸出や輸入などの実体経済の裏づけを証明することを義務づける。したがって、単なる貨幣の売買は認めないことになるから、貨幣の投機はできなくなる。「実需原則」は、これは、変動相場制に移行する前は、当然のルールであった。

以上の規制は、グローバルな規模で行わなければ実効性がない。A国のX市場で円の空売りを禁止しても、B国のY市場で許されるならば、人々はY市場に集結して円を空売りするから、X市場の禁止は意味がなくなる。したがって、国際的な取り締まりが必要になる。

そんなことはできないと言われるかもしれないが、これができるか否かが、ヒトがマネーをコントロールできるかどうかの岐かれ道である。二〇一一年一〇月現在、欧州連合（EU）が資本不足の銀行に公的資金を注入することで大騒ぎになっているが[18]、こんな騒動を遠い将来に渡って繰り返すぐらいなら、思い切って市場を規制した方がよい。

また、そんなことをすれば、市場に金が回らなくなると言われるかもしれないが、この市場の規制によって困るのは、「先取り」によって暴利を貪ろうとする輩だけである。規制当初は混乱があるかもしれないが、少し長い目で見れば、実体経済に影響はない。個人の所得と企業の利潤のうちから蓄えられた貯蓄が増強し、そこから投資が行われれば、実体経済の足腰は強くなるはずである。

なお、市場に対しては、金融取引に課税する方法で規制することも考えられる。例えば、二〇一一年九月二八日、EUの欧州委員会は、二〇一四年一月の導入を目指して、金融機関が株式や債券、デリバティブなどの取引をする際に定率の税金をかける「金融取引税」を提案することにした。提案によると、ＥＵ域内の金融機関や企業と取引すれば、日本などＥＵ域外の金融機関も対象になる。また、株式や債券には取引額の〇・一％、デリバティブには〇・〇一％を課税することにするが、為替取引は実際に輸出入に携わる企業も取引することから対象外にした。欧州ではギリシャの財政危機が表面化して以降、欧州各国の国債や株式を大量に売る投機の動きが目立つ。株式や債券を借りて売り込んで下がったところで買い戻して差益を得る「空売り」を仕掛けるケースが多いが、金融取引税は投機的な取引を抑える効果もあるとされる。しかし、この金融取引税については、世界の金融センターの一つであるロンドン市場を抱えるイギリスなどは、欧州の金融サービスの競争力が落ちるとして反対しており、ＥＵ外でも米国などが導入に反対している。[19]この程度の金融取引税でさえ抵抗を受けるのであるから、金融規制は一筋縄ではゆかないのが現実である。

金融取引税も一つの方法であるが、課税によって規制するというのは、あくまでも間接的な方法である。一定の効果はあるだろうが、課税による規制には必ず抜け道があるものである。また、この程度の税率では、投機取引が収まることはないだろう。税金は率であるが、利益は差であるから、より大きな取引をすれば、税金分を十分にカヴァーできるからである。したがって、課税が投機取引を助長することがある。

よって、投機取引については直接的かつ徹底的に規制しなければならない。私は、投機的な先物取引やそれに類する取引は犯罪だと思っている。これを禁止するためには、金融のあり方は当然として、選挙資金、政治資金の流れまでも変えなければならないだろう。その意味で、「共存主義」[20]にとっては、これは大事業である。[21]

なお、多数の論者が市場の暴挙を論難し、市場に対する規制を提唱している。為政者は、これらの声を謙虚に聞き取り、実行に移すべき時がきていることを知るべきではないだろうか。

（1）　前出『世界を不幸にしたグローバリズムの正体』三三五頁
（2）　二〇一〇年一月二三日付朝日新聞
（3）　二〇一〇年二月四日付朝日新聞

（4）二〇一〇年二月七日付毎日新聞
（5）二〇一〇年六月二六日付毎日新聞
（6）二〇一〇年六月二六日付朝日新聞
（7）二〇一〇年六月二八日付朝日新聞
（8）二〇一〇年七月一四日付毎日新聞
（9）二〇一〇年一一月一三日付読売新聞
（10）前出『日本の失敗を後追いするアメリカ』二二頁
（11）水口剛「持続可能な社会を支える投資行動――「責任ある投資」概念の普及と実践の課題」（高崎経済大学附属産業研究所編『サスティナブル社会とアメニティ』（日本経済評論社）三九頁～四〇頁
（12）河邑厚徳＋グループ現代『エンデの遺言　根源からお金を問うこと』（日本出版放送協会）三頁
（13）前出『「共生経済」が始まる』一三〇頁
（14）前出『エンデの遺言』六頁
（15）前出『「共生経済」が始まる』一三一頁～一三二頁
（16）浜矩子『ドル終焉　グローバル恐慌は、ドルの最後の舞台となる！』（ビジネス社）二一四頁～二一五頁
（17）前出『貨幣進化論』二九三頁
（18）二〇一一年一〇月一三日付朝日新聞
（19）二〇一一年九月二九日付朝日新聞
（20）例えば、前出『エンデの遺言』の「プロローグ」（二頁）で、内橋克人は「今日、世界をめぐるマネーは三〇〇兆ドルといわれる（年間通貨取引量）。地球上に存在する国々の国内総生産（ＧＤＰ）の総計は三〇兆ドル。同じく世界の輸出入高は八兆ドルに過ぎない」と指摘し、「商品として売買される通貨」を前提としている世界金融システムを痛烈に攻撃している。
（21）例えば、服部茂幸は、前出『日本の失敗を後追いするアメリカ』（四八頁）で、「乱脈経営によって自滅した銀行を救済するよりも、初めからこうゆうことが起きないように規制した方が合理的であろう」と言っている。

6 「共存主義」の基礎

「共存主義」を実りあるものとするためには、「先取り」を清算し、金融、貨幣、市場を縮小する必要があるが、これはいわば資本主義以前からの負の遺産を清算することであって、どちらかと言うと後ろ向きの仕事である。しかしこれからは、「共存主義」を積極的に設計し、前向きの姿をイメージして、先に進む必要があるだろう。そのために、まず「共存主義」の基礎のあり方を考察しておこう。

資本主義の基礎は、「私的所有」、「法的主体性」、「契約」の三つの要素からできているが、体制が共存主義に変わるのであれば、その基礎はガラリと変更されなければならない。

しかし、共存主義の基礎は、まだ完全に固まっているとは言えないので、これから述べることには、あるべき基礎という要素が混入しているものと理解していただきたい。言葉を換えれば、理念的な共存主義の基礎であって、現実に常に存在する基礎ではないということである。そのことは、資本主義の「私的所有」、「法的主体性」、「契約」という基礎も、理念的な基礎であって、現実に常に存在する基礎でなかったことと同じである。

そこで、共存主義の基礎であるが、まず前提として、資本主義の基礎との基本的な違いを明らかにしておきたい。資本主義の「私的所有」、「法的主体性」、「契約」という要素は、近代が尊重する科学的な合理性を背景にしているので、非合理な要素を極力排除している。そのために抽象性が高く、全体的にスケールが小さくなっている。これに対し、共存主義は、人間性を尊重し、科学的な合理性だけでなく非合理な要素も取り込んで、スケールの大きな基礎を構築する必要がある。

ところで、これまで「基礎」という言葉を使っていたが、これは、「資本主義経済＝社会の規範的構造」について、「商品交換をその普遍的な構成要素とする資本制経済では、これらの三つの要素がその規範関係の普遍的な基礎となっている」と説明されている部分に出てくる。(1)

これを図式的に言うと、資本主義は商品交換を構成要素として、規範関係の普遍的基礎として「私的所有」、「法的主体性」、「契約」を構築し、その上に法的、社会的な規範を組み立てて、その規範に則って世の中を動かすという構造を持っているということになる。

そこで、この資本主義の構造と比較しながら共存主義の基礎を考察することにするが、まず前提として、共存主義では、その構成要素は商品交換だけではないことを銘記しておきたい。すなわち、商品交換だけを構成要素とすると、売買あるいはせいぜい消費によって完結するが、共存主義では、売買や消費のところで完結するとは考えない。と言うことは、共存主義では、商品交換以外のことも視野に入れるのである。

例えば、地球環境については、生産過程や消費後に排出される温室効果ガスなどの排出物の処理が問題になる。二〇〇九年一二月のコペンハーゲンで開催された国連気候変動枠組み条約締結会議（COP15）では、産業革命以前からの地球の気温上昇を二度以内に抑えるべきだとの科学的見解を確認するという政治合意がなされたが、気温上昇を二度以内に抑えるためには、商品交換だけを前提にしたのでは達成できないことは明白である。その過程に経済循環がある以上、商品交換以外のものをも包摂するものでなければならない。すなわち、前提の段階で、すでに資本主義ではどうにもならない状態になっているのである。「共存主義」に移行してはじめて、これが可能になるのである。

ここで規範関係の普遍的な基礎に入るが、まず「私的所有」。

私は前に、一つの体制が終わり次の体制に移行するときには、所有形態の変更が行われ、それが体制移行のメルクマールであると述べたが、この「私的所有」の変化が「資本主義」から「共存主義」への移行を示す重要なポイントである。まず指摘しておかなければならないことは、現在では「私的所有」を貫徹することができなくなっていることである。そのために、「私的所有」のかなりの部分が「公的所有」に置き換わっているが、共存主義のもとでは、「私的所有」と「公的所有」の並存という形から、さらに進めてその二つ以外の所有形態をも尊重して、さらにきめ細かく基礎を構築する。

そもそも所有権は、「外界の自然に対する人の支配」である。(2) したがって、衣食住の有体物だけでなく、知的財産、エネルギー、電波も所有権の目的になる。これが所有権の客体だとすれば、主体は、個人だけでなく、株式会社などの営利団体、非営利団体、国や地方自治体の公共団体などさまざまなものがある。この主体と客体との組み合わせによって、多様な所有形態があることが現実の姿であるが、私は、すべてを統一する概念ではなくて、さまざまな客体に応じ、ある程度幅のある所有概念を導入することによって、基礎を構築すべきだと考えている。

具体的には、まず個人の「衣」、「食」、「住」については、「私的所有」を原則とする。ただし、「住」については、「私的所有」だけでなく、「公的所有」や「私的所有と公的所有の組み合わせ」も併存させる。これは、土地、建物についての所有形態を変更させることを意味するが、あわせて、「所有」だけでなく「使用」を重視して、土地、建物を利用しやすい住宅政策を樹立し法制度を整備する。

土地の所有形態としては、近代以降解体の運命を辿っている入会権を見直すことも考慮に入れるべきである。入会権は、村落共同体が慣習に基づいて、山林や原野や漁場などを共同で使用し、管理し、使用収益する権利であるが、村落共同体が全体として、かつ個々の構成員が同時に所有する「総有」という所有形態である。(3) この総有形態によれば、全員の合意がなければその権利を処分することができないので、森林や自然を守ることができる。各地の防風林、水資源などを守り、環境問題に対処するためには、この総有形態が有益であるが、資本主義の「私的所有」が極限的な個々の「所有」を追い求めていたために、入会権は今や風前の灯になっている。

この入会権は、土地に限らず、生産手段の所有形態にも応用ができる。すなわち、生産手段にも部分的に総有方式を導入することが有効性を発揮することがあるだろう。しかし、言うまでもないことであるが、入会権の土台は「私的所有」であって「公的所有」ではないから、共産主義のように生産手段をすべて社会的所有という名の国有にするものではない。

ここで問題となるのは、株式会社のあり方である。株式会社の所有形態は、株主が会社の株式を所有し、会社という独立の法人格が会社の財産を所有するという二重構造を持っている。この二重構造の隙をついて、株主主権主義などという理屈をふりかざし、株を買収して経営者の交代を要求したり、高額の配当を要求したり、果ては企業を乗っ取ったりということが一時流行した。これについていちいち論ずることはしないが、共存主義に立てば、経営の安定は重要な目標であるから、これらの行為には一定の規制を設ける必要がある。例えば、含み資産があれば乗っ取り対象として狙われるという事態をブロックするための規制は、どうしても必要である。したがって、株式会社の所有形態にも制約を設けることがあり、その意味では所有形態の変更があり得ることになる。

こうしてみると、共存主義の基礎となる所有形態に、何かネーミングをしておく方がよいのではないかと思われてくる。もしネーミングするのであれば、以上のような所有形態をすべて包摂して、「共存的所有」とするのは如何だろうか。その中身は複雑で、また状況に応じて変動するものであるから、わざわざネーミングする必要はないかもしれないが、これをあまりにもスリムな「私的所有」という概念に対するアンチテーゼだと考えれば、意味のないことではないだろう。共存主義については、豊かで大きな基礎を築くべきだと思うからである。

次に、「法的主体性」であるが、これは要するに、共存的所有の担い手としての主体性である。もとより、資本主義の基礎となる法的主体性が基本であるが、時と場合によっては、人（法人を含む）に公的役割を求めることがある。人はもともと、社会の中で生活し活動する以上、私人であると同時に社会人として公の立場を持っているが、共存主義においては、資本主義におけるよりもよりいっそう、公の立場を意識してその役割を担うことが要請される。したがって、共存主義のもとでは、幼少時から質の高い公概念の重要性を教育することが不可欠になる。

なお、主体性が危殆に瀕する事態が発生するときに備えて、各種の救済システムを貼りつけておく必要がある。

そして、「契約」も、共存的所有を前提とし、それを反映する契約になる。しかし、たいていは資本主義が想定している所有権の目的物と貨幣との交換が行われることになるであろうが、共存主義のもとでは、生産過程や消費によって排出される廃棄物も支配の対象になるから、そのものに交換価値はなくても、合意すべき事項の対象になる。したがって、国際気候変動枠組み条約締結会議の政治合意をすることも、共存主義のもとでは、その範疇に入ることになる。こう言えば、資本主義のもとでも政治合意が可能であるし、げんに合意していると言われるであろうが、資本主義のもとではその範疇外の合意であるのに対し、共存主義のもとでは範疇内の合意であるところに違いがある。すなわち、環境などの資本主義の器に入りきれない問題については、共存主義では合意の場に参加せざるを得なくなるのである。このことに着目するならば、共存主義の基礎は、「契約」とするよりも、「合意」とする方がよいだろう。

しかし、「合意」に至るプロセスにおいても、「合意」に到達した後においても、ある程度の紛争が発生することは不可避である。したがって、適切な紛争解決システムを貼りつけておく必要がある。紛争解決システムとしては、従来は訴訟が主体とされていたが、訴訟だけでは複雑な経済、社会から起こる紛争に対応できないので、裁判外紛争解決（ＡＤＲ）を配備することが望ましい(4)。

以上により、ひとまず共存主義の基礎を見ることはできた。これからは、この基礎の上に法的、社会的規範を構築し、その規範に則って世の中を動かすことになる。

なお、資本主義の基礎が「先取り」によって崩壊したために、このような基礎を構築する必要があると考えたのであるが、この共存主義の基礎はやや複雑であるものの、資本主義の基礎よりも強固で壊れ難く、スケールも大きくなっている。

（1）　前出『民法総則』三頁

（2）　川島武宜『所有権法の理論』（岩波書店）五頁

（3）　入会権については、民法二六三条（共有の性質を有する入会権）と同二九四条（共有の性質を有しない入会権）に定めがあるが、その解説は川島武宜編『注釈民法（7）物権（2）』（有斐閣）五〇一頁～五九三頁、法社会学上の研究は川島武宜・潮見俊隆・渡辺洋三編『入会権の解体Ⅰ』（岩波書店）、同『入会権の解体Ⅱ』（同）、同『入会権の解体Ⅲ』（同）

（4）　裁判外紛争解決（ＡＤＲ）については、廣田尚久『紛争解決学〔新版増補〕』（信山社）二八五頁～三三六頁

7　グローバリズムの二重性

共存主義の基礎の上に、どのような未来を築くことができるだろうか。ここからは、共存主義の未来像について、ごく大まかなスケッチを描いておきたい。

しかし、ごく大まかなスケッチと言っても、それを描くことは容易ではない。それは、これまでの「資本主義」が抱える数多くの複雑な問題が立ちふさがっているからである。そこで、スケッチにとりかかる方法が問題になるが、二〇〇八年秋のリーマン・ショックによって経済危機に陥って以来、日本人の論者の多くは、日本はどのようにこの危機を乗り超えるかという問題を論じている。そのことは重要な問題であることは確かであるが、今や日本が危機を乗り越えるだけでは解決することではない。経済がグローバル化している現在、仮にこの危機を乗り越えることができたとしても、それは一時的なことである。まして本書のテーマは、資本主義の終焉を迎えて次の時代をどのように展望するかというところに主眼があるものであるから、日本に限定しないで論述をすすめてきた。

「共存主義」の未来像を描くときにも、日本に限定しない方法で考察をすすめたい。なぜならば、一つの国の方針が多かれ少なかれたちまち他の国に影響を及ぼすから、一国の中だけでは完結しないからである。抽象的に言うならば、「個」と「全体」という、ヒトにとっては未解決の、およそヒトの脳では解決できそうにない難問に取りかかる必要に迫られるのである。

例えば、金融市場のグローバル化によって、その影響は国境を越えて波及し、たちまち世界の隅々まで波及するが、問題が起こったときに対応するのは、個々の国家であるから、容易に問題解決ができないのである。

モノの移動も一国だけでは語れなくなっているが、生産の着手から完成まで時間がかかり空間的な移動も簡単ではないモノと違って、金や信用は光速に等しいスピードで移動させることができる。それだけでなく、モノ自体を膨らませることはできないが、金や信用ならばいくらでも膨らませることができる。

ここでやっかいな問題は、主権の及ぶ単位が国家という形でまとめられていることである。グローバルとか、グローバリズムといっても、それを束ねている組織は存在しない。国際連合などの機関があっても、それが扱っている事項はごく限られている。主要7か国（G7）財務相・中央銀行総裁会議や主要20か国・地域（G20）財務相・中央銀行総裁会議で何かが決定されたとしても、それを具体化するのはそれぞれの主権国家であるから、実際に施策に反映させるかどうかは保証のかぎりではないのである。

これは、いわば「グローバリズムの二重性」という現実であって、通常の商取引を担う層と問題解決を担う層とがマッチしていないのである。

しかし、モノ、カネ、ヒト、信用の移動とその影響ということを考えれば、グローバルという現実は存在するのであるから、「共存主義」の未来を構想するとすれば、この問題を避けて通ることはできない。

そこで考えられるのは、このグローバル化した国際社会をそっくりコミュニティに改組することである。これはなかなか魅力的な発想であるが、残念ながら幻想と言わざるを得ないであろう。なぜならば、現在の国際社会は大き過ぎ、変化に富み、多様性があり過ぎるからである。したがって、一人ひとりの「個」と地球規模のコミュニティの「全体」がうまくかみ合うことは、まず不可能である。いきおい個人、地域社会、国家、経済・文化圏、国際社会と積み上げてゆくことが必要になるであろうが、「個」と「全体」との距離があり過ぎるので、いきなりコミュニティに改組しても、さまざまな矛盾や歪みが出ることが予測される。私は、共産主義の失敗は、この「個」と「全体」の問題を甘く見て、読み違えたところにあると考えている。

このことは、グローバリズムにも当てはまる。「個」と「全体」という難問を甘く見て、読み違えると大きな誤りを犯す。現在、グローバリズムを批判する論者は多いが(1)、せんじ詰めれば、「個」と「全体」という難問を甘く見て、無理矢理「全体」を推し進めたことから問題が発生していると思われる。

グローバリズムを推し進めるかグローバリズムに抵抗するかという問題は、完全な自由貿易にするか、保護主義を推進するかというところにあらわれてくる。

米国は、リーマン・ショック以後に、公的資金を投入して産業を保護したが、そのころピッツバーグを本拠とする全米鉄鋼労組は米議会へのロビー活動を活発化させ、景気対策法案にバイ・アメリカン条項を盛り込ませた。バイ・アメリカン条項とは、景気対策として実施されている公共投資について、米国産品の優先使用を義務づける条項であるが、これが自由貿易を柱とするグローバリズムに反することは明らかである。バイ・アメリカン条項への世界の反応は早く、ブラジルなどが世界貿易機構（WTO）への提訴を検討する動きもあり、二〇〇九年二月にローマで開かれたG7の際、米国のガイトナー財務長官はバイ・アメリカン条項を批判する各国に対して説明に追われた(2)。グローバリズムという観点からすれば問題であるが、自国の公的資金を投入しながら自国の生産品が売れないようでは効果があがらない。公的資金の投入が国家単位で行われる以上、いきおい保護主義に傾斜することは避けられないだろう。しかし、保護主義の台頭を許せば、グローバリズムは崩壊しかねない。ここに、「個」と「全体」とのジレンマが顕著にあらわれる。

このことは、完全な自由貿易にすることにも、保護主義を推し進めることにも、無理があるということを示している。そのどちらかを徹底しようとすれば、どこかにしわ寄せがきたり、のっぴきならない矛盾が生じたりする。共存主義のもとでは、自由貿易と保護主義をきめ細かく織りあわせることを模索することになるだろう。

しかし、「グローバリズムの二重性」を克服することによって、この問題の解決に迫ることはできないものだろうか。

少し時間を遡るが、欧州連合（EU）の欧州委員会は、金融市場の信認回復と危機の再発防止に向け、国境を超えた横断的な監督機関の創設を進める方針を固めた。そして、欧州では「世界を一元的に監督することには限界があり、欧州でまとまる必要がある」との声が強まっているとのことである(3)。

また、東南アジア諸国連合（ASEAN）と日本、中国、韓国の一三か国による会議がチェンマイで開かれ、対外債務の返還が困難になった国にドルを融通する「チェンマイ・イニシアチブ（CMI）」の規模を総額一二〇〇億ドルに増やすことに決め、域内各国の経済情勢を独自に監視する専門チームをつくることでも合意し、国際通貨基金（IMF）が支援を決めなくても必要に応じて独自に支援する枠組みを拡大する方針だという(4)。

世界を一元的に監督、管理することは難しくても、アジア、北米等々と他の地域で同じような機関を設け、それぞれの機関が連帯して問題に取り組むことが必要であるし、また不可能なことではないだろう。このように小さなコミュニティからだんだんに積み上げていって、国、地域という単位の連合体を組織し、その連合体が連帯してネットワークをつくることによって、グローバリズムの二重性を克服することが望ましいと思う。

この方法は、すでにいろいろな分野で実践されている。

例えば、スティグリッツは、「グローバリゼーションは発展途上世界の大半が感じていた孤立感を薄め、途上国の多くの人に、一世紀前にはどんな国のどれほど裕福な人間でも手に入れられなかったような知識を得る手段を与えた」とグローバリゼーションの長所をあげ、反グローバリゼーションの抗議にしても、それ自体がこうした連帯の結果であって、世界のさまざまな地域の活動家を繋いでいるリンクは大きな圧力となり、強国の政府の反対を押し切って、国際地雷協定を実現させたと言う。(5)

また、西川潤は、「連帯経済とは、一方ではグローバリゼーション下に経済活動から排除（exclusion）されていく人びとに対し、公共政策の手をさしのべ、これらの人々を経済に包み込む（包摂、inclusion）行動を指す」と言い、NPO自身の経済活動の比重は次第に強くなり、経済活動に裏づけされつつ、環境や人権など社会的責任を果たすよう提言を行っていくと述べて、その例として対人地雷廃止の実現を挙げている。(6)

私は、一九九六年に小説『地雷』を発表した縁で、翌年に発足した地雷廃絶日本キャンペーン（JCBL）の創立メンバーであるから、このことについて、JCBLのホームページによって若干の補足をしておきたい。

一九九二年に、米国のNPO代表ポピー・ミュラーとドイツのNPOメンバーのトーマス・ゲバウアーの呼びかけで、米国や欧州の六つのNPOが「地雷禁止国際キャンペーン（ICBL）」を発足させた。世界には、対人地雷を含めた兵器を規制する国際条約（CCW）があったが、この条約はハイテク地雷や見つけにくいプラスチック製の地雷を禁止していなかった。そこでICBLはすべての地雷を禁止することができるように各国の政府を説得し、ようやく一九九五年に国際会議が開かれたが、国によって意見が違い、全面禁止は実現できなかった。ICBLのメンバーの間には失望感が広がったが、そのときオランダのピーター・バンロッセムが、「NPOから地雷の全面禁止に積極的な国々に呼びかけて、いっしょに会合を持とう！」という発言し、その名案に基づいて、翌年ICBLと政府代表者による会合がジュネーブで開かれた。その後その年にオタワで会議が開かれたが、参加した国々の意見がまとまらず、対人地雷を全面禁止する具体案は出てこなかった。しかし、カナダの外務大臣アスクワージーの「来年一二月にオタワで対人地雷を全面的に禁止する条約を開きましょう！」という提案で、「賛成する国だけで条約をつくる」という前例のない形で条約の交渉が進められることになった。ICBLが積極的に参加したこの交渉過程が、「オタワ・プロセス」と呼ばれている。そして、一九九七年一二月三日に、地雷被害者、ICBL、国際機関の関係者が見守る中で、対人地雷全面禁止条約（通称「オタワ条約」）が調印された。その一週間後の一〇日に、ICBLとコーディネーターのジョディ・ウィリアムスがノーベル賞を受賞した。日本もこの条約に参加したが、米国、ロシア、中国はこの条約に反対して参加していない。

この地雷廃絶運動は、小さなコミュニティからだんだん積み上げていって、国、地域という連合体を組織したので、グローバリズムの二重性を克服する例としてあげたが、このことが経済と関係がないかといえばそうではない。オタワ条約は、対人地雷の使用、貯蔵、生産、移譲を禁止しているから、対人地雷に関する経済活動は縮小することになったのである。私は、「共存主義」の時代には、兵器製造などの無駄をする余裕はないと考えているので、軍縮は必然だと思っている。対人地雷が兵器全体に占める割合は大きくないが、オタワ条約からスタートした歩みは大きいと思っている。

対人地雷を禁止するオタワ条約に引き続いて、クラスター爆弾の使用・製造・保有・移動を禁止する運動は、世界約二〇〇のNGO連合「クラスター爆弾連合（CMC）」の主導により、二〇〇八年にクラスター爆弾禁止条約（通称オスロ条約）として結実した。これは「オスロ・プロセス」と呼ばれている。(7)

このオスロ条約以後に経済に注目すべき動きが起こってきた。すなわち、二〇一一年二月に、クレディ・スイス銀行はクラスター爆弾および対人地雷を製造する企業に対して投融資しないと発表した。また、同年一〇月には、日本の全国銀行協会が、クラスター爆弾の製造を資金使途とする与信は、国の内外を問わず、これを行わないことを申し合わせた。

ところで、このように下から積み上げていって全体に至るという地道な仕事を成し遂げるためには、グローバリズムとは異質の上位概念がほしいと思う。その上位概念としては、「資本主義」は今や力不足であろう。資本主義のバックボーンになっている「市場原理主義」がその犯罪的な行為によって退場を迫られているからである。これまでは、グローバリズムが最上位の概念になっているかの感があったが、連帯の契機を含まないグローバリズムは、野放図な「先取り」の温床になっていた。したがって、私は、「共存主義」を上位概念として位置づけることが必要であると思っている。

（1）例えば、前出『「共生経済」が始まる』、前出『世界を不幸にしたグローバリズムの正体』
（2）二〇〇九年二月一九日付朝日新聞
（3）二〇〇九年二月二六日付毎日新聞
（4）二〇〇九年二月二三日付朝日新聞
（5）前出『世界を不幸にしたグローバリズムの正体』二一頁
（6）前出『グローバル化を超えて』一〇頁
（7）NGOの運動とオスロ・プロセスについては、目加田説子『行動する市民が世界を変えた　クラスター爆弾禁止運動とグローバルNGOパワー』（毎日新聞社）

8　実体経済を重視

「共存主義」を上位概念に置くという考え方に対しては、この地球上に、現実にさまざまな人間や国家などありとあらゆるものが共存しているのだから、それは当たり前のことを言っているに過ぎないと言われるかもしれない。それはその通りであるが、ひとつの時代に対して「共存主義」とネーミングする以上、そこには価値的な要素が付加される。つまり、皆が共存できるようにことを運ぼうとか、共存しているのだから戦争はやめようとか、その他もろもろの経済現象、社会現象に対処するときに、「共存」を意識することによって行動の指針や目標などが見えてくるはずである。

こうしてみると、「共存主義」の中身が重要になる。すなわち、「平和な共存」か「混乱した共存」か、「皆が食べてゆける共存」か「貧富の差の大きい共存」か等々、あらゆる場面で「共存」の質が問われることになるだろう。したがって、あえて「共存主義」とネーミングすることは、その中に、それによって現実に存在している「共存」のレベルを少しでも質の高いものにしたいという目的がある。そしてそのような目的を達成するためには、現に存在している具体的問題に、一つひとつ質の高い共存を目指して取り組んでゆかなければならないことになる。

しかし、世の中には厖大なファクターがあるために、一つひとつの問題をここで取り上げることはできないので、「共存主義」の質を高めるときに念頭におかなければならないポイントだけを述べることにしたい。

第一に、現在は、もはや資本主義とは異なるハイブリッドな体制になっていることを認識することである。これは、人種、民族、信条、宗教、学歴、年齢、性別によって差別しないということに通ずる。これまでは、「資本主義」の名のもとに、差別に鈍感であった。その結果、経済的格差の存在を明示的にあるいは暗黙のうちに肯定し、そこから発生する問題を放置していた。これからは、「共存主義」でゆこうというコンセンサスを確立して、経済的格差を生むような原因を除去し、何人も否定せず、卑しめず、何人からも収奪しないという経済体制を固める必要がある。

第二に、国や公共団体による事業を抜本的に見直すことである。前に述べたように、国や公共団体が運営している仕事のシェアが大きくなり、そのことが資本主義の終焉の理由の一つになっているのだから、そのことを率直に認め、事業を見直すことが必要である。なお、東日本大震災の復興にあたっては、国や公共団体の事業のウエイトは必然的に高くなるだろう。

第三に、実体経済を重視することである。「先取り」を排斥すれば、他人の働きの成果をかすめ取ったり、不労所得を狙ったりするような「虚業」はあらかた姿を消すだろう。「共存主義」の狙いはそこにあるといってもよい。また、前に述べたように、銀行業務と証券業務を分離すれば、金融部門は大幅に縮小するはずである。それはそれでよしとして、実体経済の充実をはかるべきである。なお、当然のことであるが、教育、医療、福祉、介護、環境などの公共性の高い仕事は、すべて実体経済の範疇に入る。これらの仕事こそ充実させたい。その結果、経済成長率が上昇すればそれに越したことはないが、仮に経済成長を望めないとしても、そのときは次の工夫をすればよい。西川潤の「経済成長＝富として、成長により社会問題が解決するという信仰あるいは思い込みがまかり通った時期は終わった(1)」という認識は、まさしくその通りである。

この認識を推し進めるならば、経済成長率に代わる指標が必要になるのではないかと思う。

第四に、「規制緩和」、「小さな政府」の掛け声のもとで、農林漁業は不採算部門と見なされて切り捨てられてきたが、これを抜本的に見直す必要がある。例えば、失業者を公的資金で全員雇用して、農、林、漁業に従事してもらうというような思い切った施策が必要であろう。そうすれば、失業者の職と食が確保される。また、食糧自給率や木材自給率も上昇する。

このようなことは、資本主義の枠の中ではできない。なぜならば、生産物の価格が低いために、農林漁業に従事する人の労働が正当に評価されていないからである。また、生産手段の確保のための経済的負担が大きいからである。そこで、「共存主義」のもとでは、農林漁業を半ば「公」のものとし、国や公共団体が手厚い保護をすべきであると思う。

なお、日本の例であるが、二〇〇九年二月二日の新聞に次のような興味深い記事があったので、ここに紹介しておきたい。

まず、農林漁業全般については、

農水省は今回の不況を、一次産業へ雇用を呼び戻す機会ととらえ、昨年一二月、〇九年度末までに「五千人」の雇用創出を打ち出している。内訳は農業で二二九〇人、林業で二三〇〇人、漁業で一九三人、都道府県とも連携し、全国新規就農相談センターなどを通じて求人情報を紹介する。(2)

農業については、社説に、

政府が「減反政策」の見直しに取り組み始めた。(中略)その改革案を夏までにまとめるため関係六大臣の会合が発足した。(中略)財政や地域政策などを含め多面的に検討しようという意気込みがうかがえる。重い腰をあげて農政改革へ乗り出すことを歓迎したい。(3)

次に、林業については、

自民、公明両党は一日、国産材を使った住宅建設などを促す「木材利用推進法案」（仮称）を、今国会に議員立法で提出する方針を固めた。地元の木材で住宅や学校を建築した際、国や自治体に助成措置を講ずるよう求める。国産材を積極的に利用することで、森林の再生を図ると同時に、森林整備事業を新な雇用先とすることが狙いだ。(4)

そして、漁業については、元派遣社員から漁師に転身した「先達」の例が紹介されている。

愛知県のトヨタ系列の部品メーカー・デンソーの工場の元派遣社員だ。年収四〇〇万円を超え、不自由なく暮らせたが、五〇歳になった自分を想像した時に「このままでいいのか」と不安がよぎった。ハローワークで、自分のやりたいことを探した時に出会ったのが、漁業だった。「景気が悪くなれば切られるのが派遣の運命。自分で見切りをつけた。給料は減ったけど、仲間も楽しいし、魚もうまいし、生活はいまのほうがいい」。一人前になるまで当面は続けるつもりだ。(5)

どのような方法で公的資金を投入するかということに関しては、これから緻密に検討されなければならないが、農林漁業の将来のために、国や公共団体がバックアップする方向に向かうことは確実であろう。そして、この記事にあるように、雇用創出という狙いもより強く意識されるであろう。それらの施策に採算がとれるのならばそれに越したことはないが、たとえ採算がとれなくても、仕事として存続させる必要はある。

また、農林漁業の保護、育成は、環境保全、地球温暖化対策などにも寄与するから、計算に出てくる以上のプラスの効果がある。したがって、「資本主義」の論理で切り捨てるのではなく、「共存主義」の論理で農林漁業を大切にしたいと思う。

第五に、実体経済を重視して経済を運営するためには、その価値を尊重する思想と具体的な工夫が必要にある。ここから先は厖大な研究と政策が展開されなければならないが、ここではそのことを指摘するだけにとどめさせていただきたい。この点については、共生経済、連帯経済を提唱している先駆者の著述が参考になる(6)。

第六に、「計画」という要素を、どのように盛り込むかという難しい問題がある。「計画」は、多かれ少なかれ「自由」を束縛する。「自由」という人間の尊厳の基盤は最も尊重すべきであるが、そこから派生する「競争」を野放しにすれば、節度を失ってものごとを破壊する原因になる。したがって、節度ある競争は許されなければならないが、節度を保たせるために計画が必要だという発想が出てくるのは自然の成り行きになる。その計画が、将来の長期にわたるものであれば、自由に対する拘束性は高まることになる。ソヴィエト連邦が崩壊して、社会主義経済の命運についてはほぼ結論が出た感があるが、その顛末を見ると、現在の段階では、拘束性の強い計画経済がうまくゆくとは考えられない。しかし、新自由主義的な自由放任のやり方が破綻した今日においては、計画経済を見直す動きは出てくるのではないだろうか。そして、公的事業のシェアが拡大すれば、いきおい計画の必要性が高まるのではないかと思われる。

この場合に大切なことは、計画自体の質を高めることであろう。そして、全世界的な視野に立って、情報を交換したり、基本的な方針をすり合わせたり、一定の目標値を設定したりすることが必要になってくるのではないだろうか。もしそのような計画がなければ、その隙を突かれて、また崩壊の危機にさらされることになるだろう。例えば、地球温暖化問題に対する京都議定書をもう一歩強固にしたようなものが、環境問題に限らず、経済、社会のいろいろな問題に対して要請されるようになると思われる。そのときには「共存主義」という概念が役に立つのではないかと思う。

(1)　前出『グローバル化を超えて』五頁
(2)　二〇〇九年二月二日付朝日新聞
(3)　二〇〇九年二月二日付朝日新聞
(4)　二〇〇九年二月二日付毎日新聞
(5)　二〇〇九年二月二日付朝日新聞

（6）共生経済については、前出『共生の大地　新しい経済がはじまる』、前出『共生経済が始まる　世界恐慌を生き抜く道』、連帯経済については、前出『グローバル化を超えて』

9 「共存主義」の未来像

「共存主義」の時代になすべきことはたくさんある。それは第一に、資本主義の負の遺産を清算すること。具体的に言えば、「先取り」によってつくられた膨大な空っぽの価値＝「虚の価値」を解消することである。第二に、「共存主義」の中身を充実させ、質を高めることである。このようなことを抽象的に言うことは容易であるが、例えば、先進国や新興国と発展途上国との格差をなくすこと一つをとってみても、気の遠くなるような困難な仕事である。したがって、能天気なことは言えないが、人々がこのような経済、社会であってほしいと思っていることを並べると、次のようになるのではないだろうか。

①　安心して暮らしてゆけるような経済、社会であること
②　自由が尊重される社会であること
③　公平で平等な社会であること
④　生活を脅かされている人々を救済するセーフティー・ネットがあること
⑤　適切な紛争解決システムがあること
⑥　持続可能な経済、社会が構築されていること
⑦　環境が保全されていること
⑧　平和な社会であること
⑨　民主的な政治システムを持っていること

他にもあるだろうが、だいたいこんなところだろうか。これだけ並べてみると、これも「言うは易く行うは難し」ということばかりである。歴史を繙いてみると、多数の民衆がこれだけの願望を満たしていた社会があっただろうか、と考え込ま

ざるを得ない。

しかし、考え方によっては、いずれもたいへん慎ましい願望であると言えるだろう。ヒトは、この程度の願望を満たす遺伝子を持っていないのだろうか。

これらの願望を満たすことができないのは、それぞれが互にジレンマの関係にあるからである。しかもそれは、複合的で複雑なジレンマである。それと関連して、価値の分配がうまくゆかないからである。例えば、自由が尊重され過ぎると公平で平等な社会をつくることと衝突する。そして、セーフティー・ネットもほころびてくる。これが新自由主義の支配していたときに現実に起こっていたことである。

「共存主義」の課題は、これらの願望を満たす「解」を出すことである。百点満点の「解」を出すことはできなくても、少しでも高い点を取るように頑張ることである。一定の高さの点を取って、人々の願望を満たすことができれば、「共存主義」はその目的を達することになる。なぜならば、①〜⑨の願望がまずまず満たされれば、人々は共存できるからである。

ということは、このジレンマに立ち向かってゆかなければならないということになる。ジレンマがあるからと言って尻込みするようでは何もできない。この複合的で複雑なジレンマに立ち向かって克服することは、おそらくヒトが今までに経験したことのないことであろう。もしヒトがこのジレンマを克服する遺伝子を持っているか、あるいは克服する能力が脳の中に設計されているのだとすれば、今こそその遺伝子と能力を活性化させなければならない。

このジレンマの克服については、理想の追求という見方もできるであろう。確かに、そのような側面もある。例えば、⑧の「平和な社会であること」ということは、ある意味では理想である。しかし、戦争によって、莫大な財貨や資源を浪費する余裕はもはや地球上にないというのが現実である。したがって、ヒトが平和な社会を持つことは、理想であると同時に現実的なのである。すなわち、理想を追求することが、最も現実的な道なのである。

「共存主義」の時代の未来に向けて、どのような具体的な方策を立てるかということは、極めて重要なことである。それはそのまま「共存主義」の制度設計になるだろうから、衆智を集めて取り組む必要があると思う。ここでは、その前提になるだろうと思われる点をいくつかあげてみたに過ぎないが、ジレンマを認識し、それを克服することによって「解」を目指そうという姿勢が大切であろう。それがあれば、「共存主義」の未来像は、人々の願望をかなえるものとして、明確な形を整えるであろう。

結語

脳裏に「先取り」という概念が宿ったのは一九六二年であるから、それ以来五〇年にわたって、私は、「先取り」という分析道具を使って、経済現象や社会現象を見てきたことになる。

私の仮説は、とくに高度経済成長以後の経済の特徴を、富や価値が生み出された後にその分配を巡って本質的矛盾があらわれるのではなくて、生み出される前に先取りされた中身のない空っぽの価値、すなわち「虚の価値」が、後にいかにして埋めつくされるかというところに本質的矛盾があらわれる、というものである。

この仮説を現実の経済現象に当てはめると、実によくその内容が見えてくる。とくに一九八〇年代の地価暴騰のときには、世間では「バブル」、「バブル」と騒がれていたが、私は、「バブルでなく、先取りだ！」と考えて、『先取り経済　先取り社会』を書いた。そして、その後も近未来小説のテーマにして、この「先取り」を追求してきた。さらに、二〇〇八年秋にまた、リーマン・ショックによって金融崩壊が起こり、それから以降、「先取り」の仮説が実証されるような現象を連日見せつけられている。

本文にも若干触れたが、「先取り」に関しては、『先取り経済　先取り社会』以前にもミニコミ誌に発表したり、著書の中で言及したりしていた。またその後も、「先取り」をテーマにして小説を書いたり、拙著『紛争解決学』の中で紛争発生の原因として紹介したりしていた。しかし、これまで書いたものだけでは不十分であることを自覚していたので、何時の日にか、きちんとまとめておきたいと考えていた。

私が法政大学法科大学院を定年退職したのは二〇〇八年の春だったが、その年の秋にリーマン・ショックが起こり、その荒波が世界中を駆け巡った。私はそこに資本主義の終焉の姿を見たので、インターネット・ブログで『資本主義は終わっている』を発表したが、それもやはり不十分だと思っていた。そこで私は、これまで十分に書いていなかったことを書き、系統的でなかったことを系統的にまとめる必要があると考えて、二〇一〇年暮から執筆の準備をはじめた。

そうこうしているときに、事務所の壁が大きく揺れて、観葉植物の鉢植えがゆっくり倒れ、ロッカーから事件記録が飛び出した。東京のビルの中でさえ立っていられないほどの激しい揺れであったが、これが東北地方を襲った、二〇一一年三月一一日の東日本大震災であった。

東日本大震災については、七か月を過ぎた今日でも連日報道されており、復興に関してさまざまな論議がされているのでここには触れないが、本書に関連して次のことだけは述べておきたい。

私が「先取り」によって経済、社会が崩壊したと言っているのは、主としてソフトの面での崩壊現象を指しているのに対し、東日本大震災によって破壊されたのは、主としてハードの面にあらわれているということである。すなわち、前者は物理的な形がないので認識しにくいが、後者は物理的な現象なので誰でも認識できる。しかし、この二つは、崩壊現象としては同じものである。したがって、それに対する施策も似たようなものになるはずである。例えば、この二つの現象とも、長い目で見れば、そのために国民、住民に負担がかかってくることは避けられない。ということは、東日本大震災の物理的な壊滅状態は、ソフトの面の金融、貨幣、市場にも起こっているということである。目に見えないから認識できないだけであって、東日本大震災の姿が、現在の経済、社会の姿であると思っても、大きな間違いはないと思う。

私が最も恐れていることは、「先取り」による経済、社会の崩壊現象と東日本大震災との間に、心理学に言う「布置」（内界の状況が外界の事象と呼応していること）が形成されているのではないかということである。あまり心配することはどうかと思うが、布置が形成されているかもしれないと考えて、徹底的な対策を講ずる方が安全である。もし布置が形成されているのだとすれば、この二つが相乗的な大きさになって、決定的な破壊を及ぼすか、よくてもジリ貧の坂道を下らざるを得なくなるだろう。

それやこれやを考えながら、私はその翌月、本書に着筆した。

書きながらつくづく思ったのは、ヒトはその遺伝子や脳の力に見合うだけの社会をつくってきたのかどうかということである。ヒトは遠い昔のどこかで、大きく道を間違えたのではないだろうか。戦争によって他者を殺戮したり、他者から収奪したりすることを避けて、別の道を歩むことはできなかったのだろうか。もし、遺伝子や脳の中に、別の道を歩むことが設計されているのだとしたら、それを引き出して、新しい経済、社会を組み立てることは、やってみるだけの値打ちがあるのではないだろうか。

そういう意識を持ちながら、「先取り」という鍵を使って、錆びついた資本主義の扉を閉め、新しい共存主義の扉を少しでも開くことができればと考えて執筆を続けたが、ひとまず脱稿という地点に立ってみると、書き足りないところが目についてしまう。すなわち、本書に書いたことは「先取り」に関する考察の大枠と概要に過ぎないのであって、ここに書いたそれぞれのテーマごとに、あるいは文章の断片ごとに、細かく筆を入れて大部な書物にする必要があるのではないかという気持ちが起こってきた。

しかし、「先取り」という鍵で扉を開いて、一、二歩ほど足を踏み入れたと言うことはできるだろう。が――、本書に書いたことはその程度であって、これから先の奥地には、荒野でありかつ沃野であるような無限の地平が開かれているのではないかという予感がする。その正体に迫りたいと思うが、とりあえず一冊の本にまとめておくことにはそれなりの意義があると思われるので、本書はここで脱稿としよう。

逆説的ではあるが、私の「先取り」仮説を不要とする世の中はよい世の中なのである。そのような世の中がくるのだろうかと漠然とした思いを抱きながらも、まだ諦めるのは早いと自分に言い聞かせている。

この本の出版を快諾して下さった信山社の渡辺左近氏に深い感謝の気持ちを捧げ、ここに擱筆する。

二〇一一年・秋

参考文献：――

（経済）

〈経済学〉

・マルクス著・エンゲルス編、長谷部文雄訳『資本論第一巻』（青木書店・一九五四年）、同『資本論第三巻』（青木書店・一九五四年）、同『資本論第四巻』（青木書店・一九五四年）
・宇野弘蔵『経済学上巻』（角川書店・一九五六年）、同『経済学下巻』（角川書店・一九五六年）
・ボブ・ローソン、藤川昌弘・小幡道昭・清水敦訳『現代資本主義の論理――対立構造とインフレーション』（新地書房・一九八三年）
・ワルラス、久武雅夫訳『純粋経済学要論』（岩波書店・一九八三年）
・宇沢弘文『ケインズ「一般理論」を読む』（岩波書店・一九八四年）
・高橋泰蔵・増田四郎編集『体系経済学辞典（第6版）』（東洋経済新報社・一九八四年）
・ハイマン・P・ミンスキー、吉野紀・浅田統一郎・内田和男訳『金融不安定の経済学』（多賀出版・一九八九年）
・P・サムエルソン、W・ノードハウス、都留重人訳『サムエルソン経済学上〔原書第13版〕』（岩波書店・一九九二年）
・J・M・ケインズ、塩野谷祐一訳『雇用・利子および貨幣の一般理論』（東洋経済新報社・一九九五年）
・ヨーゼフ・A・シュムペーター、中山伊知郎・東畑精一訳『資本主義・社会主義・民主主義』（東洋経済新報社・一九九五年）
・週刊ダイヤモンド編集部、ダイヤモンド・ハーバード・ビジネス編集部編『複雑系の経済学』（ダイヤモンド社・一九九七年）
・金森久雄・荒㟢治郎・森口親司編『経済辞典（第4版）』（有斐閣・二〇〇二年）
・伊藤元重『マクロ経済学』（日本評論社・二〇〇二年）
・伊藤元重『ミクロ経済学　第2版』（日本評論社・二〇〇三年）
・ジェフリー・M・ホジソン、西部忠監訳『進化と経済学　経済学に進化を取り戻す』（東洋経済新報社・二〇〇三年）
・加藤涼『現代マクロ経済学講義』（東洋経済新報社・二〇〇七年）
・ミルトン・フリードマン、村井章子訳『資本主義と自由』（日経BP社・二〇〇八年）

・森田成也『価値と剰余価値 続・マルクス剰余価値論の再構成』（作品社・二〇〇九年）
・池田新介・大垣昌夫・柴田章久・田渕隆俊・前多康男・宮尾龍蔵編『現代経済学の潮流２０１０』（東洋経済新報社・二〇一〇年）
・アダム・スミス、大河内一男監訳『国富論Ⅰ』（中央公論新社・二〇一〇年）
〈経済史〉
・老川慶喜・小笠原茂・中島俊克編『経済史』（東京堂出版・一九九八年）
・永原慶二『日本経済史』（岩波全書・一九八〇年）
・猪木武徳『戦後世界経済史』（中公新書・二〇〇九年）
〈貨幣論〉
・岩井克人『貨幣論』（筑摩書房・一九九三年）
・岩村充『日経文庫 電子マネー入門』（日本経済新聞社・一九九六年）
・滝沢武雄『日本の貨幣の歴史』（吉川弘文館・一九九六年）
・ゲオルク・ジンメル、居安正訳『貨幣の哲学（新訳版）』（白水社・一九九九年）
・丹羽春喜『救国の秘策の提言 政府貨幣特権を発動せよ』（紫翠会出版・二〇〇九年）
・ニーアル・ファーガソン、仙名紀訳『マネーの進化論』（早川書房・二〇〇九年）
・岩村充『貨幣進化論 「成長なき時代」の通貨システム』（新潮選書・二〇一〇年）
・ベンジャミン・フルフォード『ドル崩壊の真実』（青春出版社・二〇一〇年）
〈経済危機〉
・廣田尚久「剰余価値の先取り体制に関する試論――金嬉老と手形との関係から――」（金嬉老公判対策委員会『金嬉老公判対策委員会ニュース第9号』・一九六九年）
・ロバート・ベックマン、斎藤精一郎訳『経済が崩壊するとき その歴史から何が学びとれるか』（日本実業出版社・一九八九年）
・廣田尚久『先取り経済 先取り社会 バブルの読み方・経済の見方』（弓立社・一九九一年）
・ジョージ・ソロス、大原進訳『グローバル資本主義の危機 「開かれた社会」を求めて』（日本経済新聞社・一九九九年）
・エドワード・チャンセラー、山岡洋一訳『バブルの歴史 チューリップ恐慌からインターネット投機へ』（日経ＰＢ出版セン

ター・二〇〇〇年）
・A・シュレイファー、兼広崇明訳『金融バブルの経済学』（東洋経済新報社・二〇〇一年）
・森和朗『吸金鬼ドルキュラの断末魔』（本の風景社・二〇〇二年）
・ジョセフ・E・スティグリッツ、鈴木主税訳『世界を不幸にしたグローバリズム』（徳間書店・二〇〇二年）
・スーザン・ストレンジ、小林襄治訳『カジノ資本主義』（岩波現代文庫・二〇〇七年）
・神谷秀樹『強欲資本主義　ウォール街の自爆』（文芸春秋・二〇〇八年）
・服部茂幸『金融政策の誤算　日本の経験とサブプライム問題』（NTT出版・二〇〇八年）
・ジョージ・ソロス、徳川家広訳、松藤民輔解説『ソロスは警告する　超バブル崩壊＝悪夢のシナリオ』（講談社・二〇〇八年）
・ジョン・K・ガルブレイス、鈴木哲太郎訳『〔新版〕バブルの物語　人々はなぜ「熱狂」を繰り返すのか』（ダイヤモンド社・二〇〇八年）
・伊藤誠『サブプライムから世界恐慌へ　新自由主義の終焉とこれからの世界』（青土社・二〇〇九年）
・衣川恵『新訂日本のバブル』（日本経済評論社・二〇〇九年）
・高田創・柴崎健・石原哲夫『金融社会主義』（東洋経済新報社・二〇〇九年）
・武田晴人『新版日本経済の事件簿　開国からバブル崩壊まで』（日本経済評論社・二〇〇九年）
・徳川家広『バブルの興亡　日本は破滅の未来を変えられるのか』（講談社・二〇〇九年）
・根井雅弘『市場主義のたそがれ　新自由主義の光と影』（中央公論新社・二〇〇九年）
・水野和夫『金融大崩壊　「アメリカ金融帝国」の終焉』（日本放送出版協会・二〇〇九年）
・浜矩子『ドル終焉　グローバル恐慌は、ドルの最後の舞台となる！』（ビジネス社・二〇一〇年）
・細野薫『金融危機のミクロ経済分析』（東京大学出版会・二〇一〇年）
・アンドリュー・ロス・ソーキン、加賀山卓朗訳『リーマン・ショック・コンフィデンシャル〔上〕〔下〕　倒れゆくウォール街の巨人』（早川書房・二〇一〇年）
・ジャック・アタリ、林昌宏訳『国家債務危機――ソブリン・クライシスに、いかに対処すべきか？』（作品社・二〇一〇年）
・ジョセフ・E・スティグリッツ、楡井浩一・峯村利哉訳『フリーフォール』（徳間書店・二〇一〇年）

・服部茂幸『日本の失敗を後追いするアメリカ 「デフレ不況」の危機』(NTT出版・二〇一一年)
・カーメン・M・ラインハート、ケネス・S・ロゴフ、村井章子訳『国家は破綻する 金融危機の800年』(日経BP社・二〇一一年)

〈土地問題〉

・田中角栄『日本列島改造論』(日刊工業新聞社・一九七二年)
・五十嵐敬喜・野口和雄監修『図説日本土地事情'90』(自治体研究社・一九九〇年)
・石田頼房編『大都市の土地問題と政策』(日本評論社・一九九〇年)
・都留重人『地価を考える』(岩波書店・一九九〇年)
・廣田尚久『不動産賃貸借の危機 土地問題へのもうひとつの視点』(日本経済新聞社・一九九一年)
・日本経済新聞社編『土地を考える 繁栄の基礎を崩すもの』(日本経済新聞社・一九九〇年)

〈論説・評論〉

・後藤新一『国債 何が起きようとしているか』(有斐閣・一九八三年)
・吉富勝『レーガン政策下の日本経済』(東洋経済新報社・一九八四年)
・斎藤精一郎『新しい世界 新しい経済 文明と経済の興亡』(日本経済新聞社・一九九一年)
・N・ジョージェスク・レーゲン、高橋正立・神里公・寺本英・小出厚之助・岡敏弘・新宮晋・中釜浩一共訳『エントロピー法則と経済過程』(みすず書房・一九九三年)
・内橋克人『共生の大地 新しい経済がはじまる』(岩波書店・一九九五年)
・西部忠『市場像の系譜学』(東洋経済新報社・一九九六年)
・伊藤元重『市場主義』(日本経済新聞社・二〇〇〇年)
・河邑厚徳・グループ現代『エンデの遺言 「根源からお金を問うこと」』(日本放送出版協会・二〇〇〇年)
・関岡英之『拒否できない日本 アメリカの日本改造が進んでいる』(文芸春秋・二〇〇四年)
・田渕直也『図解でわかる デリバティブのすべて』(日本実業出版社・二〇〇四年)
・内橋克人『「共生経済」が始まる〜競争総原理を超えて』(NHK人間講座・二〇〇五年)

・岩井克人・三浦雅士『資本主義から市民主義へ』（新書館・二〇〇六年）
・相田洋『NHKスペシャル　マネー革命第二巻　金融工学の旗手たち』（日本放送出版協会・二〇〇七年）
・P・F・ドラッカー、上田惇生訳『ポスト資本主義社会』（ダイヤモンド社・二〇〇七年）
・内橋克人『共生経済が始まる　世界恐慌を生き抜く道』（朝日新聞出版・二〇〇九年）
・吉本佳生『デリバティブ汚染　金融詐術の暴走』（講談社・二〇〇九年）
・ジョン・K・ガルブレイス、斎藤精一郎訳『不確実性の時代』（講談社学術文庫・二〇〇九年）
・西川潤『グローバル化を超えて　脱経済成長 日本の選択』（日本経済新聞社・二〇一一年）

（法律）

・川島武宜『所有権法の理論』（岩波書店・一九四九年）
・川島武宜・潮見俊隆・渡辺洋三編『入会権の解体Ⅰ』（岩波書店・一九五九年）、同『入会権の解体Ⅱ』（岩波書店・一九六一年）、同『入会権の解体Ⅲ』（岩波書店・一九六八年）
・川島武宜『民法総則』（有斐閣・一九六五年）
・川島武宜編『注釈民法（7）物権（2）』（有斐閣・一九六八年）
・廣田尚久『紛争解決学〔新版増補〕』（信山社・二〇〇六年）

（歴史）

・津田秀夫『封建社会解体過程研究序説』（塙書房・一九七〇年）
・マリアンヌ・マン＝ロト、染田秀藤訳『イスパノアメリカの征服』（白水社・一九八四年）
・フレデリック・ドリューシュ総合編集、木村尚三郎監修、花上克己訳『ヨーロッパの歴史　欧州共通教科書』（東京書籍・一九九四年）
・立石博高編『新版世界各国史16　スペイン・ポルトガル史』（山川出版社・二〇〇〇年）
・リタ・タルマン、長谷川公昭訳『ヴァイマル共和国』（白水社・二〇〇三年）

・永井三明『ヴェネツィアの歴史　共和国の残照』（刀水書房・二〇〇四年）
・エーリック・アールツ、藤井美男監訳『中世末南ネーデルラント経済の軌跡　ワイン・ビールの歴史からアントウェルペン国際市場へ』（九州大学出版会・二〇〇五年）
・東茂美『山上憶良の研究』（翰林書房・二〇〇六年）
・北原敦編『新版世界各国史15　イタリア史』（山川出版社・二〇〇八年）
・湯元健治・佐藤吉宗『スウェーデン・パラドックス』（日本経済新聞社・二〇一〇年）
・ARC国別情勢研究会編『ARCレポート　スウェーデン二〇一一／一二年版』（ARC国別情勢研究会・二〇一一年）
・馬場基「平城京に暮らす――天平人の泣き笑い――」（学士会『U7　二〇一一年四月号』）

（数学）

・深川和久『ゼロからわかる虚数・複素数』（ベレ出版・二〇〇九年）
・吉田武『虚数の情緒　中学生からの全方位独学法』（東海大学出版会・二〇〇〇年）
・ポール・J・ナーイン、久保儀明訳、好田順治監修『虚数の話〔新訳版〕』（青土社・二〇〇八年）
・山口昌哉『カオスとフラクタル』（ちくま学芸文庫・二〇一〇年）

（脳科学）

・中原英臣・佐川峻『人間は遺伝子を超えられるか　DNAと脳そして生き方』（素朴社・一九九八年）
・マーク・ソームズ、オリヴァー・ターンブル、平尾和之訳『脳と心的世界　主観的経験のニューロサイエンスへの招待』（星和書店・二〇〇七年）
・池谷裕二『単純な脳、複雑な「私」　または、自分を使い回しながら進化した脳をめぐる4つの講義』（朝日出版社・二〇一〇年）
・池谷裕二・鈴木仁志『和解する脳』（講談社・二〇一〇年）

（哲学）
・森和朗『自我と仮象　第Ⅰ部』（鳥影社・二〇〇四年）、同『自我と仮象　第Ⅱ部』（鳥影社・二〇〇六年）、同『自我と仮象　第Ⅲ部』（鳥影社・二〇〇七年）

（社会）
・水口剛「持続可能な社会を支える投資行動――「責任ある投資」概念の普及と実践の課題」（高崎経済大学附属産業研究所編『サスティナブル社会とアメニティ』（日本経済評論社・二〇〇八年）
・目加田説子『行動する市民が世界を変えた　クラスター爆弾禁止運動とグローバルＮＧＯパワー』（毎日新聞社・二〇〇九年）

（小説）
・廣田尚久『壊市』（汽声館・一九九五年）
・廣田尚久『地雷』（毎日新聞社・一九九六年）
・廣田尚久『蘇生』（毎日新聞社・一九九九年）
・廣田尚久『デス』（毎日新聞社・一九九九年）

〈著者紹介〉
廣田尚久（ひろた・たかひさ）
1938年　平壌市（ピョンヤン）生まれ
1962年　東京大学法学部卒業　川崎製鉄に入社
1965年　司法試験合格
1966年　川崎製鉄を退社し，司法研修所に入所
1968年　弁護士登録（第一東京弁護士会）
1993年　九州大学非常勤講師
2001年　大東文化大学環境創造学部学部長・教授
2005年　法政大学法科大学院教授
2006年　廣田尚久紛争解決センター創立

〈主要著作〉
『弁護士の外科的紛争解決法』（自由国民社・1988年），『和解と正義—民事紛争解決の道しるべ』（自由国民社・1990年），『不動産賃貸借の危機—土地問題へのもうひとつの視点』（日本経済新聞社・1991年），『先取り経済　先取り社会—バブルの読み方・経済の見方』（弓立社・1991年），『紛争解決学』（信山社・1993年），小説『壊市』（汽声館・1995年），小説『地雷』（毎日新聞社・1996年），『上手にトラブルを解決するための和解道』（朝日新聞社・1998年），小説『デス』（毎日新聞社・1999年），『紛争解決の最先端』（信山社・1999年），小説『蘇生』（毎日新聞社・1999年），『民事調停制度改革論』（信山社・2001年），ノンフィクション『おへそ曲がりの贈り物』（講談社・2007年），『紛争解決学講義』（信山社・2010年）

先取り経済の総決算—1000兆円の国家債務をどうするのか

2012年（平成24年）3月20日　　初版第1刷発行

著　者　廣　田　尚　久
発行者　今　井　　貴
　　　　渡　辺　左　近
発行所　信山社出版株式会社
〔〒113-0033〕東京都文京区本郷6-2-9-102
電話　03（3818）1019
FAX　03（3818）0344
Printed in Japan.

印刷・製本／松澤印刷・文泉閣

ISBN978-4-7972-2598-3　C3333